2020

湘桥年鉴

潮州市湘桥区地方志编纂委员会 编

方志出版社
Publishing House of Local Records

图书在版编目（CIP）数据

湘桥年鉴. 2020 / 潮州市湘桥区地方志编纂委员会编. —北京：方志出版社，2020.9
ISBN 978-7-5144-4413-1

Ⅰ. ①湘… Ⅱ. ①潮… Ⅲ. ①区（城市）- 潮州 - 2020 - 年鉴 Ⅳ. ①Z526.54

中国版本图书馆CIP数据核字(2020)第252052号

湘桥年鉴（2020）

编　　者：潮州市湘桥区地方志编纂委员会
责任编辑：宁　芳
出 版 者：方志出版社
地址　北京市朝阳区潘家园东里9号（国家方志馆4层）
邮编　100021
网址　http：//www.zgfzcb.cn
发　　行：方志出版社图书经销中心
电话：（010）67110500
经　　销：各地新华书店
印　　刷：潮州市湘桥文星印刷厂
开　　本：787×1092　　1/16
印　　张：22.25
字　　数：476千字
版　　次：2020年9月第1版　　2020年9月第1次印刷
印　　数：001～300册
ISBN　978-7-5144-4413-1　　定价：150.00元

潮州市湘桥区地方志编纂委员会

顾　问： 庄湃澍

主　任： 曾俊喜

副主任： 宋　琳

成　员： 陈德清（区党政办）、丁度华（区委组织部）、陈逸（区委宣传部）、陈宝佳（区委政法委）、苏礼忠（区委统战部）、陈汉湘（区委编办）、庄洁维（区人大办）、苏少珊（区政协办）、焦晓雷（区人武部）、吴树新（区人民法院）、陈捷忠（区人民检察院）、苏爱群（公安湘桥分局）、马兴富（区消防大队）、谢壮鹏（区发改局）、余焕湘（区教育局）、李伟雄（区工信局）、李幼珊（区民政局）、张南高（区司法局）、陈宣泽（区财政局）、刘文生（区人社局）、钟书翊（区住房和城乡建设局）、肖健生（区水务局）、蔡丽斌（区农业农村局）、梁刚（区商务局）、李少珊（区文旅体局）、庄建邦（区卫健局）、陈贤德（区退役军人事务局）、丁旭桂（区应急管理局）、蔡卫彬（区审计局）、郭佳树（区统计局）、黄少雄（区医保局）、陈旭湘（区政数局）、张泽民（区市容环卫局）、成建鹏（区党校）、黄兆勇（区二轻联社）、林锦胜（区税务局）、林超玲（区总工会）、钟敏（团区委）、林雪珊（区妇联）、吴珊（区残联）、汪晓航（区侨联）、庄宁（区工商联）、黄玲丽（区科协）、魏礼俊（市场监管湘桥分局）、邹崇颖（自然资源湘桥分局）、邱杰镇（潮州农商银行凤城支行）、陈乔和（湘桥街道）、李伟勇（西湖街道）、黎建春（金山街道）、陈平（太平街道）、卢宝德（南春街道）、谢焕杰（西新街道）、陈明程（桥东街道）、刘少鹏（城西街道）、王峻（凤新街道）、陈奕煌（意溪镇）、张晋铭（磷溪镇）、翁泓（官塘镇）、曾少龙（铁铺镇）

潮州市湘桥区地方志编纂委员会办公室

主　　任：谢丽丽

工作人员：林　哲　　丁妙淑　　曾　佳

《湘桥年鉴》编辑部

主　　编：宋　琳

副 主 编：陈德清

特邀编审：庄学荣

总　　纂：谢丽丽

编　　辑：林　哲　　丁妙淑　　曾　佳

彩页编辑：林　哲

封面设计：林文强

《湘桥年鉴（2020）》各承修单位主笔一览表

单　　位	主　　笔	单　　位	主　　笔
区委办　区府办	陈伟群	区住房和城乡建设局	陈慕佳
区委组织部	苏　悦	区水务局	林　敏
区纪委、区监委	侯　磊	区农业农村局	黄瑶丹
区委宣传部	叶楷楷	区商务局	蔡绮榆
区委政法委	陈映东	区文旅体局	赖焕武
区委统战部	陈　坚、陈珣烁、蔡梓奇 李秋丽、吴　婕、蔡曼云	区卫健局	杜晓虹
区委编办	郑敏芝	区退役军人事务局	林　琼
区人大办	蔡汝琪	区应急管理局	陈思帆
区政协办	林名熙	区审计局	张雅然
区人武部	黄锐杰	区统计局	陈李丹
区人民法院	杨灵杰	区医保局	丁丹彤
区人民检察院	詹丹妍	区政数局	许　杭
区公安分局	刘　恕	区市容环卫局	陆映云
区消防大队	崔华伟	区党校	王伟彬
区发改局	翁　銮	区二轻联社	洪东林
区教育局	谢涌潮	区税务局	许志洁
区工信局	杨远驰	区总工会	余晓东
区民政局	张佳佳	团区委	陈琳玲
区司法局	周旭铭	区妇联	林佳郴
区财政局	李　丹	区残联	余又复
区人社局	唐　琪、方轩欣	区侨联	杨洁芳

续表

单　　位	主　　笔	单　　位	主　　笔
区工商联	黄茂英	南春街道	蔡琳凡
区科协	陈楚雄	西新街道	吴淡英
市市场监督管理局湘桥分局	杨江陵	桥东街道	邱燕妆
市自然资源局湘桥分局	文沛琳	城西街道	许舒雯
潮州农商银行凤城支行	李琳洁	凤新街道	陈晓萍
湘桥街道	刘旭栋	意溪镇	陈剑生
西湖街道	李　丽	磷溪镇	吴洁璇
金山街道	许嘉琳	官塘镇	谢　熙
太平街道	丁　彬	铁埔镇	黄　萍

编辑说明

一、《湘桥年鉴》是潮州市湘桥区人民政府指导编纂的地方综合资料性文献，每年出版一卷。年鉴以马克思列宁主义、毛泽东思想、邓小平理论、“三个代表”重要思想、科学发展观、习近平新时代中国特色社会主义思想为指导，坚持辩证唯物主义和历史唯物主义的立场、观点和方法，旨在全面、系统、准确地反映潮州市湘桥区自然、政治、经济、文化、社会等方面的基本情况，为读者了解和研究湘桥提供基本资料。年鉴的编辑出版工作由潮州市湘桥区地方志编纂委员会负责，具体事务由《湘桥年鉴》编辑部承担。

二、《湘桥年鉴（2020）》采用分类编辑法，横分门类，主题内容实行条目化设计，框架结构分类目、分目、条目三个层次。全书设特载，大事记，概况，政治，法治，军事，经济，教育　科学　文化卫生，社会生活，街道、镇概况，附录等。

三、本年鉴材料由境域各承修单位提供，并经承修单位领导审定。个别统计数字可能不一致。全区的主要统计数字，以区统计局的统计资料为准。

▲1月10日，首个以湘桥区冠名的海外社团组织联谊平台“香港潮州市湘桥区同乡会”挂牌成立

▲9月19日，湘桥区开展“不忘初心、牢记使命”主题教育工作会议

▲12月27日上午，潮州市市区环保发电厂项目点火启动，标志着该项目主体工程基本完工，进入试运营阶段

▲12月，湘桥区启动市区智慧停车系统项目建设，项目包括环城路、开元路和防汛通道路段。图为防汛通道智能停车点

古城韵味

▶湘桥区2019年文化艺术暑期欢乐季文化惠民活动。图为在涵碧楼举办"我和我的祖国"传承红色基因和古城文化特色体验营活动

▶2月26日，千人快闪《我和我的祖国》在古城潮州的广济门前唱响，游客与市民一起用歌声祝福祖国，展现古城魅力（图片来源：苏仕日）

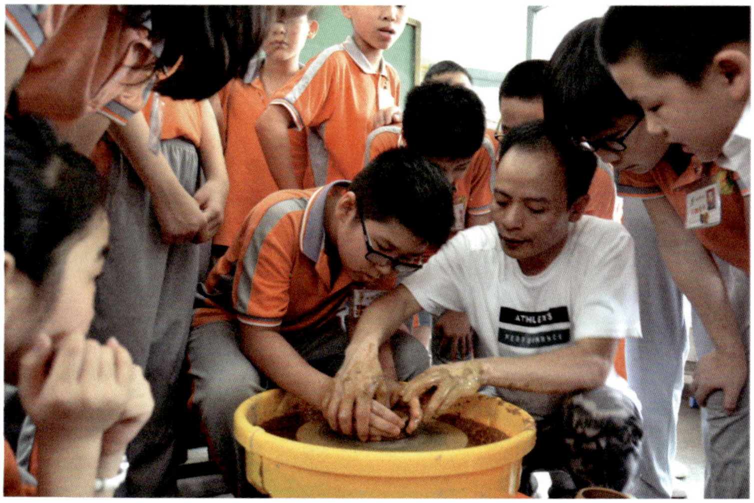

◀6月6日，湘桥区在区实验学校举办文化和自然遗产日非遗进校园暨工艺美术人才培养工程进校育苗活动，让小学生们零距离感受潮州非遗文化魅力

“我和我的祖国”献礼中华人民共和国70周年文化巡游

◀第一方阵为狮仔舞

◀第二方阵为潮剧《陈三五娘》角色化妆表演、潮州花灯展示表演

◀第三方阵为潮州大锣鼓表演

湘桥区于2019年11月被定为新时代文明实践中心全国试点单位

建好“一大平台”，筑牢宣传思想阵地

湘桥区探求推行
“一二三四五”工作模式

▲湘桥区新时代文明实践中心

坚持“二个结合”，凝聚基层党群力量

▲太平街道义兴社区“居民议事厅”开展议事活动

探索“三微模式”，提高理论宣讲实效

▲“大榕树下”的宣讲活动

强化“四个融入”，扩大文明实践影响力

▲把文明实践融入乡村振兴 农家乐厨艺提升技能培训

突出“五个度”，推动活动多维发展

▲开展文化旅游志愿服务活动

古城提升

12月30日，凤城文化广场·唐伯元故居修建工程竣工暨捐赠仪式举行。该项目建设用地面积2205.74平方米，历时1年2个月，投资总额1680万元

◀凤凰文化广场

◀唐伯元故居

下东平路305号名人故居，整座宅子占地面积965.81平方米，现有建筑面积802.83平方米。2016年，湘桥区政府启动“名人故居修缮项目”，按照“修旧如旧”原则和文物保护标准对该故居进行修缮，至2019年9月修缮工程基本完成

▶下东平路305号名人故居正门
（图片来源：周爽）

▶下东平路305号名人故居主宅第
（图片来源：周爽）

城市党建

▲西湖嵘党建商圈服务站成立

▲开元社区党群服务驿站

▲义兴社区慢居客栈居民议事厅

▲开元社区义警巡逻队启动仪式

◀5月14日上午，湘桥区新桥商业街党支部在市区新桥东路揭牌成立，该党支部是西新街道与市直创文共建单位联手打造的一个“流动党员之家”，是潮州市第一个商业街党支部

国家森林乡村

2019 年，湘桥区意溪镇荆山村、四益村被国家林业和草原局公布为“国家森林乡村”

▲荆山村航拍图

▲四益村航拍图

▲荆山村村貌

▲四益村村貌

目　录

特　载

潮州市湘桥区开展“不忘初心、牢记使命”主题教育工作 …………………（3）
意溪司法所被司法部评为“全国先进司法所” …………………………（8）

大事记

1月 ………………………………………（13）
2月 ………………………………………（13）
3月 ………………………………………（13）
4月 ………………………………………（14）
5月 ………………………………………（14）
6月 ………………………………………（14）
7月 ………………………………………（14）
8月 ………………………………………（14）
9月 ………………………………………（15）
10月 ………………………………………（15）
11月 ………………………………………（16）
12月 ………………………………………（16）

概　况

建置沿革 ………………………………（19）
自然地理 ………………………………（20）
传统文化 ………………………………（20）
行政区划 ………………………………（20）
人口 ……………………………………（20）
经济 ……………………………………（21）
城乡发展 ………………………………（21）
社会民生 ………………………………（21）

政　治

中共潮州市湘桥区委员会

重要会议 ………………………………（25）
区委六届六次全体会议 ………………（26）
区委六届七次全体会议 ………………（27）
区委六届八次全体会议 ………………（28）
巡察工作 ………………………………（30）
2019年湘桥区委常委任职情况 ………（30）

组织工作

干部管理 ………………………………（30）
表1　2019年湘桥区区管领导干部考核情况表 ………………………………（30）
人才工作 ………………………………（30）
党建工作 ………………………………（31）
表2　2019年湘桥区中共基层党组织与党员情况表 ………………………（32）
表3　2019年湘桥区干部情况表 ………（32）
党员服务 ………………………………（33）
城市党建 ………………………………（33）
主题教育 ………………………………（33）
公务员任免情况 ………………………（33）

表4 2019年湘桥区国家公务员年龄情况表…（34）
表5 2019年湘桥区国家公务员文化程度情况表……（34）
表6 2019年湘桥区公务员考核情况表 …（34）
干部培训与交流 ……（34）
扫黑除恶专项斗争 ……（34）
脱贫攻坚 ……（34）

老干部工作

重要会议 ……（35）
区领导走访慰问离休干部 ……（35）
老干部文化生活 ……（35）
重要活动 ……（35）

宣传工作

重要会议 ……（35）
重大决策事项 ……（36）
重大活动 ……（36）
党委（党组）中心组学习 ……（36）
意识形态工作 ……（36）
新闻出版管理 ……（37）
网络安全管理 ……（37）
新时代文明实践中心建设 ……（37）
主题文化活动 ……（38）
"打黄打非"、著作权（版权）保护知识宣传 ……（38）
精神文明建设 ……（38）

统战工作

民主协商建设 ……（39）
民主党派自身建设 ……（39）
党外代表人士统一战线工作 ……（39）

侨务工作

侨居及华侨团体情况 ……（39）
为侨服务工作 ……（39）
海外侨胞联络工作 ……（40）

港澳台工作

港澳工作 ……（40）
对台工作 ……（40）
特色工作 ……（40）

机构编制工作

重要会议 ……（41）
编制管理 ……（41）
事业单位登记管理 ……（42）
机构改革 ……（42）
湘桥区委工作部门设置及人员编制 ……（43）
湘桥区政府工作部门设置及人员编制 ……（43）

机要、保密工作

机要工作 ……（43）
保密工作 ……（43）

区委党校工作

干部培训 ……（44）
表7 2019年湘桥区委党校办学情况表…（44）
表8 2019年湘桥区委党校举办各种培训班情况表……（44）
师资培训 ……（46）
宣讲活动 ……（46）
科研工作 ……（46）
函授教育 ……（46）

潮州市湘桥区人民代表大会

概况 ……（47）
表9 2019年潮州市湘桥区人民代表大会重要会议一览表……（47）
人事任免工作 ……（49）
专题调研 ……（49）
执法检查 ……（50）
议案办理 ……（51）
视察重点项目 ……（55）
特色工作 ……（55）
湘桥区人大常委会主任、副主任任职情况…（55）

潮州市湘桥区人民政府

重要会议 ……（56）
重点产业项目建设 ……（56）
深化改革工作 ……（56）

乡村振兴发展 …………………………………（56）
防范化解重大风险 ……………………………（56）
环境保护及污染防治 …………………………（57）
政府公众信息网 ………………………………（57）

党政办工作

重要文稿工作 …………………………………（57）
信息工作 ………………………………………（57）
督查督办工作 …………………………………（57）
巡视整改及专项整治工作 ……………………（58）
办文办会工作 …………………………………（58）

外事工作

外事工作管理 …………………………………（58）
外事服务工作 …………………………………（59）

信访工作

概况 ……………………………………………（59）
落实定期公开接访制度 ………………………（59）
落实领导包案工作 ……………………………（59）
信访保障和隐患排查化解工作 ………………（59）
扫黑除恶专项斗争 ……………………………（59）

机关事务管理

机关食堂提升改造 ……………………………（59）
安全保卫工作 …………………………………（60）
规范服务行为 …………………………………（60）
公务用车管理信息平台建设 …………………（60）
湘桥区人民政府区长、副区长任职情况 ……（60）

政协潮州市湘桥区委员会

中共湘桥区委召开政协工作会议 ……………（60）
区政协六届四次会议 …………………………（61）
区政协常委会会议 ……………………………（61）
区政协主席会议 ………………………………（61）
表10　2019年湘桥区政协六届四次会议
情况表 ………………………………（62）
重大活动 ………………………………………（63）
政治协商、民主监督、参政议政情况 ………（63）
提案督办 ………………………………………（63）
提案工作 ………………………………………（64）
专题调研 ………………………………………（64）
委员学习 ………………………………………（65）
参与公益慈善活动 ……………………………（65）
联络联谊工作 …………………………………（65）
港澳特约委员及主要活动 ……………………（65）
表11　2019年湘桥区政协主席、副主席任
职情况表 ……………………………（66）

中共潮州市湘桥区纪律检查委员会、潮州市湘桥区监察委员会

区纪委第六届四次全会 ………………………（66）
重大决策事项 …………………………………（66）
重大活动 ………………………………………（66）
监察体制改革 …………………………………（68）
党风廉政建设 …………………………………（68）
表12　2019年湘桥区党员、干部违纪违法
案件处理情况表 ……………………（68）
反腐倡廉宣教工作 ……………………………（69）
队伍建设 ………………………………………（69）
湘桥区纪委书记、副书记任职情况 …………（69）
湘桥区监委主任、副主任任职情况 …………（69）

民主党派

民革潮州市湘桥区总支委员会

组织情况 ………………………………………（69）
参政议政 ………………………………………（69）
组织活动 ………………………………………（70）
社会服务 ………………………………………（71）
荣誉 ……………………………………………（71）

民盟潮州市湘桥区支部委员会

组织情况 ………………………………………（71）
自身建设 ………………………………………（71）
参政议政 ………………………………………（72）
社会服务 ………………………………………（72）

民建潮州市湘桥区总支部委员会

组织情况 ………………………………………（72）
思想建设 ………………………………………（72）

参政议政 ……………………………………… (73)
社会服务 ……………………………………… (73)

民进潮州市湘桥区总支部

组织情况 ……………………………………… (74)
思想建设 ……………………………………… (74)
参政议政 ……………………………………… (74)
自身建设 ……………………………………… (75)
社会服务 ……………………………………… (75)
荣誉 ………………………………………… (75)

致公党潮州市湘桥区支部

概况 ………………………………………… (75)
自身建设 ……………………………………… (75)
参政议政 ……………………………………… (76)
社会服务 ……………………………………… (76)
海外联谊 ……………………………………… (76)
荣誉 ………………………………………… (76)

群众团体

湘桥区总工会

基层工会组建情况 ………………………………… (77)
表13　2019年湘桥区基层工会组织情况表… (77)
重要会议 ……………………………………… (77)
困难职工帮扶 …………………………………… (77)
评先评优工作 …………………………………… (77)
职工活动 ……………………………………… (77)
工会女职工工作 ………………………………… (77)
建立劳动争议诉调对接工作室 ………………… (78)
组建服务农民工公益法律服务分队 …………… (78)

共青团潮州市湘桥区委员会

概况 ………………………………………… (78)
重要会议 ……………………………………… (78)
重大决策事项 …………………………………… (78)
重大活动 ……………………………………… (79)
团代会 ………………………………………… (79)
青少年思想教育 ………………………………… (79)
志愿服务工作 …………………………………… (79)
创建“青年文明号”活动 ……………………… (80)
非公企业团建工作 ……………………………… (80)
关爱服务青少年工作 …………………………… (80)
扶贫济困活动 …………………………………… (81)
全面落实从严治团 ……………………………… (81)

潮州市湘桥区妇女联合会

重要会议 ……………………………………… (81)
重大活动 ……………………………………… (81)
区妇女干部情况 ………………………………… (81)
妇女维权周活动 ………………………………… (81)
妇女创业小额担保贷款优惠政策宣传 ……… (82)
妇女儿童工作 …………………………………… (82)
创建文明家庭工作 ……………………………… (82)
鼓励妇女创业就业 ……………………………… (82)

湘桥区归国华侨联合会

重要会议 ……………………………………… (83)
服务侨界群众工作 ……………………………… (83)
接待联谊工作 …………………………………… (83)
参政议政 ……………………………………… (84)
基层队伍建设 …………………………………… (84)
侨联改革工作 …………………………………… (84)

湘桥区工商业联合会

队伍建设 ……………………………………… (84)
培训教育 ……………………………………… (85)
扶贫济困 ……………………………………… (85)
外出交流 ……………………………………… (85)

湘桥区科学技术协会

新时代科协工作 ………………………………… (85)
科普工作典型 …………………………………… (86)

湘桥区文学艺术界联合会

“写春联送全家福”活动………………………… (86)
承办“到人民中去——红色文艺轻骑兵走进
　潮州坪埔惠民演出”活动 …………………… (87)
配合组织“爱我新中国　奋斗新时代”文艺
　走基层演出专场活动 ………………………… (87)
湘桥区选送节目在省、市参赛获奖 ………… (87)

湘桥红色乡村故事入选《潮州红色乡村故事》…………………………（87）
配合开展广东“七个一百”精品项目下基层活动 …………………………（87）
表 14 2019 年湘桥区文联下属文艺协会情况表 …………………………（88）
表 15 湘桥区各文艺协会（第六届）负责人任期一览表 …………………………（88）
文学协会活动 …………………………（88）
美术协会活动 …………………………（88）
书法协会活动 …………………………（88）
摄影协会活动 …………………………（88）
音乐协会活动 …………………………（89）
舞蹈协会活动 …………………………（89）
戏剧协会活动 …………………………（90）

湘桥区残疾人联合会

全区残疾人情况 …………………………（90）
落实民生保障政策 …………………………（90）
助残慰问活动 …………………………（90）
教育帮扶 …………………………（91）
就业扶贫 …………………………（91）
残疾人信息和残疾人证管理 …………………………（91）
社区康园中心建设 …………………………（91）
表 16 2019 年湘桥区各级康园中心一览表…（91）
精神病人服药救助 …………………………（92）
残疾人辅具适配 …………………………（92）
残疾儿童康复治疗训练项目 …………………………（92）
贫困重度残疾人居家无障碍改造 …………（92）
家庭医生签约服务 …………………………（92）
残联基层组织建设 …………………………（92）

法 治

政法委及综治

维护社会稳定 …………………………（95）
扫黑除恶专项斗争 …………………………（95）
创新社会综合治理 …………………………（95）
严重精神障碍患者等人群的管理和服务 …（95）
特色工作 …………………………（96）

公安

概况 …………………………（96）
维稳工作 …………………………（96）
信访工作 …………………………（97）
惩治刑事犯罪 …………………………（97）
“飓风 2019”专项行动 …………………………（97）
重点场所和行业治安管理 …………………………（98）
户籍管理 …………………………（98）
道路交通管理 …………………………（99）
流动人口管理 …………………………（99）
出入境管理 …………………………（99）
禁毒工作 …………………………（99）
外国人管理服务工作…………………………（100）
社区警务…………………………（100）
防范和处理邪教问题…………………………（101）

检察

概况…………………………（101）
表 17 2019 年湘桥区案件审查批捕情况表…（101）
表 18 2019 年湘桥区案件受理审查起诉情况表…………………………（101）
控告申诉检察…………………………（102）
表 19 2019 年湘桥区受理来信来访和办理控告申诉情况表…………………………（102）
诉讼监督…………………………（102）
未成年人检察…………………………（103）
队伍建设…………………………（103）

法院

收案情况…………………………（104）
表 20 2019 年湘桥区人民法院收案情况表…（104）
结案情况…………………………（104）
表 21 2019 年湘桥区人民法院结案情况表…（104）
刑事审判…………………………（104）
民事审判…………………………（104）
行政审判…………………………（105）
少年审判…………………………（105）
执行工作…………………………（105）
审判监督…………………………（105）
人民陪审员制度…………………………（105）

谢某维信用卡诈骗案……………………………（105）

消防

概况………………………………………………（106）
消防装备…………………………………………（106）
消防安全宣传……………………………………（106）
消防安全管理……………………………………（107）
表22　2019年湘桥区消防重点单位一览表…（108）

司法行政

人民调解…………………………………………（110）
普法教育和宣传…………………………………（110）
法律援助…………………………………………（111）
社区矫正及安置帮教……………………………（111）
公共法律服务……………………………………（111）
律师服务工作……………………………………（111）
基层司法所工作…………………………………（112）
扫黑除恶专项斗争………………………………（112）
办理人大议案、政协提案情况…………………（113）
法制工作…………………………………………（113）
法治政府建设……………………………………（114）

军　事

湘桥区人民武装部

概况………………………………………………（117）
政治教育…………………………………………（117）
后备力量建设……………………………………（117）
国防动员工作……………………………………（117）
党管武装工作……………………………………（118）
征兵工作…………………………………………（118）
后装保障工作……………………………………（118）
安全保密工作……………………………………（118）

经　济

经济体制改革　发展计划管理

科学编制发展计划………………………………（123）
监测落实计划目标任务…………………………（123）
重点项目建设……………………………………（124）
深化体制改革……………………………………（124）
粮食管理…………………………………………（124）

统计

全国经济普查工作………………………………（124）
“四上”企业名录库建设 ………………………（125）
各项调查情况及结果……………………………（125）
统计服务工作……………………………………（126）
联网直报工作……………………………………（126）
专项调查工作……………………………………（126）
法治统计建设……………………………………（127）
统计基层基础建设………………………………（127）

审计

概况………………………………………………（127）
表23　2019年湘桥区审计情况统计表 …（127）
预算执行审计……………………………………（127）
任期经济责任审计………………………………（128）
行事审计…………………………………………（128）
专项审计…………………………………………（128）
信息化建设………………………………………（129）

财政

财政体制…………………………………………（129）
财政收支…………………………………………（129）
财政管理…………………………………………（130）
财政监督…………………………………………（131）
政府采购…………………………………………（132）
财政投资评审……………………………………（132）
参与配合区内重点项目建设情况………………（132）

国有资产管理

行政机关及事业单位资产管理…………………（132）
行政事业单位资产报表上报……………………（132）
人大国有资产监督职能…………………………（133）
区级机构改革资产、经费划转…………………（133）
“私车公养”问题专项抽查 ……………………（133）
国有困难企业改制………………………………（133）
区属国有企业财务制度管理……………………（133）
政企脱钩工作……………………………………（134）
集体企业改制改革………………………………（134）

公有物业资产管理…………………………（134）

市场监管

概况………………………………………（135）
食品安全监管……………………………（135）
药品安全监管……………………………（135）
特种设备安全监管………………………（136）
产品质量安全监管………………………（136）
“双随机、一公开”监管 …………………（136）
信用监管…………………………………（136）
网络市场和广告监管……………………（136）
检验检测机构监管………………………（137）
价格监管…………………………………（137）
消费维权工作……………………………（137）
标准计量工作……………………………（137）
商事制度改革……………………………（137）
服务企业高质量发展……………………（138）
推进“创文创卫”工作……………………（138）
精准扶贫…………………………………（138）

物价管理

政策落实工作……………………………（138）
价格认证服务……………………………（138）

政务服务与数据管理

概况………………………………………（139）
政务公开…………………………………（139）
服务工作…………………………………（140）
政务数据资源管理利用…………………（140）
“互联网＋”政务服务 ……………………（141）

税务

税费征管…………………………………（141）
减税降费…………………………………（142）
法治建设…………………………………（143）
优化营商环境……………………………（143）
队伍建设…………………………………（143）
党风廉政建设……………………………（144）

国土资源监察

垦造水田项目工作………………………（144）
高标准基本农田建设……………………（144）
永久基本农田保护省级补助资金使用……（144）
土地利用总体规划编制…………………（144）
永久基本农田储备区划定………………（145）
储备补充耕地核查整改…………………（145）
土地征收和供后监管工作………………（145）
地质灾害隐患整治………………………（145）
汛期地质灾害防治………………………（145）

应急管理

概况………………………………………（146）
落实安全生产层级责任制………………（146）
高危行业安全监管………………………（146）
重点领域安全专项整治…………………（147）
安全宣传教育培训………………………（147）
应急管理工作……………………………（147）
严格安全生产行政许可…………………（148）
机构改革期间政务服务事项标准化工作…（148）
执法检查…………………………………（148）
事故调查处理……………………………（149）
表24　2019年湘桥区生产安全事故情况表…（149）
森林防火…………………………………（150）
防汛防旱防风工作………………………（150）

能源管理

开展节能全民行动………………………（150）
节能专项资金项目库申报………………（151）
清洁生产…………………………………（151）
废瓷整治…………………………………（151）
成品油市场整治…………………………（151）

城乡规划与监察

土地执法整治……………………………（151）
项目审查、报批…………………………（151）
农村住宅建设审批指导…………………（152）

工业

概况………………………………………（152）
服装业……………………………………（152）
陶瓷制品业………………………………（153）
新兴产业…………………………………（153）

街道（镇）企业…………………………（153）
重点工业企业简介…………………………（154）
表25　湘桥区域内高新技术企业情况表…（155）
服务企业…………………………………（157）
协调金融工作……………………………（157）
民爆安全监管……………………………（157）

民营经济

概况………………………………………（158）
营造创新政策环境………………………（158）
创新资源整合……………………………（158）
创新成果保护……………………………（158）
推动创新引领发展………………………（158）
激发创新创业活力………………………（158）
缓解中小企业融资难题…………………（158）
组织企业参加各类博览会和论坛…………（158）

农业

农业生产…………………………………（159）
强农惠农政策……………………………（159）
粮食功能区划定…………………………（159）
“菜篮子”市长负责制考核………………（159）
推进新型农业企业发展…………………（160）
实施新型职业农民培育工程项目…………（160）
农产品质量安全监管……………………（160）
动物卫生监督、疫病防控………………（161）
农业污染源调查防治……………………（161）
省级新农村连片示范工程项目建设………（162）
农村改革…………………………………（162）
人居环境综合整治………………………（162）
农村户用卫生厕所建设与改造…………（162）
农村污水处理……………………………（162）
美丽乡村建设……………………………（163）
“一村一品、一镇一业”建设 …………（163）
脱贫攻坚…………………………………（163）

林业

概况………………………………………（163）
森林碳汇重点生态工程项目……………（163）
2018年中央林业改革发展资金森林抚育
　补助项目…………………………………（164）
2019年春天绿化大会战 …………………（164）
森林资源保护管理………………………（164）
森林防火工作……………………………（165）

水利

河道水系…………………………………（165）
表26　2019年湘桥区主要江河涌一览表…（165）
水资源保护………………………………（165）
“三防”工作 ……………………………（166）
“河长制”实施 …………………………（166）
水利设施…………………………………（166）
表27　2019年湘桥区堤围一览表 ………（166）
表28　2019年湘桥区水库一览表 ………（168）
表29　湘桥区水闸工程情况表 …………（169）

交通运输

“四好农村路”建设 ……………………（172）
农村公路安全生命防护工程建设…………（172）
农村公路危桥改造建设…………………（173）
水上交通安全检查………………………（173）

城乡建设　房地产业

机构改革…………………………………（173）
核发施工许可证…………………………（173）
“三旧”改造 ……………………………（173）
新型城镇化建设…………………………（174）
建筑业及市场监管………………………（174）
建设管理工作……………………………（175）
既有住宅加装电梯………………………（175）
房地产管理………………………………（175）
“放管服”改革 …………………………（176）
承接消防新业务…………………………（176）

商务

概况………………………………………（176）
政府银企互动互利………………………（176）
农贸市场整治改造提升…………………（177）
扫黑除恶专项斗争………………………（177）
规范市场日常监管………………………（177）
重要活动…………………………………（177）
辖区重点外贸、“三资”企业 …………（177）

表30　2019年湘桥辖区出口总额前5位企业情况表……………………（177）
商贸流通管理………………………………（178）
组织企业参加国内外展会…………………（178）

旅游

概况…………………………………………（179）
古城文化旅游示范区建设…………………（179）
构建全域旅游格局…………………………（179）
古城管理和服务……………………………（179）
文旅融合……………………………………（180）
旅游公共服务设施提质升级………………（180）
行业安全监管………………………………（180）
市场监管……………………………………（180）
优化旅游服务………………………………（180）
旅游产品宣传推介…………………………（180）
黄金周旅游情况……………………………（181）

金融

概况…………………………………………（181）
潮州农村商业银行股份有限公司凤城支行………………………………………（181）
业务经营管理………………………………（181）
改制组建农商行工作………………………（182）

教育　科学　文化　卫生

教育

概况…………………………………………（185）
重要会议……………………………………（185）
实施“理想学校＋卓越校长”工程培训项目………………………………………（185）
探索集团办学………………………………（186）
师德师风教育………………………………（186）
幼儿教育……………………………………（186）
表31　2019年湘桥区域内幼儿园情况表　（186）
小学教育……………………………………（193）
表32　2019年湘桥区域内小学情况表　…（194）
中学教育……………………………………（198）
表33　2019年湘桥区域内中学情况表　…（199）
中等职业教育………………………………（200）
表34　2019年湘桥区域内中等职业技术教育学校情况表……………………（200）
特殊教育……………………………………（201）
表35　2019年湘桥区域内特殊教育学校情况表……………………………………（201）
教师队伍建设………………………………（201）
表36　2019年湘桥区各类学校教职工情况表……………………………………（201）
表37　2019年湘桥区教育经费投入情况表…（202）
教研活动及成果……………………………（202）
表38　2019年湘桥区中小学教学教研各项奖励情况表…………………………（203）
德艺体美育工作……………………………（203）

科技

概况…………………………………………（204）
申报省、市科技项目………………………（204）
科技创新体系建设…………………………（204）
项目跟踪督查………………………………（204）
工程中心建设………………………………（204）

文化

概况…………………………………………（204）
文化设施建设………………………………（205）
非遗项目申报………………………………（205）
表39　2019年湘桥区域内各级文物保护单位一览表…………………………（206）
表40　2019年湘桥区域内市级以上历史文化保护街区一览表………………（208）
表41　2019年湘桥区非物质文化遗产项目一览表……………………………（209）
表42　2019湘桥区非物质文化遗产项目代表性传承人情况表…………………（209）
群众文化活动及文艺创作…………………（212）
表43　2019年湘桥区文艺作品获奖情况表……………………………………………（213）

体育

竞技体育……………………………………（214）
群众体育……………………………………（214）

体育设施与体育市场管理…………………… (214)
表44 2019年湘桥区体育设施一览表 … (215)

档案工作

区档案馆新馆建成…………………………… (218)
“湘桥记忆——档案文献综合展”主题展览… (218)
档案法制宣传……………………………… (218)
档案综合管理检查………………………… (218)
专项档案管理……………………………… (218)
档案馆基础业务…………………………… (218)
档案开发与利用…………………………… (219)

地方志与党史工作

志鉴扩面提质工作………………………… (219)
地方志资源开发利用……………………… (219)
地方志数学化工作………………………… (220)
参与《革命老区(县)发展史》编纂工作… (220)
湘桥区域革命遗址大普查………………… (220)

卫生

概况……………………………………… (220)
机构改革…………………………………… (221)
表45 2019年湘桥区公立医疗卫生服务机构情况表………………………… (221)
诊疗技术水平及特色医疗………………… (222)
医学人口统计……………………………… (222)
疾病防控（卫生防疫）…………………… (222)
妇幼保健…………………………………… (223)
医疗仪器设备……………………………… (223)
公共卫生监督及执法……………………… (223)
红十字会工作……………………………… (223)
医药卫生体制改革………………………… (223)
卫生行动…………………………………… (224)

社会生活

人口和计划生育

人口概况…………………………………… (227)
计划生育…………………………………… (227)
优生优育宣传……………………………… (227)
三级人口计生服务机制…………………… (227)
老龄工作 ………………………………… (227)
职业健康监督管理 ……………………… (227)
征兵体检工作 …………………………… (228)
精准扶贫工作 …………………………… (228)
无偿献血工作 …………………………… (228)

人力资源和社会保障

重要会议 ………………………………… (228)
重大活动 ………………………………… (228)
事业单位人事管理 ……………………… (229)
表46 2019年湘桥区事业单位人员年龄情况表 ……………………………… (229)
工资福利 ………………………………… (229)
专业人才与专家管理 …………………… (229)
人事人才公共服务 ……………………… (229)
劳动就业管理 …………………………… (230)
劳动信访、劳动保障监察 ……………… (230)
劳动仲裁 ………………………………… (230)
社保工作 ………………………………… (231)
基金支出、结算及各项待遇发放 ……… (231)
社会保险扩面征缴 ……………………… (231)
事业单位养老保险制度改革 …………… (231)
医保工作 ………………………………… (231)
医疗救助 ………………………………… (232)
重大活动 ………………………………… (232)

消费

概况 ……………………………………… (233)

民政工作　社会事务

行政区域 ………………………………… (233)
行政村和社区居委会建设 ……………… (233)
“三社联动”工作 ……………………… (233)
第四轮汕潮线澄海湘桥段联检 ………… (233)
拨款支持骨灰堂建设 …………………… (234)
社会组织登记管理 ……………………… (234)
表47 2019年湘桥区社会组织情况表 … (234)
表48 2019年湘桥区本级行业与专业社会团体一览表 ……………………………… (234)
双拥工作 ………………………………… (236)
退役军人优待抚恤 ……………………… (236)

移交安置工作……………………………… (236)
婚姻登记服务……………………………… (237)
社会福利与社会救济……………………… (237)
表49　2019年湘桥区低保家庭救济情况表… (237)
表50　2019年湘桥区特困供养人员救济情况表……………………………… (237)

市容与环境卫生

概况……………………………………… (238)
落实“六城同创”战略部署……………… (238)
工程项目建设……………………………… (239)
推进市区扬尘整治和景观建设…………… (240)

民族宗教

概况……………………………………… (241)
“民族团结进步”主题宣传活动 ………… (241)
“民族团结进步”示范创建活动 ………… (241)
落实国家有关民族政策…………………… (241)
宗教法规、政策学习宣传………………… (241)
制度建设…………………………………… (241)
监督检查…………………………………… (242)
教育引导…………………………………… (242)

街道、镇概况

湘桥街道

概况……………………………………… (245)
经济发展…………………………………… (245)
城区建设…………………………………… (245)
街道管理…………………………………… (245)
社区服务…………………………………… (246)
计划生育…………………………………… (247)
社保医保…………………………………… (247)
党建工作…………………………………… (247)
社会综合治理……………………………… (248)
安全生产和消防安全……………………… (249)
街道文化…………………………………… (249)

西湖街道

概况……………………………………… (251)
经济发展…………………………………… (251)
城区建设…………………………………… (251)
环境卫生管理……………………………… (252)
安全生产工作……………………………… (252)
食品安全工作……………………………… (253)
社区服务机构……………………………… (253)
福利事业…………………………………… (253)
社保医保…………………………………… (253)
志愿服务…………………………………… (253)
党建工作…………………………………… (253)
社会综合治理……………………………… (254)
街道文化建设……………………………… (254)

金山街道

概况……………………………………… (255)
党建工作…………………………………… (255)
经济发展…………………………………… (256)
社会综合治理……………………………… (257)
城市治理…………………………………… (258)
街道文化建设……………………………… (258)
民生保障…………………………………… (259)
双拥工作…………………………………… (259)

太平街道

概况……………………………………… (259)
经济发展…………………………………… (260)
城区建设…………………………………… (260)
社会综合治理……………………………… (260)
社区服务…………………………………… (260)
新时代文明实践所成立…………………… (261)
举办书法展………………………………… (261)
“创文”共建工作机制 …………………… (261)
“双创”工作 ……………………………… (261)
秋晖文明劝导队志愿者服务站成立……… (261)
主题教育…………………………………… (262)
巡视整改…………………………………… (262)
社会综合治理……………………………… (262)

南春街道

概况……………………………………… (262)
经济发展…………………………………… (263)

城市管理……………………………………（263）
劳动保障……………………………………（263）
计划生育……………………………………（263）
福利事业……………………………………（264）
志愿服务……………………………………（264）
主题教育……………………………………（264）
巡视整改……………………………………（265）
党建工作……………………………………（265）
社会综合治理………………………………（266）
街道文化建设………………………………（267）
“三旧”改造 ………………………………（268）

西新街道

概况…………………………………………（268）
经济发展……………………………………（268）
社会综合治理………………………………（269）
社区服务……………………………………（270）
党建工作……………………………………（270）
街道文化建设………………………………（272）

桥东街道

概况…………………………………………（272）
经济发展……………………………………（272）
城区建设……………………………………（272）
乡村振兴……………………………………（272）
污染防治……………………………………（273）
“两违”及图斑点查控整改 ………………（273）
社区服务……………………………………（274）
党建工作……………………………………（274）
社会综合治理………………………………（276）
街道文化建设………………………………（276）

城西街道

概况…………………………………………（277）
经济发展……………………………………（277）
实施乡村振兴战略…………………………（277）
环保工程……………………………………（278）
城市配套设施建设…………………………（278）
生态环境优化………………………………（278）
安全生产……………………………………（279）
“两违”整治 ………………………………（279）
“创文创卫”工作 …………………………（279）
社会综合治理………………………………（279）
社区服务……………………………………（280）
党建工作……………………………………（280）
街道文化建设………………………………（281）

凤新街道

概况…………………………………………（281）
经济发展……………………………………（281）
实施乡村振兴战略…………………………（282）
重点项目建设………………………………（282）
农村人居环境整治…………………………（282）
农村三资交易管理…………………………（283）
城乡治理……………………………………（283）
计划生育……………………………………（283）
社会保障……………………………………（283）
党建工作……………………………………（284）
信访工作……………………………………（284）
法治宣传教育………………………………（284）
镇街文化建设………………………………（285）

意溪镇

概况…………………………………………（285）
经济发展……………………………………（285）
城乡建设……………………………………（285）
社会综合治理………………………………（286）
民生事业……………………………………（286）
党建工作……………………………………（287）

磷溪镇

概况…………………………………………（287）
经济发展……………………………………（287）
基础建设……………………………………（288）
环境卫生整治………………………………（288）
社会服务……………………………………（288）
党建工作……………………………………（288）
社会综合治理………………………………（288）
文化建设……………………………………（289）
特色农业……………………………………（289）
土地管理……………………………………（289）
精准扶贫……………………………………（289）

官塘镇

概况……………………………………………（290）
经济发展………………………………………（290）
农村基础设施建设……………………………（291）
环境整治………………………………………（291）
安全生产………………………………………（291）
卫生事业………………………………………（292）
教育事业………………………………………（292）
劳动保障及扶贫工作…………………………（292）
党建工作………………………………………（292）
社会综合治理…………………………………（293）
文化建设………………………………………（293）
大型市场………………………………………（293）

铁铺镇

概况……………………………………………（293）
经济发展………………………………………（294）
精神文明建设…………………………………（294）
生态文明建设…………………………………（295）
党建工作………………………………………（295）
铁铺工业园区…………………………………（296）

附　录

潮州市湘桥区2019年国民经济和社会发展统计公报 …………………（299）

政府工作报告
——2020年5月29日在潮州市湘桥区第六届人民代表大会第六次会议上……………………………（309）
表51　2019年规范性文件一览表 ………（320）

荣誉
表52　2019年湘桥区获全国、国家部委、省委和省政府授予单位荣誉一览表……………………………（322）
表53　2019年湘桥区获全国、国家部委、省委和省政府授予个人荣誉一览表……………………………（322）

索引 ……………………………………（323）

特载

潮州市湘桥区开展“不忘初心、牢记使命”主题教育工作

按照中央、省委、市委关于开展第二批“不忘初心、牢记使命”主题教育工作部署，自2019年9月开始，区委、区人大常委会党组、区政府党组、区政协党组和12个镇街、44个区直单位以及657个基层党组织同步开展主题教育。在市委第三指导组的精心指导下，全区基层党组织和广大党员干部坚持把学习贯彻习近平新时代中国特色社会主义思想作为主线，坚持把学习教育、调查研究、检视问题、整改落实四项重点措施贯通推进，进一步激发推动湘桥高质量提升发展强大动力，取得了实实在在的教育成果。

一、提高政治站位，抓好组织领导，确保主题教育对标对表

区委高度重视，把主题教育作为全区的重大政治任务摆在工作首位，认真贯彻“守初心、担使命，找差距、抓落实”的总要求，切实加强对全区主题教育工作的组织领导。

（一）提前谋划筹备

早在第二批“不忘初心、牢记使命”主题教育启动之前，区委先后召开书记专题会、区委常委会，专门学习研究主题教育工作，成立了区委“不忘初心、牢记使命”主题教育领导小组，由区委书记担任组长，相关区委常委任副组长。领导小组下设办公室负责日常工作，及早制定《湘桥区开展“不忘初心、牢记使命”主题教育的实施方案》等系列文件，明确开展主题教育的任务、要求、目标和工作安排。各镇街、区直单位党委（党组）也纷纷成立相应的领导机构和工作机构，加强对主题教育的筹划，为全面启动主题教育打好坚实基础。

（二）迅速动员部署

9月18日，湘桥区召开全区“不忘初心、牢记使命”主题教育动员会，对全区开展主题教育进行动员部署。会后，又迅速召开主题教育工作安排和业务培训会议，对有关工作作出具体部署，对做好指导工作进行培训，确保全区主题教育开好局、起好步。各镇街、区直单位迅速传达贯彻中央和省委、市委、区委动员会议精神，坚持一级抓一级，层层抓落实，全面部署和迅速铺开主题教育工作。

（三）压实领导责任

落实各级党组织书记切实承担起第一责任人的责任，做到亲自组织和带头开展主题教育。落实各级领导班子成员认真履行职责，严格按照区委部署要求，在抓好“规定动作”中细化任务，在选准“自选动作”中体现特色，在解决“突出问题”中改进提高。

（四）坚持严督实导

派出4个指导组，采取联络指导、随机抽查、调研访谈等方式，对12个镇街、44个区直单位开展主题教育进行督促指导，及时发现和解决问题，推动中央精神和省委、市委、区委部署要求落地见效。

二、强化理论武装，抓实学习教育，推动党员干部走深走心

坚持把学习教育贯穿始终，通过以上率下，带领党员干部读原著、学原文、悟原理，指导实践、推动工作。

（一）开展集中学习研讨

将集中学习与分散学习相结合、个人自学与集体研讨相结合，积极推进学习教育。9月23日至10月10日，在充分开展自学的基础上，组织区级领导班子和领导干部开展了“习近平总书记关于初心使命的重要论述”等五个专题的集中学习研讨，用时共5天。每场专题学习由1～2位领学领导通读原文后作重点发言，再由3～5人作交流发言，做到既谈学习体会、收获，又谈实际工作的做法、存在的短板和改进的措施，进一步厘清推进湘桥高质量发展的思路，增强推动发展的决心信心。主题教育期间，全区各镇街、区直单位共开展集中学习研讨285场次。

（二）丰富学习教育形式

通过开设“六大课堂”，扎实推进全区各级党组织和广大党员干部的学习教育：“专家课堂”，邀请省委党校教授张海梅作《正确认识与应对中美经贸摩擦》专题讲座，进一步明晰当前发展新形势；“红色课堂”，组织到革命母亲李梨英故居接受革命传统教育，到市档案馆参观“不忘初心、牢记使命”主题教育档案文献展，进一步坚定理想信念；“警示课堂”，由区纪委书记上课，以案说法，并组织观看警示教育片，让党员干部知纪律存敬畏；“榜样课堂”，选树全区先进典型，召开先进事迹报告会，进一步激励广大党员干部见贤思齐、比学赶超；“移动课堂”，为高龄党员、特殊党员送学上门，努力实现学习全覆盖；“线上课堂”，通过“学习强国”、党员微信群等新媒介，及时传达上级精神，确保党员干部学习不掉队。主题教育期间，各镇街、区直单位通过开展党委（党组）会议学习、理论学习中心组专题学习216场次，开展专题教育138场次，各级党员领导干部参加组织关系所在支部学习211场次。各镇街党校举办培训班145场次，培训基层党员13975人次。

三、坚持问题导向，抓准调查研究，力促重点情况摸清摸透

紧紧围绕贯彻落实习近平新时代中国特色社会主义思想、习近平总书记对广东重要讲话和重要指示批示精神及中央、省委、市委、区委决策部署，在理论联系实际中寻找解决问题的办法措施。

（一）紧扣目标导向选好题

区党政领导班子成员围绕深入学习贯彻习近平新时代中国特色社会主义思想，结合8个方面突出问题专项整治，结合落实省委“1＋1＋9”工作部署、市委“1＋5＋2”工作部署和区委工作部署，结合“大学习、深调研、真落实”工作，结合落实省委巡视反馈意见，选出“加强党的领导和党的建设方面”“深化改革开放，积极融入粤港澳大湾区建设，推动经济高质量发展”“保障和改善民生”3个方面13个具体课题进行调研。主题教育期间，区“四套”班子领导干部共围绕11个方面24个课题开展调研；各镇街、区直单位共确定260个专题，开展调研活动479场次。

（二）突出问题导向深调研

区党政领导班子根据选定的课题，以问题为导向，对一些重大问题摸实情、查症结、理思路，并于11月21日召开主题教育调研成果交流会，进行深入交流研讨，形成13份切合湘桥实际、指导性和可操作性强的调研报告。主题教育期间，区人大常委会、区政协紧紧围绕群众反映强烈的热点难点问题，开展系列视察、调研活动，撰写了一批高质量的调研报告和建议意见。各镇街、区直单位结合工作实际，大兴调查研究之风，形成“大学习、深调研、真落实”的浓烈氛围。全区各级各单位召开座谈会148场次，发放征求意见表1283份，完成调研报告320份。

（三）强化初心导向讲党课

按照“守初心、担使命、找差距、抓落实”总要求，结合学习调研成果，区委书记率先垂范，为党员干部上专题党课，带动区“四套”班子领导干部分别到分管领域、基层单位、组织关系所在党支部讲党课，重点讲学习习近平新时代中国特色社会主义思想，特别是习近平总书记关于“不忘初心、牢记使命”重要论述的认识体会，讲差距和不足，讲指导实践、推动改进工作的思路措施，讲守初心、担使命的感悟。主题教育期间，各镇街、区直单位党员干部下基层讲党课250场次，全区各党支部书记上党课和谈心得体会684场次，全区上下形成浓厚的学习氛围。

四、广泛听取意见，抓深检视问题，务求差距短板找准找实

对照习近平新时代中国特色社会主义思想找差距、查短板，在不断深化学习教育和调查研究中，深入开展自我检视，把问题找准找实，把问题剖深析透。

（一）畅通不同渠道听取意见

区委面向基层党员群众，采取设置征求意见箱、开辟网上征求意见通道、发放征求意见表、召开座谈会和个别访谈等方式，广泛征求、汇总梳理有效意见建议144份，形成《区委领导班子工作台账》和《区委领导班子及领导成员检视问题和整改落实清单》。区人大常委会、区政府、区政协和各镇街、区直各单位也广开言路、畅通渠道，采用各种各样的方式征集各方面意见、建议共578条。

（二）深挖思想根源交流认识

区“四套”班子领导干部带头垂范，领导班子成员之间，班子成员与分管部门负责同志、与本人组织关系所在党支部党员代表之间，紧扣“不忘初心、牢记使命”主题深入开展谈心谈话，重点谈参加主题教育的收获体会，谈守初心、担使命方面的差距不足，谈对整改落实的具体措施和意见、建议，相互提意见、建议共375条，真正做到交流思想、交换意见、形成共识。各镇街、区直单位共开展谈心谈话762场次，相互提意见、建议996条。

（三）坚持刀刃向内检视剖析

11月中下旬，区“四套”班子相继召开领导班子对照党章党规找差距专题会议，集中学习《党章》《关于新形势下党内政治生活的若干准则》《中国共产党纪律处分条例》，紧扣中共中央提出的“18个是否”，逐一对照，自我检视，深刻剖析，把差距找准找实，并将问题纳入个人检视问题和整改落实清单，逐项研究解决。与此同时，各镇街、区直单位以党支部为单位广泛开展党员“五对照五检视”活动和涉黑涉恶涉乱问题线索滚动排查工作，全面清查党员涉迷、宗、邪、黄、赌、毒、假、偷、诈、占、欠、污、打、骂、闹等15种乱象。

五、推进专项整治，抓严整改落实，保证整改措施见底见效

从主题教育一开始就着手查找问题、整改问题，坚持主动履职、不等不拖，积极解决发展需要和群众反映的重点难点问题，把落实整改贯穿于主题教育全过程。

（一）聚焦省委巡视反馈意见抓整改

把省委巡视反馈意见整改落实工作作为一项重要政治任务摆在突出位置，以“照单全收、深入排查、举一反三、坚决整改”的务实态度和行动自觉，结合开展“不忘初心、牢记使命”主题教育活动，全力推动巡视整改各项工作扎实开展。开展整改以来，在区级层面上认真开展问题检视，省委巡视区委反馈整改，前期共查摆四大类44个分项问题，经过认真深入研究，提出了154项整改措施。针对学习贯彻习近平新时代中国特色社会主义思想和党的十九大精神有差距问题，坚持示范引领，打通基层学习“最后一公里”；强化督促指导，建立健全学习教育长效机制，开展村（社区）党组织“先进带后进”、“结对子”帮扶等；严肃学习纪律，严格落实党的组织生活制度，纠正党员干部学风不严不实问题；注重知行合一，深入开展调研，提升领导干部理论指导工作实践的能力水平等。针对党的政治建设和组织建设有待加强问题，建立健全各级党组织制度，明确“三重一大”事项的种类、范围、可量化金额标准及审批程序，切实完善议事决策工作制度，规范权力运行；推行《湘桥区基层党组织规范化建设问题清单》《湘桥区党员行为正、负面清单》管理，严肃党内政治生活和组织生活，为各级基层党组织开展工作提供指引；选派151名党员干部到村（社区）担任党建指导员，开展基层党组织党内政治生活情况督查指导等。至11月底，44个分项问题已全部完成整改。

（二）聚焦专项整治抓整改

开展八项专项整治和“景观亮化工程”过度化等“政绩工程”“面子工程”专项整治，制定“不忘初心、牢记使命”8个方面突出问题专项整治工作台账，明确整治责任，细化整治措施，量化整治时限。同时，敦促各牵头单位根据方案要求，列明“问题清单”“任务清单”“责任清单”，明确整改责任人、时间表、路线图，确保具体到事、落实到人，严格实行清单管理和台账制度。通过努力，各方面突出问题专项整治工作不断深化并取得明显效果。针对整治“干事创业精气神不够，患得患失，不担当不作为，斗争精神不强”问题，对照检视查摆问题清单深入开展排查，处理存在不担当不作为等问题的领导干部14人。针对整治违反中央八项规定精神的突出问题，深入开展违规收送红包礼金、公款旅游、“小金库”和违规发放津补贴、“私车公养”等问题，严肃查处太平社区卫生服务中心违规发放汽油补贴等案件，追回发放的汽油补贴4.99万元，给予5人党纪政务处分，追回公款旅游违纪款项人民币1900元，给予1人党纪处分，诫勉2人。针对整治贯彻落实习近平新时代中国特色社会主义思想和党中央决策部署阳奉阴违的问题，坚持实事求是，持续开展“思想再解放，改革再出发”专题大讨论，以改革精神和系统思维，解决好困扰湘桥高质量提升发展和基层治理的难点堵点痛点问题，推动党中央和习近平总书记决策部署落到实处，更好地惠及民众。凤新街道综治中心社会治理模式，获评全国十个社会治理最佳案例之一。

（三）聚焦短板弱项抓整改

坚持问题导向，坚持边学习边调研边整改。区“四套”班子深入挂钩联系的镇街、村（社区）开展“大走访、大排查”，下沉倾听基层党员群众意见，立足基层实际提出相关解决措施和改革举措。针对个别基层党组织存在的软弱涣散问题，区委选派了10名第一书记和25名工作队员驻村，并出台《湘桥区村（社区）党组织书记储备工作实施方案》，进一步加大基层后备干部培养力度，从根本上解决村干部青黄不接和软弱涣散问题，帮助软弱涣散基层党组织开展整顿转化工作。主题教育以来，已帮助问题村解决突出问题27宗，化解问题矛盾纠纷58个，投入整顿资金近120万元。针对生态环境建设和污染防治能力不足，影响高质量提升发展问题，压实镇街在推进环保问题整改上的主体责任，落实镇街党政主要领导亲自协调督办26个环保问题（案件）；大力推进饮用水水源保护区范围内违章建筑拆除整治，高效完成141宗“四乱”（乱点、乱采、乱堆、乱建）问题销号工作；加快高能耗、高污染企业转型升级步伐，完成全区124家“散乱污”企业（场所）整治工作；加快环保项目建设进度，全力推进枫江流域水环境整治二期工程（湘桥段）建设等，取得了明显成效。针对解决古城管理体制存在的短板，将古城综合改革工作纳入主题教育调研课题，深入开展调查研究，召开专题座谈会和工作推进会，研究草拟加快推进古城街道撤并方案，探索成立古城文化旅游管委会，推动古城综合改革。针对加快城乡协调发展问题，大力推进古城31条街巷改造和涉及4个老市区街道的“微更新”项目，启动地债资金1亿元，打造2条特色精品旅游线路和22个美丽宜居示范村建设。针对扶贫开发项目单一、乡村振兴压力大问题，着力加强技能培训，实施“户企结对”帮扶措施，落实区工商联、区工信局等职能部门发动企业结对帮扶22户脱贫难度较大的贫困户，新增公益性岗位51个，有效激发贫困群众内生动力。同时实施“一村一品”“一镇一业”，积极探索现代农业产业园等农业产业化模式，深挖农业扶贫资源，推动区佛手果产业园入选2019年粤东西北地区第二批省级现代农业产业园，有效促进乡村产业发展，实现贫困群众稳定脱贫。

（四）聚焦热点难点问题抓整改

以解决人民群众的操心事、烦心事、揪心事为抓手，帮助企业、基层和群众解决一批实际困难和问题。根据困扰企业负担重问题，进一步推进减税降费问题，大力落实减税降费政策，2019年前三季度全区减免税费3.43亿元，新发展各类市场主体4365户，“个转企”102家，“四梁八柱”民营企业18家，申报高新技术企业认定5家。针对“两违”乱象，强力整治“两违”，完成违法占用耕地复耕341.54亩，12月实现卫片执法违法耕占比从72.17%锐减至13.27%。面对制约基础教育优质均衡发展瓶颈，成立韩师实验学校教育集团，积极探索集团化办学新模式。针对群众反映强烈的滨江华府项目涉信访问题，区党政主要领导和分管领导多次上门，采取“逐户走访，逐人化解”的方式，认真细致做住户的说服释疑工作，并敦促宏泽公司完善滨江华府地下室回灌水方案，对安怡园附属设施进行修复，使双方情绪渐趋稳定、回归理性，让问题得到较为妥善的解决。为缓解城区群众停车难的突出问题，建立完善了城区智慧停车系统，新增有偿泊车位816个，有效缓解城区停车难问题。各镇街、区直各单位也深入围绕制约地区、单位发展和群众反映的问题，列出问题清单，抓好整改落实。西湖街道围绕基层社区党建阵地建设滞后、党在基层领导作用不够突出、区域内党建文化资源挖掘不够充分等问题开展了针对性整改。城西街道聚焦社会治理的堵点痛点问题，以整合区域资源、创新治理方式为突破口，创新推行联调、联防、联勤、联治、联管、联创的“六联”工作模式，提升社会治理能力，维护社会和谐稳定，取得较好成效。区民政局招聘34名热心和熟悉婚姻家庭关系调适服务工作的志愿者，组建“初心”志愿服务队，为办理婚姻登记当事人免费提供婚姻家庭辅导，促进婚姻家庭和谐、社会稳定。主题教育开展以来，全区各级基层党组织和党员干部为企业、基层、群众解决问题1188个，开展志愿服务活动361场次，为群众办好事实事1453件，为民办好事实事投入资金63.5万元，受到广大人民群众的高度好评。

湘桥区扎实用好学习调研成果，围绕检视反思问题，联系整改落实情况，在市委第三指导组的精心指导下，于12月10日召开区委领导班子“不忘初心、牢记使命”专题民主生活会。会上，区委领导班子紧扣学习贯彻习近平新时代中国特色社会主义思想这一主线，按照习近平总书记关于“四个对照”“四个找一找”要求，检视剖析问题，提出整改措施，明确努力方向。班子成员坚持把自己摆进去、把职责摆进去、把工作摆进去，进行深刻检视剖析，认真开展批评和自我批评，取得了红脸出汗、排毒治病的良好效果。与此同时，在区委4个指导组全程跟进指导下，全区12个镇街、44个区直单位召开了专题民主生活会，657个党支部也分别召开了专题组织生活会。

意溪司法所被司法部评为“全国先进司法所”

近年来，意溪司法所通过规范机构建设、强化人才队伍培养及不断探索工作新模式，切实做到情为民所系，利为民所谋，努力把意溪司法所建成人民群众满意信赖的司法所。2019年1月，意溪司法所被司法部评为全国先进司法所。主要做法有：

一、加强司法所机构及队伍建设

意溪司法所逐步完善机构设置，先后成立“法制宣传、法律援助志愿者队伍领导小组”“意溪镇人民调解工作领导小组”等机构，同时规范建设人民调解室、公共法律服务站，使司法工作做到组织机构、干警队伍、基础设施、工作制度、司法业务、执法服务“六规范”。为提高司法所干警的政治素质和业务素质，司法所通过组织学习党的十九大精神和习总书记系列重要讲话精神，开展党的群众路线教育实践活动及学习法律法规等途径，有效地提高司法所干警的政治素养和业务水平。

二、深入开展各项司法行政工作

加大力度，全面深入排查各地、各领域、各行业、各个层面可能影响社会稳定的矛盾因素，及时调解纠纷。结合做好十项民生实事，推进“以案定补”工作，2016年至2018年三年间，司法所共排查调处基层矛盾纠纷437件。认真做好社区矫正工作。建立由司法所、派出所干警，村(居)委治安主任和矫正对象家属组成的“四位一体”矫正队伍，切实加强对社区矫正人员的教育和管理。累计接收社区矫正人员122人，解矫107人。积极做好安置帮教工作，截至2018年12月底，全镇有83名刑释解教人员回归社会接受管理帮教。推进一村（社区）一法律顾问工作。小何律师事务所和粤韩律师事务所6名执业律师结对意溪镇27个村（社区）并签订《湘桥区村（社区）法律顾问合同》，2018年以来法律顾问登记工作台账共444条。全力做好法律援助。司法所在镇综治信访维稳中心受理总台配设法律咨询职能，为辖区群众提供法律咨询；结合直接联系群众和一村（社区）一法律顾问两项工作的开展，与民政部门联合开展法律援助工作，增强群众依法维权的意识，使更多的贫困群众真正了解和接受法律援助。

三、不断探索司法工作新模式

一方面利用好一村（社区）一法律顾问这一资源，结合到日常的社区矫正人员普法教育、各重要节点的宣传活动和人民调解等工作中；另一方面，创新社区矫正教育活动模式，与开展爱国卫生运动、敬老活动、扶贫工作、大型宣传活动等结合起来，使社区矫正人员通过这些公益活动能达到更好的教育效果；同时根据通过联系实际，努力探索学习“枫桥经验”，落实“访调对接”工作模式。2018年，司法所协助意溪镇综治中心办理信访案件共22件。

大事记

1月

4日，湘桥区在桥东街道社光村举行全区首个巾帼创业示范基地揭牌仪式。

7日，湘桥区委常委会举行习近平总书记视察广东重要讲话精神专题学习研讨会。

9日，湘桥区召开城市基层党建现场会。

10日至12日，湘桥区委书记余楚雄率领各行业企业家代表和商会领导，前往香港、深圳拜访香港潮属社团总会、香港潮州商会、香港湘桥区同乡会、香港英皇证券集团公司、深圳韩江文化研究会、深圳市潮州商会等社团和侨领乡贤，举行“香港潮州市湘桥区同乡会”挂牌仪式，开展“融入大湾区，湘桥新发展”主题联谊交流活动。

14日，湘桥区部署岁末年初维稳工作，防微杜渐，做好矛盾纠纷排查化解工作。

15日，湘桥区召开新时代文明实践中心建设工作推进会。

21日，湘桥区召开会议，传达学习中央军委2019年开训动员令，部署2019年兵役登记、征兵宣传和民兵训练等工作。

22日，湘桥区普法领导小组举办首届国家机关“谁执法谁普法”履职报告评议活动。

25日，湘桥区委书记余楚雄主持召开区委常委会扩大会议，专题听取各街道（镇）党（工）委书记和区经信局、区住房和城乡建设局党委书记抓基层党建工作述职。

28日，中国共产党潮州市湘桥区第六届委员会第六次全体会议在区党政机关会堂召开。

31日，中共湘桥区第六届纪律检查委员会第四次全体会议召开。

2月

11日，湘桥区组织收看收听全市重点工作推进会，随后立即召开会议，就贯彻落实全市会议精神，扎实推进新一年各项工作进行部署。

21日，湘桥区组织收看收听全省扫黑除恶专项斗争视频会，随后召开全区扫黑除恶专项斗争推进会。

26日，中共湘桥区第六届委员会第七次全体会议召开。

3月

5日，湘桥区召开宣传思想工作会议，传达贯彻全国、全省、全市宣传部长会议精神，总结2018年工作，分析当前形势，部署2019年工作。

8日下午，市委常委、宣传部部长王文森带队到湘桥区，就推进新时代文明实践中心建设开展专题调研。

11日，潮州市妇联、湘桥区妇联联合举办主题为“巾帼暖人心、奋进新时代”的纪念“三八”国际劳动妇女节109周年暨文艺展演活动，表彰一批“最美家庭”，动员广大妇女为潮州建设贡献巾帼力量。

18日，湘桥区召开武装工作暨民兵组织整顿任务部署会。

19日，湘桥区委常委会召开会议，传达学习习近平总书记重要讲话精神暨全国“两会”精神干部大会电视电话会议精神，研究部署全区贯彻落实意见。

21日，湘桥区潮人阳光教育集团挂牌成立，6所学校纳入该集团的发展框架。

26日至28日，政协湘桥区第六届四次会议于湘桥区党政机关会堂隆重召开。

27日至29日，湘桥区第六届人民代表大会第五次会议于湘桥区党政机关会堂召开。

30日，省委第十一巡视组巡视湘桥区工作动员会召开。

4月

11日，湘桥区委巡察工作领导小组召开动员部署会，启动六届区委第六轮巡察暨扫黑除恶专项巡察工作。

17日，湘桥区委第一、第二巡察组分别在磷溪镇、意溪镇召开第六轮巡察进驻动员会。

28日，潮州市湘桥警方成立市首支“义警”服务队。

29日，湘桥区举行“青春心向党·建功新时代——纪念五四运动100周年大会”。

29日，湘桥区召开创建国家卫生城市工作整改落实推进会。

30日，湘桥区召开全区教育工作会暨教育系统党建、意识形态安全工作会议。

5月

8日，湘桥区召开新时代文明实践中心建设工作推进会。

14日，湘桥区新桥商业街党支部在市区新桥东路揭牌成立。

15日，湘桥区的章秋娥家庭获得2019年度“全国最美家庭”称号。

21日，湘桥区召开防范化解意识形态领域重大风险工作会议。

6月

3日，湘桥区委书记佘楚雄带队检查高考备考工作，看望慰问高三教师，要求各相关单位严格落实责任，做好各项准备，确保实现“平安高考”“公平高考”“诚信高考”“暖心高考”目标。

6日，湘桥区佛手果产园入选2019年第二批省级现代农业产业园名单。

19日，湘桥区召开脱贫攻坚暨乡村振兴工作推进会。

27日，湘桥区举行2019年“广东扶贫济困日”活动启动仪式。

28日，共青团潮州市湘桥区召开第八次代表大会。

7月

3日，湘桥区召开2019年度征兵工作会议。

22日，湘桥区委书记佘楚雄主持召开区委全面深化改革委员会会议。

23日，湘桥区召开区委人大工作会议。

23日，湘桥区召开社会保险扩面征缴工作推进会。

26日，湘桥区领导分别带领“八一”拥军慰问团走访驻潮部队，开展拥军慰问活动，军地共同庆祝“八一”建军节。

8月

9日，湘桥区委分别召开巡察工作领导小组会议和区委书记专题会议，听取六届区委第六轮常规巡察及扫黑除恶专项巡察工作的情况汇报，研究部署进一步做好湘桥区巡察工作。

12日，湘桥区海外联谊会召开第二次会员大会。

是日，由湘桥区海外联谊会组建的“回潮·团圆”志愿导游队“海星队”正式成立，香港潮属社团总会创会主席陈伟南为“海星队”授旗。

7日，省委第十一巡视组巡视潮州市湘桥区情况反馈会议召开。

15日，湘桥区委第二巡察组召开巡察反馈会议。

20日，湘桥区委召开全区推进巡视整改工作动员会议。

22日，区委全面依法治区委员会召开第一次会议，深入学习贯彻中央全面依法治国委员会第一次、第二次会议精神，省委全面依法治省委员会第一次、第二次会议精神和市委全面依法治市委员会第一次会议精神，研究部署当前和今后一个时期湘桥区全面依法治区工作。

22日，湘桥区委书记、区委审计委员会主任余楚雄主持召开区委审计委员会第一次会议。

9月

9日，湘桥区委巡察工作领导小组召开动员部署会，启动六届区委第七轮巡察暨县区交叉巡察工作。

11日，湘桥区举行潮州市韩江新城污水处理（近期）工程PPP项目合作签约仪式，广东粤海水务投资有限公司、中国一冶集团有限公司、广东省建筑设计研究院、广东省水利电力勘测设计研究院等中标方联合体同业主方湘桥区磷溪镇签约。

18日，湘桥区召开开展“不忘初心、牢记使命”主题教育工作会议。

19日，中共湘桥区第六届委员会第八次全体会议召开。

20日，湘桥区人大常委会组织部分市、区人大代表视察湘桥区重点项目建设情况。

22日，湘桥区妇女第六次代表大会召开。

23日至10月10日，湘桥区领导干部分两阶段开展“不忘初心、牢记使命”主题教育集中学习研讨。

26日，湘桥区召开会议，部署国庆节期间重点工作。

29日，湘桥区召开2019年度精神文明建设工作会。全区挂牌成立新时代文明实践中心、所、站、点173个，开展活动2000多场次，2019年共评出“最美湘桥少年”47人。

10月

1日，湘桥区组织收看收听中央电视台全程现场直播的庆祝中华人民共和国成立70周年大会、阅兵式和群众游行盛况。

10日，湘桥区召开“不忘初心、牢记使命”主题教育领导干部集中学习研讨总结会。

15日，湘桥区举办意识形态工作专题培训班。

17日，湘桥区举行学习贯彻《习近平新时代中国特色社会主义思想学习纲要》宣讲报告会。

是日，湘桥区召开脱贫攻坚大检查工作汇报会。

21日，湘桥区委常委会召开会议，学习贯彻习近平总书记在庆祝中华人民共和国成立70周年大会上的重要讲话精神。

是日，湘桥区委理论学习中心组举行学习会，深入学习贯彻习近平总书记关于以人民为中心的发展思想系列重要论述。

30日，湘桥区召开脱贫攻坚全覆盖大检查工作汇报会。

11月

2日，湘桥区召开2019年“两违”整治攻坚冲刺行动工作会议。

5日，湘桥区委常委会召开会议，传达学习中共十九届四中全会精神和全省学习贯彻中共十九届四中全会精神干部大会精神。

13日，湘桥区委常委会举行“中国共产党领导是中国特色社会主义最本质的特征”的专题学习会，深入学习贯彻习近平新时代中国特色社会主义思想。

14日，潮州市召开深化拓展新时代文明实践中心建设试点工作会；湘桥区作为第二批全国新时代文明实践中心建设试点单位，挂牌成立1个新时代文明实践中心、12个新时代文明实践所、148个新时代文明实践站、12个新时代文明实践点。

21日，湘桥区召开区党政领导班子成员主题教育调研成果交流会。

是日，湘桥区召开区党政领导班子对照党章党规找差距专题会议。

22日，由广东省文化和旅游厅主办的广东省公共文化服务“三百工程”进基层下乡“庆祝中华人民共和国成立70周年专场”晚会在湘桥区意溪镇石牌村举行。

23日，湘桥区在意溪镇桂坑村举办“乡村振兴党引领，志愿服务我先行”湘桥志愿者助力新农村建设公益环保行动启动仪式。

12月

2日，湘桥区档案馆新馆正式开馆，同时举办“湘桥记忆——档案文献综合展（1992—2018年）”。

6日，湘桥区召开农村人居环境综合整治工作会议。

7日，湘桥区召开高速公路ETC安装应用推进会。

11日，湘桥区社会组织（社工）培育发展中心揭牌成立。

12日，湘桥区与中国移动广东有限公司潮州分公司签订“5G＋智慧区县”战略合作协议，并举行5G智慧城市应用宣讲会。

17日，湘桥区学习贯彻中共十九届四中全会精神宣讲动员会召开。

18日，湘桥区召开全区机关党的建设工作会议。

20日，湘桥区召开农民工工作暨保障农民工工资支付工作会议。

25日，湘桥区举行学习贯彻中共十九届四中全会精神宣讲会。

26日，湘桥区召开全民禁毒工程暨创建全国禁毒示范城市工作推进会。

27日，潮州市市区环保发电厂主体工程基本完工，进入启动试运行阶段，预计2020年1月底并网发电。

30日，凤城文化广场·唐伯元故居修建工程竣工暨捐赠仪式举行。该项目由潮州先贤唐伯元后裔捐资复建并赠与湘桥区，是潮州市“百家修百厝（祠）”启动以来第一例由民间筹集资金捐建的古宅修复工程。

概况

【建置沿革】 湘桥区属地在春秋时为百越之地。秦统一中国，始建郡县制，湘桥区境域属南海郡。汉为南海郡揭阳县地。东晋咸和六年（331年），析揭阳地置海阳县，湘桥地域属海阳县；义熙九年（413年），分东官郡立义安郡，湘桥地域属义安郡海阳县。梁置东扬州，后改称瀛州，湘桥地域属瀛州之义安郡。陈永定年间废瀛州，湘桥地域属义安郡海阳县。隋开皇十年（590年），废义安郡，省海阳县，在义安郡境置义安县，湘桥地域属义安县。开皇十一年（591年），在义安郡境立潮州，潮州之名自此始。历唐至清，湘桥地域均属潮州海阳县。

民国3年（1914年），因与山东省海阳县同名，潮州海阳县遂改名为潮安，湘桥地域属之。民国19年（1930年）10月，实行分区自治，潮安县分8个区，湘桥地域属第一区（中山区）。民国29年（1940年），潮安实行新县制，原8个区合并为5个区，湘桥地域直属潮安县政府管辖。民国35年（1946年）1月，潮安县裁区缩编，设20个乡、镇。湘桥地域为在城镇（包括长仁镇、里和镇、艮德镇、东关镇）全部及南厢乡、西厢乡部分。1949年，潮安置8个区，湘桥地域为附城区全部以及仁和区、荣意区部分。

新中国成立之初，潮安行政区划及名称仍沿袭旧制。1950年，潮安原8个区按顺序改为第一、二、三、四、五、六、七、八（区），湘桥属地为第一区。同年7月改为城关镇，置桥东、西关、南关、北关、第一、第二、第三、第四、第五、第六10个办事处。1953年1月，城关镇、意溪镇以及城关镇郊的厦寺乡和宫后村从潮安县划出，设立潮安市；同年7月，改称潮州市，为省辖。下辖第一街道、第二街道、第三街道、第四街道、第五街道、第六街道、第七街道。1956年1月，第六街道（意溪）撤销街道建制，划归潮安县管辖；潮安县的沙洲乡、吉街乡划归潮州市管辖。1958年11月，撤销潮州市建制，原所辖行政区改设城关镇人民公社，下辖湘桥、西湖、金山、太平、南春5个管理区。1959年7月，城关镇人民公社改为潮州镇（县级，隶属潮安县）。1960年9月，潮州镇5个管理区改称分社。1980年，从潮安县析出潮州市，恢复潮州市建制，隶属汕头地区。辖区为原潮州镇，潮安县的镇郊公社以及意溪公社的下津大队，磷溪公社的卧石、社光、六亩、黄金塘4个大队。下辖第一街道、第二街道、第三街道、第四街道、第五街道、城东公社（1981年12月改称桥东公社）、城西公社。1983年7月，潮安县并入潮州市。1989年1月，潮州市归省直接领导，并享受市（地）一级经济管理权限。1990年1月，潮州市定为副地级市。1991年12月，经国务院批准，潮州市升格扩大区域（地级市，划入饶平县），原潮州市的区划为新设置的湘桥区和恢复的潮安县。湘桥区于1992年4月23日正式挂牌。1992年5月，从潮安县的枫溪镇划出陈桥、凤山、花园、大新乡等13个管理区和古巷镇东埔管理区，设立湘桥区凤新街道。1995年12月，凤新街道的池湖、蔡陇2个管理区划归枫溪区管辖。2013年6月28日，经国务院批准，将潮安县的磷溪镇、官塘镇、铁铺镇三镇划归潮州市湘桥区管辖。根据《潮州市人民政府关于进一步加强凤泉湖高新区（潮州经济开发区）建设和管理若干问题的决定》精神，从2017年1月1日起，将湘桥区铁铺镇人财物整体移交凤泉湖高新区党工委、管委会管理。

【自然地理】 湘桥区总面积325.35平方千米，东与饶平县、汕头市澄海区交界，西与潮安区、枫溪区相连，南与潮安区、汕头市澄海区相接，北与潮安区、饶平县接壤。地貌北部高，南部低，自北向南倾斜，由山地、丘陵、平原逐渐过渡。主干河道韩江自西北向东南斜穿境区。

湘桥区属南亚热带海洋性季风气候，雨量充沛，气候温和，夏长冬短，日照充足。年平均雨量1668.3毫米，年平均气温21.7℃，年平均日照1996.6小时，春、夏、秋三季盛行东南风，冬季为偏北风，极少霜期。

2019年，全区粮食播种面积0.3万公顷，粮食产量2.03万吨。林地面积1.42万公顷（含铁铺镇），森林覆盖率为46.38%（包含铁铺镇），活立木蓄积量68.51亿立方米（包含铁铺镇）。重要矿产资源有"飞天燕"高岭土（瓷土矿）、花岗岩和黄蜡石等；名优特产有潮州菜、潮州小食和橄榄、金佛手、黄皮、杂交猪、茶叶等。全区主要旅游景点有开元寺、广济桥、许驸马府、金山、葫芦山、笔架山、别峰山、西湖、北阁佛灯景区、祭鳄台景区、凤凰洲景区、太平街义兴甲巷、石庵、淡浮院、滨江长廊、紫莲森林度假村、千果山旅游区等。

【传统文化】 意溪镇被文化部评为2011—2013年度"中国民间文化艺术之乡"（潮州木雕、潮州大锣鼓），并于2017年入选第二批全国特色小镇；凤新街道被广东省文化厅评为2015—2017年度"广东省民间文化艺术之乡"（手拉朱泥壶）；湘桥区被广东省文化厅确定为"省级潮汕文化生态保护实验区"。2019年，全区有各级非物质文化遗产项目15项，其中国家级非物质文化遗产项目2项、省级非物质文化遗产项目8项、市级非物质文化遗产项目4项、区级非物质文化遗产项目1项；各级非物质文化遗产传承人共65人，其中国级非物质文化遗产传承人5人（其中2人已故）、省级非物质文化遗产传承人10人、市级非物质文化遗产传承人35人、区级非物质文化遗产传承人15人（其中1人已故）；非物质文化遗产生产性保护基地共5个，其中国家级1个、省级4个；省级非物质文化遗产传承基地3个；市级非物质文化遗产保护基地7个。

【行政区划】 湘桥区为潮州市的中心城区，辖湘桥、西湖、金山、太平、南春、西新、桥东、城西、凤新9个街道和意溪镇、磷溪镇、官塘镇、铁铺镇4个镇，共52个社区居委会和120个行政村。2017年1月1日，湘桥区铁铺镇人财物整体委托凤泉湖高新区党工委、管委会管理。

【人口】 2019年末，全区常住人口55.20万人，常住人口城镇化率为91.06%；户籍人口47.52万人（公安部门口径，不含铁铺镇）。全年常住人口出生5510人（计生部门口径，下同），出生率为11.68‰，死亡人口3310人，死亡率为7.02‰，自然增长率为4.66‰。

【经济】 2019年，全区实现生产总值248.49亿元，同比增长5.0%。其中，第一产业增加值5.11亿元，增长5.1%，对地区生产总值贡献率为1.7%；第二产业增加值71.10亿元，增长1.7%，对地区生产总值贡献率为10.4%；第三产业增加值172.28亿元，增长6.5%，对地区生产总值贡献率为87.9%。第三产业增加值中，交通运输、仓储和邮政业增长6.3%，批发零售业增长3.2%，住宿餐饮业增长3.2%，金融业增长9.0%，房地产业下降2.5%，其他服务业增长10.5%。全区人均GDP为45015元，增长4.9%，按平均汇率折算人均6489美元，约为全省人均GDP的47.5%。

【城乡发展】 落实领导"包干"推动项目加快落地建设。29个市级重点项目累计完成投资54.24亿元，完成年度计划的107.53%，其中"三旧"改造投资6.89亿元，完成年度计划的142.65%。

新城建设步伐加快。中国瓷都大道（东大道）贯通，韩江广场（万达广场）、中国工艺美术之都博览园、北山路等项目开工建设，世界潮人文旅项目加快推进。中山（潮州）产业转移园湘桥分园官塘片区基础设施加快建设，园区被列入省循环化改造试点。

古城面貌有序更新。美食街（上东平路）、义安路和西马路景观改造、凤城文化广场·唐伯元故居等项目完成建设；古城区"微更新"、31条街巷改造、市区智慧停车系统、"智慧消防"等项目全面推进，古城旅游环境不断优化提升。潮州古城被列为广东省文物保护利用示范区。

乡村振兴初见成效。培育壮大农业经营主体。全区有省级龙头企业3家、国家级示范合作社3家。省级新农村连片示范建设工程竣工，5个"一村一品"专业村建设项目全面动工。启动地债资金1亿元，扎实抓好2条特色精品旅游线路和22个美丽宜居示范村建设。攻坚抓好"两田"建设、"两违"整治，加快"四好农村路"和公路生命防护工程建设，完成全区219个自然村人居环境基础整治，城乡发展更加有序。桥东街道社光村获评"广东省文化和旅游特色村"。

【社会民生】 社会保障持续加强。优化就业创业服务。全年新增城镇就业2905人，城镇登记失业率为2.1%。基本医疗保险参保数完成年度任务的100%，医疗救助、养老、低保、特困、孤儿、残疾人等保障更加有力。2019年，湘桥区社会民生领域投入资金17.55亿元，占一般公共预算支出的70.50%。

公共服务提质增效。推广教育集团化办学模式。成立湘桥区潮人阳光教育集团、湘桥区快乐学前教育集团；湘桥区城西中学获评全国教育系统先进集体。加快医联体建设，实行"互联网+医疗健康"服务新模式，意溪、磷溪、官塘3个镇卫生院被列为广东省远程医疗项目（一期）试点，基本公共卫生服务成效明显。加快7个农贸市场、6个公园、100座公厕、8座垃圾压缩（中转）站的改造建设，59个行政村完成"广东省卫生村"创建工作。区图书馆完成修缮并对外开放，区档案馆新馆达到区级国家综合档案馆建设标准。

社会环境和谐稳定。启动古城应急指挥中心，安全生产和应急管理工作扎实开展。推广“中心+网格化+信息化”等模式，凤新基层治理模式获评全国十个社会治理最佳案例之一，西马派出所获评“枫桥式公安派出所”，分司巷警务室（古城应急指挥中心）获评“岭南标杆警务室”。完成重要节点安保任务，全区总警情、治安警情、“两抢一盗”警情实现“三下降”，公安湘桥分局荣立新中国成立70周年安保维稳集体二等功。纵深推进禁毒示范城市创建工作和扫黑除恶专项斗争，破获涉恶团伙39个。全年信访办结率为100%。

政治

中共潮州市湘桥区委员会

【重要会议】 1月23日，召开中共潮州市湘桥区委六届六次全体会议。

1月25日，召开韩东新城防洪综合整治一期暨北堤综合整治工程征拆工作协调会。

1月29日，召开中共潮州市湘桥区第六届纪律检查委员会第四次全体会议第一场大会。

2月13日，召开迎接省扶贫开发考核工作推进会。

2月26日，召开中共潮州市湘桥区第六届委员会第七次全体会议。

3月14日，组织收看收听“潮州市意识形态工作专题报告会暨意识形态工作骨干培训班、《粤港澳大湾区发展规划纲要》专题报告会电视电话会议。

3月30日，召开省委第十一巡视组巡视潮州市湘桥区工作动员会议。

4月12日，召开全区创文、创卫工作推进会。

5月18日，召开潮州市湘桥区凤城生态水乡示范区征地拆迁工作动员会议。

6月19日，召开全区脱贫攻坚暨乡村振兴工作推进会。

6月26日，组织收看收听全省打好污染防治攻坚战工作推进会。

7月9日，收看收听潮州市纪念建党98周年特殊党课电视电话会议。

7月29日，组织收看收听《抢抓粤港澳大湾区建设机遇，奋力推进科技创新强省建设取得新成效》专题报告会电视电话会议。

8月7日，召开省委第十一巡视组巡视潮州市湘桥区情况反馈会议。

8月20日，召开全区推进巡视整改工作动员会议。

8月22日，召开区委全面依法治区委员会第一次会议。

8月31日，召开2018年度国土卫片图斑点整治、水田垦造和拆旧复垦工作现场会。

9月6日，召开区委“不忘初心、牢记使命”主题教育领导小组第一次会议。

9月9日，召开中共潮州市湘桥区第六届委员会第八次全体会议。

9月17日，召开全区开展“不忘初心、牢记使命”主题教育工作会议。

9月25日，召开全区解决形式主义突出问题为基层减负专项工作推进会。

10月16日，召开全区脱贫攻坚工作汇报会，听取脱贫攻坚全覆盖大检查第一阶段检查情况汇报，研究部署下一步工作。

10月22日，组织收看收听潮州市“不忘初心、牢记使命”主题教育形势政策教育会议暨“百名法学家百场报告会”电视电话会。

11月2日，召开湘桥区2019年“两违”整治攻坚冲刺行动工作会议。

11月20日，召开全区创文创卫工作会议。

12月5日，召开全区农村人居环境综合整治工作会议。

12月6日，组织收看收听全省生活垃

圾分类工作推进会。

12月30日，召开全区农村集体产权制度改革工作动员会。

【区委六届六次全体会议】 中国共产党潮州市湘桥区第六届委员会第六次全体会议于2019年1月28日召开。全会由区委常委会主持。全会听取了余楚雄代表区委常委会所作的报告、关于提交全会审议的文件稿的说明和庄湃澍关于经济工作的讲话，审议通过《中共潮州市湘桥区委贯彻落实〈中共广东省委关于深入学习贯彻习近平总书记视察广东重要讲话精神奋力开创广东新时代改革开放新局面的决定〉的意见》。

全会充分肯定上年区委常委会的工作。一致认为,在以习近平同志为核心的党中央坚强领导下,区委全面贯彻落实习近平新时代中国特色社会主义思想和中共十九大精神,认真学习贯彻习近平总书记参加十三届全国人大一次会议广东代表团审议时的重要讲话和视察广东重要讲话精神,围绕落实中央、省委和市委各项重大决策部署,统筹推进"五位一体"总体布局,协调推进"四个全面"战略布局,推动全区经济社会各项事业和党的建设取得新进展。

全会指出，做好湘桥工作，必须坚持把政治建设摆在首位，树牢“四个意识”，坚定“四个自信”，坚决做到“两个维护”，不断巩固发展“讲团结、争上游、做实事、守底线”的干事创业氛围；必须坚持以人民为中心的发展思想，把人民群众最关心最直接最现实的利益问题一件一件解决好，让人民群众有更多获得感、幸福感、安全感；必须坚持走特色化差异化发展之路，把新时代发展的路子走对走实走好；必须坚持以实心行实政，以实干出实绩，弘扬“马上办、马上就办、马上办好”优良作风，落小落细落实，把各项工作一抓到底、抓出成效。

全会认为，要在新时代新起点上深刻把握湘桥新使命新担当，推动湘桥改革开放再出发。要坚定不移推动思想再解放，用习近平新时代中国特色社会主义思想指导实践，坚决摒弃一切不符合新发展理念的思想观念，最大限度凝聚改革共识，为新时代改革发展注入强大动力。要坚定不移推动改革再深入，沿着总书记指引的方向，运用好改革开放“九个必须坚持”的宝贵经验，全方位融入粤港澳大湾区建设，把改革开放不断推向前进。要坚定不移推动工作再落实，把握难得的重要战略机遇期，坚持“一张施工图干到底”，在服务大局中彰显使命担当。

全会提出，做好2019年工作至关重要，要高举习近平新时代中国特色社会主义思想伟大旗帜，全面贯彻中共十九大和十九届二中、三中全会以及中央经济工作会议精神，全面贯彻落实习近平总书记对广东重要讲话和重要指示精神，认真贯彻省委十二届六次全会、市委十四届七次全会精神，围绕打造“特色精品城区、粤东西北科教强区”发展目标，统筹推进“五位一体”总体布局，协调推进“四个全面”战略布局，坚持稳中求进工作总基调，坚持新发展理念，坚持推动高质量发展，坚持以供给侧结构性改革为主线，坚持深化改革扩大开放，统筹做好稳增长、促改革、调结构、惠民生、防风险、保稳定各项工作，进一步稳就业、稳金融、稳外贸、稳外资、稳投资、稳预期，提振市场信心，打好三大攻坚战，着力提高发展平衡性和协调性，坚持不懈推进全面从严治党，保持经济持续健康发展和社会大局稳定，为全面建成小康社会打下坚实基础，以优异成绩庆祝中华人民共和国成立70周年。

全会强调，2019年重点要做好五个方面工作。要坚持以习近平新时代中国特色社会主义思想统领湘桥一切工作，深入开展“思想再解放、改革再出发”专题大讨论活动，深化“大学习、深调研、真落实”，努力在全面深入学习贯彻总书记重要讲话精神上取得更大成效。要在更高层次上推进深化改革，在更宽领域上主动融入粤港澳大湾区建设，在更高水平上扩大对外开放，加快形成更高层次改革开放新格局。要落实高质量发展要求，用好区域科教资源优势，巩固亲清政商关系，建设现代产业体系，坚持绿色发展，做大做强做优实体经济。要坚持统筹兼顾，加快“一江两岸”发展，大力实施乡村振兴战略，推进物质文明和精神文明协调发展，加强平安湘桥、法治湘桥建设，协调发展民生社会事业，提高发展的平衡性和协调性。要落实新时代党的建设总要求，着力涵养风清气正的政治生态，牢牢掌握意识形态工作的领导权、管理权、主动权，加强基层党组织建设，打造忠诚干净担当的高素质专业化干部队伍，以坚如磐石的决心正风肃纪反腐，全面加强党的领导和党的建设。

【区委六届七次全体会议】 中国共产党潮州市湘桥区第六届委员会第七次全体会议于2019年2月26日召开。全会由区委常委会主持。全会以习近平新时代中国特色社会主义思想为指导，深入学习贯彻习近平总书记关于深化党和国家机构改革的重要论述，深入学习贯彻中共十九大和十九届二中、三中全会精神，深入学习贯彻习近平总书记参加十三届全国人大一次会议广东代表团重要讲话和视察广东重要讲话精神，深入学习贯彻省委十二届五次全会和市委十四届六次全会精神，全面贯彻落实党中央和省委、市委关于深化地方机构改革的决策部署，对全区深化机构改革工作进行动员部署。佘楚雄就《潮州市湘桥区机构改革方案》向全会作了说明，就机构改革工作作了专题讲话。

全会认为，地方机构改革是深化党和国家机构改革的重要组成部分，是推进国家治理体系和治理能力现代化的重要环节，是湘桥区必须完成好的一项重大政治任务。省委已经批复同意《潮州市湘桥区机构改革方案》，湘桥区机构改革进入全面实施阶段。改革后，共设置区级党政机构28个，其中区委工作机构9个、区政府工作部门19个。全区各地各部门要按照党中央部署和省委、市委具体安排，齐心协力落实好湘桥区深化机构改革各项任务。

全会强调，要深入学习贯彻习近平总书记关于深化党和国家机构改革的重要论述，提高政治站位，树牢“四个意识”，坚定“四个自信”，坚决做到“两个维护”，自觉把思想和行动统一到党中央和省委、市委决策部署上来。要深刻领会深化党和国家机构改革的重大意义，切实增强推进改革的政治责任感和历史使命感；深刻领会深化党和国家机构改革的重要要求，具体落实到研究谋划、方案制定、组织实施的全过程，牢牢把握推进湘桥区机构改革的正确方向；深刻领会习近平总书记重要讲话精神，准确把握湘桥区深化机构改革的实践要求，以深化机构改革为契机，全面推进体制机制创新，增强湘桥体制机制的吸引力和竞争力。

全会提出，要不折不扣落实党中央、省委、市委决策部署，全面落实深化地方机构改革任务，努力构建系统完备、科学规范、运行高效、符合湘桥特点的机构职能体系。着力完善坚持和加强党的全面领导的体制机制。加强党委对重大工作的领导，推动党的领导全覆盖，优化党的组织机构，确保党的领导更加坚强有力，确保“两个维护”更加落实到位。着力构建优化协同高效的机构职能体系。牢牢把握机构职能基本对应的要求，维护国家法制统一、政令统一、市场统一，确保上下贯通、执行有力；坚持一类事项原则上由一个部门统筹，一件事情原则上由一个部门负责，合理界定部门职责关系，确保权责一致、运转顺畅；精干设置部门内设机构，处理好内设机构综合设置和专业细分的关系，划入的职能和机构与现有职能和机构统筹规划、科学设计，确保内部优化、深度整合。着力加快推进政府职能转变。合理界定政府职能，做好简政放权的“减法”，推动各类资源要素高效配置；理顺市场监管职能，做好放管结合的“加法”，强化事中事后监管；强化公共服务和社会管理职能，做好优化服务的“乘法”，不断增进民生福祉。着力构建简约高效的基层管理体制，推动乡镇和街道进一步转变职能，尽可能把资源、服务、管理放到基层，下沉到村（社区）、网格中去，切实提升基层治理能力和服务水平。统筹推进人大、政协机构改革和群团组织改革，加快推进事业单位改革，深化综合行政执法改革，推动各类机构各就其位、各司其职、各尽其责、有序协调，增强改革的系统性、整体性、协同性。

全会提出，机构编制法定化是深化机构改革的重要保障，要适应经济社会发展实际合理确定机构编制结构和规模。加强机构管理，决不允许打擦边球、搞变通。加强编制管理使用，提高编制使用效率。加强党委对机构编制工作的集中统一领导，强化机构编制管理的刚性约束，不得超职数配备领导干部，不得擅自增加编制种类，不得突破总量增加编制。

全会强调，此次机构改革是一次全方位、大力度、深层次的改革，是一次机构职能体系的系统性、整体性、重构性的改革。各地各部门一定要把握和处理好改革发展稳定关系，压实工作责任，抓住关键环节，加强宣传引导，营造良好社会环境和舆论氛围。严明政治纪律、组织纪律、机构编制纪律、干部人事纪律、财经纪律、保密纪律，确保改革蹄疾步稳、高效有序推进，如期高质量完成任务。

【区委六届八次全体会议】 中国共产党潮州市湘桥区第六届委员会第八次全体会议于2019年9月19日召开。全会由区委常委会主持。全会听取余楚雄代表区委常委会所作的报告、关于提交全会审议的文件稿的说明和庄湃澍关于经济工作的专题讲话，审议通过《湘桥区贯彻落实〈中共潮州市委　潮州市人民政府关于潮州市实施

重点突破　加快推动高质量发展的意见〉的实施方案》。

全会认为，区第六次党代会召开以来，区委坚持以习近平新时代中国特色社会主义思想为指导，全面贯彻落实习近平总书记对广东重要讲话和重要指示批示精神，深入贯彻落实李希书记调研指示精神和省委、市委工作部署，坚持学思践悟，坚持政治为先，坚持改革开放，坚持系统谋划，坚持民生为重，推动全区党的建设和经济社会各项事业取得新成绩。

全会指出，湘桥两年多来取得了新成绩，最根本的就是坚持以习近平新时代中国特色社会主义思想为指导。做好湘桥工作，必须旗帜鲜明讲政治，必须深入贯彻新发展理念，必须坚定不移全面深化改革，必须坚持以人民为中心的发展思想。要深刻领会习近平总书记、党中央和省委对粤港澳大湾区建设的战略部署和市委全面对接融入粤港澳大湾区建设的工作部署，纲举目张推进改革发展；深刻领会省委十二届七次全会精神和市委十四届八次全会精神，以新担当新作为奋力开创新时代湘桥发展新局面；深刻把握湘桥所处的历史方位，全力推动湘桥实现高质量提升发展。

全会提出，要坚持以习近平新时代中国特色社会主义思想为指导，深入学习贯彻落实习近平总书记对广东重要讲话和重要指示批示精神，认真落实省委“1＋1＋9”和全市“1＋5＋2”工作部署，抓住粤港澳大湾区建设重大机遇，紧紧围绕“湘桥实现高质量提升发展”的定位，以全面加强党的领导和党的建设为统领，抓好乡村振兴和脱贫攻坚、重大项目建设、产业转型升级、城市治理水平提升、污染防治攻坚等五项重点工作，强化深化改革、基层治理两个重要支撑，努力实现工作新突破，以新担当新作为加快湘桥高质量提升发展，与全国全省全市同步全面建成小康社会，谱写湘桥新时代改革发展新篇章。

全会强调，要全面加强党的领导和党的建设，涵养风清气正的政治生态，牢牢掌握意识形态工作领导权，加强基层组织建设，打造忠诚干净担当的高素质干部队伍，持之以恒正风肃纪。要深入推进乡村振兴和脱贫攻坚，全力以赴推动“五个振兴”，确保乡村振兴“3年取得重大进展”，2019年率先实现相对贫困人口全部稳定脱贫；抓好重大项目建设，完善重大项目领导和工作机制，努力以项目快突破促进发展大提升；加快产业转型升级，依靠科技创新，找准发展路径，优化产业结构，把实体经济做实做强做优；提升城市治理水平，大力开展“创文”“创卫”工作，统筹推进古城保育活化、旧城更新改造和新城开发建设，抓好“治建管”，推动“一江两岸”协调发展；坚决推进污染防治攻坚，狠抓环保督察整改，打好打赢碧水攻坚战、蓝天保卫战、净土防御战。要加大力度推进全面深化改革和基层治理，为实现高质量提升发展提供强大的动力支撑和基础支撑。

全会强调，要解放思想，涵养登高望远的境界与格局，以思想大解放推动行动大转化，促进经济社会大发展；要敢于担当，涵养攻坚克难的豪情与胆气，始终保持干事创业的革命热情和拼命精神，努力作出不负党、不负人民、不负历史的扎实业绩；要善作善成，涵养干事创业的能力与本领，坚持问题导向、系统思维、重点突破，推动全区经济社会各项建设全面发展。

【巡察工作】 2019年，区委巡察机构采取常规巡察和专项巡察相结合方式，开展区委第六轮、第七轮常规巡察工作，对区五个扫黑除恶重点村开展村级扫黑除恶专项巡察，统筹配合做好全市县区交叉巡察。2019年，共巡察8个区直单位，3个镇、街道和62个村级党组织，村级巡察全覆盖占比为65%，共发现问题线索45个。

【2019年湘桥区委常委任职情况】

区委书记：余楚雄

副 书 记：庄湃澍　苏　昇（1月—）

常　　委：苏宗荣　蔡少贤　陈素玉

郭焕镇　苏锦浩　宋　琳

黎兴卫　何　华

黄　航（11月—）

组织工作

【干部管理】 2019年，区委组织部落实好制度规范，强化选人用人工作。把巡视整改落地见效与长效机制建设结合起来，对症下药，严把四个关口，从根本上堵塞漏洞、解决问题，致力建设忠诚干净担当干部队伍。把好干部政治考察入口关，出台《关于考准考实干部政治表现的实施意见》，全面掌握干部“政治体质”，让干部政治考察有章可循；把好档案审核基础关，深入贯彻《干部人事档案工作条例》，针对性制定《干部人事档案工作手册》，印发《从严规范干部人事档案工作的通知》，进一步推动干部人事档案从严管理；把好选拔任用程序关，修订原区管干部选拔任用工作规程和指引，并下沉一级，制定《股级干部选拔任用工作指引》和下发加强干部任免环节事前监督的通知，从根本上规范干部选拔任用工作程序；把好干部管理日常关，制定下发加强干部日常管理有关工作的通知，前移“探头”，主动掌握干部动态，提升日常管理监督效能。

表1　2019年湘桥区区管领导干部考核情况表

单位：人

参加考核人数	优秀	称职	不定等次	不称职
349	83	258	8	0

【人才工作】 立足湘桥人才工作实际开展工作，加大力度夯实湘桥区人才工作基础。配强人才工作队伍。以机构改革为契机，把人才工作职责纳入人才工作领导小组成员单位“三定方案”，整合编制资源，在组织部设立人才工作股。开展高层次人才选拔工作。结合区第五届优秀中青年科技人才换届契机，重新修订《潮州市湘桥区优秀中青年科技人才选拔管理办法》，着重选拔综合素质高、有创新能力和实践能力的人才，把行业中造诣较高、贡献突出、被公认具有行业顶尖水平的人才推选出来。开展工艺美术人才培养工程进校育苗活动。选准11个中小学打造传统

特色学校，聘请20位工艺大师担任活动导师，进校开展活动。举办系列人才交流分享活动。依托潮州市“人才咖啡”平台，举办“沟通技术在企业管理、商务谈判中的运用”、“黄皮肤看天下之‘4A广告人再谈广告’”沙龙等11场次讲座分享会。积极做好人才联系服务工作。组织区高层次人才参加体检，把高层次人才子女列为区小学、初中一年级政策性招生对象。

【党建工作】 2019年，全区发展党员165人；至年底，共有党支部592个，党员19692人。截至2019年底，已累计成立非公企业党组织79个、新社会组织党支部12个。

创新党支部组织生活形式和内容。每月收集习近平总书记系列重要讲话和中央最新方针政策，编印成《组织生活学习指引》供基层党组织学习参考，累计编印12期；定期开展主题党日创新组织生活形式，落实各党支部一月一主题、月月有活动工作，7月，组织“坚定理想信念，牢记初心使命”主题党日活动，发动482个党支部开展活动，13050人参加，集中学习536场次；强化制度建设，严格组织生活，印发《关于进一步严格党的组织生活的通知》，严格贯彻落实学习第一议题制度、党员领导干部“双重”组织生活制度、领导干部挂钩联系制度等重要制度，并对区“四套”班子落实“双重”组织生活进行自查，带动全区党员严格落实党内组织生活。

规范基层党组织设置。通过深入排查，全面推动基层党组织优化调整，已优化22个基层党组织，努力把党组织建到自然村、村民小组把党的领导落实到最基层。推进党支部达标创优工作。一方面，以“一指引四清单”，明规范助提质，制定《湘桥区村（社区）规范化建设工作指引》，建立《规范化建设问题清单》《组织力提升任务清单》《党建指导员工作清单》《党员行为正、负面清单》，细化量化基层党建任务，方便基层组织对照落实。另一方面，持续推进软弱涣散基层党组织整顿工作，补短板强根基，在2018年排查7个软弱涣散整顿对象的基础上，落实动态排查机制，扎实开展“六对接六查找”排查，再将4个软弱涣散村（社区）党组织列入整顿。针对存在问题，全面落实“一名区级领导班子联村、一名镇（街道）领导班子成员包村、一名第一书记驻村、一个区级机关单位结对的“四个一”措施。实施以来，各级挂点领导累计到村调研指导127次，上党课37场次，共投入整顿资金119.1万元，解决问题矛盾54个，有效推动软弱涣散村整顿转化。经初步验收评估，11个整顿对象已有4个摘帽，其中2个达标。

深化推进“头雁”工程，加强基层党组织带头人建设。进一步落实全面从严治党要求，积极建设高素质基层党组织带头人队伍。强化管理。先后出台党组织书记管理、区级备案、出入境管理、书记储备、学历提升、教育培训、激励保障等一系列制度性文件。对全区148名村（社区）党组织书记实行区级备案，严格党组织书记出入境管理。净化队伍。开展履职情况分析研判，对不合格、不胜任人员坚决进行撤换。先后调整“四不”（政治上不合格、能力上不胜任、经济上不廉洁、工作上不尽职）书记5人，建立“两委”

干部人选条件联合审查机制，及时剔除3名不合格人选。加强选育。出台《湘桥区村（社区）党组织书记储备工作实施方案》，物色206名书记储备人选，并从中吸收101名储备人选到村（社区）工作，发动14名书记储备人选参与学历提升。

扎实开展“两新”组织党建质量提升行动。聚焦产业园区、商务楼宇、商圈市场、行业协会等新兴领域，先后指导成立南山分园党委、韩山师范学院实验学校（集团）党委、新桥路商业街党支部、湘桥街道旅业联合党支部等一批新兴领域党组织；不断加大“两新”组织党建工作力度，排查撤销空壳党支部1个，整顿软弱涣散非公党组织1个，动员22名“口袋”党员及时转移组织关系，发动“两新”组织党组织发挥自身优势，积极参与精准扶贫、卫生整治等工作，规范提升组织生活质量。

推动基层党建减负提质增效。坚持目标导向与问题导向相结合，从讲政治的高度认识和解决形式主义、官僚主义问题，推动基层党建工作提质增效。切实凝聚基层党建合力。规范区委党的建设领导小组工作规则，确定每年不少于2次对全区党的建设工作进行研究，为全区党的建设工作把方向、定基调。建立基层抓党建工作交流平台，在村（社区）书记论坛的基础上，建立“镇街书记论坛”，定期交流研究基层党建工作，借鉴共享工作经验，研究解决存在问题，督促推动工作落实，形成“比、学、赶、超”的良好氛围，全年累计举办书记论坛150场次。强化书记抓基层党建的政治担当。把抓基层党建工作情况列为党委（党组）书记工作实绩评定的重要内容，作为领导干部选拔任用、培养教育和奖励惩戒的重要依据，对抓基层党建述职工作每月评优的不达标党员领导干部，年终考核不得评为优秀等次。开展形式主义、官僚主义专项整治。梳理出15条整改措施，统筹推进整改落实工作，与上年同期相比，以区委、区政府、区委办、区府办名义下发文件合计减少30%以上，以区委、区政府、区委办、区府办名义召开的会议减少28%以上。

表2　2019年湘桥区中共基层党组织与党员情况表

党员数（人）	党支部数（个）	党总支数（个）	党委数（个）	党组数（个）
19692	592	25	33	29

表3　2019年湘桥区干部情况表

单位：人

总计	其中		政治面貌				年龄结构								文化程度						行业分布		
	女	少数民族	中共党员	民主党派	无党派人士	群众	30岁以下	31岁至35岁	36岁至40岁	41岁至45岁	46岁至50岁	51岁至55岁	56岁至59岁	60岁以上	研究生	本科	大专	中专	高中	初中以下	机关	事业	企业
871	385	1	748	9	2	112	185	193	119	117	99	91	66	0	17	677	171	4	1	0	871	—	—

【党员服务】 2019年，区委组织部深入实施南粤党员先锋工程，发挥党员先锋模范作用。通过组织党员亮身份、作表率，围绕服务中心、推动工作，推动党员履职尽责、创先争优。一是激发“先锋”作用。出台村(社区)党员挂钩联系服务群众、党员涉黑涉恶涉乱问题滚动排查等文件，发动党员挂钩联系群众，开展涉黑涉恶涉乱“十五种乱象”问题线索滚动排查，持之以恒开展无职党员设岗定责，发动党员认领岗位837个。二是加大党员发展和党员结构优化力度。结合各基层党组织需求，制定2019年发展党员指导性计划，全面完成年度发展计划165人。三是贯彻落实党内关怀帮扶工作。在春节、“七一”、国庆节等重要节日组织开展慰问活动。全年累计慰问1518人次，发放慰问金639060元。

【城市党建】 创新推进城市基层党建工作。推进“全省城市基层党建示范区”建设，不断加强党对城市各领域工作的领导，有效促进城市各领域党组织全面进步、全面过硬。实施“六微工作法”推进城市党建工作，着眼“微改造”，大力完善基层党建阵地，推进共建共治共享，打造中山路等一批党建“微联盟”，加强“微管理”，推行党员楼长、巷长，细化街道、社区、居民小组三级服务管理网格；孵化“微项目”，锻造“党员政治生日”等一批党建特色品牌，推进“微积分”，量化党员作用发挥，认领“微心愿”，通过群众“点菜”、党员“接单”，解决为民服务“最后一公里”问题，推动城市党建取得较好成效，被列为“全省城市基层党建示范区”。

【主题教育】 扎实开展“不忘初心、牢记使命”主题教育。围绕学习教育、调查研究、检视问题、整改落实四项重点措施和“五个一”要求，逐项细化抓好落实，做到“规定动作”一个不少。区委率先垂范，利用两个半周时间，开展五个专题的集中学习研讨，进一步厘清思路、增强信心，示范带动全区各级各单位开展学习研讨289场次，开展调研活动479场次，书记上党课604场次，召开民主生活会58场次、组织生活会592场次；区“四套”班子领导干部围绕深入学习贯彻习近平新时代中国特色社会主义思想，确定11个方面25个课题开展调研落实，形成14个调研报告，带动各镇街、区直单位围绕群众反映强烈的热点难点问题，开展193个主题的调研。全区各单位扎实开展“五对照五检视”活动，收集意见、建议126条，自我检视问题189个；针对省委巡视反馈四大类14个方面问题，湘桥区经过认真深入研究，提出154项整改措施，截至12月底已全部完成整改。

【公务员任免情况】 区委组织部认真贯彻落实《党政领导干部选拔任用工作条例》，坚持正确的选人用人导向，严格按照“好干部”标准，进一步严格干部队伍建设，为湘桥振兴发展选准人用好人。2019年，湘桥区共提拔晋升干部57人次，其中职务提拔47人次、职级晋升10人次。

表4 2019年湘桥区国家公务员年龄情况表

单位：人

总计	35岁及以下	比例（%）	36～45岁	比例（%）	46～54岁	比例（%）	55岁及以上	比例（%）
871	379	43.40	236	27.10	190	21.81	66	7.58

表5 2019年湘桥区国家公务员文化程度情况表

单位：人

总计	研究生以上	比例（%）	本科	比例（%）	大专	比例（%）	中专及以下	比例（%）
871	18	1.95	677	77.73	171	19.63	5	0.57

表6 2019年湘桥区公务员考核情况表

单位：人

总人数	优秀	称职	基本称职	不称职	备注
440	76	348	—	—	不定等次18

【干部培训与交流】 区委组织部坚持把学习贯彻习近平新时代中国特色社会主义思想、中共十九大精神、习近平总书记重要讲话精神作为全区干部教育培训的必修课，2019年共举办科级干部、年轻干部、村（社区）党组织书记等主体班和专题班14期，共培训党员干部2171人次。依托广东省干部培训网络学院平台，组织干部开展网络培训，做到全区干部网络培训全覆盖。积极配合上级部门，选派161人次领导干部参加上级部门和国内高校的培训学习，进一步强化政治训练、坚定理想信念，切实提升干部实际领导能力，推动中心工作落实。

【扫黑除恶专项斗争】 健全工作机制，定期会商研判，分析存在问题，实现信息互通、资源共享；充分发挥党员作用，围绕党员涉黑涉恶、存在违纪违法记录等12个问题，组织各村(社区)党组织召开扫黑除恶专题党员大会，开展党员自查互查，重点梳理土地等集体资产被侵占情况和制约党组织开展工作的情况，并认真制定落实整改措施；强化排查工作，出台《关于发动全区党员做好涉黑涉恶涉乱问题线索滚动排查工作的通知》等文件，深入排查整顿农村黑恶势力干扰渗透、党员涉“迷、宗、邪”等15种乱象和信访矛盾突出等问题；破获涉恶案件134宗，刑事拘留涉恶犯罪嫌疑人314人，破获恶势力集团5个，查封冻结扣押涉案资产7405.32万元。

【脱贫攻坚】 健全工作机制壮大内力，制定《“四议两公开”操作指引》《村级组织向党组织报告工作制度》《关于建强组织体系引领乡村振兴的若干措施》等制度，以制度形式强化党组织领导核心作用；选派党建指导员引进外力，选派151

名党建指导员到148个村（社区）党组织，发挥“指导、把关、督促、协调、服务”作用；壮大集体经济强化基础，启动1亿元地债资金，扎实抓好2条特色精品旅游线路和22个美丽宜居示范村建设，落实配套资金，试点扶持5个村级集体经济，为村级组织为民办事提供坚强保障，切实提升村级组织的凝聚力、战斗力和号召力。

老干部工作

【重要会议】 1月，召开全区离退休干部通报会。5月，举办纪念湘桥区老年体协成立二十周年座谈会。

【区领导走访慰问离休干部】 9月，区委书记余楚雄、区长庄湃澍、区人大常委会主任肖锐书、区政协主席苏宗伟分别上门走访慰问离休干部。

【老干部文化生活】 10月，区老干部（老年）大学在北关村文化广场举办“湘桥区老干部（老年）大学庆重阳暨第三届文艺汇演”晚会。同月，区老年体协在市人民广场举办广场舞《美丽中国》和排舞《不忘初心》文体展演。组织凤新街道心相连活力健身队、官塘镇象山村广场舞队、巷下村健身队3支队伍参加市举办的第二十届广场舞比赛暨禁毒宣传系列活动，分别夺得一等奖2个、二等奖1个。

【重要活动】 2019年，湘桥区关工委积极配合党和政府中心工作，有针对性地组织开展关心青少年健康成长系列活动，收到良好效果。

4月，在西湖公园潮州革命烈士纪念碑前举行以“传承红色基因，厚植爱国情怀”为主题的祭奠革命先烈活动；邀请烹饪大师、省非遗项目“潮菜”传承人刘宗桂在意溪镇锡美村举办农村创业青年烹饪技艺培训班，提高农村创业青年烹饪技艺，带动广大农村青年自主创业，打造本土乡村美食文化，助力乡村振兴发展；在城西中学举办以“与法同行，追梦未来”为主题的纪念五四青年运动100周年活动；在昌黎路小学举办以“拒绝毒品，做新时代少年”为主题的宣传教育活动。

5月，在城南小学举办以“腾飞新中国，辉煌七十年”为主题的青少年爱国主义教育活动启动仪式。

6月，在城南中英文学校举办“强国杯”湘桥区中小学生禁毒书法比赛活动。在市档案馆举办以“健康人生，绿色无毒”为主题的“6·26”国际禁毒日湘桥区禁毒书法展览活动。

7月，邀请全国离退休干部先进个人、广东省“最美五老”陈佩珊在昌黎路小学举办主题为“听党话、感党恩、做新时代好少年”的宣讲报告。

9月，在昌黎路小学举办以“我们向祖国敬礼——庆祝中华人民共和国成立70周年”为主题的文艺演出。

11月，联合韩山师范学院烹饪与酒店管理学院，在意溪镇锡美村举办农村创业青年培训班暨省级“粤菜师傅”工程技能大师工作室送技下乡活动。

宣传工作

【重要会议】 2019年3月5日，召开全区宣传思想文化工作会议。会议传达全国、全省、全市宣传部长会议，全省文明办主任会议，地方政府新闻办主任会议，全省、全市网信办主任会议精神，全省宣传思想战线开展增强“四力”教育实践工作会议精神，总结2018年宣传思想工作，对新一年工作进行部署。

【重大决策事项】 区委宣传部制定印发《2019年潮州市湘桥区宣传思想工作要点》，对湘桥区2019年宣传思想工作进行安排部署；制定《潮州市湘桥区党（工）委（党组）意识形态工作责任制实施方案》《涉意识形态领域重大风险防范化解专项行动工作方案》《关于进一步加强对论坛、讲坛、讲座、年会、报告会、研讨会等阵地管理的实施方案》，层层落实主体责任，全面加强湘桥区意识形态工作；成立湘桥区委网络安全和信息化委员会，制定《潮州市湘桥区2019年网信工作要点》《潮州市湘桥区防范化解网信领域重大风险工作方案》，研究部署网络安全工作，保障区域网络舆论环境安全。

【重大活动】 4月23日是“世界图书和版权日”，区宣传文化部门联合湘桥区图书馆举办以“读经典　学新知　链接美好生活”为主题的系列全民阅读推广活动，推广绿书签行动标识，引导广大青少年学生多读书、读好书，开展“护苗”“版权保护”宣传，普及版权保护基本知识。5—6月，配合《中国映像》栏目组做好潮州老城区调研和拍摄工作。8月，配合《羊城晚报》拍摄《航拍广东》节目。9月，配合省广播电视台拍摄庆祝新中国成立70周年节目。11月，协办“‘潮我看·一起来’潮州‘致敬70年’——城之美”网易直播活动。

【党委（党组）中心组学习】 2019年，区委宣传部组织举办区委理论学习中心组学习习近平新时代中国特色社会主义思想、习近平总书记系列重要讲话精神、《粤港澳大湾区发展规划纲要》、《习近平新时代中国特色社会主义思想学习纲要》以及党内重要法规、国家总体安全观等各专题学习研讨会、报告会、讲座共14场次。

【意识形态工作】 建立完善落实意识形态工作管理的相关制度。2019年，区委宣传部强化理论、网络、新闻、学校、文化、宗教等阵地的建设和管理。落实意识形态联席会议制度，多次召开全区防范化解意识形态领域重大风险工作会议，加强对全区意识形态安全的分析研判，切实防范化解意识形态领域重大风险，对辖区内意识形态领域出现的新情况及舆情动态进行研判会诊，分析存在问题，落实相关工作措施。

深入开展意识形态工作调研活动。全面了解掌握中共十八大以来全区意识形态工作情况，分析存在问题及原因，研究提出对策建议，为下一步牢牢掌握意识形态工作领导权，提升意识形态工作水平提供决策参考。

强化意识形态工作督查考核工作。加强督查督导，将意识形态工作纳入纪律监督检查范围、区委巡察工作内容、各党（工）委（党组）绩效考核体系和领导干部年度考核内容，并将意识形态工作作为民主生活会对照检查内容。

举办湘桥区意识形态工作专题培训班。通过培训，提高全区党员干部对意识形态工作重要性的认识，增强意识形态安全意识。抓好省委第十一巡视组意识形态工作专项巡视反馈意见的整改，通过深入排查、自查，确定整改方案，建立整改台账，及时抓学习、促整改，拧紧党管意识形态的责任链条，推动全区意识形态工作的整改扎实有序开展。

【新闻出版管理】 区委宣传部坚持将涉政治性非法出版物、涉民族宗教非法出版物及有害信息作为重点查处对象。2019年，联合区“扫黄打非”相关职能部门对辖区出版物零售店、印刷企业、报刊亭、文具店及学校周边环境等重点部位深入开展清查整治行动，要求企业进一步增强守法诚信意识，合法合规经营，自觉维护出版物市场经营秩序，营造良好的社会文化环境；联合公安、消防、应急管理、市场监督等相关职能部门及各镇街开展出版物市场“扫黄打非”执法行动10场次，出动执法人员200多人次，检查出版物发行经营单位、印刷企业、书店及相关宗教场所、文具店等40余家次，有效查处各类非法出版物和有害信息。

【网络安全管理】 一方面，成立湘桥区委网络安全和信息化委员会，充分整合全区有关职能部门，研究部署网络安全工作，保障区域网络舆论环境安全。加强对网络媒体的管理，制定《网站信息发布制度》，对湘桥区网站进行集约化统一管理；规范政务新媒体管理，维护好网络媒体行业生态；联合公安、工信等部门，开展网络生态治理等各类专项行动；牵头工信、公安等部门对网信工作进行调研，为防范化解网信领域的重大风险提供决策参考。另一方面，做好舆论引导，组织公安、教育、工会、团委和各镇街开展网络安全知识宣传，提升广大网民的网络安全意识；举办网络安全知识系列讲座，提升党员干部群众网络安全知识和网络安全防护技能，营造“网络安全为人民，网络安全靠人民”的良好氛围。同时加强舆情应对，利用潮州市网络舆情应对综合指挥平台和南方日报传媒集团提供的舆情服务，加强与各街道、镇、区直各单位和市委网信办的联动配合，全年处置相关舆情48件。

【新时代文明实践中心建设】 紧紧围绕学习宣传贯彻习近平新时代中国特色社会主义思想这一主线，成功探索出“一二三四五”实践模式——建好“一大平台”，推行“六个一”阵地建设标准，搭建“2＋N”志愿服务队伍构架，汇聚多方志愿服务力量；坚持“二个结合”，把文明实践与党建示范区建设相结合，与基层治理建设相结合；探索“微身份、大能耐，微场景、广覆盖，微角度、深切入”的“三微模式”，让各行各业的百姓人才走上宣讲台讲述亲身经历，让各类实践阵地发挥大舞台作用，从百姓关心的问题入手，以接地气的形式传播新思想；强化“四个融入”，把文明实践融入基层党建，融入文明创建，融入乡村振兴，融入文化传承；突出“五个度”，即布置谋划有高度、理论宣讲有深度、政策科普有广度、文化惠民有热度、志愿服务有温度。2019年，全区已挂牌成立新时代文明实践中心1个、新时代文明实践所12个、新时代文明实践站148个、新时代文明实践点12个，开展活动2000多场次，并于10月由省级试点单位升级为全国试点单位。成立区级文明实践志愿服务总队和理论宣讲、政策宣传、科技科普、卫生健康、文化服务、文明创建6支小分队，各镇、街道分别成立文明实践志愿服务队伍，共210支，参与志愿者人数13000人，受众30多万人次。

【主题文化活动】 广泛开展“我和我的祖国”“不忘初心，牢记使命”等主题教育活动，大力弘扬爱国主义精神、民族精神和时代精神；广泛开展社会公德、职业道德、家庭美德、个人品德教育与评选活动，在全区形成向上向善的文明风气。打造“音为有你”、“为你朗读”、“走进新时代，唱响新湘桥”红色文艺轻骑兵文化走基层系列等文化品牌，糅合重要传统节庆，结合“我们的节日”等主题开展送春联、飘粽香、书画影展览、文艺会演、非遗进校园等文化活动，把文化与文明相融合，进一步丰富文明创建内涵。积极开展“广东好人”“感动潮州人物”“最美少年”“新时代好少年”等道德楷模选树活动，加强对道德模范事迹的宣传，培育时代新人。

【“扫黄打非”、著作权（版权）保护知识宣传】 区“扫黄打非”办通过举办文化走基层群众文化活动，以张挂宣传标语、发放宣传册等形式，推动“扫黄打非”宣传进校园、进社区，先后向群众发放湘桥区图书馆移动数字图书馆读者卡；赠送书刊，著作权、“扫黄打非”宣传册和“绿书签”。宣传活动共发放数字读者卡800多张，赠送书刊800多册，派发宣传资料3000多份。6月8日，区“扫黄打非”办在区新时代文明实践中心、区文旅体局等部门联合举办的文化和自然遗产日进校园活动现场，向师生发放书刊、著作权和“扫黄打非”宣传册及“绿书签”等近200份。联合区教育局开展“扫黄打非”进学校主题创作比赛活动，进一步引导未成年人多读书、读好书，远离有害出版物及信息，保护未成年人身心健康。

【精神文明建设】 以立体传播的方式，打造8条核心价值观主题街巷，6个核心价值观主题小区、广场、公园等一批创文宣传新阵地，让社会主义核心价值观和文明理念融入百姓生活。设立湘桥区好人馆、家风家训馆，努力营造“文明课堂就在身边、文明风景处处可见”的浓烈氛围。开展道德典型选树活动，共有7名辖区居民获“广东好人”荣誉，2人和4个集体被评为省级学雷锋志愿服务先进典型，3户家庭获得国家和省级“文明家庭”“书香家庭”等称号，2人获得“广东省最美志愿者”称号，5户家庭被评为“市级文明家庭”，6人和1个集体被评为“感动潮州人物”，47名中小学生被评为“最美湘桥少年”。以创建文明校园为抓手，按“六好”标准深化“文明校园”创建工作，引导未成年人树立正确的道德价值观。坚持因地制宜，扎实推进乡村学校少年宫项目建设，为未成年人提供丰富多彩、寓教于乐的课外活动场所。

统战工作

【民主协商建设】 巩固多党合作思想政治基础。区委统战部积极推进多党合作的制度化建设，认真落实区委与民主党派、工商联负责人及无党派人士的协商会、座谈会、通报会制度。全年协助组织召开征求意见会、情况通报会等共5场。

积极推进参政议政、民主监督。2019年，湘桥区5个民主党派在省、市、区“两会”提出具有较高参考价值的各类提案、建议共33件（其中民革2件、民盟8件、民建3件、民进15件、致公党5件）。多个提案被列为重点提案，并被评为优秀提案。

开展一系列调研活动。区委统战部继续牵头以党派联合大调研和各自独立调研相结合的方式开展“大调研”活动。围绕党的中心工作，以区民盟支部的“关于湘桥区乡村振兴内生动力”为主题开展调研，为区委、区政府提供决策参考。

【民主党派自身建设】 协助各民主党派加强领导班子建设。区委统战部对区民革、民盟、民建、致公党的班子规模进行调整，进一步改善和优化民主党派队伍结构。至2019年12月底，湘桥区各民主党派组织领导班子届中增补工作按照程序积极推进。帮助民主党派抓好机关建设，选好配齐区民革机关专职公务员1人。

协助各党派进一步创建学习宣传平台。区委统战部鼓励和支持有条件的民主党派丰富具有自身特色的学习教育阵地，完善统一战线与民主党派成员联络网络平台和学习交流平台，切实做好统一战线信息的学习宣传和互动交流。2019年，获得上级组织表彰的民主党派成员有5人和1个集体。

【党外代表人士统一战线工作】 区委统战部把加强全区新的社会阶层人士联系作为重点工作之一。组织开展湘桥区新的社会阶层人士调查研究工作，积极推进全区党外新的社会阶层人士队伍建设。牵头开展党外新的社会阶层人士队伍的推荐工作，收集整理约150人的新社会阶层队伍信息库，择优推荐13人作为潮州市新的社会阶层联合会理事人选，并于9月7日参加潮州市新的社会阶层联合会成立大会，由湘桥区推荐的林潮佳当选为首届会长。

侨务工作

【侨居及华侨团体情况】 至2019年底，湘桥区有海外侨胞约60万人，主要分布在东南亚国家。70年代末以来，移居美国和加拿大、澳大利亚等国家的湘桥人逐渐增加；还有少数散居于英国、法国、奥地利、挪威、丹麦、荷兰、德国和瑞士等欧洲国家。其从业覆盖经济、政治、文化多个领域。

【为侨服务工作】 区侨务局坚持为侨服务，切实维护侨益，优化和扩大为侨公共服务供给，积极推动湘桥区为侨公共服务体系建设。一是做好困难归侨侨眷帮扶工作。在2019年的元旦、春节期间，筹集资金及物资2.18万元，对52户归侨侨眷进行慰问。二是依法维护侨胞侨眷合法权益。积极协助上级部门处理开元路广源街27号房产的有关事宜；帮助柬埔寨华人王秀卿寻找到失联20余年的潮州亲人。三是加强侨捐项目及资金的监管。区侨联定期派员到基层侨捐项目开展实地调研，主动做好对侨捐项目及资金的日常监管工作。

【海外侨胞联络工作】 2月，区侨务局开展“海内外潮人交流合作”“促进海内外青少年交往”主题座谈。8月，借助湘桥区海外联谊会换届的契机，组织“回潮·团圆”海外青少年“潮文化”体验之旅，主动邀请新西兰、马来西亚、菲律宾等国家的华侨回湘桥区参与活动。10月，接待由泰国潮安同乡会理事长陆少滨带领的访问团到湘桥区交流，共同探讨如何配合“一带一路”倡议，拓展湘桥区与海外华侨华人的交流合作。

港澳台工作

【港澳工作】 搭建优化联络平台。区台港澳事务局积极推动湘桥区首个旅外命名乡亲社团——香港潮州市湘桥区同乡会的成立，不断开拓湘桥区海外联谊会平台。顺利完成湘桥区海外联谊会换届工作，通过了第二届理事会组织机构及其成员，突出打造湘桥联谊品牌，与国内外20多个潮属社团、商会建立了密切联系，拓展会员257人，让区海联会成为更多爱国人士与家乡联谊联络的桥梁纽带。

加强对外联络联谊。一方面，通过主动走出去的方式，全年组织出境交流活动4批14人次。开展以“融入大湾区，湘桥新发展”为主题的联谊交流活动；组团参加香港潮州市同乡总会成立四十六周年纪念暨第二十四届会董就职典礼会员联欢大会；赴澳门参加联谊活动等。另一方面，通过“请进来”的方式，继续抓住海外华裔新生代这一关键群体，致力打造湘桥区“潮文化寻根之旅”品牌，进一步提高港澳同胞对中华文化、潮文化的认知及与祖国和家乡的亲和力。2019年，共接待港澳台同胞9批约400人次。

【对台工作】 区台港澳事务局深入学习贯彻习近平总书记在《告台湾同胞书》发表40周年纪念会上的重要讲话精神和惠台“31条措施”，认真贯彻落实中央、省、市对台工作的新举措，开展政策宣传，提高服务质量，为台胞和台商营造安居乐业的环境。一是首次将台商吸纳为区海外联谊会成员，首次邀请在湘桥区的台籍青少年参加港澳青少年与湘桥区青少年的文化交流活动，增进彼此的了解和友谊。二是关心台商企业，主动上门走访调研，与企业负责人座谈交流，积极鼓励企业转型升级，增强企业发展信心，促进潮台企业之间的合作。三是用心帮助，做好台胞台商权益的保护工作。认真贯彻落实台湾同胞投资保护法及其实施细则，秉持“两岸一家亲”理念，切实做好台胞来电来信来访等工作，帮助解决实际困难，让台湾同胞切实感受到家的温暖。

【特色工作】 2019年，区台港澳事务局突出亮点，办好“四个一”系列活动。组建一支由本地青少年学生组成的志愿导游队伍——海星队，让志愿导游队与来访的旅外青少年结对体验“潮文化”，向来访的青少年宣传爱国爱乡理念，使两地青少年互识互进，取得了较好成效。举办一场爱国主义精神分享会，邀请香港爱国实业家、香港潮属社团总会创会主席陈伟南作“爱国情怀人生价值观”分享，为参加活动的海内外潮籍青少年和乡亲传播慈爱种子，增强青少年爱国爱乡意识，传递正能量。举办一场潮州与香港青少年同台演出的“回潮·团圆——星光映韩江”海内外潮籍青少年文艺会演，向海内外潮籍青少年宣传爱国爱乡理念，弘扬家国情怀。举办一次以“潮州少年说”为主题的影像资料征集活动，广泛发动青少年参与，通过以独特的视角展示潮州极富魅力的人文地理、民俗风情。活动共评选出10部优秀作品，同时把优秀视频短片及有关潮文化以电子书籍形式向海内外潮人作宣传，传播推介潮州乡土人情。

机构编制工作

【重要会议】 1月22日，区委编委会议召开。审定《关于潮州市湘桥区监察委员会派出街道（镇）监察组的请示》。

5月21日，区委编委会议召开。此次会议主要讨论区退役军人事务局要求设立潮州市湘桥区退役军人服务中心、各街道（镇）要求设立街道（镇）退役军人服务站、区委编办要求设立潮州市湘桥区机构编制电子政务中心、韩江南北堤湘桥区管理处等单位确定机构类别、区住房和城乡建设局要求设立潮州市湘桥区政府项目建设中心、磷溪镇要求分流2名原农业服务中心人员、区审计局要求增加下达事业编制给区审计局大数据审计中心、区城市管理监察队和区环境卫生管理处转隶及人员编制调整、关于调剂后剩下的32名事业编制下达到潮州市湘桥区机构编制电子政务中心等9个事项。

6月，区委编委会议召开。审定关于核定区教育局属下中小学及特殊教育学校教职员机构编制事项，核定中小学教职员编制总额3797人、特殊教育学校教职员编制总额25人，同时按比例核定校级领导职数、内设管理机构数及负责人员数配备。

7月，区委编委会议召开。审定关于区教育局要求将城西中学和意溪中学行政级别由副科级调整为正科级的事项。

【编制管理】 进一步开展机构编制问题台账整改工作。区委编办根据中央、省、市各级编办相关文件要求和省、市编办有关指导精神，积极贯彻落实上级整改措施，对现有机构编制问题台账不断进行梳理分类整改。2019年，完成西新街道人社所政策性超编问题及凤新街道文教体育服务中心政策性超编问题的整改工作。

严格审核申请使用编制事项。不断完善机构编制实名制系统的管理更新工作。区委编办坚持以编制限额为基准、以工作需要为前提、以优化调整结构为原则，严格编制使用审核审批。2019年，全区各单位办理申请使用编制手续193人次，其中区内调动申请使用编制67人次，区外调入申请使用编制111人次，各单位申请使用后勤服务人员9人次，基层办申请使用控制数6人次；办理列编手续653人次，其中新考录公务员18人，新招聘事业人员54人，新聘用后勤人员9人，新招基层办社区工作者50人，区外调入92人，区内调动426人；办理减编手续619人次，其中退休105人，辞职27人，死亡5人，调出区外56人，区内调动426人（含教师调动）。

积极配合做好拥军优属、各单位招聘

工作。2019年，提供14个机关单位工作岗位供军转干部、随军家属、退役士官安置使用。积极配合有关部门做好机关事业单位人才招聘工作，其中包含公务员四级联考、湘桥区公开招聘事业单位人员、粤东西北地区基层事业单位招聘、区教育局赴华师招聘教师、区卫健系统公开招聘等招聘工作。

【事业单位登记管理】 贯彻落实《广东省事业单位登记管理实施办法》，严格登记申请、受理、审核、核准、发证、公告“六关”。全年办理事业单位设立登记2个，变更登记18个，注销登记1个。加强事业单位信用信息公共平台建设，做好事业单位登记管理局的行政审批事项进驻潮州市政务服务中心的相关工作。加强年度报告的提交督促工作，报告完成率在90%以上。做好机关、团体统一社会信用代码赋码工作，初领8个，变更10个，临时机构换领证书1个、注销3个。

【机构改革】 持续深化机构改革，不断完善党政机构职能体系。一是拟定区机构改革方案。根据中央和省机构改革方案，全面梳理新组建部门、涉改部门的职能配置，结合湘桥区实际，区编办提出改革后党政机构设置方案，于1月28日获省委批准。方案共设置党政机构28个，以确保党的全面领导得以高质量落实，政府职能转变高质量推进，行政资源配置高质量整合。二是扎实推进“三定”规定审核工作。立足本职工作，把握时间节点，精心组织实施，重新制定21个单位“三定”规定和9个部门机构编制调整文件，按计划于2019年3月底完成改革任务。深学细研，把准“政策关”。对照省市陆续公布的部门“三定”，按照“三定”制定工作要求和政策口径，逐项梳理各部门新增、取消、划转、保留的职责，详细掌握各部门内设股室设置、领导职数配备等情况，夯实前期基础。周密部署，把好“实施关”。将部门“三定”制定工作划分为研究起草、拟订上报、审核审批3个步骤进行。组织相关部门对照上级对口部门“三定”方案，研究提出本部门的“三定”规定初步方案。明确职责，把牢“审核关”。审核小组对任务进行细化分解，点对点督促指导部门拟定上报和修改工作，及时研究解决工作推进中遇到的困难和问题。对部门上报的方案初稿，逐条逐句认真比对核实，层层审核把关，并征求组织、财政和司法部门意见，确保各部门“三定”合法合规、严谨规范。三是做好机构改革后半篇文章。根据市委编办反馈的湘桥区部分单位“三定”规定中存在的问题，认真梳理涉及单位产生问题的原因，按市的要求提出整改意见；持续跟踪了解部门“三定”规定执行情况，特别是新组建部门的运行情况，加强分析研判，及时发现并研究解决机构运行中出现的新情况、新问题。积极配合做好机构改革人员转隶工作，配合推进市综合执法改革，配合落实好湘桥区实施公务员职务与职级并行制度，审核好全区56个涉及单位的机构编制情况。

适应公益服务平衡充分发展新要求，深入推进事业单位改革。一是全面开展承担行政职能事业单位的改革。积极配合党政机构改革，坚持协同高效，全面开展承担行政职能事业单位改革，使事业单位行政职能合理归位，做到职能回归“不留尾巴”、机构编制“不破限额”、改革过渡“不存隐患”。对区直事业单位进行全面梳理和审核，界定承担行政职能的事业单位6个，其中与党政机构改革相结合同步改革1个，余下5个纳入此次承担行政职能事业单位改革范围。区分单位的不同类型，在职能、机构等方面逐一进行研究，在保障稳妥改革和人员切身利益的前提下，逐个制定改革调整措施，形成区直承担行政职能事业单位改革调整表，并按程序报批5个部门机构编制调整文件。二是推进事业单位分类改革工作。进一步理顺政事关系、事企关系，强化事业单位公益服务职责，对暂缓分类的韩江南北堤湘桥区管理处等7个单位确定机构类别。

【湘桥区委工作部门设置及人员编制】 机构改革后，湘桥区委工作部门共设9个：区纪律检查委员会监察委员会机关、区委办公室（区政府办公室）、区委组织部、区委宣传部、区委统一战线工作部、区委政法委员会、区委机构编制委员会办公室、区直属机关工作委员会、区委巡察工作领导小组办公室。

共核定编制127名，其中行政编制120名、行政执法专项编制7名；核定后勤服务人员控制数26名。

【湘桥区政府工作部门设置及人员编制】

机构改革后，湘桥区政府工作部门共设19个：区发展和改革局、区教育局、区工业和信息化局、区民政局、区司法局、区财政局、区人力资源和社会保障局、区住房和城乡建设局、区水务局、区农业农村局、区商务局、区文化旅游体育局、区卫生健康局、区退役军人事务局、区应急管理局、区审计局、区统计局、区医疗保障局、区政务服务数据管理局。

共核定编制数222名，其中行政编制127名，行政执法专项编制52名、政法编制31名、参公事业编制12名；核定后勤服务人员控制数25名。

机要、保密工作

【机要工作】 区委机要局严格遵循“安全、畅通、及时、准确”的原则，紧紧围绕区委、区政府中心工作，坚持24小时值班制度，全方位、全天候服务模式，认真做好密码通信、密码管理和信息化密码保障工作。加快推进区党政机关电子公文系统安全可靠应用工作，强化密码安全管理，加强电子政务内网和公文交换系统运行管理，及时排除故障，实现电子政务高效运转。2019年，通过主渠道收取密码电报187份，通过电子政务内网办理明密文件1028份，通过公文交换系统收取文件12321份，使上级信息和政令指示及时得到传达。

【保密工作】 2019年初，召开区委保密委员会全体会议暨全区保密工作会议，传达贯彻省、市保密工作会议精神，部署全年保密工作。完善保密防护措施，力促湘桥区技术设备的配备应用。举办经管国家秘密人员岗位业务培训班。以区委党校为保密宣传教育主阵地，拓展街道党校新阵地，两级联动开展学保密法律法规，普及保密常识教育活动，使保密宣传教育进一步深入社区基层。机构改革前夕，举办涉改部门保密工作指引培训班，有效防控失泄密风险。贯彻落实“放管服”改革，优化完善政务服务事项实施清单“十统一”标准化纳入工作，提高政务服务效能。

区委党校工作

【干部培训】 坚持突出党校主业主课地位，突出党的理论教育，加强党性教育。区委党校认真落实潮州市湘桥区2019年度党员干部培（轮）训计划，以主体班为重点，线条班为补充，构建多层次、多渠道的办学格局，着力实施对湘桥区科级干部、党务干部、扶贫干部、村（居）干部和入党积极分子等的培训、轮训工作；严格实施教学计划和教学管理，完成年度各项培训任务。全年举办主体班、专题研讨班等14期不同类型的党员干部培训班，共培（轮）训党员干部2171人次（不含学历班），其中科级干部920多人次、基层党组织书记300多人次、入党积极分子229人次。

表7　2019年湘桥区委党校办学情况表

单位：人

办学期数（期）	各班型人数			其他	合计
	轮训班（现职领导，纪检、组织科级干部等）	培训班（行政干部培训）	学历班（文化专科、本科结业书）		
14	942	2072	42	—	3056

表8　2019年湘桥区委党校举办各类培训班情况表

时间	名称	培训主要内容	学员数（人）	期数
2月28日	湘桥区“三防”知识业务培训班	“三防”指挥决策和防灾抗灾相关知识辅导课	90	1
4月18日至19日	湘桥区基层党建业务培训班	“如何当好基层党组织书记”“中国共产党支部工作条例（试行）”“基层党建基础业务辅导”“中国共产党农村基层组织工作条例”等课程	266	1
5月13日至15日	湘桥区入党积极分子培训班	“学习党章　践行党章”“中国共产党党史”“入党条件、要求和程序手续”“信仰的力量——中国共产党从苦难走向辉煌的内动力”“深入学习把握习近平总书记关于意识形态工作的新论断、新思想、新要求”等课程	130	1

续表8

时　间	名　　称	培　训　主　要　内　容	学员数（人）	期数
5月17日	区街道（镇）安全生产管理人员安全实务培训班	“安全隐患排查与治理”“企业通用执法检查要点”“消防安全检查要点、典型事故案例分析”等课程	76	1
5月20日至22日	湘桥区农村入党积极分子暨后备干部培训班	“学习党章　践行党章”“中国共产党党史”“入党条件、要求和程序手续”“信仰的力量——中国共产党从苦难走向辉煌的内动力”“深入学习把握习近平总书记关于意识形态工作的新论断、新思想、新要求”等课程	99	1
5月23日	湘桥区行政事业单位国有资产系统升级培训班	行政事业单位国有资产系统升级相关辅导课	180	1
8月26日至27日	湘桥区财政重点业务培训班	“解读积极财政政策、聚焦财政改革热点”“财政投资基本建设项目财务管理”“涉农资金统筹整合”“国有资产管理”“政府采购”等课程	121	1
8月29日	湘桥区统战干部、宗教工作三级工作网络成员宗教政策法规培训班	“我国宗教方针、政策及应知应会知识学习及近年区域案例剖析”“增强政治意识，坚持中国化方向——习近平总书记关于宗教工作的重要论述”“新宗教事务条例解读”等课程	197	1
10月9日	湘桥区扶贫干部综合业务培训班	扶贫综合业务辅导课	70	1
10月16日至11月8日	湘桥区科级干部暨年轻干部培训班	“中美经贸摩擦的影响与应对”“公务员的情绪管理与压力应对”等课程	412	1
10月24日	湘桥区“不忘初心、牢记使命”主题教育区直机关党支部书记专题轮训	学好《纲要》　深信笃用——《习近平新时代中国特色社会主义思想学习纲要》解读	110	1
10月24日至25日	湘桥区宣传思想文化干部培训班	“学好《纲要》　深信笃用——《习近平新时代中国特色社会主义思想学习纲要》解读”“突发事件的危机管理和舆情应对”“学习贯彻《中国共产党宣传工作条例》做好新时代文明城市创建工作的实践与思考”等课程	67	1
12月25日至28日	湘桥区科级干部学习贯彻党的十九届四中全会精神专题培训班	“余楚雄同志开班动员讲话暨主题报告”“党的十九届四中全会精神宣讲报告”“坚持和完善共建共治共享的社会治理制度——深入学习贯彻党的十九届四中全会精神”等课程	353	2

【师资培训】 为进一步提高区委党校教职人员的知识基础和理论水平，深入贯彻习近平新时代中国特色社会主义思想和“不忘初心、牢记使命”重要论述，为全区党员干部教育工作打下坚实师资基础。2019年10月，选派理论教员张思玲到河源党校参加2019年全省党校（行政学院）系统“不忘初心、牢记使命”主题教育师资培训班；11月，选派理论教员苏润参加省委党校（行政学院）2019年第二期党校系统骨干教师研修班；12月上旬，选派副校长陈小杏参加省委党校举办的全省党校系统短期培训管理人员“不忘初心 牢记使命”专题培训班。

【宣讲活动】 坚持围绕中心，自觉服务大局，积极开展宣讲和“送课下基层”活动。区委党校共选派3位理论骨干参加区委宣讲团，赴公安湘桥分局、湘桥街道、西湖街道、金山街道、西新街道、太平街道、凤新街道、官塘镇等单位开展习近平新时代中国特色社会主义思想、习近平总书记重要讲话精神、庆祝新中国成立70周年、党的十九届四中全会精神等宣讲活动。同时结合中心主体班学习开展“送课下基层”活动20多场次。

【科研工作】 区委党校充分发挥基层智库作用，组织做好习近平新时代中国特色社会主义思想、党的十九大精神和习近平总书记重要讲话精神课题研究，联系实际开展调研活动，为区委、区政府决策提供参考。深入推进区委党校市级立项课题“新时代旅游主导型古城区社区治理创新——基于湘桥区太平街道和金山街道社区治理实践”工作。至年底，该课题已进入结题阶段。由苏润撰写的《广东“先走一步”改革思想的启示》于2019年8月发表在共产党网基层视野；其撰写的《新时代广东打造国际竞争力的侨才环境研究》入选2019年11月15日在广州举办的第八届中国南方智库论坛，并收录于《中国现代化道路的经验与启示论文集》一书。

【函授教育】 根据市委、区委深入学习贯彻落实新时代党的建设总体要求，区委党校充分利用已有教学资源，积极发展成人学历教育，继续抓好村（社区）党组织书记学历教育培训，提高村（社区）党组织书记队伍文化素质。2019年，区委党校继续与汕头大学继续教育学院联合办学。同时根据《潮州市潮安区村（社区）“两委干部”学历提升工作方案》，潮安区委组织部和潮安区委党校也与区委党校合作开设村干部函授班，已有潮安区42名村、社区“两委”现任干部报考区委党校本、专科函授班。2019年，本(专)科毕业学员42人；成人高等学校招生全国统一考试录取考生91人，其中“专升本”50人（含潮安区村干部18人），“高升专”行政管理专科8人，“高升专”村干部33人（含湘桥区村干部5人，潮安区村干部28人）。截至12月底，区委党校共有在读学员197人。

潮州市湘桥区人民代表大会

【概况】 2019年，区人大高举习近平新时代中国特色社会主义思想伟大旗帜，全面贯彻落实中共十九大和十九届历次全会精神，坚持党的领导、人民当家作主、依法治国有机统一；按照区委六届六次、七次、八次全会的工作部署，依法履职、服务大局、助力攻坚，有效推动湘桥经济社会高质量提升发展。全年召开常委会会议7次，听取“一府一委两院”专项报告8项；开展调研、评议、视察、检查、督查活动9项；作出决议、决定、审议意见、评议意见22项，完成区六届人大五次会议确定的目标任务。

表9　2019年潮州市湘桥区人民代表大会重要会议一览表

届　次	时　间	应出席代表数（人）	主　要　议　程	议案数（件）
第六届人民代表大会第五次会议	2019年3月27日至29日	222	（一）听取和审议潮州市湘桥区人民政府工作报告； （二）审查和批准潮州市湘桥区2018年国民经济和社会发展计划执行情况与2019年计划草案的报告； （三）审查和批准潮州市湘桥区2018年预算执行情况和2019年预算草案的报告； （四）听取和审议潮州市湘桥区人大常委会工作报告； （五）听取和审议潮州市湘桥区人民法院工作报告； （六）听取和审议潮州市湘桥区人民检察院工作报告； （七）通过设立潮州市湘桥区第六届人民代表大会社会建设委员会的决定； （八）通过潮州市湘桥区第六届人民代表大会社会建设委员会组成人员人选； （九）选举湘桥区国家机关工作人员	9
六届人大常委会会议				
第二十一次会议	2019年3月19日	—	（一）审议通过区人大常委会2019年工作要点； （二）讨论决定区六届人大五次会议有关事项； （三）审议通过区人大常委会关于内务司法工作委员会更名的决定； （四）人事任免	—
第二十二次会议	2019年5月28日	—	（一）听取区政府关于贯彻落实2018年度区人大常委会作出的决议、决定和有关意见情况的报告； （二）听取区政府关于湘桥区实行“河长制”情况的报告和调研组的调研报告； （三）人事任免	—

续表9

届　次	时　间	应出席代表数（人）	主　　要　　议　　程	议案数（件）
第二十三次会议	2019年7月24日	—	（一）听取区政府关于湘桥区优化营商环境工作情况的报告和调研组的调研报告； （二）开展对区卫生健康局工作的评议	—
第二十四次会议	2019年8月28日	—	（一）听取区政府关于2018年度本级预算执行和其他财政收支情况的审计工作报告； （二）听取区政府关于湘桥区中小河流整治情况的报告和调研组的调研报告； （三）开展对区农业农村局工作的评议； （四）听取区政府关于贯彻实施《中华人民共和国残疾人保障法》情况的报告和执法检查组的执法检查报告	—
第二十五次会议	2019年11月20日	—	（一）听取区政府关于2019年1—9月国民经济和社会发展计划执行情况的报告； （二）听取区政府关于2019年1—9月财政预算执行情况暨预算调整的报告； （三）听取区政府关于2018年本级决算草案的报告； （四）听取视察组关于湘桥区重点项目建设进展情况的视察报告； （五）开展对区审计局工作的评议； （六）人事任免	—
第二十六次会议	2019年12月12日	—	人事任免	—
第二十七次会议	2019年12月30日	—	（一）听取区政府关于区六届人大五次会议代表建议意见办理情况的报告； （二）听取区人民法院关于刑事审判工作情况的报告； （三）听取区人民检察院关于公益诉讼检察工作情况的报告； （四）听取区政府关于贯彻执行《中华人民共和国公共文化服务保障法》情况的报告和执法检查组的执法检查报告； （五）听取区政府关于湘桥区2019年第二次预算调整方案的报告； （六）审查区人大常委会监察和司法工委关于湘桥区规范性文件备案审查工作情况的报告	—

【人事任免工作】 2019年3月19日，潮州市湘桥区第六届人民代表大会常务委员会第二十一次会议通过：

决定接受蔡锡河辞去湘桥区人大常委会副主任和区第六届人民代表大会代表职务的请求；接受陈志昂辞去湘桥区人大常委会委员和区第六届人民代表大会代表职务的请求；接受苏昇、刘伟强辞去区人民政府副区长职务的请求；接受张剑峰辞去潮州市第十五届人大代表职务的请求；报市人大常委会备案。

决定任命苏爱群为区人民政府副区长；谢壮鹏为区发展和改革局局长；庄建邦为区卫生健康局局长；林焕忠为区工业和信息化局局长；李少珊为区文化旅游体育局局长；黄少雄为区医疗保障局局长；陈贤德为区退役军人事务局局长；陈旭湘为区政务服务数据管理局局长；钟书翊为区住房和城乡建设局局长；黄丽斌为区农业农村局局长；丁旭桂为区应急管理局局长；张南高为区司法局局长。

决定免去陈宝佳的区发展和改革局局长职务。

任命林子辉为区人大常委会金山街道工作委员会专职主任；卢志鹏为区人大常委会桥东街道工作委员会专职主任；

免去佘常光的区人大常委会金山街道工作委员会专职主任职务；郑敬忠的区监察委员会副主任职务。

2019年3月27日至29日，区第六届人民代表大会第五次会议依法补选陈庆标为潮州市湘桥区人大常委会副主任，丁阳生、林雪珊为潮州市湘桥区第六届人民代表大会常务委员会委员。

2019年5月28日，潮州市湘桥区第六届人民代表大会常务委员会第二十二次会议通过：

决定接受佘常光辞去湘桥区第六届人民代表大会代表职务的请求。

任命丁阳生为区人大常委会科教文卫侨工委副主任。

免去苏春权的区人民检察院检察委员会委员、检察员职务。

2019年11月20日，潮州市湘桥区第六届人民代表大会常务委员会第二十五次会议通过：

决定接受黄航辞去区人民政府副区长职务的请求；接受林少勇辞去区六届人大常委会副主任职务和区六届人大代表职务的请求；接受蔡志海辞去区六届人大常委会委员职务的请求。

决定任命宋琳为湘桥区人民政府副区长。

决定免去林焕忠的湘桥区工业和信息化局局长职务。

免去蔡建歆的湘桥区监察委员会委员职务。

2019年12月12日，潮州市湘桥区第六届人民代表大会常务委员会第二十六次会议通过：

决定接受许晓燕辞去市第十五届人民代表大会代表职务的请求，报市人大常委会备案。

决定任命陈鑫生为湘桥区人民政府副区长。

任命朱光远为湘桥区监察委员会副主任。

【专题调研】 “河长制”情况调研。4月29日，区人大常委会组织部分区人大代表对湘桥区实行“河长制”情况进行调研。调研组实地调研意溪镇渡口公园和韩江北溪官塘段的工作落实情况。随后，调研组在官塘镇政府召开座谈会。5月28日，常委会会议听取区政府关于湘桥区实行“河长制”情况的报告和区人大常委会调研组的调研报告，并进行了认真审议。

优化营商环境工作调研。6月19日上午，调研组召开会议，听取区政府及相关职能部门关于优化湘桥区营商环境的工作情况汇报。6月19日下午，调研组实地调研广东凯琪服饰有限公司和潮州市庆发陶瓷有限公司，深入了解湘桥区婚纱晚礼服和陶瓷两大传统支柱产业的发展现状。7月24日，常委会会议听取区政府关于湘桥区优化营商环境工作情况的报告和区人大常委会调研组的调研报告，并进行认真审议。

卫生健康局工作的调研。6月26日，区人大常委会组织部分区人大代表对湘桥区卫生健康局工作情况进行调研。实地调研西湖西新社区卫生服务中心、风新社区卫生服务中心、区中医医院和磷溪卫生院。随后，调研组召开座谈会，听取区卫生健康局工作汇报。7月24日，常委会会议听取区卫生健康局工作情况的报告和区人大常委会调研组关于区卫生健康局工作情况的调研报告，并进行认真评议。

农村农业工作调研。7月，区人大常委会调研组对区农业农村局工作情况进行调研，并进行民主测评。7月18日，调研组前往意溪镇锡美村和磷溪镇的潮州市雅力斯科技实业有限公司开展实地调研。随后，调研组集中召开座谈会，听取区农业农村局的工作情况汇报和座谈交流，并现场进行民主测评。8月28日，常委会会议听取区农业农村局的工作情况报告和区人大常委会调研组关于区农业农村局工作情况的调研报告，并进行认真评议。

湘桥区中小河流整治情况调研。7月，区人大常委会调研组对湘桥区中小河流整治情况进行调研。7月23日，调研组前往意溪镇中小河流桂坑水和文祠水进行实地调研。随后，召开座谈会，听取区水务局关于湘桥区中小河流整治情况汇报并座谈交流。8月28日，常委会会议听取区政府关于湘桥区中小河流整治情况的报告和区人大常委会调研组的调研报告，并进行认真审议。

对区审计局工作调研。9月，区人大常委会调研组对区审计局工作进行调研。9月24日，调研组召开座谈会，听取区审计局近期工作汇报，征求对区审计局工作的意见和建议。11月20日，常委会会议听取区审计局工作情况的报告和区人大常委会调研组关于区审计局工作情况的调研报告，并进行认真评议。

【执法检查】 对湘桥区贯彻实施《中华人民共和国残疾人保障法》情况的执法检查。7月25日至26日，区人大常委会检查组对湘桥区贯彻实施《中华人民共和国残疾人保障法》情况开展执法检查。25日，检查组召开座谈会，听取区残联关于执行残疾人保障法情况的汇报，与参会的区、镇（街）残联负责人进行座谈交流。26日，检查组深入太平街道社区康园中心、湘桥区集德启智学校进行实地检查。8月28日，常委会会议听取区政府关于《湘桥区贯彻执行〈中华人民共和国残疾人保障法〉的情况汇报》和区人大常委会执法检查组《关于湘桥区贯彻实施〈中华人民共和国残疾人保障法〉情况的检查报告》，并进行认真审议。

对湘桥区贯彻实施《中华人民共和国公共文化服务保障法》情况开展执法检查。11月，区人大常委会检查组对湘桥区贯彻实施《中华人民共和国公共文化服务保障法》情况开展执法检查。11月19日，检查组前往湘桥区图书馆、恒大社区综合性文化中心、官塘镇文化服务中心进行实地检查；下午，检查组听取区文化旅游体育局的工作情况汇报，并进行座谈交流。11月30日，常委会会议听取区政府关于《湘桥区贯彻执行〈中华人民共和国公共文化服务保障法〉的情况汇报》和区人大常委会执法检查组《关于湘桥区贯彻实施〈中华人民共和国公共文化服务保障法〉情况的检查报告》，并进行认真审议。

【议案办理】 *基本情况*　区六届人大五次会议期间，代表提出的建议共9件，区人大常委会办公室于2019年4月将9件建议交由区政府研究处理。其中，涉及财经2件，分别为陈乔和等代表提出的《关于提高基层一线城管协管人员工资待遇的建议》、郭图群代表提出的《关于加大对街道社区管理服务中心人员的财力补助的建议》；涉及城市管理1件，为蔡湘萍等代表提出的《关于全区推广道路职能停车综合管理的建议》；涉及城市建设2件，分别为佘伟文代表提出的《关于加强社区卫生服务中心设备配套建设的建议》、老春燕代表提出的《关于对市区三利街路面进行翻新改造的建议》；涉及科教文卫2件，分别为方卫玲等代表提出的《关于成立家长学校的建议》、雷明新等代表提出的《关于加强畲族文化保护的建议》；涉及社会事务2件，分别为刘明慧等代表提出的《关于规范社区开具证明范围的建议》、陈少钿等代表提出的《关于推进城市基层党建加快“三社联动”焕发基层治理新活力的建议》。其中佘伟文代表提出的《关于加强社区卫生服务中心设备配套建设的建议》、陈少钿等代表提出的《关于推进城市基层党建加快“三社联动”焕发基层治理新活力的建议》被列为区人大重点督办建议。在各相关部门的积极配合和共同努力下，全部建议均已答复代表，办复率为100%，代表对承办单位的答复满意率为100%。

办理措施　一方面强化制度保障，规范办理程序。湘桥区一直高度重视人大建议的办理工作，把建议办理工作列入年度重要工作计划，明确一名区委常委为分管领导，区政府督查室为综合协调机构，同时制订《2019年湘桥区关于办理人大建议和政协提案的工作要求》，分解落实工作任务，明确办理时限，做到任务、人员、时限“三落实”，形成职责分明、规范有序、审核严格的工作格局。区政府于6月3日召开区级人大建议交办会，要求各部门重视办理工作，提高思想认识，注重沟通协调，对未按规定格式办理的答复件一律退回承办单位重新办复，要求规范办理后的答复必须按时送达代表手中，确保办理工作按时按质完成。另一方面，注重解决问题，突出办理成效。湘桥区在办理建议过程中，始终坚持以讲究实效为目的，通过深入调查研究，力求制定切合实际的解

决方案，努力做到大问题不绕道，尽力解决；难问题不拖拉，尽快解决；老问题不回避，尽量解决。在此基础上，加快办理进度，强化督促检查。对全区各承办单位的办理过程进行跟踪督促，积极开展建议办理“回头看”活动，促进正在解决或具备解决条件的办理事项尽快落实办理措施。

办理情况 关于陈乔和等代表提出的《关于提高基层一线城管协管人员工资待遇的建议》。湘桥区城管协管人员工资待遇为2000元/月，不低于潮州市企业职工最低工作标准。为做好环境卫生、城市管理工作，2017年，全区新招聘城管协管员81人，所增加的工资总量湘桥区财力已难以承受。在财政压力较大的情况下，区结合实际，给予2017年新招聘的81名城管协管员每人每月200元的工作经费。候待湘桥区财力有所提升后，将尽力提高城管协管人员的工资待遇。代表对答复表示满意。

关于郭图群代表提出的《关于加大对街道社区管理服务中心人员的财力补助的建议》。湘桥区于2017年底收到市财政局拨付的一次性增列一般转移支付补助资金1200万元，经区政府常务会议同意后，于2018年2月起逐月发放该笔财力补助。2018年全年拨付各街道、镇财力补助1392万元，2019年拨付各街道、镇财力补助1160万元，用于缓解湘桥区各街道、镇的财政压力，解决各街道、镇人员经费不足问题。湘桥区财力薄弱，区级刚性支出逐年增加，存在财政收入乏力、财政收支矛盾日益增大、财政缺口巨大的实际情况。鉴于社区管理服务中心人员的性质，区级只能通过补助方式增加街道、镇财力，由街道、镇统筹解决问题。候待今后区级财力允许，再进一步解决该类人员的困难。代表对答复表示满意。

关于佘伟文代表提出的《关于加强社区卫生服务中心设备配套建设的建议》。近年来，湘桥区在财力紧张的情况下，保证基本公共卫生等卫生经费足额投入到位，并呈递增趋势。2019年6月17日，区卫健局根据湘桥区公益一类医疗卫生机构“公益一类财政供给”的有关落实情况，拟定《关于要求解决湘桥区公益一类卫生机构薪酬问题的请示》。经区委、区政府研究，同意自2019年7月起，区公益一类医疗卫生机构在编在岗人员基本工资所需资金由区财政拨付，其他资金候待财力允许再研究解决。代表对答复表示满意。

关于蔡湘萍等代表提出的《关于全区推广道路职能停车综合管理的建议》。根据市政府对湘桥区《关于对新桥路街区道路智能停车实施综合管理问题的请示》（潮湘府报〔2018〕5号）的批复精神，湘桥区于2018年11月1日实施新桥路街区道路智能停车场综合管理工作试点运营。项目启动以来，通过实施网格化、智能化管理，其通行能力和通行环境得到较大提升，有效提高了现有停车资源的利用率，收到了较好的社会效益。为妥善解决实施过程中的存在问题，湘桥区通过借鉴深圳等地经验、多次召开专题研讨会、听取群众意见等方法制订一系列措施。一是根据《关于启动市城区道路有偿停车体系建设工作的请示》（潮城综〔2019〕52号）的批复精神，分期分批对城区道路实施智能停车设施建设，以有效缓解市道路停车难、市民乱停乱放等现状。二是制定详细收费方案和标准。按照道路级别、路段停车情况进行分路段、分时段收费，引导市民有序停车。三是组建巡查队伍，组织管理人员进行系统化培训，打造一支规范化、年轻化的巡查队伍。四是落实网格化管理。借鉴新桥路的管理模式，停车收费管理实行24小时制网格收费管理人员三班制的轮班制度，确保每个车位随时都有专人管理。五是健全相关法律法规。加快制定有关智能停车管理的法律法规，明确违停认定及处罚标准，对逃费、欠费等行为加以规范，确保有法可依有章可循。代表对答复表示满意。

关于老春燕代表提出的《关于对市区三利街路面进行翻新改造的建议》。对该路段路面进行翻新改造，可以方便群众出行、减少交通安全隐患，改善周边生活环境，意义非常大。湘桥区经与市城综局对接了解，确定该路段为光明街。根据《潮州市人民政府办公室关于印发〈潮州市提升城市治理水平三年行动计划项目一览表〉的通知》，“推进城区街道整修全覆盖工作”将在2019年12月中旬完成第一批项目立项工作，2020年春节后落实项目建设相关责任单位按时限要求推进“全覆盖”进程，2021年12月完成城区街道整修全覆盖。目前光明街已列入该项工作，将按照计划进行实施。湘桥区将协调有关部门全力配合开展相关工作。代表对答复表示满意。

关于方卫玲等代表提出的《关于成立家长学校的建议》。近年来，湘桥区始终坚持推进家庭教育工作，在全区中小学中开展“创建全国优秀家长学校实验基地”活动，目前全区共有城基中学、城西中学、实验学校、昌黎路小学、城南小学、城南中英文学校、铮蓉小学、城西中心小学等8所全国优秀家长学校实验基地；全区各中小学都成立家长学校委员会。通过家长委员会加强对家庭教育工作的指导，帮助家长树立正确的教育观念，沟通学生表现情况，掌握科学的教育方法，为学生健康成长营造良好的家庭环境。近几年来，湘桥区组织省市区优秀班主任、关工委“五老”组成讲师团，在各中小学定期组织开展家教育人知识讲座；组织开展优秀家训征集、“游祠堂、寻家风、立家训”等主题活动，通过活动的开展引导家长重视，陪伴孩子积极参加，突出思想道德教育，引导家庭成员树立正确的家庭观，培养良好家风，提升家庭成员道德素养，达到立德树人、家长尽责的目的。同时，湘桥区要求各中小学充分利用传统节日推动开展家校协同育人活动。各学校在传统节假日前夕为学生讲解节日的起源、习俗、历史故事，让学生了解节日的来历，感悟传统文化的魅力，引导广大学生认知传统、尊重传统、弘扬传统，增强爱党、爱国、爱社会主义情感，并把传统佳节的内涵通过学生带入家庭，在潜移默化中提升家庭的节日仪式感。定期通过家长会、致家长一封信、组建家长微信群等方式，搭建教师与家长交流沟通平台，共同探讨孩子成长问题，合力引导学生平稳度过青春期、叛逆期，一起帮助学生提升耐挫力、抗压力、自控力，帮助家长提升家教水平。湘桥区也将出台关于加强中小学家长委员会工作的指导意见，明确家长委员会的目的、任务以及权利，并将家长委员会的工作形成制度化，通过家长委员会动员和团结全体学生家长，加强家校联系合作。代表对答复表示满意。

关于雷明新等代表提出的《关于加强畲族文化保护的建议》。畲族是中国56个民族之一，是中华民族大家庭的重要成员。畲族文化是畲族人民在漫长岁月里繁衍生息，以其独特的智慧不断积淀而创造出来的，底蕴深厚，保存了畲族先民最原始的语言、民歌、戏剧、舞蹈和风俗，具有珍贵的历史、文化和学术价值，是畲族文化研究最宝贵的“活化石”，湘桥区十分重视加强畲族文化保护工作。市有关部门从2019年省专项补助资金中划出部分款项用于补助全市6个畲族村传承保护工作，湘桥区3个畲族聚居村也列入此次补助范围，有利于更好地保护和传承畲族文化。截至12月底，市人大正对《潮州市畲族文化保护条例（草稿修改稿）》征求意见，候待保护条例立法通过后，湘桥区将在辖区内3个畲族聚居村中积极开展相关的文化活动，加大对外宣传力度，打造特色少数民族旅游线路，促进文旅整合，助推畲族文化得到有效的保护、传承和发展。代表对答复表示满意。

关于刘明慧等代表提出的《关于规范社区开具证明范围的建议》。按照代表提出的建议，湘桥区认真落实各相关职能部门根据自身职能进行规范办理。区编办对证明的种类、涉及的公共服务事项进行摸底调查、梳理分析，经论证，决定在全区范围内取消33项证明事项，并要求对取消的证明事项，任何单位不得以任何方式要求办事人员提供，相关单位也不再开具证明。2018年9月，区政府办公室印发《关于开展证明事项清理工作的通知》，全面清理、取消区政府及其部门规范性文件自行设定的证明事项，经清理，尚无需列入清理的规范性文件。湘桥区根据《广东省司法厅关于进一步做好规范性文件清理工作有关事项的通知》要求，落实各镇人民政府及区直各单位，全面清理取消没有法律法规依据的证明事项，切实坚持并加大力度清理不合适的规范性文件。同时，进一步规范相关办理程序，通过不断完善《办事指南》和《业务手册》，加强对《办事指南》和《业务手册》的标准化审查，明确细化事项办理条件、办理材料、办理流程、办理时间等，依法规范审批行为，减少审批自由裁量权，提高审批服务透明度和可预期性，明确受理范围、办理条件、办理材料、办理流程、办理时限，剔除冗余、低效不符合发展要求的条件和环节。接下来，湘桥区将积极协调上级部门，逐步建立共享信息机制，逐步落实盖章准入制度以及逐步建立居民诚信体系，更好地为群众服务。代表对答复表示满意。

关于陈少钿等代表提出的《关于推进城市基层党建加快“三社联动”焕发基层治理新活力的建议》。湘桥区已印发《潮州市湘桥区人民政府办公室印发〈关于推进社区、社会组织和社会工作专业人才“三社联动”工作方案〉的通知》（潮湘府办〔2019〕52号），并落实相关职能部门通过简化登记程序、提高审核效率、结合社区社会组织特点制定章程范本等方式优化登记服务。对未达到登记条件的社区社会组织，按照不同规模、业务范围、成员构成和服务对象，由街道办事处（镇政府）实施管理，加强分类指导和业务指导；对规模较小、组织较为松散的社区社会组织，由社区党组织领导基层群众性自治组织对其活动进行指导和管理，如农村中的老年人协会、妇女互助会等，规模较小而又组织上较为松散，归属村党组织、村委会管理，有针对性地组织实施各类特色项目活动，有效满足社区居民的个性化、专业化服务需求，截至12月底，共有12个社会组织和2个群众自治组织纳入培育。代表对答复表示满意。

【视察重点项目】 9月20日，湘桥区人大常委会组织部分市、区人大代表对湘桥区重点项目建设进展情况开展视察活动，听取相关汇报，提出意见、建议。视察组在区人大常委会主任肖锐书，副主任刘维明、黄炎藩的带领下，先后实地察看了市区环保发电厂项目和意桂线（北山路）建设，听取相关项目单位的现场介绍。副区长谢昭明陪同视察。

随后召开座谈会，听取副区长谢昭明对湘桥区重点项目建设进展情况的汇报。区政府坚持把重点项目建设作为加快湘桥高质量提升发展的重要抓手，加强组织领导，强化系统思维，注重统筹协调，着力破解项目建设难题，力促重点项目建设加快推进、早日发挥效益。1—8月，全区27个列入市重点建设项目累计完成投资额32.8亿元，完成年度计划的65.04%，各重点项目推进有序。刘维明、黄炎藩及市、区人大代表结合实地视察的情况和区政府工作汇报，立足自身专业，提出了许多具有前瞻性、针对性、操作性的建议意见，同时也指出问题和不足，积极履行监督职责。区住房和城乡建设局、区水务局相关职能部门主要负责人对代表们提出的问题作出回应，主动交流、问策问计、虚心请教。肖锐书对区政府在推进全区各重点项目建设上做了大量工作表示肯定，同时也提了4点意见：一是要坚持以党建为统领，把握重点项目攻坚的政治要求。二是要坚持以人民为中心，重视重点项目建设的民生效应。三是要坚持以问题为导向，提升重点项目推进的速度质效。四是要坚持以实干论英雄，鼓舞一线干部队伍的士气斗志。

【特色工作】 2019年，区人大以抓好金山街道、桥东街道、意溪镇3个示范点创新案例为突破口，鼓励镇（街）在法定职能范围内大胆探索、创新实践、积累经验，逐步形成立足古城治理、创新代表履职的“金山特色”；依托韩江东岸城区扩容、做好民情履职日记的“桥东探索”；聚焦乡镇基层民主、推进镇级人大规范化建设的“意溪经验”，为探索坚持和完善人民代表大会制度的基层实践，推进区域治理体系和治理能力现代化建设，交出独具特色的“湘桥答卷”。

【湘桥区人大常委会主任、副主任任职情况】

人大常委会主任：肖锐书

人大常委会副主任：蔡锡河（—1月）
林　燕　刘维明
黄炎藩
林少勇（—11月）
林　伟
陈庆标（3月—）

潮州市湘桥区人民政府

【重要会议】 1月14日，召开湘桥区校园安全管理工作会议。1月29日，召开韩江新城污水处理厂PPP有关工作协调会议。3月21日，召开湘桥区实施“潮州菜师傅”工程行动工作推进会。4月29日，召开潮州市湘桥区创建国家卫生城市工作整改落实推进会。6月25日，组织收看收听全国深化“放管服”改革优化营商环境电视电话会议。6月27日，召开全区推进“两违”整治工作会议。10月14日，召开官塘污水处理厂建设推进会。12月3日，召开湘桥区一级饮用水源保护区内意溪镇意东堤水利管理所至意溪自来水厂段土地和房屋征收清拆工作推进会。12月30日，召开全区ETC安装发行工作督导推进会。12月31日，召开韩江新城污水处理（近期）工程有关工作协调会。

【重点产业项目建设】 2019年，湘桥区落实领导“包干”推动项目加快落地建设。29个市级重点项目累计完成投资54.24亿元，完成年度计划的107.53%，其中“三旧”（旧城镇、旧厂房、旧村庄）改造投资6.89亿元，完成年度计划的142.65%。中国瓷都大道（东大道）贯通，韩江广场（万达广场）、中国工艺美术之都博览园、北山路等项目开工建设，世界潮人文旅项目加快推进。中山（潮州）产业转移园湘桥分园官塘片区基础设施加快建设，园区被列入省循环化改造试点。

【深化改革工作】 湘桥区政府持续深化机构改革，不断完善党政机构职能体系，重新制定21个单位“三定”规定和9个部门机构编制调整文件，如期完成区级机关机构改革任务。做好铁铺镇回归湘桥管理对接工作，着力推动潮州新区和湘桥融合发展。持续抓好“放管服”改革，扎实推进政务服务事项“一网通办”和审批服务便民化改革。全区申请政务服务事项实现与国家标准对标，“网上办”率达82%，“最多跑一次”事项达95.6%。同时，大力实施“多证合一”“证照分离”等改革措施。

【乡村振兴发展】 湘桥区重视培育壮大农业经营主体，2019年，全区有省级龙头企业3家、国家级示范合作社3家。省级新农村连片示范建设工程竣工；5个“一村一品”专业村建设项目全面动工。启动地债资金1亿元，抓好2条特色精品旅游线路和22个美丽宜居示范村建设。攻坚抓好“两田”（高标准基本农田、垦造水田）建设、“两违”（违法用法、违法建设）整治，加快“四好农村路”和公路生命防护工程建设，完成全区219个自然村人居环境基础整治，城乡发展更加有序。2019年，桥东街道社光村获评“广东省文化和旅游特色村”。

【防范化解重大风险】 湘桥区有力有效防控各类风险，全力抓好潮州农商银行凤城支行资产确权和不良贷款清收压降等工作，为潮州市顺利完成全国唯一以地级市为单位统一法人的农信社改革试点任务作出应有贡献。稳步推进企业优胜劣汰，2019年，基本完成2家“僵尸企业”出清任务。

【环境保护及污染防治】 扎实抓好中央、省级环保督察整改落实。加快推进枫江流域水环境整治二期工程（湘桥区段）、潮州市韩江新城污水处理近期工程等项目，新建市政污水管网44.87千米，市区环保发电厂项目投入使用。加强扬尘污染整治，空气质量优良率达到95.6%。一级饮用水源保护区内22个违法建设项目完成整改，剩下的意东堤有关清拆工作正在加紧推进。全面推行“河（湖）长制”，推进“五清”“清四乱”专项行动，经省水利厅确认的141个图斑点已全部销号，有效改善河湖环境，为韩江潮州段成为全省唯一入选全国首批示范河湖名单的河流奠定良好基础。

【政府公众信息网】 2019年，在政府公众信息网站开设的“湘桥概况”“新闻速递”“政务公开”“公众互动”“旅游观光”“重点领域”等板块上，发布政务信息1567条、概况类信息44条、政务动态信息888条，信息公开目录信息265条，政策解读26条，回应公众关注热点或重大舆情18次。

完善政府公众信息网建设，加强信息发布、解读和回应“三联动”。及时发布更新信息，确保时效性。第一时间发布区政府相关重要会议、重要活动、重大政策的信息和涉及群众切身利益、需要群众广泛知晓或参与的重大事项、应急事件信息。加大政策解读力度，确保准确性。围绕社会热点，结合群众的关注点，与人民群众的利益关系联系起来，解释重大政策的基本内容、精神实质、决策背景。广泛倾听意见、建议，确保互动性。搭建倾听民声、汇聚民智的交流平台，畅通群众网上意见表达渠道，为公众提供发言台，积极采纳网民提出的有价值、有意义的意见、建议。

党政办工作

【重要文稿工作】 区党政办坚持把“跟得紧、贴得上、有创新、求突破”作为工作原则，全面严格把关重要文稿的起草和撰写工作。主动深入基层、深入项目、深入群众，广泛开展调查研究，及时掌握工作动态，使文稿内容贴近湘桥实际，有效解决实际问题，助力湘桥发展。2019年，高质量完成领导讲话485篇、汇报材料330篇，把关各类政务汇报资料780多份，完成区委常委会会议纪要35期。

【信息工作】 围绕上级关注和群众关心的热点、难点和焦点问题，及时、准确、全面地收集、选编各类信息，为各级相关领导掌握动态、了解情况、指导工作提供准确翔实的基础性一手材料，有效地提高服务领导决策的针对性、前瞻性和预见性。2019年，编发《湘桥信息》75期，向市报送政务类信息86条。

【督查督办工作】 创新督查模式，以台账式管理一跟到底，不断增强新时代督查工作的政治性、权威性、统筹性、有效性。

一年来，督查室办理市委、市政府交办事项86项；办理区委、区政府督查事项64项；办理市、区领导有关批示项13项；督办2019年市领导分工负责重点工作、重要项目24项；办理新闻媒体曝光的不文明行为的督查整改通知书19项，办结率为100%；办理十项民生实事及信访件30项；办理市、区两级人大建议、政协提案共92件，办复率100%，满意率100%。全年发出督办通知26份，编发督查刊报17期，全年开展督查活动80余次。督查室始终坚持把重点项目建设作为督查重点，全力推动新城开发、古城保育、“两违”整治、生态环境、农村建设等项目落实落地。落实党中央“基层减负年”，切实转变工作作风，改进方式方法，起草印发《关于加强新形势下党的督促检查工作的实施意见》《关于建立健全督查联合联动机制的意见》，建立全区督查联合联动机制，促进督查工作高效开展，2019年全区督查事项总数下降64%；清理“一票否决”和签订责任状事项8项，比上年减少42%，切实为基层松绑减负。

【巡视整改及专项整治工作】 2019年8月份，根据省委第十一巡视组对湘桥区反馈巡视意见，为保障省委巡视整改工作不折不扣落到实处，党政办配合区委整改办，制定《整改工作方案》，梳理印发《问题清单整改工作台账》，发挥组织协调作用，推进巡视整改工作按时完成、取得成效。同时，印发《关于完善工作机制办好政治要件推动习近平总书记重要指示批示落地落实的若干措施》，切实把习近平总书记对广东重要讲话和重要指示批示精神和党中央决策部署落实到位。在整治专项突出问题方面，牵头制订了《关于整治在贯彻落实习近平新时代中国特色社会主义思想和党中央决策部署中存在问题的专项工作方案》《关于整治形式主义、官僚主义突出问题的专项工作方案》，针对所存在突出问题，对症下药，梳理整改措施形成整改台账，落实责任部门、责任股室限期整改，持之以恒牵头抓好专项整治。

【办文办会工作】 以“办文零停留、办会零失误、办事零差错”为目标，不断提高办文办会能力。严把公文拟草、报送传批、送审签发、复核和缮印等关口，严格公文处理程序，加强公文审核工作；大力精简文件，做到拟办得当、反馈及时，确保区委、区政府公文高效运转、准确规范。2019年，共办理文件15605份，其中含密件625份，发出本级密件5067份，归档上年度文件4346件，共受理区直各单位上报区委、区政府的请示件798件，上报省、市请示件和报告等公文104件，办理上级有关单位征求意见稿626份；书面批复或复函239份，其余请示件均加签意见或口头答复。着力整治文山会海突出问题，修订区党政办《工作规则》7项制度，建立会议、活动、文件办理等规范化操作流程，以极端负责的工作态度协助区委把好会议活动、文稿文件的“政治关”，与上年相比，下发文件合计减少30%以上，会议减少28%以上，推动全区各项工作有序、顺畅、高效运转。

外事工作

【外事工作管理】 2019年，区外事局严格证照申办手续和管理，重点控制机关、事业单位领导干部出访和一般性考察的出访，有效地控制因公出国（境）的数量和质量。

【外事服务工作】 2019年，区外事局履行审核职责，做好邀请外国人初审工作。在服务中加强邀请外国人管理，规范流程，坚持把加强涉外管理和提供优质服务有机结合，为区领导、企业赴境外开展活动和企业邀请外国人入境提供便利。一方面严格管理公职人员因公出国（境）证照申办手续；另一方面，在规定范围内，积极为经贸、教育、企业等的出访、邀请外国人入境提供便利，为湘桥区经济、文化等领域与国际接轨穿针引线。2019年，共审批企业邀请外国人入境申请9人次。

信访工作

【概况】 2019年，区信访局受理转办的信访总量173，比上年下降10%。其中群众来信及网信161件，来访6批12人次，按期办结率为100%。

【落实定期公开接访制度】 区信访局继续完善“每月区委书记、区长安排一天接访群众，其他区党政领导每月两天定期公开接待群众”的来访日制度，公布接待群众来访日的领导、时间和地点；制订安排2019年“区委书记、区长接待日”轮值表，全年区领导接访82人次。各街道（镇）也坚持党政主要领导每周安排一天接待群众来访、其他班子成员每周轮值接访的制度，较好地解决群众反映强烈的热点难点问题。

【落实领导包案工作】 区信访局对省、市要求的重点矛盾纠纷问题，严格按照“三到位一处理”的原则，开展信访事项调处化解工作，落实区、镇街两级领导包案，明确化解限期，全力推动案结事了。2019年，落实领导包案13宗，并全部按时办结。

【信访保障和隐患排查化解工作】 一是做好“两节”期间的信访工作。区信访局全力以赴做好春节期间的信访工作。二是切实做好“两会”、澳门回归20周年等重点时段的信访工作。区信访局认真落实领导联系点和干部下访等相关制度，切实加强值班应守，实行“每日一报”，及时掌握并化解苗头隐患问题。三是切实做好新中国成立70周年期间信访保障工作。区信访局印发《湘桥区开展信访矛盾化解攻坚专项行动工作方案》《湘桥区委常委、副区长包案处理信访事项工作方案》《湘桥区关于做好新中国成立70周年庆典活动信访保障方案》，并抓好落实到位。通过加强对信访人员和群体的信息收集和研判，强化源头处理；针对特别时期制定领导接访、下访的安排表，实行“一日一报”制度。

【扫黑除恶专项斗争】 积极配合相关部门，扎实开展扫黑除恶专项斗争，全面落实扫黑除恶工作部署，从信访干部中抽调精干力量，对照扫黑除恶实施方案中涉黑涉恶标准，对涉及黑恶势力的相关线索进行研判，力争不遗漏任何涉黑涉恶线索。

机关事务管理

【机关食堂提升改造】 区机关事务局为更

好服务机关干部职工用餐，对机关食堂环境进行全面提升改造。通过采用先进报餐系统，引进有经营资质的食堂配送中心进行合作，确保机关食堂饮食安全、环境卫生。定期对食堂工作人员进行卫生教育，开展烹调技术培训和岗位练兵，强化服务意识。组织厨师、服务人员进行体检，注射流感、禽流感疫苗。在食品的采购与管理上，继续把好质量关，杜绝变质食品，创建满意食堂。2019年，机关食堂共为全区干部职工5万多人次提供优质、卫生的饮食服务。

【安全保卫工作】 加强对机关安全保安人员的系统教育、管理和培训，不断提升保安队伍的执勤能力和工作形象。加强机关大院各重点部位的夜间巡查，促进机关安全保卫工作落实到位，确保机关办公区的治安环境和车辆安全。针对机关大院停车难问题，通过合理规划、科学调度，改善机关停车环境。加强对来访及办事人员的登记管理。2019年，共接待来访和办事人员登记480多人次。增强消防安全意识，开展安全检查，组织干部职工参加消防培训，完善机关消防设施，有效预防和杜绝火灾事故发生。

【规范服务行为】 全力做好全区大型工作会议以及重要接待会议的会务工作。健全会议服务工作制度，加强服务人员的学习与管理，规范服务行为，提高服务质量。全年完成220多场会议和20多场培训班的会务工作。

【公务用车管理信息平台建设】 依据《党政机关公务用车管理办法》和《关于进一步加强地方公务用车平台建设的通知》，区机关事务局组织参加有关公务用车信息化业务培训，同时完善平台建设。坚持按照省要求实行新的用车申请制度，规范使用公务用车；加强司驾人员的安全培训，做好车辆保养维护，确保公务出行需要。

【湘桥区人民政府区长、副区长任职情况】

区　长：庄湃澍

副区长：陈　庶　苏爱群（3月—）

谢昭明　陈鹏生

陈鑫生（12月—）

政协潮州市湘桥区委员会

【中共湘桥区委召开政协工作会议】 2019年12月24日，中共湘桥区委首次召开区委政协工作会议。会上，区政协主席苏宗伟通报全区政协系统学习宣传贯彻习近平总书记在中央政协工作会议上的重要讲话精神和中共中央、省委、市委政协工作会议精神的情况。中国湘桥区委书记余楚雄就如何学习贯彻落实习近平总书记在中共中央政协工作会议上的重要讲话精神和中央、省委、市委政协工作会议精神作出系统的部署，对进一步加强和改进新时代湘桥区政协工作，支持政协有效履职、发挥作用提出明确要求，强调要围绕改革发展目标，积极把人民政协制度优势转化为治理效能，加强思想政治引领作用，强化政协委员责任担当，奋力推动新时代湘桥区人民政协工作扎实开展、创新发展。

【区政协六届四次会议】 2019年3月26日至28日，政协潮州市湘桥区委员会第六届第四次会议在区党政机关会堂举行。区委常委、区人大、区政府主要领导、区政协历届领导和驻区的全国、省、市政协委员代表应邀出席会议，部分区直部门负责人、各街道镇分管党群的副书记列席会议。会议听取和审议政协第六届潮州市湘桥区委员会常务委员会工作报告和提案工作情况报告；听取和讨论区政府工作报告及其他报告；选举产生区政协第六届委员会副主席1人和常务委员1人；表彰优秀提案和承办提案先进单位；通过《中国人民政治协商会议潮州市湘桥区委员会第六届第四次会议决议》。

【区政协常委会会议】 3月18日，区政协召开第六届常委会第十二次会议，学习习近平三十讲第十九讲《建设具有强大凝聚力和引领力的社会主义意识形态》，传达贯彻十三届全国政协二次会议精神；审议通过区政协六届四次会议有关事项；成立政协潮州市湘桥区委员会农业和农村委员会；协商有关人事事项。

3月26日，区政协召开第六届常委会第十三次会议，讨论区政协六届四次会议选举办法（草案）和会议决议（草案）；讨论推荐区政协第六届委员会副主席、常务委员候选人名单；讨论推荐区政协六届四次会议选举总计监票员、监票员、计票员建议名单。

3月27日，区政协召开第六届常委会第十四次会议，听取各组讨论情况汇报；审议通过区政协六届四次会议决议（草案）和选举办法（草案）；审议通过区政协副主席、常务委员候选人名单；审议通过区政协六届四次会议选举总计监票员、监票员、计票员建议名单；审议通过区政协常委会2019年工作要点。

6月26日，区政协召开第六届常委会第十五次会议，组织委员开展“脱贫攻坚”工作视察活动，实地察看官塘镇远丰果木场，了解官塘镇在产业扶贫方面的工作进展，听取区脱贫攻坚工作情况通报，就推进“脱贫攻坚”工作建言献策。

9月25日，区政协召开第六届常委会第十六次会议，听取各专委会（工作组）汇报2019年度专题调研成果，并进行专题议政。

12月24日，区政协召开第六届常委会第十七次会议，听取区人民政府、区纪委监委、区人民法院、区人民检察院、区公安分局通报2019年工作情况和2020年工作打算。

【区政协主席会议】 1月8日，召开主席会议，考核区政协机关领导班子和领导干部2018年工作情况；学习个税扣缴税法。

1月23日，召开主席会议，讨论通过区政协机关2018年年度考核优秀人选；研究按照机构改革方案增设农村和农业委员会；研究新增公益一类事业编制相关事项；研究春节慰问事项。

2月2日，召开主席会议研究春节有关事项。

2月20日，召开主席会议，部署六届四次会议筹备工作和提案征集工作；部署各专委会、工作组新一年工作；部署机构改革工作；推荐市管干部2018年年度考核优秀人选。

3月4日，召开主席会议，研究召开六届十二次常委会有关事项。

3月15日，召开主席会议，部署六届四次会议的筹备工作；组建区政协农业和农村委员会；研究通过部分政协常委、委员人事变动事项。

3月20日，召开主席会议，学习传达习近平总书记在全国“两会”重要讲话精神；研究六届四次会议的各组人员组成安排，调整部分区政协委员到农业和农村委员会。

4月2日，召开主席会议，学习有关意识形态知识；研究通过专委会（工作组）调整相关事项。

5月15日，召开主席会议，传达省政协召开的粤东部分市县政协片区座谈会会议精神；审议六届四次会议提案；确定各专委会（工作组）年度调研课题；协助市政协（湘桥工作组）开展专题调研相关事项；确定“委员接待日”相关事项。

5月22日，召开主席会议，研究区政协六届领导班子届中工作总结事项。

6月11日，召开主席会议，研究召开第十五次常委会暨视察活动；研究政协与统战部联合举办港澳青少年交流活动；研究开展第十四次“委员接待日”活动。

7月5日，召开主席会议，研究提案的跟踪、督办工作；研究专题调研工作；研究开展第十五次“委员接待日”活动。

8月14日，召开主席会议，传达中共湘桥区委常委会巡视工作精神；研究开展第十六次“委员接待日”暨专题视察活动。

9月5日，召开主席会议，学习《习近平新时代中国特色社会主义思想学习纲要——关于新时代中国特色社会主义政治建设》内容；研究召开六届第十六次常委会相关事项。

10月11日，召开主席会议，研究开展提案回头看工作；研究开展第十八次“委员接待日”活动；研究政协410会议室投影仪购置事项。

11月6日，召开主席会议，研究提案考评相关工作；研究开展第十九次“委员接待日”活动；听取委员工作室情况汇报。

12月2日，召开主席会议，传达《中共中央关于印发〈中华人民共和国成立70周年庆祝活动总结讲话〉的通知》精神；学习中国共产党广东省第十二届委员会第八次全体会议精神；部署召开六届第十七次常委会的筹备工作；研究港澳委员通报会相关事项；研究“委员接待日”和专访委员工作。

表10　2019年湘桥区政协六届四次会议情况表

时　　间	出席代表数(人)	主　　要　　议　　程	提案数(件)
2019年3月26日 至 2019年3月28日	148	1．听取、审议区政协第六届委员会常务委员会工作报告； 2. 听取、审议区政协六届三次会议以来提案工作情况报告； 3. 表彰优秀提案和承办提案先进单位； 4. 列席区人大六届五次会议，听取、讨论区政府工作报告及有关报告； 5. 补选政协潮州市湘桥区第六届委员会副主席、常务委员； 6. 审议通过区政协第六届委员会第四次会议决议	37

【重大活动】 1月25日至29日，区政协副主席邱陶杰代表湘桥区政协列席政协第十二届广东省委员会第二次会议。

5月14日，区政协主席苏宗伟参加省政协在揭阳市召开的粤东片区座谈会。

5月23日，区政协开展第十三次“委员接待日”活动，围绕“中央全面大规模减税降费”主题，邀请企业界委员探讨减税降费政策在实施过程中存在的问题，并就如何推动减税降费政策更好地实施落地提出意见、建议。

6月18日，区政协开展第十四次“委员接待日”活动，围绕“中央全面大规模减税降费”主题，邀请人社、税务、财政等相关单位委员和企业界委员面对面交流座谈，听取意见、建议。

7月9日，区政协开展第十五次“委员接待日”活动暨专题调研活动，围绕潮州市在第二轮环卫市场化交接后环境卫生方面存在的问题，听取基层干部委员及“治六乱”监督员的意见、建议。

9月11日，区政协主席苏宗伟带领部分委员在区人民检察院开展第十七次“委员接待日”活动，参观扫黑除恶、违法犯罪案件图片展，听取区人民检察院近年工作情况和接下来工作打算的通报，委员们就湘桥区深入开展“扫黑除恶专项斗争”工作谈看法，提建议。

10月18日，区政协开展第十八次“委员接待日”活动，征求委员们对政协党组领导班子及其成员在开展“不忘初心，牢记使命”主题教育活动中的意见。

10月22日，市政协主席杨志明带队到区政协开展以“加强县区政协工作指导，推动县区政协工作提质增效”为主题的调研。区政协主席苏宗伟作关于区政协履职工作和党的建设方面的情况汇报，并提出对进一步加强政协党的建设及推动政协工作提质增效的意见、建议。

11月21日，区政协主席苏宗伟，副主席邱陶杰、蔡纯纯、曾庆淳带领部分委员在提案工作室开展第十九次“委员接待日”活动，就如何提高提案质量和巩固提升两个工作室工作成效听取委员的意见建议。

【政治协商、民主监督、参政议政情况】 2019年，区政协推荐1名委员担任省农业农村监督员；推荐委员参加有关部门的旁听会、听证会、视察、执法等监督活动70多人次，有效推动党委政府基层社会治理措施真落实、见成效。8月21日，区政协组织委员开展“污染防治”工作视察暨“委员接待日”活动，视察市区环保发电厂和湘桥区仙洲岛排污系统一期工程，听取项目建设方有关项目进展情况的通报，并就推进湘桥区“污染防治”工作建言献策。

【提案督办】 7月底，区政协副主席马晓斌带领港澳台侨委委员到区市容环卫局督办《关于进一步加强牌坊街垃圾箱管理的意见建议》提案；区政协副主席曾庆淳带领提案委委员到区市容环卫局督办《关于切实加强节假日古城区环境卫生管理、进一步提升古城旅游品位的建议》提案，到市市场监督管理局湘桥分局督办《关于加强对潮州小食质量安全监管的建议》提案。8月初，区政协主席苏宗伟带领港澳台侨委委员到区司法局督办《关于规范社区居委会开具证明事项的建议》提案；区政协副主席邱陶杰带领社会法制委委员到区残联督办《关于进一步加强残疾防控工作，减少致残风险的建议》提案；区政协副主席李文卿带领社会法制委委员到市市场监督管理局湘桥分局督办《关于加强市场农产品质量安全检测的建议》提案；区政协副主席张仲炎带领文教体卫委委员到区教育局督办《关于大力提倡在中小学校开展学生社团活动，助力湘桥区打造“粤东西北科教强区”的建议》提案，带领“磷官铁”工作组委员到官塘镇督办《关于建设狮头鹅养殖基地、促进乡村特色产业发展的建议》提案；区政协副主席蔡纯纯带领港澳工作组到区民政局督办《关于进一步完善社区养老配套服务的建议》提案，到区委统战部督办《关于建立潮州市湘桥区顾问制度的建议》提案。10月30日，区政协主席苏宗伟带领提案委委员对《建设官塘镇狮头鹅养殖基地、促进乡村特色产业发展的建议》提案的办理落实情况进行“回头看”。

【提案工作】 区政协六届四次会议共收到委员提案37件。其中，属区职能的提案13件，由区立案11件，立案率为84.6%，以意见、建议转交有关部门2件；属市职能的提案24件，已转市5件，由市立案4件，立案率为80%，未立案1件；其余属市职能的提案19件，已通过市政协湘桥工作组转交市政协2020年例会。截至12月，所有提案均已办理完毕，办结率、委员满意率均达到100%。提案办理成效显著，许多提案通过办理收到了良好的经济效益和社会效益。经考核评比，《关于进一步完善市区养老配套服务的建议》《关于调整湘桥区韩东新学区学校布局的建设》《关于建立潮州市湘桥区顾问制度的建设》3件提案被评为区政协2019年度优秀提案。

【专题调研】 7月2日，区政协副主席李文卿带领社会法制委委员围绕“加强我区严重精神障碍患者救治救助工作”课题开展调研。通过听取区卫健局、湘桥公安分局开展严重精神障碍患者的救治救助和管理服务工作汇报，了解湘桥区严重精神障碍患者的救治救助和管理服务工作的情况。

7月12日，区政协港澳台侨委组织委员围绕“融入侨文化，打造特色乡镇，留住乡愁记忆”课题，到潮安区浮洋镇大吴村和龙湖古寨开展调研。

7月18日，区政协农业和农村委组织委员围绕“政府引导，多措并举，促进我区特色农业产业化”课题，分别到饶平县现代农业（茶叶）产业园和湘桥区佛手果产业园开展调研。

7月21日，区政协副主席马晓斌带领经济科技委委员围绕“科技助力科技强区”课题到湘桥区区块链产业孵化园开展调研。

8月初，区政协提案委组织委员围绕“整合区域优势资源，促进教育均衡发展”课题开展调研，实地考察湘桥区、饶平县部分学校。

8月16日，区政协副主席张仲炎带领“磷官铁”工作组委员围绕“加快我区电子商务发展”课题，到区商务局、潮州市跨境电子商务协会、雅牛网络科技有限公司等部门和重点企业开展调研。

8月20日，区政协副主席张仲炎带领文教体卫委委员围绕“湘桥区非物质文化遗产的保护与传承”课题开展调研。

【委员学习】 3月26日，区政协六届四次会议期间，举办“习近平总书记视察广东重要讲话精神”专题报告会，邀请区宣讲团成员陈铁鸥为委员们授课。

【参与公益慈善活动】 区政协委员谢洁莉为弘扬潮彩传统技艺，暑假期间举办“国家级非遗潮彩”启蒙培训班，免费为中小学生提供体验和培训。区政协委员陈彩媛连续11年助力铁铺镇坑巷“春风爱心”助学金，每年捐款5000元，累计55000元，2019年捐赠深圳市深圳大学亲水潮人同乡会35000元、青海省果洛州久治县多杰旦民族职业技术学校助学金3000元。委员丁树鸿捐资18000元整治村道环境等。

【联络联谊工作】 2019年，区政协按照双向发力的要求，扎实做好大团结大联合文章，把凝聚共识作为重要职能，努力发挥好“重要阵地、重要平台、重要渠道”作用，为湘桥区凝聚高质量提升发展的正能量。

加强与党派团体的合作共事。区政协领导不定期走访党派、团体，听取区各民主党派的意见、建议，广泛凝聚共识。2月12日，区政协主席苏宗伟、副主席马晓斌和“两室”主任专程到区民主党派机关，听取区各民主党派对区政协新一年工作的意见建议。积极为民主党派参政议政搭建平台。2019年，共邀请民主党派人士17人次列席区政协常委会，参加区政协组织的视察、调研、提案督办等活动。

加强与港澳委员的联络联谊。区六届四次会议期间，邀请区党政主要领导同港澳委员座谈交流。12月18日，区政协在深圳举办2019年港澳委员通报会。区政协主席苏宗伟向委员们通报2019年区政协工作情况，高度肯定一年来港澳委员在发挥“双重积极作用”，助力家乡发展维护港澳地区稳定繁荣方面作出的积极贡献。委员们围绕湘桥区的养老、医疗、教育、旅游和三地青少年交流交融方面积极建言献策。为助力粤港澳大湾区建设，培育海外华裔新生代跟家乡的感情和文化传承，区政协港澳台侨委联合区海外联谊会举办“回潮·团圆——星光映韩江”海内外潮籍青少年文艺会演，海内外潮籍演员联袂表演，乡情融融，让海内外年轻一代建立起长久的友谊，为今后加强合作、共同参与“一带一路”和粤港澳大湾区建设建立良好的民心基础。

【港澳特约委员及主要活动】 2019年，湘桥区政协共有港澳委员14人，其中香港委员10人、澳门委员4人。港澳委员利用自身优势和独特地位，充分发挥“双重积极作用”。

积极参政议政，建言献策。港澳委特约委员多次参加区政协组织的调研、视察活动，列席常委会。在2019年区政协的专题调研中，港澳组关注港澳新一代对国家、对家乡的认同感，围绕“加强港澳青少年与潮州青少年交流合作”的主题开展调研，提出多条针对性强、可操作性高的意见建议。杨添灿委员提出的《关于建立潮州市湘桥区顾问制度的建议》提案被区委统战部采纳。2019年，区海外联谊会换届，特增设顾问职位，截至当年12月底，已聘请12位顾问，其中3位由港澳台同胞担任。郑秀叶委员关注湘桥区养老服务事业，提出的《关于进一步完善社区养老配套服务的建议》提案，切合实际,具针对性。该提案已被区民政局采纳。

积极参与港澳社会事务。港澳特约委员广泛团结港澳各界人士，配合市、区有关部门在港澳开展招商和联谊活动，为深化潮港澳交流合作、维护港澳地区稳定繁荣发展、促进祖国统一大业作出积极贡献。委员许斌带领潮籍青少年回家乡参加“回潮·团圆——星光映韩江”海内外潮籍青少年文艺会演，蔡文娟委员的女儿上台献唱《同圆中国梦》。为加强潮港两地教育交流，杨添灿委员带领区教育局和区韩山师范学院实验学校领导班子到香港玛利诺修院中、小学校参观学习交流。香港委员旗帜鲜明支持行政长官和特区政府止暴制乱、恢复秩序，踊跃参与香港区议会选举，以实际行动维护香港的繁荣稳定。澳门委员积极参加庆祝澳门回归20周年系列活动,共庆“一国两制”在澳门的成功实施。

表11　2019年湘桥区政协主席、副主席任职情况表

届　次	职　务	姓　名	任　职　时　间
六届四次	主　席	苏宗伟	2016年11月至今
六届四次	副主席	邱陶杰	2016年11月至今
六届四次	副主席	李文卿	2016年11月至今
六届四次	副主席	张仲炎	2016年11月至今
六届四次	副主席	马晓斌	2016年11月至今
六届四次	副主席	蔡纯纯	2016年11月至今
六届四次	副主席	曾庆淳	2019年3月至今

中共潮州市湘桥区纪律检查委员会、潮州市湘桥区监察委员会

【区纪委第六届四次全会】 2019年1月31日召开湘桥区第六届纪律检查委员会第四次全体会议，出席会议163人，主要议程为传达上级纪委全会精神，总结2018年湘桥区党风廉政建设和反腐败工作，部署2019年工作任务。

【重大决策事项】 1月31日，召开湘桥区第六届纪律检查委员会第四次全体会议，传达上级纪委全会精神，总结2018年湘桥区党风廉政建设和反腐败工作，部署2019年工作任务。

【重大活动】 1月11日，湘桥区纪委监委

召开警示教育会议。区委常委、区纪委书记、区监委主任苏宗荣出席会议并讲话，会议由区纪委副书记、区监委副主任邱奕敏主持。区委巡察机构、区纪委监委派驻机构以及纪委机关全体人员参加会议。

2月12日，湘桥区纪委监委召开机关全体干部会议，传达学习全市、全区重点工作推进会会议精神。区委常委、区纪委书记、监委主任苏宗荣出席会议，并对新一年湘桥区纪检监察重点工作进行部署。

2月22日，湘桥区纪委监委组织机关全体党员在市廉政教育服务中心开展“不忘初心、牢记使命”主题党日活动，统一思想、凝聚共识、积蓄力量，为新一年党风廉政建设和反腐败斗争各项工作开局起步奠定坚实思想基础。

4月18日，湘桥区纪委监委举办2019年度纪检监察业务培训班，各镇街纪检监察干部，区委巡察机构全体成员以及区纪委监委全体机关干部参加培训。

5月15日，湘桥区纪委监委组织全区纪检监察干部走进湘桥区人民法院，旁听原潮州市公安局交通警察支队市区一大队交通事故处理中队长陈泽波受贿罪、单位受贿罪、徇私枉法罪案件庭审，接受廉政警示教育。

5月17日，湘桥区纪委监委召开惩治涉黑涉恶腐败工作研判会，聚焦群众身边的涉黑涉恶腐败问题，通过听取汇报、分析研判，突出重点、明确要求，推动扫黑除恶专项斗争深入开展。

6月6日，湘桥区纪委监委在西湖公园门口举办“举报贪腐·共创廉洁”专题宣传活动，发动群众积极举报基层腐败和作风问题。

6月28日，湘桥区纪委监委召开全区纪检监察系统全员培训推进会暨警示教育专题党课。区委常委、区纪委书记、区监委主任苏宗荣为全区纪检监察干部上“以案为鉴、汲取教训，以案促改、拒腐防变”专题党课，教育引导广大纪检监察干部从“身边人”违纪违法案件中汲取教训，深化以案为鉴、以案促改，提高拒腐防变能力，打造忠诚干净担当的纪检监察铁军。

7月9日，湘桥区纪委监委党总支部书记邱奕敏为党总支部全体党员上题为“学习潮州革命历史　领略本土红色文化”的专题党课。

7月12日，湘桥区纪委监委机关党总支部全体党员前往饶平茂芝开展“坚定理想信念、牢记初心使命”主题党日活动。区委常委、区纪委书记、区监委主任苏宗荣参加此次活动。

9月23日，湘桥区纪委监委召开“不忘初心、牢记使命”主题教育工作会议。区委常委、区纪委书记、区监委主任苏宗荣作动员讲话，区委主题教育第三指导组组长陈维明到会指导并作讲话，区纪委副书记、区监委副主任邱奕敏主持会议。

10月18日，湘桥区纪委监委组织机关党员干部到潮州市博物馆开展革命传统教育。

11月22日，湘桥区纪委监委召开调研成果交流、对照党章党规找差距专题会议。会议由区委常委、区纪委书记、区监委主任苏宗荣主持，区委第三指导组组长陈维明一行到会指导，区纪委监委领导班子成员参会。

12月9日，湘桥区纪委监委领导班子召开“不忘初心、牢记使命”专题民主生活会。区委常委、区纪委书记、区监委主任苏宗荣主持会议并作小结。区委第三指导组组长陈维明到会指导并作点评讲话。

【监察体制改革】 一体推进党的纪律检查体制改革、国家监察体制改革和纪检监察机构改革。强化对镇街纪（工）委的领导，严格落实“两个为主”，切实加强对纪检监察工作的统一领导。推动监察职能向基层延伸，向13个镇街派出监察组，与镇街纪（工）委合署办公，实现对行使公权力的公职人员的监察全覆盖。根据《中共中央关于深化党和国家机构改革的决定》精神，进一步明确区纪委监委职能，印发《中共潮州市湘桥区纪律检查委员会、潮州市湘桥区监察委员会职能配置、内设机构和人员编制规定》；同时落实国家监察体制改革要求，加强区纪委监委派驻机构建设，印发《中共潮州市湘桥区纪律检查委员会 潮州市湘桥区监察委员会派驻机构改革方案》，坚持派驻全覆盖，区纪委监委合并设立、全面派驻纪检监察组，实现派驻监督职能优化协同高效。

【党风廉政建设】 2019年，区纪委监委共收到信访举报286件；全区处置问题线索484件，立案117件117人，比增15.8%；涉及科级干部12人；结案90件，给予党纪政纪处分81人，移送检察机关审查起诉6人，移送公安机关合并起诉1人，对2人采取留置措施。

坚决查处民生领域侵害群众利益问题。深入贯彻落实基层正风反腐三年行动，对扶贫领域腐败和作风问题、涉黑涉恶腐败和“保护伞”等8项群众反映强烈的重点线索开展督查督办、直查直办。2019年，全区排查基层正风反腐违纪违法线索97条，立案51件，结案44件，给予党纪政纪处分38人，移送司法机关6人。深入推进扶贫领域腐败和作风问题专项治理，严查基层干部贪污侵占、虚报冒领、截留挪用、优亲厚友等行为，全区扶贫领域腐败和作风问题共立案5件5人，以作风攻坚促进脱贫攻坚。深挖彻查涉黑涉恶腐败，全区摸排涉黑涉恶腐败问题线索22条，立案7件9人，结案6件，给予党纪政纪处分5人，移送司法机关1人。

区委巡察机构采取常规巡察和专项巡察相结合方式开展好2019年的巡察工作。开展区委第六轮、第七轮常规巡察工作；对湘桥区5个扫黑除恶重点村开展专项巡察；统筹配合做好全市县区交叉巡察。2019年，共巡察8个区直单位、3个镇街和62个村级党组织，村级巡察全覆盖占比65%，巡察中共发现问题线索45条。

表12 2019年湘桥区党员、干部违纪违法案件处理情况表

人数（人）	审结数		被处分人级别			处分人数（人）													触犯刑律判刑
						党纪					政纪						双重处分	免予处分	
	件	人	处级	科级	其他	开除	留察	撤职	严重警告	警告	开除	撤职	降级	记大过	记过	警告			
88	90	88	—	12	69	18	1	2	9	48	2	2	—	—	2	1	4	7	—

【反腐倡廉宣教工作】 结合第二批“不忘初心、牢记使命”主题教育，开展基层纪律教育和纪律教育月活动。以集中学习、宣讲学习、自主学习等形式，在全区大力开展基层纪律教育和警示教育活动。区纪委监委主要负责人围绕“严守党的纪律、加强党性修养，做一名好党员好干部”这一主题，在全区“不忘初心、牢记使命”主题教育警示教育会议暨领导干部党章党规党纪教育培训班上专题党课；组织全区党员干部观看警示教育片《恶伞》《浊流之虐》，增强基层党员干部的党纪、法纪意识。加强信访宣传引导，举办“举报贪腐·共创廉洁”专题宣传活动。在村（居）一级张贴宣传海报，组织镇（街）、村（居）两级党组织和驻村（委）干部入户宣传，营造良好信访举报氛围，倡导如实、有效、理性举报，推动信访举报线索质量的提高。

【队伍建设】 区纪委监委结合系统干部队伍建设实际情况，制定干部专业化能力培训工作计划和年度学习培训方案。2019年，采取“请进来”与“走出去”、“集中学”与“个人学”相结合的方式，共开展专题培训班、组织观看培训视频等各类培训19期，培训干部697人次；强化镇街纪（工）委能力建设，抽调镇街纪（工）委干部协助区纪委监委办案，落实“以案代训”6人次，推动干部专业化能力培训工作常态化、全面化，综合提高精准实施监督执纪问责的能力和水平；强化廉政警示教育，组织全区纪检监察干部旁听职务犯罪庭审，以案释法提升纪检监察审查调查工作规范性，不断筑牢拒腐防变的思想防线；强化党性教育，组织机关党员干部到市廉政教育服务中心、饶平茂芝会议纪念馆、市博物馆参观学习，进一步强化党员意识、激发工作热情。强化自我监督，严格对照省、市纪委专项检查反馈的问题，认真扎实落实整改；坚决落实“九条禁令”，自觉接受党内监督和其他各方面监督。

【湘桥区纪委书记、副书记任职情况】
纪委书记：苏宗荣
副 书 记：邱奕敏　郑敬忠（—2019.1）
　　　　　朱光远（2019.11—）

【湘桥区监委主任、副主任任职情况】
监委主任：苏宗荣
副 主 任：邱奕敏　郑敬忠（—2019.1）
　　　　　朱光远（2019.11—）

民主党派

民革潮州市湘桥区总支委员会

【组织情况】 至2019年底，民革潮州市湘桥区总支部（以下简称总支）共有党员37人。总支党员中有市政协委员1人、区政协副主席1人、区政协常委3人、区政协委员3人、市特邀监察员1人。

【参政议政】 总支在2019年的市、区“两会”上共提交提案2件。总支主委林永青的《关于将二十四节令鼓列入市级非物质文化遗产》提案被民革市委会列入重点提案；民革湘桥总支《关于对西新片区进行旧城整体改造的建议》提案被湘桥工作组转送市政协立案。

【组织活动】 1月26日，总支举行全体党员大会，主委林永青代表民革市委会进行表彰。会议对被评为2018年度优秀党员的吴维锷、谢原子进行表彰，为获评2018年度先进支部的总支一支部颁发荣誉证书。

4月25日，民革省委会组织处在民革市委会副主委邱陶杰、总支主委林永青带领下，到一支部示范支部开展实地调研。调研中，一支部主委谢原子代表支部所作的《关于示范支部创建活动的实施方案》及《关于对通过书面评审的示范支部进行实地抽查的通知》等工作汇报，得到民革省委会组织处的高度好评。

4月30日，总支二支部举行庆“五一”暨纪念“五一口号”发布71周年全体党员座谈会。

5月26日，总支二支部组织党员到饶平茂芝会议旧址参观学习，进一步提高党员的爱国主义热情，更加坚定“不忘合作初心，继续携手前进”，永远跟着共产党走的信念。

6月16日至18日，总支委员谢原子代表民革市委会到阳江市参加民革广东省委会全省组工专干培训班，学习新的党章章程、五年工作规划和组织发展情况。

6月29日至30日，总支主委林永青带领党员到梅州蕉岭抗日名将谢晋元故居开展爱国主义教育，旨在贯彻落实民革中央有关开展“观故居”活动的要求，激发党员的爱国主义热情。

9月7日，总支在民主党派会议厅举行“庆国庆，迎中秋”座谈会。组织全体党员深入学习中共十九大精神和习近平总书记重要讲话，贯彻中共潮州市委十四届八次全会会议精神。会上，总支主委林永青对民革湘桥总支2019年上半年的工作进行小结，对下半年工作作出布置：决定国庆节前看望慰问抗战老兵和困难党员及配合市委会做好助残工作等。会上还转达了民革市委会对70岁以上老党员及困难党员的节日问候并送上礼金、礼品。

9月8日，总支一支部在党员之家举行“庆国庆，迎中秋”茶话会。

9月10日，由中共潮州市委统战部和市各民主党派联合举办的“不忘合作初心，继续携手前进”“庆祝中华人民共和国成立70周年”灯谜会猜活动在人民广场举行。市委会主委陈炫秋到场参加活动；民革湘桥总支派出党员参加。

9月28日，在中华人民共和国成立70周年、抗战胜利74周年、国家公祭日来临之际，为弘扬烈士精神，缅怀烈士功绩，总支组织党员和关爱抗战老兵志愿者潮州团队的志愿者，一起在潮州西湖广场上的抗战阵亡将士纪念碑前举行祭奠抗战英烈活动。

9月28日，总支党员在潮州市“人才咖啡”开展“不忘初心、牢记使命”主题教育学习活动。

10月6日，在“九九”重阳节来临之际，总支组织总支60岁以上的老党员聚会。

10月13日，为纪念新中国成立70周年暨多党合作制度确立70周年，福建省莆田市、江西省赣州市、广东省潮州市、浙江省温州市四地民革市委会在莆田市湄洲岛联合举办“不忘合作初心，继续携手前进”知识竞赛，市委会主席陈炫秋出席活动。总支一支部党员叶苗获得竞赛一等奖、总支专干陈珣烁获得竞赛二等奖。

【社会服务】 总支党员积极参加各项社会服务活动，并取得实际成效。

1月，民革市委会和湘桥总支先后到市区、意溪、归湖、沙溪、饶平看望5位年近百岁的抗战老兵，并转送民革省委会的问候和慰问金。

5月，总支一支部派出委员与关爱抗战老兵志愿者团队队员一起到饶平看望96岁抗战老兵刘协利，并送上社会捐赠的慰问金和礼物。

9月，总支主委林永青带领一支部、二支部主委，与湘桥区残联干部到官塘镇秋溪村上门看望8户行动不便的残疾人及困难户，送上总支的关怀和慰问金。是月，总支主委林永青带领一支部、二支部主委等，分别湘桥区、饶平县、潮安区慰问关爱5位抗战老兵，并送上每人400元慰问金和礼品。

【荣誉】 总支一支部被广东省委员会评为“2018年度创建示范支部先进集体”“2018年度示范支部”。

民盟潮州市湘桥区支部委员会

【组织情况】 至2019年底，民盟潮州市湘桥区支部（以下简称支部）共有盟员34人，支部委员会有委员7人，其中主任委员1人、副主任委员2人；现任委员5人，其中主任委员1人。支部在年初启动届中增补程序，拟在本届委员中增补支部委员2人、副主任委员1人。经与民盟潮州市委会和中共湘桥区委统战部协商同意，于2019年10月举行民主推荐、民主协商会议，推荐确定增补第三届支部委员会副主任委员及委员候选人人选；并于11月完成对候选人人选的考察工作，增补程序稳步推进。

【自身建设】 加强理论学习。支部根据民盟市委会、中共湘桥区委统战部的指示和要求，通过自学和集中学习、线上和线下学习相结合等多种形式，组织支部盟员开展理论学习。一是认真按照习近平总书记对民主党派“四新”“三好”的总要求，持续深入学习习近平新时代中国特色社会主义思想和中共十九大精神，学习领会习近平总书记关于多党合作的重要论述，引导盟员树牢“四个意识”、坚定“四个自信”、坚决做到“两个维护”，迅速将思想和行动统一到中共湘桥区委的决策和部署上来。二是认真按照民盟中央、省委和市委关于开展“不忘合作初心，继续携手前进”主题教育活动的要求和部署，组织支部盟员回顾同中国共产党风雨同舟、砥砺前行的奋斗历程，认真学习多党合作理论政策和优良传统、盟史和民盟章程等，深化盟员对主题教育活动重要意义、丰富内涵的认识，进一步统一思想凝聚共识，增强盟员的凝聚力和政治责任感。三是积极响应中共湘桥区委统战部的号召，引导盟员下载学习强国APP，通过学习平台，积极参加学习国家政策、要闻时事的大学习活动，提高盟员的思想觉悟、文明素质和科学素养。

积极参加培训学习。2019年，支部各盟员都能积极参加各级各部门组织的培训学习。盟员陈思藩参加民盟省委会举办的“参政议政能力培训班”并顺利结业；林双武参加湘桥区人大、政协委员宪法培训讲座；刘镇忠、蔡梓奇参加盟市委会到广州民盟传统教育基地（同舟小屋）“学习盟史，铭记初心”学习活动等。3月30日，支部与民盟东莞长安支部围绕组织发展、盟务工作建设以及参政议政等相关问题开展交流座谈。另外，支部组织2015年至2019年的新盟员于11月23日至24日，到中共潮州市委党校参加市委会组织的“不忘合作初心，继续携手前进”主题教育暨新盟员培训活动。

【参政议政】 2019年，在市、区“两会”上提交提案、议案共8件。其中刘镇忠撰写的《关于建设狮头鹅养殖基地，促进乡村特色产业发展的建议》被区政协立案。区政协于10月30日就该提案的办理落实情况开展提案“回头看”视察活动。

3月，林双武在政协潮州市湘桥区第六届三次会议上提交的提案《对于市区十大名巷危房外观管理的建议》被评为“优秀提案”。

开展专题调研。支部调研课题《关于我区乡村振兴内生动力的调研》被区委定为2019年民主党派联合调研课题，并于9月成立联合调研组开展调研，对湘桥区乡村振兴提出意见建议，并形成调研报告。

【社会服务】 林双武依托其创办的美都美发美容培训学校平台，联合潮州广播电视台《幸福乡村》栏目组，坚持每月一次到市敬老院和启明星社工楼开展义剪及慰问困难群众等便民爱心活动。陈思藩及其企业捐赠40万元支持凤凰东兴四好村道建设。同时，支部盟员以平台等途径，共为扶贫济困捐款2万多元。

民建潮州市湘桥区总支部委员会

【组织建设】 明确分工，完善组织建设。2019年，民建潮州市湘桥区总支部委员会（以下简称总支）以届中补选为契机，对组织建设工作制度进行修订，形成既适合湘桥民建自身特点又有利于各项工作规范化运行的制度体系，坚持用制度管人、管事，努力提高工作效率和水平。班子成员分工明确，各自分管一项工作，并负责联系一个支部和专委会，做到既分工负责又团结协作。大力推进代表人士和后备干部队伍建设，不断完善组织建设。

开展活动，增强组织凝聚力。2019年，总支积极开展各项活动。1月10日，总支举办新年庆祝活动，对2018年工作进行总结并对2019年工作作出部署；1月29日，在春节前夕，总支副主委胡爱香带领支部委员走访慰问97岁高龄老会员蔡梓荣，送去慰问物品和问候；3月8日，总支举办庆“三八”妇女节野外拓展活动；10月24日，总支组织总支委员、部分骨干会员和近三年新入会会员等25人，前往福建永定南江村进行野外拓展活动。

【思想建设】 1月8日，总支举办学习贯彻“习近平总书记视察广东重要讲话精神”座谈会，深刻领会习近平总书记视察广东重要讲话精神的重大意义和贯彻落实习近平总书记重要讲话精神的实践要求。

1月9日，开展“思想再解放，改革再出发，工作再抓实”学习交流活动，发挥民建联系经济界的特色，以改革开放40周年为契机，动员会员企业进一步解放思想，更新发展理念，改革创新，勇担新使命，真抓实干，促进区域发展。

4月26日至28日，总支胡爱香、陈长安等7人参加民建潮州市委会在福建省华侨大学举办的2019年会员培训班。

8月20日，举办民建湘桥总支委员会2019年会员培训，组织会员深入学习习近平新时代中国特色社会主义思想、中共十九大精神、多党合作理论和民建会章会史等。

10月23日，总支组织会员参观考察古田会议旧址，教育引导会员深化革命传统教育，丰富政治交接时代内涵，不断增进对中国共产党和中国特色社会主义的政治认同、思想认同、理论认同、情感认同，自觉在思想上政治上行动上同以习近平同志为核心的中共中央保持高度一致，夯实多党合作共同思想政治基础。

10月24日，召开“不忘合作初心，继续携手前进”主题教育学习会，学习习近平总书记有关“不忘初心、牢记使命”主题教育的重要讲话精神和市委会关于《民建潮州市委会“不忘合作初心，继续携手前进”主题教育活动实施方案》，围绕主题教育活动，谈初心、话理想、议参政、树形象、强发展，并以主题教育活动为契机，查弱项、补短板，认真履职、主动作为，力推各项工作更好更快发展。一年来，总支和各支部会员参加各类学习培训活动共150余人次。

【参政议政】 总支紧跟政治导向，在广东省教育厅等12个厅局部门联合发布《关于推进中小学生研学旅行的实施意见》后的第一时间，召开调研课题座谈会，确定将《关于推进湘桥区中小学生研学旅行的实施》作为2019年度全年的重点调研课题，并赴河源考察调研研学旅行的具体情况，深化党派调研专题。会员谢秀华提出的《关于在新农村建设中注重保护“乡愁”元素的建议》在市政协十二届三次会议上被列为优秀提案；会员郑秀红《关于加强市场农产品质量安全检测》的提案及会员杜万山《关于尽快打通桥东卧石路口、社光路口和慧如公园路口“断头”人行道的建议》均被区政协立案。6月3日，民建省委会表彰2018年参政议政工作先进集体和优秀个人，会员丁捷获优秀个人称号。

【社会服务】 1月26日，会员陈映文、陈惠瑜应官塘镇政府邀请，组织开展春节送春联活动。

6月12日至14日，总支副主委胡爱香参加民建省委会在阳西召开的社会服务工作会议暨助力阳江乡村振兴活动动员会，并赴阳西塘口镇、上洋镇开展考察活动。

7月16日至31日，会员陈映文为官塘镇开设“翰墨书香，不忘初心”大型公益书法培训班，共组织5名书法家和6名助教免费为官塘镇书法爱好者进行12场培训，合计培训学生504人次。

9月7日至9日，腾讯公益平台发布阳西县上洋镇白石村修路项目，总支会员合计向平台捐款1300元。据不完全统计，2019年总支会员通过现金支助、物品支助及创作艺术作品拍卖收益等方式，向社会各界累计捐赠超过20万元。

民进潮州市湘桥区总支部

【组织情况】 民进潮州市湘桥区总支部（以下简称总支）主委谢淑英，副主委温韧、蔡湘萍；总支委员有徐松发、潘素玉、苏捷、黄利辉。总支下设两个支部：第一支部，主任温韧；第二支部，主任蔡湘萍。2019年12月底，共有会员49人，其中大专以上文化程度43人，中高级职称40人，分别占全体会员的88%和81%；其中市人大代表1人、市政协委员2人、区人大代表3人、区政协委员4人（其中常委2人）。

【思想建设】 重视学习，加强自身思想建设。总支根据形势发展，组织会员专题学习习近平总书记在庆祝改革开放四十周年会议上的重要讲话精神，举行融入粤港澳大湾区建设专题学习会，召开“不忘合作初心，继续携手前进”主题教育活动动员会等会议，并开展深入研讨。全年开展学习活动10场次。重点强化政治理论学习。通过有针对性的学习，加深全体会员对理论的理解和认识，牢固树立“四个自信”，坚决做到“四个服从”，以最新理论指导工作实践。同时，组织会员到意溪镇、官塘镇开展“不忘合作初心、继续携手前进”主题教育活动，调研考察乡村振兴战略的建设成果。

【参政议政】 在2019年的市、区“两会”上，总支的“两会”代表、委员向各级人大、政协共提交提（议）案15件，分别是：在市人大十五届四次会议上，谢淑英提交的2件建议，即《关于尽快启动潮州体育中心建设的建议》《关于完善和推广市区道路智能停车综合管理的建议》，均被列为市人大2019年度重点督办提案。在市政协十五届三次会议上，总支共提4个提案。其中，张小薇提交《关于加强文旅融合，推进潮州旅游强劲发展的提案》被市政协列为重点督办提案，该提案由市文化广电旅游体育局主办，市长殷昭举领衔督办；郑丽玲提交的《关于完善农村环境公共设施管理制度化的建议》由市农业局落实办理。在区政协六届四次会议上，总支共提6个建议，其中，谢淑英提交的《关于切实加强节假日古城区环境卫生管理，进一步提升古城旅游品位的建议》已立案，徐松发、张小薇联合提交的《关于大力提倡在中小学校开展学生社团活动，助力湘桥区打造“粤东西北科教强区”的建议》已立案，徐松发提交的《关于潮州传统文化及非遗文化进校园的提案》《关于建立紧急突发情况公告制度的提案》已立案。同时，还提交《关于进一步规范地下管线的挖掘、建设和使用程序的提案》《关于在旅游热景点增设免费公厕建设的提案》。在区政协六届三次会议上，区政协表彰21个好提案，总支提案占7个，提案数和优秀提案数均列区各党派之首。由徐松发提交的《关于传承巷道历史文化基因，确定每条巷主题的提案》被政协湘桥区第六届委员会评为第三次会议优秀提案并通报表彰。由张小薇提交的《关于尽快修复老城区巷道破损路面，创造安全舒适出行环境的建议》被区政协列为2019年重点督办提案。在区六届人大五次会议上，总支共提交3个议案，分别为蔡湘萍提交的《关于在全区推广道路智能停车综合管理的建议》、温韧提交的《建立我市幼儿师范高等专科学院，切实解决制约我市学前教育发展问题的建议》、黄秋镇提交的《关于加强畲族文化保护的建议》。

【自身建设】 2月，总支在骄阳教育城举办《爱情与婚姻》专题讲座，由总支副主委、骄阳艺术学校校长温韧主讲，讲座以精彩的案例和故事深入浅出地讲授爱情与婚姻这一人生必修课。援疆支教会员蔡士斌为大家分享援疆支教心得体会，传递无私奉献正能量。

10月，总支组织会员到意溪镇、官塘镇考察乡村振兴战略的建设成果，零距离感受乡村高质量发展新局面和乡村振兴发展的广阔前景。春节前夕，总支主委谢淑英、副主委蔡湘萍和专职干部上门慰问80岁以上老会员。

【社会服务】 开展送温暖活动。10月27日，总支部分骨干会员在主委谢淑英的带领下，到官塘镇巷头村开展进村入户扶贫济困送温暖活动，重点走访慰问5户贫困户。

打造“艺术活动进校园”活动品牌。总支副主委温韧积极策划组织，携手潮州市教育局发起“艺术活动进校园”百场公益活动。整合民进教师会员和其创办的艺术学校优秀艺术教师资源，走进湘桥区来宜小学、峥蓉小学、南春路小学，开展合唱、舞蹈、美术、书法、节目主持人等艺术课程和活动。至2019年9月底，支教累计达400课时，培训学生超800人。其中，来宜小学30名零基础的学生在支教老师的训导下，于5月参加韩山师范实验教育集团在市大剧院举办的首届文艺会演活动，表演节目《啦啦操》，获得高度评价。自2013年起，骄阳艺术学校联合市残联、湘桥区妇联，每年为贫困家庭和听障儿童提供50个艺术不限期学位，截至2019年9月，该公益项目已投入约60万元。

积极开展公益活动。总支委员石瑞燕2019年共为970名孤困儿童购买了每人9万元保额的保险；致力于潮州传统文化的传承和推广，成立“凡响鼓团”，为残障人士提供免费教学；被广东省文明办评为2019年度“广东最美志愿者”。会员汤耀玲坚持每周五上午到区佛教慈悲诊所为低保户义医义诊,几十年如一日,从不间断。

【荣誉】 总支主委谢淑英被民进中央评为民进全国组织建设先进个人；副主委温韧被民进广东省委员会评为广东民进组织建设先进个人；第一支部被评为市先进基层组织，徐松发、苏捷、蔡士斌、钟让、郑丽玲等被评为市先进会员。

致公党潮州市湘桥区支部

【概况】 2019年，致公党潮州市湘桥区支部（以下简称支部）共有党员24人，均为侨眷或侨属。其中，中高级职称12人，大专以上文化22人。支部党员中，省人大代表1人、区政协常委2人、区人大常委1人、区政协委员4人；1人受聘担任潮州市公安局第八届警务廉政监督员，1人担任湘桥区第一届纪检监察机关内务监督委员会委员，1人担任湘桥区食品药品监督局“特邀监督员”。

【自身建设】 加强思想政治建设。支部根据致公党市委会、中共湘桥区委统战部的部署和要求，通过各种形式组织党员学习贯彻中共十九大精神、习近平新时代中国特色社会主义思想、习近平总书记对广东工作的重要讲话指示精神等。学习《粤港澳大湾区发展规划纲要》，并就如何结合致公党侨党实际开展相关调研及加强与侨胞侨眷的联谊等工作深入讨论。召开“不忘合作初心，继续携手前进”主题教育动员会，传达主题教育精神，引导党员深刻认识到此次主题教育是以习近平同志为核心的中共中央统揽伟大斗争、伟大工程、伟大事业、伟大梦想作出的重大部署，对实现“两个一百年”奋斗目标、实现中华民族伟大复兴的中国梦，都具有十分重大的意义。积极参加各级各部门组织的学习交流座谈会，使支部党员迅速把思想和行动统一到中共中央、省委、市委和区委的决策部署上，进一步凝聚共识，增强党员的凝聚力和政治责任感。

积极参加培训学习。11月1日至15日，蔡曼云参加致公党广东省宣传工作培训班学习。辜超淳、蔡曼云先后参加年度科级干部暨年轻干部培训班学习。在各类学习培训中，会员们增强了政治理论知识，开阔了视野，启发了工作学习思路，提升了自身的素质。

加强组织建设。经致公党市委会同意，2019年，支部增设支部委员职数2人，副主任委员职数1人。增设后，支部委员职数7人，其中主任委员1人、副主任委员2人。2019年，新吸收党员1人。截至12月底，支部共有党员24人，其中支部委员2人、副主任委员1人、主任委员1人。

【参政议政】 2019年，致公党湘桥区支部共提交提议案7件，其中提交省人大并立案2件，提交市政协并立案1件，区政协1件。在广东省十三届人大二次会议上，省人大代表王日丽撰写并提交的建议有：《关于互联网+环境下提高教育扶贫水平的建议》已立案，并由省教育厅办理答复；《关于将粤东西北各市辖区纳入省建设生态宜居美丽乡村奖补资金支持范围的建议》已立案，并由省农业农村厅办理答复）。刘树雄提交的《关于三元塔申请为省级重点文物保护单位的建议》获市政协立案；在六届三次会议上，黄少歆提交的《关于严禁在滨江长廊垂钓的建议》获区政协立案。在参与专题调研工作方面，7月，蔡曼云参与湘桥区政协提案委开展的专题调研，并负责撰写《整合区域优势资源，促进教育均衡发展》的调研报告。

【社会服务】 支部结合自身实际，发挥优势，汇集资源，六一前夕，继续与区妇联联合开展“爱心父母”帮扶结对活动，对桥东街道两名困境单亲儿童开展爱心帮扶活动。

【海外联谊】 开展各种形式的海内外联谊活动。党员们经以电函、信函或出国探亲、学术交流等方式与潮籍华侨、侨属保持密切联系，积极推介家乡各项传统和创新产业，鼓励他们到家乡发展。

【荣誉】 金龙大酒店总经理吴梓青响应中共广东省委推进乡村振兴战略，深入实施“粤菜师傅”工程，参加韩山师范学院编写团队，编写《潮式卤味制作工艺》《潮菜风味菜烹饪工艺》《潮式风味点心制作工艺》三本教材并出版。5月，策划和组织潮州市烹调协会参加在广州举办亚洲美食节。蔡曼云被致公党广东省委会评为“宣传工作先进个人”。

群众团体

湘桥区总工会

【基层工会组建情况】 2019年，全区新组建基层工会14个，新发展工会会员270人，18个基层工会组织进行民主换届。

表13　2019年湘桥区基层工会组织情况表

职工人数（人）	基层工会委员会（个）	工会会员（人）
50340	1738	41371

【重要会议】 4月2日，召开湘桥区总工会第五届九次全体委员会议。按照《中华人民共和国工会法》《中国工会章程》有关规定，依法替补湘桥区总工会第五届委员会委员、常务委员、副主席、主席。经选举计票，刘维明、丁映纯当选为区总工会第五届委员会常务委员，刘维明当选区总工会第五届委员会主席，丁映纯当选区总工会第五届委员会副主席。

【困难职工帮扶】 2019年，区总工会共筹集帮扶资金82.5万元，深入开展送温暖活动，共帮扶不同类型困难职工1576人。

【评先评优工作】 2019年，由区总工会推荐的潮州市柏斯特时装有限公司设计总监黄晴文获广东省“五一劳动奖章”，湘桥区实验学校被评为广东省女职工创新工作室示范点，湘桥区城基初级中学工会委员会被评为广东省“模范职工之家”，磷溪镇自来水厂生产第二小组工会小组被评为广东省“模范职工小家”。

【职工活动】 1月12日，区总工会在磷溪镇仙田三村开展“迎新年　送春联”活动，为村民送出200多副春联。4月27日，区总工会举办湘桥区职工庆“五一”拔河比赛，共有17支代表队参加比赛。区市容环卫局工会、区教育局工会、官塘镇总工会、意溪镇总工会分别获得前四名。

【工会女职工工作】 3月15日，区总工会举办“湘桥区非遗文化——潮州小食传习体验活动”。活动邀请潮州市潮菜名家方树光、王俊鸿讲授潮州小食的历史渊源和制作技艺，并现场指导妇女干部和职工制作潮州传统小食。继续推进“爱心妈妈小屋”建设，在城西社区卫生服务中心和意溪镇莲上村建设2个“爱心妈妈小屋”，为女职工提供人性化服务，维护女职工的合法权益和利益。

【建立劳动争议诉调对接工作室】 不断完善“法院＋工会”矛盾纠纷多元化解机制。成立湘桥区劳动争议诉调对接工作领导小组，建立劳动争议诉调对接工作室，负责劳动争议诉调对接工作的部署、统筹、协调和监督，共同维护劳动领域的和谐。

【组建服务农民工公益法律服务分队】 10月，区总工会依托潮州市工会法律服务律师团“小何律师事务所”湘桥工作站，组建服务农民工公益法律服务分队，运用法律手段促进解决农民工权益维护问题，引导农民工增强法律意识，以合法方式维护自身权益，督促企业经营者依法保障农民工合法权益，维护社会和谐稳定。

共青团潮州市湘桥区委员会

【概况】 共青团潮州市湘桥区委员会（潮州市湘桥区青年联合会），在中共湘桥区委、湘桥区人民政府和共青团潮州市委的正确领导下，团结带领全区各级团组织和广大团员青年高举中国特色社会主义伟大旗帜，围绕党政工作大局，继承和发扬共青团优良传统，积极适应全区经济社会发展新常态，以服从、服务、促进湘桥经济社会发展为主线，以开发、培养、造就青年人才为主导，正确把握好共青团与党、共青团与社会、共青团与青年、组织建设与事业发展四大关系，不断推动湘桥区共青团工作向前发展，充分发挥了党的助手和生力军作用。2019年，湘桥区爱心助学学子回馈社会志愿服务行动项目入选省“益苗计划”新时代文明实践专项赛优秀项目，区直属机关团委获“潮州市五四红旗团委”称号。

团区委行政编制4人。单位领导职数设书记1人、副书记1人。内设机构领导职数为正副部长（主任）共2人。设2个职能部（室）。

2019年湘桥区共青团基层组织：基层团委31人，团总支6个，团支部405个，团员9096人，专职团干部27人。

【重要会议】 4月29日，召开“青春心向党·建功新时代——湘桥区纪念五四运动100周年大会”；6月28日，召开共青团潮州市湘桥区第八次代表大会。

【重大决策事项】 2019年，团区委部署召开区和街道（镇）、区直有关单位、学校系统团代会工作；为纪念五四运动，开展“青春心向党·建功新时代”五四主题团日活动——湘桥共青团纪念建团97周年暨五四运动100周年活动；开展第三届寻找“最美南粤少年”活动评选，吸引全区32所学校参与，形成社会合力参与青少年核心价值观教育的氛围，评选出区级最美少年47人、市级最美少年13人；评选出区优秀共青团员、优秀共青团干部先进个人31人，五四红旗团组织等先进集体10个，并向上级团组织推选先进个人20人、先进集体6个；评选出区优秀志愿服务项目8个、志愿服务工作示范点5个、优秀青年志愿者10人。

【重大活动】 3月11日，团区委组织湘桥各界青年代表和志愿者共百余人在意溪镇锡美村举办“携手共植青年林，绿化会战振乡村”主题植树和社会主义新农村现场参观学习活动。8月10日，团区委与潮郡文化志愿联合会共同在古城区举办新时代文明实践宣传志愿服务活动，以志愿服务行动传播文明种子，向社会倡树新时代文明新风。8月27日，团区委举行“青春情暖·爱心助学”帮扶优秀困难学生项目助学金发放仪式，向22名困难大学生发放助学金共10.8万元。9月27日，团区委、区青年志愿者协会联合西马派出所、义警志愿者服务队举办“古城共治理，志愿伴同行”国庆节期间牌坊街专项志愿服务活动启动仪式暨志愿服务工作培训会。11月，召集150多名青年志愿者在意溪镇开展“乡村振兴党引领，志愿服务我先行”助力新农村建设公益环保行动，助力乡村振兴。

【团代会】 共青团潮州市湘桥区第八次代表大会于6月28日召开，出席代表人数116人。会上选举产生第八届委员会委员21人，其中常务委员5人、书记1人、副书记1人。常务委员有钟敏、吴丹、黄钿斌、陈绮婷、周秀细。书记为钟敏，副书记为吴丹。

【青少年思想教育】 2019年，团区委紧抓新中国成立70周年、五四运动100周年契机，结合“不忘初心、牢记使命”主题教育活动，在全区团员青年中广泛开展“我和我的祖国”、“国旗下的演讲”、“青春心向党·建功新时代”、“美好生活，志愿同行”“i志愿”公益故事讲堂等主题活动；组织全区团员青年参加团中央“青年大学习”网上主题团课共30期，推动团区委全体党员干部不断树牢“四个意识”，坚定“四个自信”，践行“两个维护”，在思想上政治上行动上同以习近平同志为核心的党中央保持高度一致。

5月22日，在城南小学成立湘桥区首个学校少先队工作委员会。昌黎路小学、区实验学校和城南中英文学校等也陆续成立学校少工委。5月4日、6月1日前后，在全区中小学集中组织“不忘初心跟党走”入团、入队仪式，进一步增强共青团、少先队组织的政治性及光荣感。7月，在兴华学校开展“不忘初心、牢记使命”特别主题团日活动暨“五四精神”现代诗歌大赛优秀作品颁奖及展演活动。

创新宣传模式，建设网上共青团。将“i志愿”平台和青年之声平台、微信公众号、“智慧团建”作为建设网上共青团的主阵地，与青年线上线下互动，在广大青少年中宣传各类主题教育活动、先进示范典型，有效传播青春正能量。2019年，通过微信公众号、青年之声平台发布活动信息70条。

【志愿服务工作】 创新志愿服务发展新模式。充分发挥党、团员志愿者在发展公益事业中的先锋引领作用，结合新时代文明实践中心建设要求，在各街道（镇）创建12个新时代文明实践志愿服务工作示范点，着力打造湘桥志愿服务特色品牌，推动志愿服务事业全面开花。通过简化志愿者证的办理流程，积极开展志愿者证线下集中办理推广活动，并多次组织培训，指导志愿服务队伍建设；发动社会力量在各自领域开展乡村振兴、老党员慰问、扶贫济困、环境整治等专项志愿服务活动，将志愿服务的“枝干”延伸到基层工作的各个领域，激活基层志愿服务的“末梢细胞”，共同提升志愿服务工作实效。截至12月，湘桥区注册志愿者共10175人，注册志愿服务组织及团体219个，累计开展各项志愿服务活动1057个，全年人均志愿服务时长6小时。

打造志愿服务品牌项目。常态化开展志愿服务工作，重点抓好国庆节、元旦、春节、学雷锋活动月等节假日节点，持续开展文明旅游、旅游指引、车辆停放、秩序维持等志愿服务工作。常态化组织青年志愿者在古城区各主要路口配合交警、城管工作人员，开展交通劝导、旅游咨询等服务，保障古城文化旅游秩序。继续打造“爱心助学”“携手共植青年林，绿化会战振乡村”“保护母亲河·争当‘河小青’”等一批品牌志愿服务项目。其中“感恩有您，报以初心”湘桥区爱心助学学子回馈社会志愿服务行动项目成功入选2019年广东省“益苗计划”新时代文明实践专项赛优秀项目，志愿服务理念日益深入人心。

【创建“青年文明号”活动】 严把“青年文明号”的质量关，实行年度检查考核制度，对符合标准的考察复核，不符合标准的取消称号并予摘牌。通过逐级复核，2019年，全区有省级青年文明号3个、市级青年文明号10个、区级青年文明号44个。

【非公企业团建工作】 扎实推进“两新”组织团建工作。团区委将实现“两新”组织“三个百分百”作为工作重点（已建党组织的“两新”组织百分百建团、大中型非公企业百分百建团、青年集中的社会组织百分百建团），已调研“两新”组织238个，其中已建团“两新”组织12个。通过开展团建联动工作活动，有效整合优势资源，调动“两新”团组织积极性。2019年，多次联合杏园志愿者服务队开展“青春携手，心系长宁”救灾物资捐献、河小青主题志愿服务等，不断提高“两新”团组织的活跃度，增加“两新”团组织的归属感。

【关爱服务青少年工作】 推动凤新街道宜园社区、金山街道北马路社区、城西街道熙泰社区参与创建全省第二期“青少年零犯罪零受害社区（村）”申报工作，优化权益维护服务体系。

8月，在古城区举办新时代文明实践宣传志愿服务活动，通过毒品模型展示、禁毒志愿者讲解，向群众宣传毒品知识，在全区营造“识毒、防毒、拒毒”的良好社会环境。国庆节期间，联合西马派出所、义警志愿者服务队在牌坊街开展“古城共治理，志愿伴同行”牌坊街专项志愿服务活动，派发“毒品知识‘应知应会’”禁毒宣传册，张贴禁毒宣传海报等，以志愿行动助力禁毒宣传工作。深入推进青少年毒品预防教育“6·27”工程常态化开展，“禁毒宣教图片千校巡展”，指导全区各学校团组织结合实际，制定禁毒教育工作计划，加大禁毒宣传教育力度，创新方式，落实有效措施，全面开展禁毒教育系列活动，净化青少年成长环境。

落实湘桥区“展翅计划”大学生就业创业能力提升行动。暑假期间，共完成43个实习岗位签约，为大学生正式踏入职场打下基础。依托“两新”团组织平台，着力加强对外来务工青年的关爱和引导，了解他们就业创业、社会融入、婚恋交友等需求，帮助其解决生活工作困难，提升青年的获得感、幸福感、融入感。

【扶贫济困活动】 争取山区计划（希望乡村教师计划）教师名额11个，为湘桥区5所乡村小学输送优秀支教志愿者，解决乡村教育资源匮乏问题，助力教育扶贫。持续开展“青春情暖，爱心助学”帮扶项目，筹集社会资源，向22名困难大学生发放助学金共10.8万元；帮助30名困难中小学生争取“希望工程”助学金12万元；帮助30名困难中学生、大学生申请韩愈爱心基金、商会爱心圆梦助学金。积极配合上级团委开展“青春情暖”慰问活动，为全区600户困难户发放慰问物资折款12万元，同时帮助23名农村困难学生申请上级团委“青春情暖，情满凤城”关爱青少年学生行动助学资助，助力公益扶贫。

【全面落实从严治团】 开展“命脉工程”行动攻坚，深化团组织建设。6月底，全面完成辖区各村（社区）、街道（镇）、直属机关和学校系统等各级团组织的换届选举工作，选优配强团干部队伍，进一步增强团组织的号召力和影响力。根据中学共青团改革要求，严把入团年龄关和团员发展程序。截至12月底，湘桥区已将初中、高中阶段毕业班团员在青年中的比例分别控制在30%以内、60%以内。以“智慧团建”网络工作平台为抓手，规范团干部和团员管理。2019年，全区有基层团组织444个，其中团支部408个；全年发展团员1300人，已在“智慧团建”报到的团员8595人。

潮州市湘桥区妇女联合会

【重要会议】 9月22日，召开湘桥区妇女第六次代表大会，选举产生区妇联执委委员32人，其中执委常委7人、主席1人、专职副主席1人，兼职副主席1人。执委委员有龙素玲、刘云、刘冰、刘燕兰、许佩君、许育敏、许曼莹、苏绚绚、李丽娇、李洁琼、李素辉、邱燕妆、佘丹辉、张珩、陈丽敏、陈绮婷、林子琪、林美湘、林雪珊、周菡、周瑜、徐丽珊、黄凌、黄佩荣、黄燕珊、黄燕娇、彭惠銮、谢秀华、谢奕芬、谢榆嘉、蔡泽娟、蔡曼云。执委常委有林雪珊、刘冰、苏绚绚、许曼莹、黄凌、许育敏、谢秀华。主席为林雪珊，专职副主席为刘冰，兼职副主席黄凌。

【重大活动】 3月5日，区妇联在意溪镇桂坑村玉瑶山庄举办纪念“三八”国际劳动妇女节109周年暨文艺展演活动。

【区妇女干部情况】 截至2019年12月31日，全区机关事业单位在编女性3662人。其中公务员374人，副科级以上女干部79人（其中正科级17人、副处级6人）。

【妇女维权周活动】 2019年，湘桥区各街道（镇）妇联根据区妇联统一部署开展“三八”妇女维权周活动。维权周以法制讲座、法律咨询、发放宣传资料、猜灯谜、文艺表演、广场舞等形式，为群众提供免费现场咨询，现场分发妇女维权相关资料，服务内容包括法律援助、法律法规、关爱女性健康、小额贷款等宣传资料，同时还就关爱妇女儿童身心健康开展现场体验活动。

【妇女创业小额担保贷款优惠政策宣传】各街道（镇）妇联在辖区开展妇女创业小额担保贷款优惠政策宣传。通过宣传，提高“妇女创业小额担保财政贴息贷款”的群众知晓率。鼓励妇女群众发扬“四自”（自尊、自信、自立、自强）精神，开展自主创业。

【妇女儿童工作】 2019年“三八”维权周活动期间，区妇联在市人民广场开展以“巾帼展风采，法治我践行”为主题的宣传活动，为群众提供免费咨询。现场发放妇女维权相关资料，内容包括宣传男女平等基本国策，开展《中华人民共和国宪法》《中华人民共和国婚姻法》《中华人民共和国反家暴法》等法律宣传和援助，发放关爱女性健康、小额贷款宣传资料，引导广大群众尊法、学法、用法，在广大群众中营造促进家庭和睦、社会和谐的良好氛围。举办维权教育讲座，深入推进村居做好“律师接访日”制度、“12338”维权公益热线信访工作，确保妇女儿童的合法权益得到有效保障。区妇联以关爱留守儿童为主线，整合资源，发挥社区和村（居）当地资源在“儿童之家”创建和家庭文明建设中的作用，努力把“儿童之家”建成作用明显、特色鲜明的儿童温暖之家。2019年，湘桥区共申报创建省级“儿童之家示范点”6个、“儿童之家”服务站3个。依托“儿童之家”举办家庭教育讲座和亲子活动等关爱活动。开展节日慰问和发动志愿者帮扶关爱活动，继续推进爱心父母和困境儿童“阳光牵手”结对帮扶活动。有137名“爱心父母”结对帮扶180名困境儿童，并筹集资助金9万元。区妇联联合区妇幼保健院开展“两癌”免费筛查5000多例；继续开展贫困妇女“两癌”救助，共救助2名患癌贫困妇女2万元；帮助贫困单亲母亲申报“贫困母亲工程”，救助1人、8000元。2019年，纪念“三八”国际妇女节活动期间，向全区30名贫困妇女发放慰问金共6万元。进一步加强妇女儿童“两个规划”（妇女发展规划和儿童发展规划）监测工作，不断完善妇女儿童在生存发展、合法权益、医疗卫生、教育就业、参政议政等方面的制度，群策群力，积极采取有力措施解决妇女儿童发展中的重点难点问题，推动“两个规划”各项指标的落实。

【创建文明家庭工作】 树立典型，充分发挥榜样力量。继续在全区启动寻找“最美家庭”活动。通过晒家庭幸福生活、谈良好文明家风、讲家庭和谐故事、展家庭文明风采、秀家庭未来梦想等方式，层层推荐评比，共寻找24户湘桥区“最美家庭”并给予表彰。由湘桥区推荐章的秋娥家庭获全国“最美家庭”称号，推荐的罗如群家庭获广东省优秀“书香家庭”称号。

搭建平台，推动家庭教育深入开展。邀请律师、家庭教育专家走进社区、校园开展家庭教育，为家长传播先进的科学育儿理念，为儿童强化维护儿童合法权益的法律意识。

【鼓励妇女创业就业】 创建湘桥区首个巾帼创业示范基地。结合湘桥实际，发挥桥东街道毗邻职业技术学校和韩师高校的优势，在社光村创建以乡村文化为主题的创业就业平台，为农村妇女提供创业交流、就业信息发布，创业就业技能培训等，进一步方便妇女就近就业，激发妇女创业就业的热情。

积极做好妇女创业小额贷款的工作。加强与农业银行、农信社合作，继续推行妇女创业小额贷款，为妇女创业提供资金保障。同时通过举办讲座、推介会，上街宣传、设置咨询点，印发宣传手册、宣传小礼品等形式，向广大妇女宣传小额贷款政策，引导和鼓励妇女自主创业。

成立潮州市首个非公组织“妇女之家”。积极探索深化群团改革，创新设置基层特色“妇女之家”，最大限度地把妇联工作的触角延伸到各行各业的妇女群众中去。率先在新时代母婴会所成立“妇女之家”。引导非公组织“妇女之家”与所在村（居）“妇女之家”联动，关爱“三留守人员”（留守儿童、留守妇女、留守老人），为农村剩余劳动力特别是留守妇女提供培训服务和搭建创业就业平台，特别是积极探索发展专业规范的家政培训，提高农村留守妇女的创业和就业能力，助力乡村振兴。

湘桥区归国华侨联合会

【重要会议】 1月8日，湘桥区侨联召开第五届第七次全委会会议。会议传达上级侨联的有关会议精神，总结2018年度工作，部署新一年的工作要点。区委常委、统战部部长蔡少贤到会祝贺并讲话。

7月10日，召开湘桥区侨联第五届会议。会议通报区侨联上半年工作情况，传达市侨联会议精神，布置湘桥区侨联系统下半年工作，讨论推荐湘桥区侨界人士参加全省侨联第十一次归侨侨眷代表大会代表初步人选和委员初步人选等工作。

8月27日，召开湘桥区侨联第五届主席会议。会议讨论通过关于2019年度贫困归侨扶贫救助补助资金和发放工作方案。

【服务侨届群众工作】 区侨联坚持“以侨为本，为侨服务”宗旨，不定期在归侨侨眷中开展“送温暖、献爱心”活动。走访、慰问生活困难和生病休养的归侨侨眷，关心他们的生活情况。通过寄送贺卡、上门慰问、交流了解等形式，敦睦乡情侨谊。2019年，侨联系统共寄送贺卡120多份，慰问重点侨户、侨联委员、困难侨户100多户，发放慰问金2万多元。联合区书法家协会和丁允元文化研究中心，于春节前夕在磷溪镇仙田村和官塘镇元房村举办“迎新春　送春联”活动，为辖区群众现场撰写春联近400幅，赢得基层群众的好评。在磷溪镇仙田村举办“不忘初心、牢记使命”迎春文艺联欢会，活跃侨乡群众文化生活。联合湘桥区科协举办“呵护眼睛　从小做起”眼科科普讲座，为群众普及爱眼护眼的知识，增强了侨联组织的凝聚力和影响力。区侨联认真做好信访工作，切实维护侨益。热情接待来访群众，对信访案件及时跟踪处理，有效化解矛盾。区侨联系统全年处理群众来信、来访、来电20多件次，接待来访人员十多人次。

【接待联谊工作】 区侨联一如既往做好来访侨胞的接待联谊工作。认真做好侨胞的接待服务工作，以高质量服务凝聚侨心。区侨联系统全年接待来自马来西亚、泰国、菲律宾、新西兰等国家和中国香港、澳门地区的同胞200多人次。3月，区侨联邀请马来西亚槟城古迹信托会、古建筑保护专家林玉裳到潮州举办“韩江家庙，潮州文化的体现，从槟城到国家宝藏”分享会。接待到潮州参加湘桥区海联会换届的海外嘉宾，并陪同参观，让他们实地感受家乡深厚的历史文化底蕴和经济社会全面发展带来的可喜变化。

【参政议政】 区侨联作为政治协商的参加单位，重视发挥侨联自身作用，通过组织学习，不断提高港澳人大代表和政协委员的参政议政意识和能力，围绕粤港澳合作发展热点问题，促进交流和合作。参与政协开展的提案“回头看”活动，参观新农村建设示范点，积极指导引导侨界委员撰写提案；组织港澳侨委成员开展以“融入侨文化，打造特色乡镇，留住乡愁记忆”为课题的专题调研活动。

【基层队伍建设】 开展侨联干部培训。12月8日，区侨联举办区侨联干部培训班，邀请韩山师范学院历史文化学院（潮学研究院）博士陈海忠授课，全区侨联干部、基层侨联会成员和热心华侨事业人士共50多人参加学习，区委常委蔡少贤出席开班仪式。通过培训学习，提升侨联干部的业务水平，拓展了工作视野。注重结合实际，扎实开展各项教育学习活动。区侨联围绕主题，认真组织开展学习贯彻中共十九大精神、“不忘初心　牢记使命”专题教育、纪律教育学习月、领导干部民主生活会和组织生活会等活动，深入查找存在问题，切实抓好整改落实，促进侨联工作的开展。年中，联合区总工会、共青团、妇联、工商联和科协等党支部到谷文昌纪念馆开展“坚定理想信念，牢记初心使命”主题党日活动，使党员干部受到“勤政廉政、清正廉明、勇于担当”的良好品德教育，筑牢拒腐的思想防线。

【侨联改革工作】 完善基层侨联组织，推动侨联深化改革。2019年，区侨联着重做好基层侨联组织建设。结合实际，树立典型，指导试点工作实施，以点带面推动党建带侨建工作的全面铺开。在村（居）一级成立“侨联小组”，切实扩大侨联组织覆盖面，优化机构设置，增强组织活力。营造知侨、懂侨、爱侨、为侨氛围，增强工作力量配备，突出服务基层、联系群众职能。发挥侨联联系广大港澳同胞的桥梁和纽带的作用，加强对侨界群众的思想政治引领和宣传教育，推动文化交流。坚持为侨服务，从侨界群众需要出发，开展以侨界群众为中心的工作和活动，在太平街道义兴社区开展创建“侨胞之家”试点活动，健全基层侨联组织，夯实社区侨联工作阵地，完善社区为侨服务工作网络。

湘桥区工商业联合会

【队伍建设】 2019年，区工商联坚持“抓大扶小”工作思路，按照广泛性和代表性相结合的原则，注重发挥非公有制企业和非公有制经济人士在工商联工作中的主体作用，不断加强和完善工商联队伍建设，鼓励和支持一批责任感强、热爱商会工作、工作踏实肯干的优秀人士参与商会工作队伍，使会员的数量和质量与湘桥区的非公有制经济发展相适应，使工商联组织真正能代表和反映全区非公有制经济的发展面貌和水平。2019年，新发展含潮州市桦达陶瓷有限公司、潮州市锐诺服饰有限公司等十多家非公有制经济代表人士入会，有力地促进区工商联乃至社会各项事业的发展。

【培训教育】 坚持以人为本的工作理念，不断强化服务意识，创新服务手段，通过创办专题培训班的方式，不断提升会员企业适应经济社会新常态的能力。8月30日，组织30多家会员企业参加区工商联、区司法局联合举办的“服务大局普法行，促进民营企业发展”法治宣讲活动。10月8日，召开非公企业党组织“不忘初心 牢记使命”主题教育工作会议，围绕党中央、省委、市委和区委关于开展“不忘初心 牢记使命”主题教育的要求，结合实际，对非公企业党组织开展主题教育进行指引。12月13日，联合潮州市法学会、湘桥区法学会举办湘桥区第二期“以法兴企”文化沙龙活动，主要针对移动互联网背景下的企业合同管理问题，进一步提高企业家运用法治思维与法治方式经营企业的能力。

【扶贫济困】 1月29日，组织爱心企业家到太平街道和南春街道开展送温暖活动。共慰问120户困难户，送出慰问金、大米、食用油，共计72000元。年初，帮扶企业前往对口帮扶村开展帮扶活动。挂钩帮扶企业对东山镇东明村19户精准扶贫户、新圩镇西山村22户精准扶贫户和10户困难户送去食用油、大米、面制品等过节食品和慰问金。6月18日，召开2019年扶贫济困重点企业家座谈会，通报扶贫济困有关工作，听取企业家的意见和建议，增强企业家对脱贫攻坚工作的认识，提高社会责任感，积极参与扶贫济困活动，大力弘扬乐善好施的传统美德，共同推动脱贫攻坚工作，助力乡村振兴。2019年“6·30”广东扶贫济困日，积极动员会员企业投身扶贫济困活动。共募集465280元，用于精准扶贫和“一帮一”户企对接活动。为推动湘桥区2019年在潮州市率先脱贫，区工商联5家企业对磷溪镇5户精准扶贫户进行约两年的就业帮扶，帮助困难户早日脱贫。

【外出交流】 区工商联积极引导非公有制企业“走出去”，学习新理念、新技术和新经营方式，提高市场竞争力。5月11日至12日，组织区工商联会员企业一行60余人赴深圳、惠州大湾区，拜访两地潮州商会，开展座谈交流。其间，参观深圳市雷柏科技股份有限公司、惠州市保源电子科技有限公司、惠州市保源文化传媒有限公司等先进企业，学习企业的先进经营理念和经验，进一步融入粤港澳大湾区的建设，力促会员企业高质量发展。11月5日，组织区商会班子成员开展“不忘初心 牢记使命”主题教育活动，赴茂芝会议纪念馆，重温入党誓词，重走革命路。

湘桥区科学技术协会

【新时代科协工作】 区科协以弘扬科学精神、普及科学知识、传播科学思想和科学方法为己任，坚持科技创新与科学普及同等重要，以科协组织牵动科学普及，履行好全民科学素质工作牵头职能，搭好平台、做好服务，统筹各方、协调联动，凝聚力量共同推进公民科学素质提升。一是联合意溪中学邀请科技工作者清华大学博士生导师郑建华在意溪中学开设“科技中‘数学之美’”及“中学教育与大学教育的衔接暨思辨教与学”专题讲座。二是联合市慧如公园，对公园辖区内科普园的各类植物进行分类并标识二维码，可利用微信“扫一扫”功能再进一步分类和识别，便于大众认知植物科普知识。三是全国科普日期间，联合市科协在意溪镇紫莲山开展主题为“防震减灾，智慧新生活”的科普活动，内容为防震减灾知识，参加对象为全市副处级干部。同时，在省级科普教育基地紫莲山举办“创建国家森林城市”科普活动，倡导“绿水青山就是金山银山”的生态文明理念和“创新、协调、绿色、开放、共享”的新发展理念。四是联合市科协在国家级科普示范社区湘桥街道开元社区举办“点亮智慧·党建＋科普”活动，由市气象局高级工程师唐凯讲解科普气象知识，传授应急避险的智慧生活方法。活动中、市科协党支部与区科协党支部共同启动签订结对共建仪式，开启“党建＋科普”工作模式的新探索，市、区科协及湘桥街道、开元社区的党建共建单位代表、居委干部、社区党员代表、群众代表参加活动。

【科普工作典型】 组建科普志愿者队伍，鼓励、支持社会力量兴办科普公益事业和开展科普工作。2019年，潮州市玉瑶山庄生态旅游有限公司被批准为市级科普教育基地。全区全年“科普中国”注册科普员403人，在“科普中国”落地e站单位的科普工作人员外，基层科普工作者也均注册成为“科普中国”科普员，在日常科普宣传工作中积极转发“科普中国”的科普内容。

截至2019年底，辖区内共有市级科普示范社区5个，分别为凤新街道万绿社区（第一批）、湘桥街道开元社区（第一批）、太平街道南门社区（第二批）、金山街道金山巷社区（第三批）、桥东街道东山社区（第四批）；省级科普示范社区6个，分别为西新街道新桥社区（第二批）、凤新街道奎元社区（第三批）、凤新街道万绿社区（第四批）、湘桥街道开元社区（第四批）、太平街道南门社区（第五批）、金山街道金山巷社区（第六批）；全国科普示范社区3个，分别为凤新街道奎元社区（2012年创建）、西新街道新桥社区（2014年创建）、湘桥街道开元社区（2015年创建）。

湘桥区文学艺术界联合会

【“写春联送全家福”活动】 为贯彻落实习近平新时代中国特色社会主义文艺思想，让广大市民感受党和政府的关怀和温暖，用实际行动为人民群众送上新春祝福，区委宣传部、区文联、区文明办联合举办“写春联送全家福”公益文明实践服务活动。1月27日、28日，区书协20多位书法家到磷溪镇埔涵村和意溪镇后径村等村，西新街道西新社区和金山街道北门外社区等社区，免费为城乡群众书写春联，推动社会主义核心价值观融入百姓生活，活动共书写、送出春联1200对。与此同时，区影协近30名摄影家志愿者在磷溪镇埔涵村和意溪镇后径村，以社会主义新农村为背景，免费为村民拍摄“全家福”，共为村民拍摄“全家福”近200幅。

【承办“到人民中去——红色文艺轻骑兵走进潮州坪埔惠民演出”活动】 9月10日，由广东省文联、潮州市文联主办，广东省文艺志愿者协会、湘桥区新时代文明实践中心、湘桥区文联承办的“到人民中去——红色文艺轻骑兵走进潮州坪埔惠民演出”活动在意溪镇坪埔村举行。省文联和湘桥区文联各选送5个节目参加演出。

【配合组织“爱我新中国　奋斗新时代”文艺走基层演出专场活动】 9月20日晚，由市文明办主办，团市委、市广播电视台、湘桥区文明办承办的“爱我新中国　奋斗新时代”文艺会演活动在桥东街道卧石村党建文化广场举行。区文明办、区文联选送的潮州歌谣《文明之花遍地开》、舞蹈《锦绣年代》、潮汕童谣《作田歌》、潮州大锣鼓《抛网捕鱼》、合唱《卢沟谣》等节目参加演出。

【湘桥区选送节目在省、市参赛获奖】 由湘桥区文明办、区文联编演的配乐情景朗诵节目《白玉苦瓜》，于11月参加全省“我爱你——新中国”经典名篇诵读比赛，获省优秀奖、市二等奖。该节目还参加“广东省文艺轻骑兵”下基层（饶平专场）、新时代文明实践广东“七个一百”精品项目下基层（湘桥区分会场）等活动演出。

【湘桥红色乡村故事入选《潮州红色乡村故事》】 由市委宣传部、市文联合编的《潮州红色乡村故事》于2019年11月由羊城晚报出版社出版发行。其中“湘桥卷”收入《秋溪农会往事》《这是真共产党》《锡美村燃起革命火种》《夜袭沙溪墟》《铲除卢大勋》《我们的队伍“红三连”》《北坑抗战烟云》《革命母亲李梨英》《石洞里的红军医院》《智探情报，榕城锄奸》《谁人不识一阿叨》《红色联络站》等12篇红色乡村故事。

【配合开展广东“七个一百”精品项目下基层活动】 省文明办于12月10日至12日开展2019年第四批“七个一百”精品项目下基层活动。10日下午，广东“七个一百”精品项目下基层“走进湘桥区”，在湘桥区新时代文明实践中心举办“种文化”培训活动。区文联组织全区各文艺协会会员代表40多人参加该项活动。广东美术馆公共教育专员植凯鹏以“我生长的地方——庆祝中华人民共和国成立70周年广东优秀美术作品欣赏”为主题，通过潮汕籍画家创作的家乡和祖国山河画作，启发大家如何思考、如何创作，加深对家乡、祖国的理解。现场采用互动形式，激发听众对艺术的兴趣以及对潮州传统文化的热爱。

表14　2019年湘桥区文联下属文艺协会情况表

名　　称	成立时间	联系地址	会员数名（人）
文学工作者协会	1999年9月	区政府办公楼905室	53
摄影工作者协会	1999年9月	区政府办公楼905室	119
美术工作者协会	1999年10月	区政府办公楼905室	46
书法工作者协会	1999年10月	区政府办公楼905室	76
音乐工作者协会	1999年10月	区政府办公楼905室	62
舞蹈工作者协会	1999年11月	区政府办公楼905室	48
戏剧工作者协会	1999年11月	区政府办公楼905室	54

表15　湘桥区各文艺协会（第六届）负责人任期一览表

协会名称	负责人	任　　期
文学工作者协会	余史炎	2018年7月换届
摄影工作者协会	洪于健	2018年6月换届
美术工作者协会	林　旭	2018年7月换届
书法工作者协会	谢培成	2018年7月换届
音乐工作者协会	温瑞京	2018年6月换届
舞蹈工作者协会	林鸿滨	2018年6月换届
戏剧工作者协会	杨清波	2018年6月换届

【文学协会活动】　10月，为提高学生的文学素养能力，语言运用能力及作文应试能力，区文学工作者协会与尼乐教育中心联合举办首届“尼乐杯”作文现场大赛。12月，由潮州市委农村工作办公室、市农村农业局、市扶贫办、市文联合编的《使命——潮州精准扶贫纪实》一书，由羊城晚报出版社出版发行。湘桥区籍作家黄昏的《信念，撑起一座村庄的脊梁》、余史炎的《阳光，在他们的脚步下醒来》、陈维坤的《梅竹深处，谱就一曲善之歌》、张勇利的《过春风十里，尽麦园青青》等作品入选。

【美术协会活动】　3月17日，组织部分会员在“绘客厅”画室，开展艺术交流和美术创作活动。11月10日，组织近20名会员到磷溪镇饶砂村进行采风创作活动。

【书法协会活动】　1月12日，区书协联合湘桥区侨联到磷溪镇仙田二村举办迎新春赠春联志愿服务公益活动，把新春美好祝愿送给群众。区书协主席谢培成、副主席兼秘书长黄湘伟被省书协评为2019年开展“书法家送万福进万家”惠民公益活动积极分子。

【摄影协会活动】　1月，组织20名会员参加2019“寻找美丽乡村——走进桂坑村”

采风活动。4月，组织会员到丰顺县摄影家协会进行艺术交流。6月至12月，组织会员参加“工匠风采——湘桥区非物质文化遗产记录摄影”活动共10场，涉及门类有木雕、花灯、潮绣、手拉壶、潮鼓制作、工夫茶艺、金漆线画、粉塑等，参加100多人次，创作作品150幅，并在区文化馆举办专题展。8月，协会负责人到福建省上杭县摄影家协会进行艺术交流。9月，区影协为协会顾问、知名摄影家洪钟举办“履痕——洪钟艺术展”。10月，组织会员赴福建省石狮市进行创作采风，区影协赵时进为石狮市摄影家协会举行一场专题摄影讲座。

【音乐协会活动】 音协下属培训基地“七声艺坊”常年举办老年人音乐培训班，开展中老年人合唱团培训。多次组织参加区文化馆举办的“为你朗读”系列活动，受邀参加“为你朗读”年度盛会。“七声艺坊”与区文化馆(图书馆)联合举办“音为有你·琴声汇韵”系列新年音乐会。承办在韩山师院潮州分院举办的“我和我的祖国”陈淳独唱音乐会。协助举办潮州市青少年儿童民族器乐大赛湘桥赛区活动。7月底，为纪念中国人民解放军建军92周年，区音协下属“聚星艺术教育”机构联合有关部门,举办庆祝中国人民解放军建军九十二周年文艺演出。9月30日,区音协团体会员单位金山岭海乐队、湘桥凤鸣潮乐队,与潮州市昌黎路小学联合举办庆祝中华人民共和国成立七十周年文艺晚会。

【舞蹈协会活动】 2月，由会员任倩编导的女子舞蹈《盛世花开》、郑桦编导的舞蹈《冲杯香茶迎客来》参加由中共潮州市委宣传部、潮州市文化广电旅游体育局联合主办，潮州市文化馆承办的“新征程　再出发”——潮州市优秀文艺节目汇报演出。4月，会员林丹蕊创办的皇家艺术团编排舞蹈《共圆中国梦》《我和我的祖国》受邀参加潮州市司法局主办的“我将无我　不负人民”朗读会暨“司法追梦人”颁奖活动。6月，由会员任倩编导的少儿舞蹈《嬉戏快乐鸟》、郑桦编导的舞蹈《远行的蒲公英》参加“粤TV”闪闪童星梦飞扬——潮州市幼儿园优秀节目大汇演并获优秀组织奖。8月，会员任倩组建的任舞艺术团受邀组织《虎狮仔》方阵、《观灯》潮剧方阵、《我和我的祖国》快闪伴舞等“潮”文化特色鲜明、文艺形式新颖的三大方阵，参加由潮州市文化广电旅游体育局主办，潮州市湘桥区文化旅游体育局指导，湘桥区文化馆策划、执行的牌坊街文艺大巡游活动。9月，任倩创编的女子群舞《锦绣年代》参加由共青团潮州市委、市广播电台、区文明办组织的“爱我新中国　奋斗新时代”——潮州市文明实践基层主题活动文艺晚会；原创歌舞《美食的故乡》在潮州文化中心大剧院参加由中共潮州市委宣传部、市文广新局、市文化馆举办的潮州市庆祝中华人民共和国成立70周年文艺晚会演出。9月，会员郑桦编导的歌伴舞《我们的新时代》参加由广东省文学艺术界联合会、潮州市文学艺术界联合会主办的“到人民中去——广东红色文艺轻骑兵走进潮州坪埔惠民演出”。10月，由湘桥区舞蹈协会为支持单位，广东广播电视台主办，show me艺术培训机构承办的TVS-5第17届“漂亮宝贝"2019新秀计划（潮州赛区）在潮州城区举行，show me艺术培训机构编排的少儿作品《音浪探险》《无锁不能》分获此次比赛第一和第三名。10月，show me艺术培训机构编排的少儿舞蹈《复古派对》《超能团》受邀参加广东广播电视台南方少儿频道《萌娃酷宝闹新春——鼠年大吉春晚》节目。8月，潮州JUST DANCE经典流行舞艺术中心邀请潮州市舞蹈家协会指导，举办第8届经典流行舞艺术中心——夏日学员成果展《给未来》。10月，潮州JUST DANCE经典流行舞艺术中心与广东电视台合作，录制广东省庆祝中华人民共和国成立70周年官宣MTV，原创作品《园中葵的舞会》获潮州市群众文艺创作二等奖。

【戏剧协会活动】 1月30日，由广东省文联、省民协等主办的广东省第七届花灯文化节在兴宁市熙和湾景区开幕。由黄韬制作的《麻姑献寿》、谢锐群制作的《忠烈千秋》分别获优秀奖。3月2日，由广东省文联、潮州市文联主办，广东省文艺志愿者协会、广东省音协、潮州市音协承办，湘桥区剧协协办的"学习贯彻习近平总书记视察广东重要讲话精神'我们的中国梦·文化进万家'——广东省文联文艺志愿惠民演出潮州专场"，在潮州市枫溪区长美文化中心举行。区剧协参与协办并选送现代小潮剧《一碗牛肉面》、潮州方言歌《踏寻海丝满城春》、潮州歌册《唱潮州新八景》和潮州歌谣《夸社区》等节目参加演出。5月8日，杨清波被广东省文化和旅游厅聘为广东省群文作曲家。5月15日，杨清波与许瑾英联合创作的现代小潮剧《良心秤》获广东省文化和旅游厅主办的2018年度广东省群众文艺作品评选戏剧类一等奖。

湘桥区残疾人联合会

【全区残疾人情况】 2019年，湘桥区在册残疾人（含铁铺镇）有5543人，其中视力残疾501人、听力残疾216人、智力残疾570人、言语残疾99人、肢体残疾2302人、精神残疾1331人、多重残疾524人。

【落实民生保障政策】 2019年，共为3214名持证重度残疾人购买城乡居民基本医疗保险，为2697名持证重度、精神和智力残疾人代缴城乡居民基本养老保险，让残疾人病有所医、老有所养。区残联配合民政局认真落实残疾人"两项补贴"。全区全年有987名贫困残疾人享受困难残疾人生活补贴，4116名重度残疾人享受重度残疾人护理补贴，补贴金额累计1247万元。全区有91名残疾人申领残疾人机动轮椅车燃油补贴，共发放补贴23660元。审核发放2019年度贫困重度、精神和智力残疾人残疾评定补贴38人、5700元。

【助残慰问活动】 区残联在春节和全国助残日等节日期间，积极争取各级财政及爱心组织和热心人士支持，开展各项走访慰问活动。2019年春节前夕，组织入户慰问困难残疾人50多人，送去慰问金和粮油。助残日期间，走访慰问湘桥区启智学校师生，联合潮州集德福利会向400户贫困残疾人家庭发放慰问金和营养品400份。全年发放慰问金和慰问品价值20多万元，慰问残疾人650多人次。

【教育帮扶】 区残联继续开展"南粤扶残助学工程"，组织符合资助条件的残疾人大学生申报"南粤扶残助学工程"助学金，保障残疾人接受教育的权利，帮助残疾人大学生顺利完成高等教育，更好地融入社会。2019年，符合资助条件的残疾大学生共4人，发放助学金5万元。

【就业扶贫】 组织各街道（镇）残联做好2019年残疾人专职委员续聘工作，及时发放专职委员岗位补贴，提高基层专职委员工作积极性。全区街道（镇）级残疾人专职委员12人，发放岗位补贴18.72万元；村（社区）级残疾人专职委员129人，发放岗位补贴15.48万元。

区残联主动宣传残疾人就业政策法规，规范残疾人就业保障金年审申报工作，促进残疾人分散按比例就业。2019年，受理按比例安排残疾人就业年审单位94家，94家年审用人单位安排在岗就业残疾职工184人，根据安排1名重度残疾职工按安排2名职工认定的规定标准，认定用人单位安排残疾人就业人数264.15人。

认真组织开展残疾人就业和职业培训状况调查和录入工作，为湘桥区开展残疾人就业、培训和扶贫开发工作奠定基础。2019年，录入新增就业62人、残疾大学生4人。

推荐3名盲人参加市劳动服务部门组织的盲人保健按摩初级培训班、盲人智能手机应用培训班，提高就业技能。在官塘镇秋溪村举办1期残疾人农科实用技术培训班，邀请高级农艺师为秋溪村17名残疾人讲授农产品无公害种植及园间科学管理等知识，提高农村残疾人种植技术水平，促进增产增收。

【残疾人信息和残疾人证管理】 做好残疾人基本服务和需求数据动态更新工作。区残联举办残疾人动态更新工作培训班2期，参加培训172人。在区、街道（镇）、村（社区）工作人员共同努力下，共完成5397名残疾人信息采集工作，为区委、区政府发展残疾人事业提供决策参考。认真贯彻落实《〈中华人民共和国残疾人证管理办法〉广东省实施细则》，切实做好残疾人证办理相关工作。2019年，全区有持证残疾人5543人，当年度新办理残疾人证299本，变更残疾类别及等级43本，到期换证1154本，死亡注销23本。（此项含铁铺镇）

【社区康园中心建设】 加强对湘桥区残疾人社区康园中心的建设和管理，推进全区社区康园中心网络建设，增强残疾人基本托养服务能力。将太平街道社区康园中心打造成示范点，引进社工服务。督促10个已建社区康园中心加强规范管理，进一步完善各项设施建设，确保正常运转。积极沟通协调落实选址，在金山街道新创建康园中心1个。

表16　2019年湘桥区各级康园中心一览表

名　　称	建立时间	地　　址	学员人数（人）
西新街道社区康园中心	2010年	西新街道布梳街老居委	21

续表16

名　　称	建立时间	地　　址	学员人数（人）
西湖街道社区康园中心	2011年	西湖街道园林后路1号	20
太平街道社区康园中心	2012年	太平街道辜厝巷14号	21
凤新街道社区康园中心	2013年	凤新街道陈桥新埔村址	23
意溪镇社区康园中心	2014年	意溪镇坝街	20
桥东街道社区康园中心	2015年	桥东街道虎头	20
湘桥街道社区康园中心	2017年	湘桥街道办事处	20
城西街道社区康园中心	2017年	城西街道下洲村环西路中段	20
磷溪镇社区康园中心	2018年	磷溪镇溪口三村	21
官塘镇社区康园中心	2018年	官塘镇元房村	20
金山街道社区康园中心	2019年	金山街道北马路青亭巷28号A幢101号房	0

【精神病人服药救助】 区委政法委牵头重启贫困精神病人免费服药项目，为贫困精神病患者提供每月60元的免费就诊用药。全年审核批准救助52人，有效减轻贫困精神病患者的家庭经济负担，使精神病患者及时得到治疗。

【残疾人辅具适配】 根据残疾人需求，为残疾人免费适配辅助器具。全年为100多名肢体、视力、听力残疾人免费适配各类辅助器具100多件。

【残疾儿童康复治疗训练项目】 做好宣传、筛查工作，将区域内有康复需求的0～6周岁残疾儿童转介到市残联各康复机构和外市康复机构进行康复，共安排68人次，使他们在黄金康复期接受专业的抢救性康复训练，更好地改善功能。申报审核3名0～6岁听力残疾儿童人工耳蜗手术补助，每人补助1.5万元。

【贫困重度残疾人居家无障碍改造】 全面调查摸清辖区贫困重度残疾人家庭无障碍改造需求，加强与有关部门沟通协调，努力推进贫困重度残疾人居家无障碍改造工作。全年完成改造141户。

【家庭医生签约服务】 区残联与区卫健局共同推进残疾人家庭医生签约服务工作，为残疾人提供普惠服务和精准康复服务。全年发放已签约家庭医生服务的贫困重度残疾人服务费补贴共717人、28680元。

【残联基层组织建设】 积极发挥基层残联转介作用，通过深入调查登记，建立服务档案，有针对性地开展转介服务；落实残疾人专职委员聘任工作，充实残联工作人员队伍，加强工作人员的职业教育，不断完善社区（村）、街道（镇）、区三级残疾人服务网络，有效推进残疾人组织建设。

法治

政法委及综治

【维护社会稳定】 区委政法委始终把维护政治安全和社会稳定放在首要位置上。2019年，以防范化解重大风险为主线，加大矛盾纠纷排查力度，共受理排查矛盾纠纷525件，化解522件；多部门联合调解成功69件，矛盾多元化化解对接65件；领导包案调处成功15件，排查矛盾纠纷14件，化解13件，化解率为92.86%。认真做好社区矫正人员、吸毒人员等群体稳控工作。开展定期、专项排查，全面排查风险隐患，做好应急处突准备，确保全区社会大局稳定，没有发生危害国家安全和社会稳定的重大事件。

【扫黑除恶专项斗争】 按照省委、省政府和市委、市政府关于开展“三个攻坚行动”的决策部署和要求，区委政法委精心组织推动全区扫黑除恶专项斗争并取得突破性进展。一方面，将中央扫黑除恶督导组督导反馈意见和“回头看”督导的反馈意见结合在一起，落实责任单位，协同整改，共性问题全部整改完毕，个性问题也取得明显成效。“回头看”反馈的问题均已落实责任单位，正在迅速整改中。另一方面，结合实际制定印发《关于开展重点案件、重点问题、重点地区工作方案》，落实各街道镇、各成员单位迅速开展攻坚行动，加强对扫黑除恶十大重点对象的打击和整治力度，持续保持扫黑除恶高压态势。

【创新社会综合治理】 按照省委、市委政法委关于创新社会治理、深化平安建设的决策部署，大力推动构建共建共治共享的社会治理格局。2019年，区委政法委牵头组织各单位加大“四化”推广力度。6月召开凤新街道社会治理工作经验会；9月在城西街道召开“四化”建设现场推进会，积极推广职能综合化、服务网格化、平台智能化、治理社会化的创新基层社会治理平台建设经验。截至10月底，全区12个街道、镇均完成基层社会治理“四化”平台建设。其中，太平街道结合“巷长制”特色，率先在义兴社区慢居客栈设立社区居民议事厅，开辟了一条联系群众、优化决策、化解矛盾、改进工作的新途径，有效推动社区治理创新和社区发展。湘桥街道以党建为引领，指导义安社区成立义警巡逻队，推动社会各界力量参与到社会治理之中，截至12月底，共有40多人报名参加。通过义务巡逻、群策群力、群防群治，共同维护社区治安环境和旅游环境，保障游客出行安全。

【严重精神障碍患者等人群的管理和服务】 区委政法委围绕加强监管体系建设、建立服务制度，落实救治救助的政策要求。针对严重精神障碍患者的救治救助，一方面加强排查，确保严重精神障碍患者不缺管、不漏管。全区严重精神障碍患者的报告患病率为3.81‰，管理率为97.9%，规范管理率为90.75%，服药率为

96.385%，规律服药率为79.12%，面访率为38.51%。全区严重精神障碍患者共1911人，按照评估诊断分级，其中0级994人、1级470人、2级268人、3级105人、4级53人、5级21人。另一方面，全力推动“以奖代补”工作，下发3级以上和0~2级严重精神障碍患者补贴，并按照省、市要求，落实各街道、镇与各监护人签订保险合同。针对社区矫正人员和刑释人员的管理，落实规范调查评估、社区矫正人员交付接收、日常监督管理、突发事件处置等各个环节。针对吸毒人员的管理，积极落实全民禁毒工程、全民禁毒机制、禁毒执法打击、禁毒社会工作等方面的工作。2019年，全区没有发生精神障碍患者肇事肇祸案件，没有发生个人极端事件。

【特色工作】 区委政法委积极开展基层社会治理优秀项目的创建工作。其中，凤新街道综治中心社会治理模式被人民网和国家行政学院评为全国十个社会治理最佳案例之一。

公　安

【概况】 潮州市公安局湘桥分局坚持以习近平新时代中国特色社会主义思想和公安工作会议精神为指引，紧紧围绕新中国成立70周年和澳门回归祖国20周年两个重大活动安保主线，统筹推进各项公安工作，服务保障全区经济社会发展。全年立刑事案件2068宗，同比上升13.25%；破案678宗，破案绝对数同比上升8.31%，破案率为32.79%；刑事拘留458人、逮捕403人、起诉472人，同比分别下降7.1%、9.8%和8.5%；立命案4宗，破案6宗，现行命案破案率为100%。查处治安案件3388起、1343人，同比分别上升11.48%和下降8.33%。

【维稳工作】 坚持最高标准、最严要求、最周密措施，全力打赢两大安保维稳攻坚战。潮州市公安局湘桥分局荣立新中国成立70周年安保维稳集体二等功。

持续强化政治维稳。始终把维护政治安全放在首位，深入推进维护政治安全专项行动，加强意识形态领域管控，防范化解重大风险隐患，全力维护全区政治大局安全。2019年，全区未发生“街头政治”、规模性非法聚集等活动。邪教组织活动得到有效遏制，成功侦破利用邪教破坏国家法律实施案2件，查处利用邪教危害社会案1件，查处涉政治谣言案件12件、非法传教案件1件。

持续强化反恐处突。切实加强涉恐风险隐患监测核处、反恐重点目标和部位巡查，组织开展应急反恐演练，筑牢“防回流”防线，坚决守住暴恐活动“零发生”的底线。2019年，全区无涉暴恐案事件。湘桥公安分局先后在牌坊街、桥东水厂、湘桥区阳光中英文（国际）学校等处组织开展应急反恐防暴处突演练，有效提升反恐应急处突水平。

持续强化矛盾纠纷排查化解。紧紧围绕重点项目建设、农村土地、劳资纠纷、涉军群体、涉法涉诉等重点领域、群体和人员，坚持开展基础性、制度化排查。

持续强化治安重点人群管控。加强对严重精神障碍患者、吸毒人员的救治、疏导和收戒，从源头上预防肇事肇祸和个人极端暴力案件的发生。

【信访工作】 深入开展信访积案攻坚化解专项行动。全年接受各类信访案件65件，其中来信53件，来访12起18人次，经甄别导入涉法涉诉案件54件，导入信访程序1件，办结各类信访案件53件；化解涉香港居民重点涉警信访积案1件。

【惩治刑事犯罪】 以扫黑除恶专项斗争为龙头，深入推进“飓风2019”“云剑”等专项行动，严厉打击各类突出违法犯罪，以此带动刑事打击整体效能的提升。全年立刑事案件2068件，破案678件，破案绝对数同比上升8.31%，破案率为32.79%；刑事拘留458人，逮捕403人，移送起诉472人。

在命案侦破方面，共立命案4件、破案6件（其中破年前积案2件），现行命案破案率为100%；命案积案侦破和追逃工作取得突出成效，成功侦破6年前陈某文故意杀人案和19年前林某英被杀害案两个命案积案；抓获20年前抢劫杀人在逃人员熊某民。

在扫黑除恶方面，共破获涉恶案件49件，刑事拘留涉恶犯罪嫌疑人164人，破获恶势力集团1个、涉恶团伙22个，缴获火药枪6支，查封、冻结、扣押涉案资产折合人民币4159.2万元。破获邱某健等25人开设的网络赌场团伙，抓获张某纯等7人非法拘禁团伙，陈某荣等3人“村霸”团伙，章某强、胡某平等9人涉“套路贷”团伙和许某波等6人非法采沙团伙等。

在“飓风2019”专项行动方面，湘桥区“飓风2019”专项行动的总体成效在全市排名第二位，其中命案侦破、追逃、公安监管场所开辟“第二战场”、打击妨害国（边）境管理违法犯罪、信息报送5个小项在全市均排名第一位；涉枪爆、“净网2019”、涉电信网络诈骗、涉枪4个小项在全市均排名第二位。

在破“小案”创新试点工作方面，11月启动破“小案”创新试点工作，抽调14名民警成立“合成作战中心”，为破“小案”机制创新试点工作注入新鲜血液。强化人财物保障，切实加大对影响民生“小案”的侦破力度。

【“飓风2019”专项行动】 2019年，潮州市公安局湘桥分局按照省厅和市局统一部署，紧密结合辖区实际，强化打击违法犯罪力度，全力开展“飓风2019”专项行动，取得突出工作成效。全年专项行动量化考核得分85.30分，在全市排名第二位。其中，“禁毒2019两打两控”专项方面，共破获毒品案件41件，捣毁毒品犯罪团伙3个10人，刑事拘留40人，逮捕43人，查处吸毒人员236人，强制戒毒吸毒人员95人，缴获各类毒品105.75克。惩治整治枪爆违法犯罪专项方面，共起诉制贩枪弹犯罪嫌疑人5人，起诉涉爆犯罪嫌疑人1人，收缴枪支5把。护航金融“利剑行动”专项方面，共接收云端线索100多条，按期回复100多条，涉及人员300多人；及时上报市局重点线索5条，市局上报省厅线索5条，省厅确认5条；云端主战模式完成率为100%。“净网2019”专项方面，共破网络犯罪案件11件，逮捕31人，起诉30人；开展网络安全执法，完成网络整改排查16次、网络“黑产”执法3次，完成对“不履行”网络安全义务的执法118次；网上警情巡查处置按时处置率、已查处人员管控率和造谣人员落查率均达到100%；惩治传播暴恐音视频案件5件，行政拘留3人，教育训诫2人；开展宣传活动23次，其中中央媒体宣传活动11次、常态化宣传活动12次。涉电信网络诈骗专项方面，破案71件，逮捕23人。涉盗抢骗专项方面，逮捕92人，其中涉盗抢销（涉盗窃、抢劫、抢夺、销赃）重点人员30人，起诉5起以上个案的犯罪嫌疑人19人，起诉跨省系列案的犯罪嫌疑人145人。“一长四必”及“三大会战”专项方面，“14类案件”质量勘查情况、质量人工抽查情况合格率为100%，指纹应用、足迹应用、DNA应用均得满分；非正常死亡尸体登记数91具，录入91具，录入率为100%；非正常死亡尸体DNA样本提取78份，指纹提取58枚，提取率为63.74%；非正常死亡尸体尸表照片上传90张，上传率为99%；非正常死亡尸体人脸照片上传88张，上传率为96.70%。“指纹会战”抓获39人，“DNA会战”抓获77人，“人像会战”抓获47人。惩治黄赌违法犯罪专项方面，破涉赌刑事案件14件，逮捕75人；破涉黄案件8件，逮捕15人。惩治食药环违法犯罪专项方面，破案18件，逮捕17人。惩治妨害国（边）境管理违法犯罪专项方面，破案2件，逮捕7人，查处“三非”外国人141人，行政处罚非法聘用外国人案15件。惩治走私“国门利剑2019”联合专项方面，处罚成品油案件22件。

公安监管场所开辟“第二战场”，协助破获案件83件。其中，涉枪专项方面，起诉制贩枪弹犯罪嫌疑人5人。追逃专项方面，湘桥历年逃犯基数56人，综合到案率为103.2%，研判抓获在逃人员2人；“云剑行动”基数45人，抓获26人。命案侦破专项方面，立命案4件，破获4件，另破年前命案积案2件。信息报送方面，报送市局飓风专刊累计172篇，报送省厅网页专栏126篇，新闻媒体报道111篇。

【重点场所和行业治安管理】 切实加强对爆炸物品、枪支弹药、剧毒化学品、放射性物品、管制刀具、弩等危险物品管理，有效防止涉爆涉枪涉刀等案件和事故发生。开展对湘桥区32家销售易爆物品企业、10家经营(零售)烟花爆竹单位的日常化管理,联合有关部门严格落实每月一检查制度,确保安全生产无事故。加强督促辖区寄递物流企业3个100%安全制度，落实安全措施的寄递物流站点64家，更新率为100%；已设置重点单位117家，设置率为98%。加强对辖区枪支弹药的管理，做好辖区中心枪库的安全管理工作，定期对枪库枪支弹药进行检查，严格贯彻执行有关管理制度；联合监督室对湘桥分局各配枪单位枪支弹药管理及贯彻执行枪支管理制度的情况进行检查，确保安全无事故。

【户籍管理】 2019年，共受理户口申请3983份，主项变更191份，超期报生申请123份。办理出生、死亡、迁入、迁出共

14288人次，其中出生6013人次，死亡3805人次，省内外迁入1254人，省内外迁出3216人。共受理二代身份证办理申请27174张，受理临时身份证办理申请6744张。

【道路交通管理】　立足辖区实际，积极采取措施配合市局交警支队，有效预防重特大道路交通事故发生。一是结合“护校安园”专项行动，组织各辖区派出所深入全区各中小学校向学生宣传交通安全常识、自我防范知识、应急自救常识等，努力培养学生遵守交通安全法律法规的自觉性，促使每名学生养成文明出行的良好行为习惯，维护校园周边交通治安秩序。二是积极配合区教育部门、安监部门，全面加强对校车的监管。组织民警深入全区各中小学，对学校的校车情况进行检查，开展车辆安全隐患集中排查治理，强化对校车车辆的监督管理，杜绝发生事故。三是全面加强对全区车站的管理。坚持以“执法为民，服务群众”为主要工作思路，加强对全区车站的日常巡查力度，尽量提高管控覆盖面和民警管事率；同时对车站的驾驶人进行安全管理与安全提醒，通过多种有效方式着力遏制和消除恶性交通事故发生。

【流动人口管理】　继续做好流动人口居住证的推广工作。2019年，共办理居住登记4561人，制发居住证1927张，办理延期擦写1088张，新登记出租屋1963间。

【出入境管理】　持续深入推进“放管服”改革和“智慧新警务”应用，进一步提高出入境服务管理水平。2019年，共受理、审核公民因私出国（境）16641人次。其中，办理护照6351人次，往来港澳个人游9125人次；大陆居民单程前往港澳9人次，赴台申请1156人次；通过出入境办证大厅自助受理往来港澳电子通行证5228人次，其中立等可取5178人次；通过24小时大厅自助受理往来港澳电子通行证1500人次，其中立等可取1010人次；审核企业商务备案31家，急办证件450人次以上。

【禁毒工作】　按照全民禁毒工程建设的部署要求，预防宣教、执法打击、社会帮教、机制建设同时发力，齐心协力推动辖区毒情形势平稳可控。一是党政主职抓禁毒呈现新常态。区委、区政府高度重视，顶格配置区禁毒委员会，由区长兼任主任，高规格抓禁毒工作。各镇街均成立禁毒委员会，由镇街党政主职兼任主任。通过加强领导，完善工作制度，自上而下形成高位推动全民禁毒的工作格局。二是禁毒宣传教育迈上新台阶。着力推进青少年学生毒品预防教育“627”工程深入开展，全面落实辖区103所学校开展“五个一”宣教措施，有效提升青少年学生毒品预防教育质效。三是禁毒严打整治取得新战果。坚持严打高压态势，持续开展“禁毒2019‘两打两控’”专项行动，有效打击各类涉毒违法犯罪活动。共侦破毒品案件41宗，破获毒品犯罪团伙3个，抓获嫌疑人41人，查处吸毒人员236人，强戒吸毒人员95人。四是戒毒社会服务管理取得新进展。大力推进戒毒社会服务工作，压实乡镇、街道社区戒毒和社区康复工作主体责任。着力推进社区戒毒社区康复服务中心建设。五是禁毒社会化形成新格局。各类禁毒社会组织初具规模，禁毒社工组织和禁毒志愿者服务队伍不断壮大，形成湘桥义警服务队、禁毒志愿者等禁毒社会化工作力量，为辖区禁毒事业发展提供人力、物力和智力支持。六是深入开展创建全国禁毒示范城市。各级禁毒部门全面贯彻落实市委、市政府关于创建全国禁毒示范城市的决策部署，严格对标创建标准，坚持问题导向，扎实做好各项工作，全面推动全国禁毒示范城市创建。七是强化吸毒人员管控，做实管理服务措施。进一步明确各镇、街道党（工）委，政府（办事处）的领导责任，压实区禁毒委各成员单位及区各级禁毒办的工作责任，严格落实定期通报、督导推进、约谈问责等工作措施，有效推进社区戒毒社区康复工作。2019年，新发现吸毒人员54人，同比下降34%；强戒吸毒人员49人，社区戒毒人员123人，社区康复人员44人，社区戒毒和社区康复执行率保持100%，脱失吸毒人员被及时有效实现“清零”。全年无吸毒人员脱失和吸毒人员肇事肇祸案事件。八是强化禁毒宣传教育，提升毒品预防能力。坚持关口前移、预防为先，充分利用广播电视、“潮州禁毒”公众号等新闻媒介和公开栏等宣传阵地，深入开展毒品预防宣传教育，营造浓厚的全民禁毒、全民创建禁毒示范城市氛围。全年组织开展“六进”禁毒宣传活动1330场，在微信平台发布文章99篇，受教育超过15万人次。

【外国人管理服务工作】 充分结合湘桥区实际，切实加强辖区外国人管理工作。加强检查督导，做好面上管控。夯实住宿登记管理“以房管人”，共检查指导旅业及教育机构等35次；落实涉外单位责任“以业管人”，强化对境外人员的日常监督管理；加强签证回访“以证管人”，做好跟踪走访工作，切实掌握常住境外人员基本情况，做好外国人情况的核实、分类分级管控和情况梳理分析上报工作。提醒需换发签证的外国人及时到出入境部门申请并到派出所做变更登记，确保外国人住宿登记信息准确及时。强化“三非”外国人管理力度，切实维护辖区涉外秩序。积极开展“三非”外国人专项治理行动，依托派出所加大对辖区企业、小作坊、小工厂和出租屋等重点场所的清查力度，扎实推进“三非”外国人专项集中统一治理行动，取得重大成效。全年处理“三非”行政案件50件148人，刑事案件8件18人；行政处罚企业15家，行政拘留企业负责人11人，罚款人民币81.55万元；遣送8批136人。

【社区警务】 结合社会治安防控体系建设和基层社会治理工作，不断加强基层基础建设，积极探索具有湘桥特色的共建共治共享综合治理新模式，做实做细基层社区警务。扎实推进派出所“精准脱困”工作，磷溪、官塘两个派出所建设稳步推进。着力推动治保会组织建设，全区172个村和居委会均建立不少于3人的治保会组织，相关人员信息全部录入警综系统。积极开展治安联防工作表彰奖励活动，有3个基层组织被评为“全市先进治安联防组织”，5名个人被评为“全市优秀治安联防个人”。深入完善“枫桥式公安派出所”创建工作，激发基层社会治理新动能，探索营造共建共治共享社会治理新格局。其中，作为先行试点的西马派出所先后获“岭南示范公安派出所”“枫桥式公安派出所”称号，辖区分司巷警务室获“岭南标杆警务室”称号，社区民警魏志宏被评为“岭南百佳社区民警”。

【防范和处理邪教问题】 严厉打击涉邪教组织违法犯罪活动。2019年，共侦破利用邪教破坏国家法律的实施案2件，查处利用邪教危害社会案1件，查处涉政治谣言案件12件、非法传教案件1件。

检　察

【概况】 湘桥区人民检察院主动融入共建共治共享的社会治理格局建设，充分发挥审查批捕、起诉职能，深入开展扫黑除恶专项斗争，严厉惩治严重刑事犯罪，为人民群众安居乐业营造和谐稳定的社会环境。2019年，共批准（决定）逮捕各类刑事案件304件437人，分别同比下降8.9%、8.3%，其中涉黑恶犯罪案件1件1人。提起公诉560件799人，分别同比下降14.5%和12.90%，其中涉黑恶案件5件29人。重点惩治危害公共安全、人身安全的暴力犯罪，共批捕故意杀人、故意伤害、强奸、绑架等侵犯公民人身和民主权利犯罪案件47件61人，起诉59件86人。持续加大对多发性侵财犯罪打击力度，批捕盗窃、抢夺、诈骗等侵犯财产犯罪案件107件141人，起诉120件165人。落实认罪认罚从宽制度，对事实清楚、证据确实充分、犯罪嫌疑人自愿认罪认罚的，适用认罪认罚从宽制度办理138人。依法惩治经济犯罪，起诉破坏社会主义市场经济秩序犯罪24件76人，依法办理苏某达等人涉嫌骗取贷款案等一批涉案金额大、人员多、范围广的经济犯罪案件，营造公平有序的市场环境和法治化营商环境，护航民营经济高质量发展。

表17　2019年湘桥区案件审查批捕情况表

案件受理数				批准逮捕		不批准逮捕	
公安		自侦					
宗	人	宗	人	宗	人	宗	人
318	460	0	0	304	437	16	22

表18　2019年湘桥区案件受理审查起诉情况表

受理		起诉		简易程序	不诉
件	人	件	人	次	宗
588	809	560	799	504	15

【控告申诉检察】 主动回应人民群众的司法需求，依托“12309”检察服务中心、案管中心和检察门户网站，构建网上网下“一站式”服务平台，畅通群众诉求渠道，扎实做好涉检环节维稳工作，共受理控告申诉51件，接受群众来访咨询129批175人次。制定《潮州市湘桥区人民检察院“群众来信件件有回复”工作实施办法（试行）》，依法受理收到的信访材料或信件并及时移送，均在7日内做出程序性回复。加大司法救助力度，拓宽救助案源，规范办案程序，及时帮助生活陷入困境的司法救助申请人渡过难关，促进社会和谐稳定，共办理国家司法救助案件2件，发放司法救助金16万余元。如在办理兰某申请司法救助案过程中，及时将因案致贫返贫的被害人纳入司法救助，指派干警跨省2000多千米为其送达司法救助决定书和发放司法救助金，并积极联系当地检察院、镇政府、村委会开展“检察院＋”联动救助工作，传递司法温情。该案成功办理后，深受外界好评，得到了《检察日报》、“广东检察”公众号、《潮州日报》等媒体的广泛报道，被评为全省检察机关国家司法救助工作服务脱贫攻坚“精品案件”。

表19　2019年湘桥区受理来信来访和办理控告申诉情况表

单位：件

控告		申诉	
受理	本院查办	受理	本院复查
21	11	14	0

【诉讼监督】 加强立案和侦查活动监督。坚决防范和纠正有案不移、有案不立、以罚代刑，办理立案监督案件3件，提前介入重大刑事案件10件，追诉漏罪6人次。会同潮州市公安局湘桥分局签订《潮州市湘桥区人民检察院、潮州市公安局湘桥分局关于规范对公安派出所刑事侦查活动监督工作的工作方案》，在全区10个派出所及区公安分局法制大队内设立侦查监督工作室，加强刑事审判监督，对认为确有错误的刑事裁判提出抗诉2件，发出量刑建议451人，被采纳442人，采纳率为98%；同时，贯彻宽严相济刑事司法政策，作出不捕决定22人，决定不起诉24人。加强民事行政诉讼监督，共办理各类民行监督案件7件。全面深化公益诉讼检察，办理行政公益诉讼案件4件，结案3件；制发检察建议5份，均被采纳；深入开展“保障千家万户舌尖上的安全”检察公益诉讼专项监督活动，切实解决食品安全领域、生态环境和资源保护领域等关系人民群众切身利益和反映强烈的突出问题，扩大检察机关公益诉讼工作影响力。强化刑事执行检察监督，开展羁押必要性审查工作，提出变更强制措施检察建议4人，均被采纳。开展社区矫正法律监督工作，定期走访辖区13个司法所，逐人建立台账，考察社区矫正对象176人，约谈83

人，防止和纠正社区服刑人员脱管、漏管、虚管。

【未成年人检察】 全面加强未成年人司法保护。落实“捕诉监防”工作机制，推行“四个务必”办案模式，批捕未成年人刑事犯罪案件26件37人，起诉31件65人，依法决定不批捕1件1人，附条件不起诉2件2人。推进未成年人检察工作社会化建设。完善青少年观护帮教基地和检察官办公室“娜姐工作室”的硬软件建设；整合社会资源，联合社工机构强化对未成年被害人的心理疏导，多措并举护航未成年人健康成长；切实把“防治校园欺凌”“一号检察建议”落实到位，结合“法治进校园”、法治副校长等工作，走进南春中学、城南中学、铮蓉小学等多所学校，对师生及家长开展法治宣传教育，推动预防性侵害、校园安全建设等工作纵深发展。2019年，区人民检察院在防治校园暴力、预防性侵害、校园周边环境治理等专项活动中积极作为，针对相关部门和单位管理漏洞等问题，及时发出检察建议2份并迅速督促整改。

【队伍建设】 加强思想政治建设。坚持把政治建设放在首位，强化党组领导作用，推进党组织规范化建设。开展理论中心组学习30场，严格落实“三会一课”、组织生活会、民主评议党员等制度，推动形成讲政治、谋发展的浓厚氛围。积极探索运用“党建＋检察”模式，将党建与检察业务深度融合，创建“党员示范岗”，开设“湘桥检察新时代讲习坛”，提升检察队伍政治素养。结合“不忘初心、牢记使命”主题教育开展红色基地教育、廉政警示教育、知识竞赛等多种形式主题党日活动，开展学习活动46场次，参加近720人次，引导干警坚守为民初心，勇担职责使命。拍摄主题教育宣传片，获市委政法委组织的“不忘初心、牢记使命”主题教育短视频大赛金奖。

加强业务能力建设。实行检察官、检察辅助人员、司法行政人员分类业务能力培训。采取“线上”“线下”相结合方式，满足不同人员专业能力提升需要，共组织参加各类业务培训486人次。以执法规范化建设为抓手，通过案件评查、心得交流、检务督察、专题研讨等形式，推动专业化人才培养。坚持正确用人导向，严把政治标准，突出实干实绩，将业务精、能力强的干部充实到关键岗位上。发挥先进典型示范引领作用，2019年共有8个集体、14名干警获得市级以上表彰。

深化司法体制改革。落实司法责任制和领导带头办案，2019年，由正副检察长直接办案45件。完善检察官办案质量评查工作，建立入额检察官先行自评自查机制，实现对检察官办案评查的常规化、制度化。积极适应内设机构改革，推行捕诉合一，整合审查逮捕和审查起诉职能，切实增强办案质效。强化内部监督制约，加强案件管理部门对司法办案活动的集中统一管理，运用信息化手段构建全程、同步、动态监管机制。同时，配合国家监察体制改革，受理监察委移送审查起诉的职务犯罪案件12件12人，起诉9件9人，充分发挥反腐败职能作用。

加强纪律作风建设。严格落实中央八项规定精神，制定落实“三个规定”责任清单，开展重点问题排查、检务督察30次，层层传导压力，层层压实责任。落实全面从严治党、从严治检“两个责任”，认真履行“一岗双责”，严格执行“八小时”外重大事项报告制度，每季度召开党风廉政建设联席会议，推动全面从严治党责任真正落到实处。坚持抓早抓小，围绕机关作风建设提醒谈话8人次。深化反腐倡廉教育，组织观看警示教育片，组织学习纪委有关通报和违法违纪典型案例，进一步强化干警宗旨意识、法纪意识和廉洁意识。

法　　院

【收案情况】 2019年，湘桥区人民法院共立案受理案件5217件，比上年增加2.6%。其中，刑事案件629件、民商事案件2430件、行政案件203件、执行案件1955件，分别比上年增长-14%、0.45%、72%和7.77%。

表20　2019年湘桥区人民法院收案情况表

单位：件

全院案件	刑事案件	民商事案件	行政案件	执行案件	公示催告督促案件
5217	629	2430	203	1955	0

【结案情况】 2019年，共办结案件4266件，比上年增加12.7%。其中，刑事案件576件、民商事案件1818件、行政案件176件、执行案件1696件，分别比上年增长-11.6%、16.7%、120.0%和13.7%。

表21　2019年湘桥区人民法院结案情况表

单位：件

全院案件	刑事案件	民商事案件	行政案件	执行案件	公示催告督促案件
4266	576	1818	176	1696	0

【刑事审判】 依法惩治刑事犯罪，维护社会安定。2019年，全区审结刑事案件576件，结案比上年减少11.6%。区人民法院积极参与扫黑除恶专项斗争，全年受理涉黑涉恶案件5件33人，结案3件21人。依法严惩严重暴力犯罪和多发性犯罪，审结杀人、抢劫、绑架、故意伤害、盗窃等犯罪案件268件。审结刑事知识产权案件2件，审结破坏环境资源犯罪案件20件，审结贪污受贿、渎职犯罪案件8件13人。

【民事审判】 妥善化解民商事纠纷，服务经济社会健康发展。全年审结民商事案件1818件，同比增长16.7%。坚持能调则调、当判则判、调判结合、案结事了的工作原则，妥善化解涉民生案件，审结人格权、婚姻家庭、继承、劳动、物权、侵权责任纠纷案件471件，案件调解撤诉率为36.1%。加强金融审判工作，维护金融秩序，审结金融借款合同纠纷案件148件；规范民间借贷行为，审结民间借贷案件530件。依法平等保护各类市场交易主体合法权益，审结买卖、房屋、租赁、建设工程、保险、股权转让等合同纠纷案件572件。

【行政审判】 依法妥善化解行政纠纷，服务法治政府建设。坚持职权法定原则、程序正当原则、私权保护原则，加强行政行为合理性和正当性的审查，推进行政机关负责人出庭应诉，促进行政争议的实质性化解，依法维护行政相对人的合法权益，支持和监督行政机关依法行政。全年行政机关负责人出庭应诉率为84%，行政机关诉讼案件败诉率为3.6%，行政非诉案件裁定不予执行7件。

【少年审判】 坚持贯彻"教育、感化、挽救"方针和"教育为主，惩罚为辅"原则，多措并举，依法保护未成年人合法权益。认真做好未成年人犯罪案件审判工作，落实轻罪犯罪记录封存制度，全力消除未成年人犯罪改过自新、重回社会的障碍。

【执行工作】 坚持内部管理和外部综合治理并重，抓重点、补短板、强弱项，开展专项和集中执行行动，加大执行力度，依法用足、用活、用好法律规定的各项强制性措施和落实执行规范要求，执行工作进一步提质增效，全力决胜"基本解决执行难"攻坚战取得重大进展。2019年，区人民法院共受理执行案件1955件，结案1696件，同比分别增长7.8%和13.7%。坚持推动社会信用体系建设，共司法拘留19人次，采取边控4人次，发布失信被执行人名单777例，限制高消费1277例。

【审判监督】 加大审判监督力度，依法维护司法公正。按照规范、保障、管理、监督的要求，进一步加强审判监督管理，促进审判活动公正高效。全年案件结收案比为109%，同比提高2个百分点；判决案件改判、发回重审率为1.66%，下降0.64个百分点。

【人民陪审员制度】 推进司法民主监督，不断提高司法公信。认真落实人民陪审员制度，增强人民陪审员责任意识，保障人民陪审员充分行使陪审权利。至2019年底，人民陪审员共81人。

【谢某维信用卡诈骗案】 被告人谢某维于2007年6月，骗取被害人谢某的身份证复印件，使用伪造的单位证明，在被害人不知情的情况下，冒用其身份到广发银行申领了一张信用卡，2007年6月29日利用该信用卡透支人民币5000元，2007年8月10日归还人民币300元，2007年8月12日利用该信用卡透支人民币200元，2007年9月29日归还人民币700元，2007年10月1日利用该信用卡透支人民币300元，2007年10月5日透支人民币300元，2007年10月10日透支人民币300元，2007年10月

10日归还人民币300元，2008年4月10日归还人民币500元，2008年5月22日归还人民币500元。至案发前，该信用卡共透支金额为人民币3800元。根据广发银行股份有限公司汕头分行提供材料，至2017年12月16日，该信用卡产生利息72179.92元、违约金123545.93元、超额金18367.36元、手续费320元、年费90元。2017年12月1日，被害人谢某向公安机关报案。公安机关于2018年3月14日决定对该案以妨害信用卡管理案立案。后被告人谢某维向广发银行还款50000元，并主动投案，被害人谢某出具谅解书对被告人表示谅解。广东省潮州市湘桥区人民法院经审理认为：被告人谢某维，使用虚假的身份证明骗领信用卡，妨害信用卡管理，其行为已构成妨害信用卡管理罪。被告人谢某维犯罪已过追诉时效期限，依法裁定本案终止审理。宣判后，被告人谢某维没有上诉，检察机关没有抗诉，已发生法律效力。

消　　防

【概况】 潮州市湘桥区消防救援大队承担着防范化解重大安全风险和应对处置各类灾害事故的重要职责，是应急救援的主力军和国家队。大队下辖湘桥区城西消防救援站。2019年，共有消防指战员38人，其中干部10人，消防指战员及政府专职消防员28人。主要职能：参与编制消防规划；开展公众聚集场所的消防安全检查；组织、指挥扑救火灾；参加救援工作；指导专职消防队和义务消防队，指挥调动专职消防队；依法对违反《中华人民共和国消防法》规定的行为进行处罚；开展火灾调查工作。

截至2019年12月1日，消防队伍共接警460起，其中火灾107起、抢险救援98起、社会救助225起；出动消防车1056辆次、消防人员5665人次，抢救被困人员31人，疏散人员145人，有效确保全区消防安全形势持续平稳。

【消防装备】 2019年，湘桥区执勤消防车辆船艇共7辆。其中，72米举高喷射消防车1辆，53米登高平台消防车1辆，城市多功能主战消防车1辆，15吨水罐消防车1辆，15吨水罐泡沫消防车1辆，抢险救援车1辆，冲锋舟1艘。

【消防安全宣传】 区消防救援大队充分发挥电视、微博微信、户外广告、消防站、临时执勤点等消防阵地作用，通过抖音、微信、微博等新媒体拓展消防宣传阵地，力促消防宣传接地气、有人气。全年印制消防警示“十句话”2万余份并在全区广泛张贴，推动50余家公众聚集场所创新使用户外灯光投影，在人员密集场所设置消防提示。联合区教育局开展暑期消防安全宣传活动，与湘桥街道开元社区开展共建活动，创新推进“七进”工作，将“引进来”和“走出去”相结合。在“119”消防宣传月期间，大队组织辖区3个专职消防队、10个城中村微型消防站开展消防巡游宣传活动，创新举办以“防范火灾风险、建设美好家园”为主题的潮州市少儿手绘海报设计大赛，进一步提升消防安全知晓率和群众满意度。在处置“6·1”意溪山洪救援和“6·27”将军山救援行动中，参战指战员英勇无畏、连续奋战、表现突出，救援事迹受到中央电视台和省市各类媒体广泛报道。

【消防安全管理】 全局规划，筑牢责任防控体系。大队提请区政府将消防工作纳入经济社会发展总体规划，坚持同部署、同检查、同考核，并将推动消防责任制落实、“城中村”与古城区高风险区域整治、村村配置消防摩托车等内容列为2019年政府重点工作。同时，区政府与各乡镇、街道签订《湘桥区消防工作目标责任书》，明确将消防工作纳入政府“一把手”工程；区政府多次召开会议专题研究部署消防工作，并以区政府名义专题发文部署开展商铺（作坊）违规住人和电动车消防安全专项整治行动；区领导多次召开会议专门部署消防工作，加大消防装备经费投入，深入一线调研指导，并带队开展督导检查。

严格执法，加强日常防控。2019年，大队深入开展今冬明春火灾防控、小型经营性场所消防安全专项整治、“防风险保平安迎大庆”等消防安全执法检查专项行动工作。先后联合应急、文旅体、教育、卫健、住建等部门开展消防隐患排查整治工作，深入推进电动车充电停放点、大型商业综合体、文物古建筑等重点领域消防安全隐患专项整治工作。从10月起，潮州支队开展“双随机一公开”检查工作，区大队执法人员严格按照要求开展检查，注重在检查形式和检查内容上多发现问题，多归纳总结，并将发现的问题及时向上反馈。2019年，区大队共检查社会单位1751家次，督促整改火灾隐患1925处，其中处罚42宗，罚款207400元，实现全年全区火灾零伤亡。

重拳出击，全力整治火灾隐患。紧紧抓住城中村和古城区两个重点区域，严格按照支队部署要求，落实“以一带五”［以城中村整治带动高层建筑、电气火灾、出租屋、电动车、“三合一”场所（“三合一”场所是指住宿与生产、仓储、经营一种或一种以上使用功能违章混合设置在同一空间内的建筑）等整治］模式开展消防安全隐患治理。紧抓“防风险保平安迎大庆”消防安全执法检查专项行动契机，集中对11类重点场所和9类突出风险开展全面清查；建立区政府领导定期带队督查检查机制，有效整治一批危险源和风险点。区大队提请区公安分局组织召开专题会议，部署强化公安派出所消防监督管理工作，推动公安派出所履职尽责。推动乡镇、街道、市场监管等部门开展小档口、“三合一”场所、群租房专项整治；联合区文广旅体局每周定时开展古城民宿客栈消防安全专项整治；推动多部门开展七类重点行业领域安全生产专项整治及老旧电气线路改造，进一步巩固电气和电动自行车火灾综合治理工作成果。发动12个乡镇（街道）集中组织约谈辖区内156个村（居）委负责人，并一一签署消防安全责任书。以信息化为牵引，因类施策，进一步提升火灾高风险区域和场所的火灾预警预测能力。区大队积极配合区应急管理局推动古城区“智慧消防”项目建设，重点运用于古城区经营场所和孤、寡、困人员居住场所，推动全区重点单位、高危单位纳入“智慧消防”管理，“智慧消防”安装点超过8600个，积极推广应用社会消防安全管理系统。

优化布局，前移联勤联防关口。针对辖区火灾分布特点，区大队科学安排驻勤和巡逻力量，在重大安保期间及节假日期间组织执勤力量前移至开元寺、人民广场及各类人员密集场所，与辖区派出所、当地居委、微型消防站联合开展消防流动执勤任务。动态巡逻组在巡逻路线上开展不间断“扫描”，发现火灾隐患立即责令整改，确保第一时间消除火灾隐患；现场驻点配齐配强执勤车辆和人员，发现警情立即出动，确保警情早发现、早处置。2019年，区大队共开展联勤联防40余次，确保辖区节假日消防安全。

保障有力，装备设施再升级。区大队党委积极加强与区委、区政府的请示汇报和沟通协调，争取地方政府支持，健全消防经费长效保障机制。全年争取预算经费300.15万元、消防业务经费161.39万元，已投入40多万元采购器材装备4批；青龙庙理事会向区大队赠送了23.5万元的消防器材装备；在上级财政支持下，区政府同意购置45米登高平台消防车，使装备建设更上一层楼。按照“老营房、新装修、新面貌”的队伍建设理念，投入30余万元完成对中队队部、荣誉室、会议室、健身房、储藏室等6个场库室的集中改造，有效改善全体指战员的工作生活环境。

表22　2019年湘桥区消防重点单位一览表

序号	单　位　名　称	序号	单　位　名　称
1	潮州市湘桥区人民政府	28	潮州市宜比佳酒店有限公司
2	潮州市湘桥区人民检察院	29	潮州开发区喜悦酒店
3	潮州市南春中学	30	潮州市汇能电机厂
4	潮州市湘桥区人民法院	31	潮州市湘桥区意溪镇上津车队加油站
5	潮州市城基中学	32	潮州开发区煌雅足道养生会所
6	潮州市湘桥区城西中学	33	潮州市和美酒店有限公司
7	潮州市湘桥区韩上楼酒楼	34	广东金源照明科技有限公司
8	潮州市韩山酒店有限公司	35	中国石油化工股份有限公司广东潮州春荣加油站
9	潮州市男科医院	36	中石化潮州新洋加油站
10	伟标（潮州）工艺服装有限公司	37	潮州市湘桥区意溪中学
11	广东大业陶瓷有限公司	38	潮州市意溪东雄加油站

续表22

序号	单　位　名　称	序号	单　位　名　称
12	潮州市金尚酒店有限公司	39	潮州市联宇陶瓷有限公司
13	潮州市宏诚石油化工有限公司桥东加油站	40	潮州市宝妮珠饰有限公司
14	潮州市宏诚石油化工有限公司铁铺加油站	41	广东凯普生物科技有限公司
15	潮州市宏诚石油化工有限公司黄金塘加油站	42	潮州开发区新世界休闲中心
16	潮州市博莱雅酒店有限公司	43	潮州市湘桥区心悦酒店
17	广东文星酒店有限公司潮州分公司	44	潮州市宏业石油气供应站
18	潮州市湘桥区丽枫酒店	45	潮州市超越娱乐有限公司
19	广东顺大食品调料有限公司	46	潮州市明宇瓷业有限公司
20	潮州市鸿祥服装实业有限公司	47	潮州市陈桥利生加油站
21	中国石油潮州市金龙加油站	48	潮州开发区莉莉酒吧
22	潮州市昭鑫加油站	49	中石化潮州市凤新金新加油站
23	潮州市湘桥区颐和茶艺馆	50	潮州市湘桥区新世界健身休闲中心
24	潮州市湘桥区金山实验幼儿园	51	潮州市弘业陶瓷发展有限公司
25	潮州市湘桥区城南中英文学校	52	广东新宏泽包装股份有限公司
26	潮州市中天城鞋业有限公司	53	潮州开发区胡桃里餐饮店
27	潮州开发区水云间足浴会所	54	潮州市湘桥区威斯特酒吧
55	潮州开发区水善坊足疗堂	62	湘桥区磷溪安顺加油站
56	潮州市安德鲁酒店管理有限公司	63	湘桥区官塘正祥加油站
57	潮州市波士发陶瓷制作有限公司	64	潮州市鹏远制线实业有限公司
58	潮州市湘桥区明鸿酒店	65	潮州市新卓越健身有限公司
59	潮州市联俊陶瓷有限公司	66	中油碧辟石油有限公司潮州嘉嘉加油站
60	潮州市天一娱乐有限公司	67	潮州市远信科技假日酒店
61	湘桥区磷溪东华加油站	68	潮州市长兴科技股份有限公司

司法行政

【人民调解】 湘桥区司法工作坚持以安保维稳工作为主线，坚持“稳”字当头，上下联动，全力做好矛盾纠纷防范化解工作。印发《坚持发展“枫桥经验”实现矛盾不上交三年行动方案》，开展“大排查、大调处、促和谐、迎国庆”专项活动。加强各部门联动，扎实推进医疗纠纷化解工作，建立化解医患纠纷机制。着力推进“做得好、信得过、叫得响”的调解工作品牌建设。选取韩江法律服务所、阳光法律服务所，分别打造全区首个个人调解工作室——区调委会和平调解工作室和全市首个专业性行业性个人调解工作室——区医调委阳光调解工作室。2019年，区医调委工作经验材料被列为全省调解业务工作培训班教材，被市委办、市府办、省单篇采用，被市司法局列为“不忘初心，牢记使命”先进典型案例。落实人民调解督查督办制度和“以案定补”案件报告制度。健全每季度“以案定补”交叉互学互评机制，促进湘桥区人民调解工作提质增效。全区各级调委会全年受理人民调解案件668件（其中医疗纠纷27件，涉及金额152.42万元，调解成功率为100%），调解成功率为98.8%，履行率为100%。符合发放人民调解“以案定补”补贴案件584件，总金额7.985万元。

【普法教育和宣传】 全面落实“谁执法谁普法”责任制，印发《2019年潮州市湘桥区普法依法治理工作要点》，加强普法工作制度机制建设，扎实推动法治文化建设及法治创建活动。开展“谁执法谁普法”履职报告评议活动，选择区人民检察院、市场监管局湘桥分局、区应急管理局及区民政局4个具有执法司法权和与保障民生、维护稳定密切相关的普法责任部门开展履职报告评议。加强领导干部和国家工作人员学法用法，完善区委理论中心组学法制度、区政府常务会议会前学法制度、领导干部任前法律考试制度和集体学法等制度；组织领导干部和国家工作人员开展年度学法考试，优秀率为97.39%。组织领导干部和国家工作人员通过视频同步参加旁听庭审活动。强化学校、家庭、社会“三位一体”的青少年法治教育格局，开展“宪法教育大课堂”活动，稳步推进“宪法在我心中”法治宣传教育进校园系列活动。结合“3·8”妇女维权周、“4·15”全民国家安全日、“6·26”国际禁毒日、《广东省法律援助条例》颁布实施20周年、“12·4”国家宪法日等重要时间节点，开展一系列既能体现时代主题又能弘扬法治正能量的法治宣传活动。扩大普法宣传覆盖面，举办宪法进宗教场所活动，进一步提高辖区宗教活动法治化。举办“服务大局普法行”系列活动，为全区社会稳定和经济发展营造良好法治氛围。开展法治创建活动，对已命名的全国民主法治示范村（社区）及已达标的省级民主法治村（社区）进行动态管理。组织指导广东金源照明科技有限公司参加全省法治文化建设示范企业申报，潮州市滨江实业投资有限公司获省法治文化建设示范企业称号。

【法律援助】 以实施“刑事案件律师辩护全覆盖”民生实事为契机，完善法律援助工作机制，进一步扩大法律援助覆盖人群。全面启用广东省法律援助标准化系统平台APP办理法援案件，及时调整法律援助事项补贴标准，提高律师办案积极性。同时，规范工作流程，提高案件质量。扎实推进律师驻区人民法院、区人民检察院参与化解和代理涉诉信访案件，落实法律援助律师值班制度。深入推进“法援惠民生·关爱残疾人”和“法援惠民生·助力农民工”两大法律援助品牌建设，为特殊群体提供“应援尽援、应援优援”服务。全年受理法律援助案件433件、民事法律援助案件9件、刑事法律援助案件424件、解答法律咨询123件，实现100%应援尽援。

【社区矫正及安置帮教】 区司法局坚持“教育、感化、挽救”方针，健全政府、社会、家庭三位一体的刑满释放人员救助管理体系，有效预防和减少刑释人员重新犯罪。进一步提升“技防”水平，严格执行报告制度和电子手环定位监控制度。建立矫情分析研判常态化机制，每月召开社区矫正矫情分析研判会议，对存在安全隐患及突出问题逐个进行分析研判并提出对策加以解决。认真落实“两个八小时”制度，积极联系敬老院、乡村文化活动中心、旅游景区等活动场所，购置劳动物资，为在册社区矫正服刑人员购买团体意外保险，创造必要劳动条件，组织社区矫正对象参加各类主题社区服务活动。通过组织社区矫正对象参加无偿献血、开展短期职业技能培训、到牌坊街维持交通秩序、上专题法制教育课、举办知识竞赛和心理健康教育讲座等形式，做精做细教育矫治工作。全面运行监狱与区社区矫正中心远程会见系统。按时按质完成特赦任务。严格落实社区矫正人员考核奖惩机制。2019年，累计表扬47人，警告5人，提请撤销缓刑1人。全区全年接收社区矫正人员137人，解除或终止社区矫正人员176人，至12月底，在册人数135人；刑满释放人员209人，在册人数681人；办理法院、监所委托社会调查评估23件。

【公共法律服务】 印发《领导干部公共法律服务接待日接待工作方案》，全面推行公共法律服务同步评价机制和满意度调查制度。扎实推进意溪、磷溪、官塘3个镇公共法律服务工作站和辖属20个村（社区）公共法律服务工作室示范点建设工作。完善“所所联盟”衔接机制，健全司法所和律所常态化工作交流。强化部门职能协调联动对接，使群众在同一平台上就能享受法律援助、法治宣传、人民调解等“一站式”服务，最大限度地满足困难群众的法律服务需求。全年各级公共法律服务实体平台提供法律服务4298人次，承办省“12348”平台工单11宗，答复率为100%；自3月实行服务同步评价机制至年底，未收到群众批评意见。

【律师服务工作】 充分发挥政府法律顾问作用，为村（社区）委员会开具“住改商”证明事项等工作提供法律意见。接受城综湘桥执法分局、区应急局、区水务局、区住房和城乡建设局、区工信局、区卫健局和各镇（街道）等部门的法律咨询近150次，协助审查各类合同、协议20多份。

以党建为引领，扎实做好法律服务民营企业工作。联合西新街道新桥商业街党支部，组织村（社区）法律顾问深入沿街铺户开展以“诚信守法、依法经营”为主题的法律服务进商业街活动；联合市司法局先后在城西、凤新、桥东街道和辖区部分企业、东山社区开展“党建引领大调研，助力根治欠薪惠民众”专题调研暨送法进社区法律服务活动；组织律师服务团到广东金源照明科技股份有限公司开展“百名律师进百企，服务民营企业发展”活动，为企业提供“点对点”的精准法律服务；利用“12·4”国家宪法日重要节点，组织全区司法行政干部、青年志愿者律师、专职调解员在桥东街道东山社区举办新时代文明实践政策宣传志愿者服务行动暨“12·4”国家宪法日、公共法律服务宣传活动，通过现场活动咨询、上街入户宣传、送法进企业和“法治体检”活动等方式为社区群众答疑解惑。

不断深化村（社区）法律顾问“惠民工程”。整合全区律师资源，强化管理、督导、协调和培训；引导村（社区）法律顾问结合“送宪法下基层，助力乡村振兴”活动，积极开展法律咨询、普法宣传、人民调解等各类法律服务活动；配合司法所、社区矫正中心做好社区服刑人员教育梳理工作，提高社区矫正人员的身份意识、服刑悔罪意识及遵纪守法意识；推进“互联网＋法律服务”模式，通过微信群不定期推送法律知识，为重点项目建设用地征收、乡村振兴战略、扫黑除恶专项斗争等中心工作出谋划策，进一步提升驻村（社区）法律顾问服务质量。全区各律师所全年提供法律服务2507次，其中，各类接访、来电咨询1740次，出具法律意见书25份，开展法治宣传625场次，参与人民调解19件，提供法律援助2件。

【基层司法所工作】 印发《关于开展“一中心一品牌”专项活动的实施方案》。加大对基层司法所资金投入力度，统一采购电脑、打印机、空调、档案柜等办公设备分配到各镇（街）司法所，进一步完善办公条件。选取意溪（以乡村振兴及产业园区建设为特色主线）、城西（以护航经济为特色主线）、西新（以宜居宜业宜商宜养为特色主线的“枫桥经验”试点），太平（以助推旧城文化旅游发展为特色主线）、凤新（以创新社会基层治理及防范化解重大风险为特色主线）等司法所作为亮点司法所，以点带面，分类施策，扎实推行司法所“差异化”建设。

【扫黑除恶专项斗争】 加强组织领导，通过党组会、中心组学习会、党支部会、局务会和专题会议，研究部署阶段性工作，强化部门协调联动，形成扫黑除恶专项斗争工作合力；全面排查在册涉黑涉恶、涉枪涉赌涉毒的社区服刑人员开展日常警示活动；加强宣传力度，大造扫黑除恶舆论声势，通过专题讲座、发放宣传卡片、张贴通告和海报、微信公众号等方式扩大宣传覆盖面；抓好社区矫正重点人群的帮教，强化“司法所-律师所”联盟，发挥村（社区）法律顾问专业优势，通过开展法治讲座震撼教育活动，以案释法，巩固社区矫正教育成果；加强指导、监督律师参与代理涉黑涉恶案件工作并落实报备制度；发挥人民调解的职能作用，提高捕捉线索的敏感性；强化法律援助措施，维护受黑恶势力影响的弱势群体的合法权益；畅通举报渠道，建立完善举报奖励工作机制。在扫黑除恶专项斗争中，区司法局收到线索9条，其中办结线索5条，移交线索4条。

【办理人大议案、政协提案情况】 做好区人大建议和政协提案的办理工作。办理区府办交办的建议提案2件，均为主办件。经办件在限定时间内将主办意见以正式函件的形式答复提案人，代表委员对答复表示满意；将答复函件和结果抄送区人大监司委、区政协专委会联络室和区府办督查室，完成交办任务。

【法制工作】 规范性文件的起草、审核与清理。做好上级交办的法规、规章及规范性文件草案的征求工作，按时按质办理征求意见稿近100件。起草《潮州市湘桥区人民政府办公室关于印发〈潮州市湘桥区涉及机构改革的区政府规范性文件清理工作方案〉的通知》《关于进一步做好规范性文件清理工作有关事项的通知》等文件。积极推进行政规范性文件合法性审核工作，审核《潮州市湘桥区非户籍人口子女接受义务教育实施办法》，提出的合法性审核意见及相关合理性建议均得到起草部门和区政府的采纳。做好涉及机构改革的规章及规范性文件清理和修订等工作，清理涉及机构改革的区政府规范性文件，涉企涉民办事证明文件“兜底规定”，修改、废止涉及生态环境保护的规范性文件，开具证明事项等规范性文件。

行政复议和行政应诉。全年收到行政复议申请1件，审结行政复议案件2件，结果均为维持申请人行政机关具体行政行为。

行政执法情况检查。着力推进行政执法三项制度。印发《关于贯彻落实〈广东省人民政府关于全面推行行政执法公示制度执法全过程记录制度重大执法决定法制审核制度的实施方案〉的通知》《关于召开行政执法公示工作答疑视频会议的通知》《关于加快做好广东行政执法信息公示工作的通知》等文件，督促、指导各行政执法部门按照要求做好行政执法事前公示工作，将“权责清单”、“双随机”制度以及行政执法案件等相关信息向社会公众公开。全面启用全省统一行政执法公示平台，搭建20个区直行政执法部门执法主体，做好机构改革后执法主体调整变更工作。制订《潮州市湘桥区2019年行政执法案卷评查工作实施方案》，开展全区行政执法案卷评查工作。协助市级开展食品药品执法司法专项督察工作，并督促被抽查部门落实整改。积极开展行政执法综合法律知识培训。充分利用网络全面、高效、灵活的优势，采用“互联网+”模式开展申领行政执法证综合法律知识网络远程培训，并组织11个单位共33名执法人员参加考试，换发执法证29张。落实重大行政处罚备案制度。全年审查市场监管湘桥分局、区农业农村局等单位报送的重大行政处罚案件备案4件。

【法治政府建设】 建立健全依法治区的工作机制。召开依法治区委员会第一次会议、协助司法协调小组第一次会议，制定区委依法治区委员会、协调小组及委员会办公室工作规程，印发《潮州市湘桥区推进全面依法治区行动方案》《关于印发推进基层社会治理体系法治建设实施方案的通知》，不断完善基层社会治理体系，提升基层治理法治化水平。

扎实推进法治建设进程。印发《潮州市湘桥区2019年依法行政工作要点》，召开“营造法治化营商环境，保护民营企业发展”座谈会，优化政务服务，营造法治化营商环境。选取凤新街道参加省级法治政府建设示范点评选活动。

落实政府学法制度。区司法局挑选的《广东省企业和企业经营者权益保护条例》《中华人民共和国统计法》《潮州市扬尘污染防治条例》等8部法律法规被列入区政府常务会议学法计划。通过组织领导干部学法，进一步提高区领导班子依法执政和科学决策的能力。

军事

湘桥区人民武装部

【概况】 2019年，湘桥区人武部深入学习贯彻中共十九大精神，坚持以习近平新时代中国特色社会主义思想和强军思想为指导，紧紧围绕人武部“5＋2”“六部”工作职能，突出首位抓思想，聚焦主业强能力，依法治军严管理，坚持经常打基础，改进作风强组织，完成各项工作任务，全面建设水平稳步提升。

【政治教育】 着眼坚定信念深化理论武装。以中共十九大精神、习近平新时代中国特色社会主义思想和强军思想为主线，充分利用四个季度党委中心组带机关理论学习契机，把习主席重要论述和视察广东重要讲话精神贯穿其中，采取集中辅导和个人自学相结合的方式，组织干部职工学原文悟原理，谈体会话心得，深入消化理解思想内涵，增强“四个意识”、坚定“四个自信”、做到“两个维护”的思想自觉和行动自觉，坚定对习近平新时代中国特色社会主义思想的信仰信赖。突出基因传承统筹重大教育。把军委主席负责制、军队政策制度调整改革教育纳入“传承红色基因、担当强军重任”和“不忘初心、牢记使命”主题教育之中，有效利用驻地红色教育资源，组织到潮安区凤凰镇“革命烈士纪念馆”追寻红色记忆，发动干部职工深入学习我党我军优良传统，坚持传承红色基因，汇聚成谋事干事、创业敬业的正能量。

【后备力量建设】 狠抓后备力量建设。一是着眼调整改革，落实民兵整组。严格落实民兵组织调整改革和检查评估要求，按照“应急、专业、特殊”三类标准，深入调查摸底，加强总体筹划，按照潮州市民兵调整改革计划方案，落实民兵整组工作。按要求组织出入队宣誓、点验仪式，并分别接受军分区、区委、区政府领导拉动点验，得到充分肯定。二是大力推进兵役登记工作。1月，组织全区街道（镇）和多所高中以上学校的有关领导，召开兵役登记动员部署会，明确标准，扎实推动工作落实。制作宣传手册、海报、横幅、通告等资料，做好宣传发动工作，安排专职工作人员，走街入户做好兵役登记，登记率达100%。

【国防动员工作】 积极推进动员建设。根据市国防动员委员会的统一部署，区人武部组织区国防动员委员会成员单位召开国防动员潜力数据核查统计协调会，以《国防动员潜力统计调查规定》为依据，坚持整体筹划、分工协作、分级负责的原则，扎实推进人民武装、经济动员、人民防空、交通战备、信息动员等部门开展国防动员潜力数据统计采集工作，更新完善国防动员潜力数据库。配合抓好学生军训工作。根据省军区有关指示精神，结合2019年预定新兵役前教育训练活动，组织韩山师范学院2019年度军训教官资格考核评估。经综合评估，对考核合格人员进行通报，持证上岗。10月，组织民兵骨干配合潮州市金山中学、绵德中学开展学生军训工作。

【党管武装工作】 区人武部坚持党管武装原则，抓好党委议军、双向兼职、地方党委领导武装工作述职等工作，推动武装工作深入深化。8月，组织军政领导赴武警支队过“军事日”，参与基层武装部部长考察任用工作。11月，组织党管武装考评工作，提高各级党委政府重视武装工作的责任感与使命感。

【征兵工作】 依据条件标准完成兵员征集。围绕“五率”量化考评标准，提高兵员征集质量水平。坚持早筹划早准备、早部署、早开展，一手抓征兵质量，一手抓廉洁征兵。强化组织领导力量。为高标准完成征兵任务，区人武部专门召开党委会研究部署征兵工作，调整征兵工作领导小组，切实按照“政府领导坐阵、兵役机关主抓、职能部门配合”的工作运行机制，明确任务，强化责任，真正形成齐抓共管的良好局面。同时，召开征兵工作任务部署会，把任务细化分解到各街道（镇），并逐级签订责任书。深入开展征兵宣传工作。先后3次利用韩山师范学院召开毕业生招聘会的时机，开展大学生应征咨询报名活动，现场宣传大学生征集政策法规。7月，开展国防教育暨征兵政策法规进校园活动，在辖区5所高中学校和1所高等院校中开展国防教育及政策法规宣讲，使适龄青年对征兵政策有更清楚的认识。严格落实体检站设置。继续在区人民医院设立体检站，对体检站局域网和监控系统进行检修维护，全面实行“封闭式”体检。严格体检站管理，抓好工作人员挂牌上岗，用好征兵体检管理信息系统，体检全程安全有序。扎实抓好役前教育训练。为使拟入伍新兵尽快适应部队生活，严密组织役前教育集训，对拟入伍新兵进行训练。集训期间，实行全程淘汰制度。

【后装保障工作】 从细抓好后装保障。注重结合单位实际，把后装保障工作抓紧抓好，提高后装保障效益。严格遵守新形势下的经费管理、工程建设、装备管理各项规章制度，突出预算法规地位，严格经费使用预算、报批、报销规范，确保经费安全。加强对库存武器装备的管理，定期组织检查武器装备数量质量和维护保养情况，做好各街道（镇）疑似训练弹移交报废工作。在军分区党委的领导下，继续狠抓停偿点的管理维护，完成房产清查追缴工作，得到上级肯定。

【安全保密工作】 抓好贯彻落实好新条令。上半年，开展“贯彻落实新条令，塑造军队好样子”专题学习教育活动，强化依新条令抓管理的意识。狠抓安全保密工作。严密组织更换涉密系统设备工作密钥和办公电脑水印系统，确保文件传输系统安全保密；组织干部职工安全法规宣讲授课常态化，利用交班时机，组织学习安全管理规范性文件；开展密码安全和保密检查及互联网涉军涉密信息清理清查，与相关人员签订《密码使用管理责任书》；调整安全委员会及保密委员会成员，形成党委兼安全委员会，成立安全小组管理机构。按计划开展“百日安全”活动。组织全体官兵、职工认真学习理解军委国防动员部有关指示和军区活动方案，熟悉基本要求、阶段划分、主要内容和方法步骤，做到人人皆知；召开专门会议研究制订单位“百日安全”活动实施计划，列出具体工作推进时间表、路线图，结合上级安全工作检查，加大安全隐患排查力度，努力营造“安全管理无小事，天天都是零起点”的浓厚氛围。

经济

经济体制改革 发展计划管理

【科学编制发展计划】 区发改局统筹经济社会发展，科学编制2019年经济社会发展计划。一是根据区委、区政府的统一安排部署，按照计划指标任务和经济责任目标考核办法对各经济主管部门和乡镇2019年度经济工作、争资金跑项目工作任务完成情况进行考核汇总排序。二是在分析2018年湘桥区经济社会发展现状、预测2019年经济社会发展态势的基础上，突出乡村振兴发展、项目建设、结构调整和产业化发展、节能减排、环境保护等年度主要调控目标，科学、合理地编制全区2019年国民经济和社会发展主要指标计划，经区人大审议通过后印发全区执行。

【监测落实计划目标任务】 加强全区经济运行监测，密切关注经济形势变化，协同各经济部门落实科技创新，准确把握高质量发展的内涵，以新发展为引领，推进全区产业结构调整优化，促进经济实现稳定增长。

工业生产缓慢增长。2019年，规模以上工业企业累计完成工业总产值524.81亿元，增长25.3%，实现工业增加值46.45亿元，增长2.3%，其中规上民营企业增长0.2%。全年工业总产值超亿元的企业有30家，比上年增加5家。

消费市场基本稳定。全年全区实现社会消费品零售额174.01亿元，增长8.2%。限上批发零售业实现商品销售额106.25亿元，增长0.5%，其中限上批发业商品销售额增长0.6%，限上零售业商品销售额增长0.2%。限上住宿餐饮业实现营业额3.41亿元，增长11.0%，其中限上住宿业营业额增长6.5%，限上餐饮业营业额增长15.1%。

固定资产投资平稳增长。全区完成固定资产投资额109.57亿元，增长4.7%，比上年同期提升2.6个百分点。分产业看，第二产业投资下降4.5%，其中工业技改投资下降10.6%，第三产业投资增长6.2%；完成房地产开发投资额54.98亿元，下降0.1%，下降幅度比前三季度收窄5.1%。商品房施工面积同比增长23.2%，商品房销售面积同比下降23.3%，商品房待售面积增长15.1%。

财税收入增速“一增一降”。一般公共预算收入4.12亿元，增长1.0%。一般公共预算支出24.89亿元，比增56.7%。税收总收入30.54亿元，下降4.0%。

居民消费价格上涨。2019年，居民消费价格指数上涨2.5%，涨幅比上年提高0.5个百分点，其中服务项目价格指数上涨2.0%，消费品价格指数上涨2.8%。八大类商品价格涨跌情况如下：食品烟酒类价格上涨5.9%，衣着类价格上涨1.3%，居住类价格上涨0.9%，生活用品及服务类价格上涨1.2%，交通和通信类价格下降1.7%，教育文化和娱乐类价格上涨3.9%，医疗保健类价格上涨1.1%，其他用品和服务上涨2.3%。另外，商品零售价格总指数上涨1.4%，工业生产者出厂价格指数上涨1.2%。

【重点项目建设】 全年全区27个市重点项目共完成投资54.23亿元，完成年度计划的107.53%。

【深化体制改革】 及时实施政务服务事项实施清单“十统一”标准化工作。响应国家加快推进“数字政府”改革建设，加强政府部门政务服务事项实施的规范化、标准化管理，按照行政权力事项实施目录及公共服务事项指导目录，按时完成行政权力事项实施清单和公共服务事项实施清单的编制和发布。按照转变政府职能和深化体制改革的要求，开展项目审批及事中事后监管，开辟重点项目审批“绿色通道”，不断提升审批效能，努力实现企业群众办事“流程最优、时间最短”。推进项目建设，努力为全区经济平稳较快发展提供服务和保障。2019年，共立项审批63个项目，涵盖学校、村道、公路、水利、林业等重要民生项目，完善硬件设施，提升公共服务水平。在市政府服务中心区发改局窗口，共受理投资项目审批备案31件，实现“一站式”网上便捷办理项目备案，既方便群众，又提高办事效率。

建立健全政务信用管理体系。草拟《关于潮州市湘桥区加强政务系统诚信建设实施方案的通知》，将政务诚信建设情况列入创建文明单位中重要的评审内容，失信政府专项整治工作成效显著，全面推进湘桥区政务诚信建设。充分发挥区信用办的协调作用，切实做好贯彻落实工作。认真做好信用工作总结和经验分享，及时反馈信用工作执行情况。

全力推动乡村振兴发展工作。积极谋划乡村振兴发展战略实施方案，深入开展相关专题研究，夯实方案编制基础，按时点高质量完成方案文本编制。认真解读乡村振兴发展重点工作，针对性地做好项目储备。抓好方案落地，强化方案的刚性约束，确保方案重点工作纳入工作计划。

【粮食管理】 加强储备粮的管理和轮换。定期组织粮情检查，掌握粮情变化情况，及时处理好高温粮、高水分粮和虫粮，开展科学保粮，提高储粮工作质量。严格按照区级储备粮轮换管理办法实施粮食轮换。建立安全生产责任制，加强安全生产工作的宣传教育，及时整改安全隐患，实现2019年全年生产零事故。大力推进湘桥区储备粮新库区的建设，完成土地手续报批和项目资金等准备工作。开展全区粮食安全专项检查，按照市级粮食安全责任制考核的评分标准，积极协调各相关部门形成资料汇总，编制全区粮食安全责任制考核汇编。

统　计

【全国经济普查工作】 按照第四次全国经济普查统一部署，湘桥区第四次全国经济普查工作顺利完成。一是加强普查业务培训，推进经济普查顺利开展。二是做好数据质量监控，落实片区责任制。三是做好查漏补缺工作，确保数据质量。四是全面做好普查资料的归档工作，确保数据安全。截至2019年底，湘桥区第四次全国经济普查已经过了清查、登记、数据审核三个阶段，并通过省的事后质量抽查。区经普办被评为第四次全国经济普查先进集体。

【“四上”企业名录库建设】 2019年末，全区在库“四上”企业285家，其中新增入库45家。新入库企业中，规上工业企业15家，限额以上批发零售业企业6家，资质上建筑业企业2家，规上服务业企业3家，房地产开发经营业企业5家。全年“四上”企业下库34家。

【各项调查情况及结果】 经最终核实，2019年，全区实现生产总值252.04亿元，同比增长5.5%。其中，第一产业增加值5.51亿元，增长4.7%；第二产业增加值73.94亿元，增长4.9%；第三产业增加值172.58亿元，增长5.8%。全区人均GDP为45660元，增长5.4%，按平均汇率折算人均6582美元。

2019年，完成农林牧渔业总产值8.74亿元，比上年增长4.3%；实现增加值5.56亿元，增长4.6%。粮食总播种面积4.39万亩，其中水稻面积3.27万亩、番薯0.57万亩，粮食总产量2.03万吨，增长6.3%；蔬菜种植面积2.59万亩，总产量6.34万吨，下降0.1%；茶叶种植面积0.3万亩，总产量0.06万吨，增长40.3%；水果种植面积1.75万亩，总产量4.84万吨，增长3.7%；生猪饲养量5.20万头，下降14.8%，出栏3.07万头，下降13.3%，年末存栏2.14万头，下降17.0%。

工业和建筑业。2019年，实现工业增加值54.18亿元，比上年增长3.0%。其中规模以上工业增加值35.10亿元，增长2.3%。全年规上工业总产值474.93亿元，增长25.3%。全年工业总产值超亿元的企业有30家，比上年增加5家。

全年规模以上工业企业经济效益综合指数为276.45%，比上年提高5.8个百分点。其中，总资产贡献率为9.39%，比上年回落2.13个百分点；资产保值增值率114.06%，比上年提高5.1个百分点；资产负债率为44.68%，比上年提高0.04个百分点；流动资产周转率为5.51次，比上年下降0.11次；成本费用利润率为1.7%，比上年下降1.3个百分点；全员劳动生产率为23.98万元/人·年，比上年增长10.5%。

全年建筑业增加值19.84亿元，比上年增长12.3%。全年资质等级以上建筑企业27家，完成建筑业总产值40.57亿元，比上年增长5.2%；全年房屋建筑施工面积453.07万平方米，增长10.0%；竣工产值35.57亿元，增长97.3%。

固定资产投资。全年完成固定资产投资总额109.57亿元，比上年增长4.7%。其中，项目投资54.59亿元，下降10.1%；房地产开发投资54.98亿元，下降0.1%。从产业投资情况看，第一产业完成投资0.37亿元，增长330.2%，第二产业完成投资16.63亿元，下降4.5%，其中工业技改投资6.16亿元，下降10.6%；第三产业完成投资92.57亿元，增长6.2%。总投资中，基础设施投资34.66亿元，同比增长40.4%；民间投资73.21亿元，下降7.8%。全年商品房施工面积514.93万平方米，增长23.2%；商品房销售面积75.72万平方米，下降23.3%；年末商品房待售面积

57.00万平方米，增长15.1%。

国内贸易。全年社会消费品零售总额140.53亿元，比上年增长8.9%。限上批发零售业实现商品销售总额106.26亿元，增长0.5%。其中，限上批发业商品销售额94.56亿元，增长0.6%；限上零售业商品销售额11.70亿元，增长0.2%。限上住宿和餐饮业营业额3.41亿元，增长11.0%。其中，限上住宿业营业额1.57亿元，增长6.5%；限上餐饮业营业额1.84亿元，增长15.1%。

交通运输、邮政。2019年，交通运输、仓储和邮政业实现增加值7.43亿元，比上年增长14.2%。货物运输量0.17亿吨，增长7.0%；货物周转量27.28亿吨千米，增长6.7%；客运量0.03亿人，下降11.9%；旅客周转量4.94亿人千米，下降16.7%。全年邮政业务总量18.55亿元，增长40.4%；通信业务总量54.14亿元，增长61.3%。

财政、税收和金融。2019年，全区一般公共预算收入4.12亿元，增长1.0%；一般公共预算支出24.89亿元，增长56.7%。全年各项税收收入30.54亿元，比上年增长0.9%。

居民收入和居民消费价格指数。2019年，全区城乡居民人均可支配收入28528元，增长7.7%。其中，城镇居民人均可支配收入29658元，增长7.2%；农村居民人均可支配收入17934元，增长9.0%。居民消费价格总指数为102.7%，比上年上涨2.7%，涨幅比上年提高0.5个百分点。八大类商品价格“七涨一降”：食品烟酒类价格上涨5.9%，衣着类价格上涨1.3%，居住类价格上涨0.9%，生活用品及服务类价格上涨1.2%，教育文化和娱乐类价格上涨3.9%，医疗保健类价格上涨1.1%，其他用品和服务上涨2.3%，交通和通信类价格下降1.7%。另外，商品零售价格总指数上涨1.4%，工业生产者出厂价格指数上涨1.2%。

【统计服务工作】 2019年，区统计局为各级部门单位提供统计信息咨询服务23次。以《湘桥统计月报》《统计简报》《2018年湘桥区国民经济和社会发展统计公报》为主要载体对外发布统计信息，定期在区政府公众信息网公布月度统计数据，及时反映湘桥区经济发展情况。全年编印月报12期、简报7期和《2018年湘桥区国民经济和社会发展统计公报》，在区政府网站公布统计信息11条、其他信息15条。强化服务理念，做好全区妇女、儿童发展规划监测评估工作，为全区妇女儿童事业发展提供翔实参考依据。

【联网直报工作】 扎实做好农业、工业、建筑业和房地产开发业、固定资产投资、批发零售和住宿餐饮业、服务业等常规统计专业2018年年报以及2019年定报工作，“四上”企业联网直报率均达100%。加强统计预警监测，及时对各类数据质量进行动态监控，充分发挥统计在服务决策与宏观调控的作用。

【专项调查工作】 继续做好城乡居民一体化调查，有序推进住户调查电子记账工作，达到市队要求目标。认真做好规模以下工业、限额以下批零住餐业和规模以下服务业抽样工作。保质保量完成调查工作任务。完成专项统计调查，先后组织开展农民工监测、粮食安全考核、畜禽监测调查、年度人口变动抽样调查等工作。

【法治统计建设】 扎实开展统计法治宣传教育，全年组织法治专场培训6场次，培训356人次。规范执法程序，认真开展“双随机”工作。全年抽取9家“四上”企业进行“双随机”统计执法检查，切实防范和惩治统计造假、弄虚作假现象，提升统计数据质量。认真组织好统计执法证报考工作。已有2人取得国家统计执法证，进一步增强区统计局执法力量。依法公开，完善统计政务服务能力。完善全省政务服务事项管理系统，结合权责清单，依法依规在广东政务服务网上公示。

【统计基层基础建设】 通过摸查，进一步夯实基层统计基础，加强基层队伍建设，确保基层统计力量。进一步加强统计人员的业务指导，充分利用第四次全国经济普查和年定报等契机加强业务培训，提高基层统计人员的业务素质。2019年，以会带训和开展统计专业培训共22场次，培训基层统计人员593人次。组织局专业人员到企业单位、项目单位核查，督促、规范企业报数行为，健全统计原始记录、统计台账。

审　计

【概况】 2019年，共完成审计项目8个，其中，经济责任审计项目2个、本级预算执行审计项目1个、财务收支审计项目2个、政策跟踪审计项目2个、民生审计项目1个；出具审计报告8篇，审计结果报告4篇；共查出主要问题金额15121.21万元，其中违规金额60.56万元、管理不规范金额15060.65万元，应上缴财政60.56万元，已上缴财政60.56万元。审计发现非金额计量问题26个，向被审计单位提出整改意见和建议44条，被采纳44条。审计信息移送案件事项2项，涉及金额337.15万元。

表23　2019年湘桥区审计情况统计表

指标分类（个）					审计(调查)查出主要问题		已上缴财政（万元）
合计	预算执行审计	行事审计	任期经济审计	专项审计	违规行为金额（万元）	管理不规范金额（万元）	
8	1	2	2	3	61	15061	61

【预算执行审计】 2018年预算执行和其他财政收支审计。重点关注预算编制、执行、财政制度改革、财政存量资金管理等方面存在的问题，延伸审计区委党校、区发改局、二轻联社、磷溪中学、凤新街道、城西街道6个单位财政财务收支情况和区科协、区城建规划大队、城西街道办事处3个单位2018年度部门预算执行情

况。全面把握财政运行整体情况，揭示财政预算执行和绩效管理中存在的突出问题和风险隐患，提出加强财政管理的意见、建议，促进公共资金安全高效使用。同时，根据省审计厅关于财政审计一体化和“纵向到底”的工作部署，延伸完成财政存量资金、促进民营经济及中小微企业发展专项资金、省级财政支持医疗卫生健康事业发展专项资金、教育发展专项资金、2018年新发行地方政府债券资金管理使用、社保基金管理使用情况6个专题的审计内容。重点审计有关资金预算管理、拨付使用、政策落实等方面的情况，揭示部分专项资金使用中存在的突出问题，深入分析原因，提出意见、建议，推动各有关单位加强对专项资金的管理，建立健全专项资金使用的跟踪检查、绩效评价和考核机制，充分发挥审计的监督和保障作用。

【任期经济责任审计】 严格执行中办下发的《党政主要领导干部和国有企事业单位主要领导人员经济责任审计规定》，受区委组织部委托，组织开展对城西街道、西新街道、区工业和信息化局3个单位的5名党政主要领导干部的任期经济责任审计。已完成对城西街道、区发展和改革局2个部门3名领导干部任期经济责任审计。重点关注任职期间的重大经济事项和单位财务收支情况，主要存在重大经济事项未通过集体决策、未按规定招投标、财务管理不规范、未按规定执行“收支两条线”、国有资产管理不规范、制度更新不及时等问题。责令有关单位上缴违规资金21万元。通过开展经济责任审计，对被审计领导干部履行经济责任情况作出客观公正、实事求是的评价，为区委选拔任用干部提供必要的审计参考依据。

【行事审计】 完成湘桥区实验学校2015—2018年度财政财务收支审计、湘桥区磷溪中学2015—2017年度财政财务收支审计2个项目，全面了解单位财务收支总体情况，重点关注重大经济事项以及国有资产的采购、使用、处置、管理情况，内控制度制定和执行情况，遵守有关法律法规和财经纪律等情况。审计发现部分单位存在会计核算不规范、内控制度不健全、财务制度不健全、固定资产使用效率低、违规发放津贴补贴等问题，责令有关单位上缴违规资金28.57万元。审计共提出完善体制机制建议17条，使预算单位进一步规范单位财务管理和经济活动，提高内部管理水平，防控廉政风险，确保财政资金得到合法合规使用。

【专项审计】 开展2016—2018年环境整治专项资金使用情况审计，涉及区财政局、区建设局、区市容和环境卫生管理局及部分街道（镇）等单位，全面摸清环境保护环境整治资金投入使用情况，抽查部分单位的相关工程项目及资金管理使用情况。审计发现，部分环境保护环境整治资金存在资金安排使用不及时、资金使用效率不高、资金管理不规范、工程管理不规范、部分工程项目未按规定实行政府采购或公开招标等问题。提出审计建议10条，移送2项。开展湘桥区2018年清理拖欠民营企业中小企业账款审计调查，摸底调查政府部门拖欠民营企业中小企业账款情况，抽查区财政局、区建设局、区农林业局部分款项支付情况。发现部分资金拨付较慢等问题，分析产生原因，提出加强财政专项资金监管、提高财政资金使用效益等意见、建议。开展医疗系统清理拖欠民营企业中小企业账款工作落实情况审计。审计发现，有关部门存在清理拖欠民营企业中小企业账款不全面、非税收入未能全额上缴国库纳入预算管理、未及时支付医疗保险医疗费用、违规药品加成等问题，责成有关单位上缴违规资金10.99万元。

【信息化建设】 为更好地依托现代化科技手段向大数据要资源、要效率，着力提高审计质量和效率，切实解决存在的人手少、任务重的难题，区财政局高度重视推进大数据审计工作，积极完善相关基础设施配套，增设大数据审计中心办公地点，强化大数据审计人才的培养和引进。2019年，区财政局下属事业单位大数据审计中心公开招录人员3人，调入1人，组建大数据审计专业团队。积极选派1名青年审计人员到广州参加上级审计部门组织的为期3个月的计算机审计强化班，培养计算机审计专业人才。

财　政

【财政体制】 湘桥区有12个街道、镇实行两种财政体制管理办法。原湘桥区10个街道、镇按照具体编制人数拨付各项经费；新划入的磷溪镇、官塘镇按照包干体制管理。具体为：原湘桥区各街道、镇实行按实核拨的财政体制，即按照一个预算单位核拨人员经费和其他配套经费。一般一个市区街道现有的工作人员约100人［包括公务员编制、全额拨款事业单位编制、差额拨款事业单位编制、社区管理服务中心（经济发展服务中心）编制等］，区财政只核拨编制内实际在职的公务员人数和全额、差额拨款事业单位人数，其他事业单位超编、社区管理服务中心编制人员没有列入财政拨款，各街道、镇的税收收入没有实行包干。

2013年划入湘桥区的磷溪镇、官塘镇实行以“划分收入，核定收支，超收分成”为原则的财政管理体制。包干支出基数按“定员定编，按编包干”的办法，根据核定的编制人数（包括公务员编制、全额拨款事业单位编制、差额拨款事业单位编制）保障人员的工资、工资性附加支出（包括基本医疗保险、住房公积金等）和镇公用经费。包干收入基数是以上年度的镇包干收入实绩作为当年度的收入基数，对当年度包干收入实绩超过基数部分，按50%奖励返回镇，作为镇的补充经费，以支持和帮助镇级财政提高基本公共服务能力，保障基层政权运转。城市维护建设税收入按当年度镇城市维护建设税收入实绩返回40%，用于镇级环境卫生和镇内基础设施管理建设。若包干收入实绩达不到基数的，差额部分予以扣款。

【财政收支】 一般公共预算执行情况。2019年，区级一般公共预算收入41194万元，完成年度预算的100%，比上年同期的40783万元增收411万元，增长1.01%。上级补助收入131233万元，地方政府一般债券转贷收入56000万元，上年结转收入41223万元，调入资金21043万元，动用预算稳定调节基金1000万元，区级一般公共预算总收入291693万元。2019年，区级一般公共预算支出248914万元，上解上级支出10737万元，增设预算稳定调节基金2519万元，区级一般公共预算总支出262170万元。全年收支相抵，年终滚存结转29523万元，全部结转下年度使用。

政府性基金预算执行情况。2019年上级基金专项补助收入65535万元，上年结转收入15673万元，政府性基金预算总收入81208万元。2019年政府性基金预算支出58714万元。收支相抵，年终滚存结余22494万元，全部结转下年度使用。

国有资本经营预算执行情况。2019年国有资本经营预算收入完成7万元，完成年度预算的35%，上年结转13万元，国有资本经营预算总收入20万元。2019年国有资本经营预算支出20万元。全年收支平衡，没有年终滚存结余。

社会保险基金预算执行情况。2019年全区社会保险基金预算总收入210958万元，其中，企业职工基本养老保险基金收入106682万元；城乡居民基本养老保险基金收入11704万元；机关事业单位基本养老保险基金收入37450万元；城镇职工基本医疗保险基金收入23957万元；城乡居民基本医疗保险基金收入27608万元；失业保险基金收入701万元；生育保险基金收入2856万元。社会保险基金预算总支出212881万元，其中，企业职工基本养老保险基金支出106227万元；城乡居民基本养老保险基金支出13332万元；机关事业单位基本养老保险基金支出37707万元；城镇职工基本医疗保险基金支出23709万元；城乡居民基本医疗保险基金支出28269万元；失业保险基金支出807万元；生育保险基金支出2830万元。

【财政管理】 一般公共预算管理。面对客观经济下行压力大，财政政策性减收因素多，因工资改革和民生补助标准提高，财政刚性支出急速增长，财政收支矛盾异常突出的严峻形势，坚持开源与节流并举，不断强化收支预算管理，优化支出结构，确保年度收支预算目标的实现。在收入方面，围绕区六届人大五次会议通过的决议，制定财政收入目标，细化管理机制，加强对经济运行情况的研判和财税收入形势的预测、分析，科学编制并适时调整收入计划，积极协调征收部门，全力组织财税收入。2019年，区本级税收形成的区级一般公共预算收入30665万元，完成年度预算的100%，比上年同期的34301万元减收3636万元，下降10.6%。在支出方面，坚持统筹兼顾、量入为出、确保重点的原则，强化预算约束。正视湘桥区财力状况，确立过紧日子的思想，科学合理从紧细化安排预算，严格预算支出。严格落实中央八项规定，压缩“三公”经费，控制一般性支出。在“保工资、保运转、保民生”的基础上，统筹资金，保障重点项目、重点工作的资金需求，确保全区各项工作的顺利推进。

政府性基金预算管理。加强“非税收入管理系统”管理，提高非税收入收缴的及时性、方便性。非税系统的运行对非税收入监管起到了积极作用，确保应入库的收费能及时、足额入库，杜绝单位对资金的占用，更好地实行资金收支两条线管理。根据《财政票据管理办法》及各种票据使用管理办法，进一步规范财政票据的发放、核销、监督检查工作，坚持“领用审核，限量发放，验旧换新，以票管费”的管理原则，规范各项收费行为。

会计事务管理。贯彻《关于广东省会计专业技术人员继续教育登记事项的通知》，落实广东省专业技术人员继续教育管理系统（新版）的上线要求，进一步做好新时期的会计专业人员管理工作。认真做好会计专业技术初级资格考试组织工作。2019年报考人数959人，实考人数726人。响应会计专业技术资格考试报名新规定，做好考试政策宣传工作和报考资格咨询工作。考后对通过会计专业技术初级资格考试的人员进行现场资格认证，全年有151人通过考试并取得证书。开展对会计专业技术中级资格考后资格复核，全年有14人通过审核。

【财政监督】 推进行政事业单位内部控制规范建设，健全权力制约监督机制。认真贯彻《财政部关于全面推进行政事业单位内部控制建设的指导意见》和《行政事业单位内部控制规范（试行）》，从财政部门自身抓起，规范预算编制审核程序和资金拨付的审核审批规程，建立各股数据交叉校对，强化财政资金管理的内控约束。2019年1月至4月，区财政局组织开展全区行政事业单位内控规范建设的集中培训，指导各单位根据各自实际排查权力运行的风险点，落实岗位职责，健全财务预算收支、政府采购、资产管理、建设项目管理、合同管理、民主决策、财务政务公开等规章制度，促进财政资金的规范安全运行。

健全存量资金清理收回制度，盘活财政存量资金。认真贯彻《国务院办公厅关于进一步做好盘活财政存量资金工作的通知》（国办发〔2014〕70号），认真做好财政存量资金清理收回工作，建立存量资金月报告制度，促进财政存量资金清理收回盘活工作实现制度化、常态化。2019年扩大结转结余资金清理范围，在全区各街道、镇和区直各部门及下属事业单位开展清理结转结余资金、盘活财政存量资金工作。各街道（镇）和区直部门及其下属事业单位预算结余资金以及结转两年以上的资金，由财政部门收回统筹使用。成立检查小组，对教育系统、卫生系统等事业单位清理上缴财政存量资金工作开展监督检查，确保工作有效有序进行。经区政府同意，收回财政存量资金共1.6亿元。

加强检查监督，严肃财经纪律。认真执行《中华人民共和国预算法》《中华人民共和国会计法》《财政部门监督办法》等法律法规，组织开展会计质量检查、财政专项资金绩效评价、财政信息检查、一般转移支付资金检查、非税收入收缴情况检查、财政票据使用情况检查等一系列检查活动。加强对财政资金收支流程，财经法规执行的全过程、全方位监督，及时整改存在问题，规范资金管理。认真做好行政事业单位的资产清查工作，摸清家底，规范管理，夯实行政事业单位国有资产管理基础。

规范预算公开，强化财政监督。认真做好财政信息公开的自查整改工作，按照

《中华人民共和国预算法》及财政信息公开规范，进一步规范财政信息公开的内容、方式及途径，按规定要求在区政府的门户网站常态公开预决算报告、财政预决算、部门预决算、“三公”经费预决算等信息。强化人大、审计对财政预算资金运行的实时监督，以区财政局的“国库集中支付系统”数据库为基础数据源，通过与区人大、区审计局建立专线联网连接，使区人大、审计部门能实时监控财政预算资金运行的全过程。

【政府采购】 进一步落实机关事业单位政府采购年度预算制度，完善政府采购操作规程。对每一份采购计划表中的采购项目均实行省政府采购平台价格查询和审核，促进政府采购的公开、公平、公正。及时完成各类采购材料的登记上报，准确反映采购信息。严格按照操作规程办理政府采购和拨款手续，对设备购置、修缮、印刷等符合条件的专项资金，全部采取国库集中直接支付的形式，切实提高财政资金的安全性和使用效益。2019年，完成通用类的货物、服务及工程政府采购项目共1536.09万元，委托市公共资源交易中心及其他社会代理机构进行采购的项目共71153.70万元，合计72689.79万元。

【财政投资评审】 2017年11月，设立区投资审核中心，2019年12月，通过社会公开招聘方式正式录用事业人员4人。2019年，区财政局财政性投资项目委托5家社会第三方投资审核机构进行审核。区财政局共受理委托送审项目225个，送审金额约4.3亿元，已结算定案或出具最高限价函项目202个，审定金额3.96亿元，累计核减节约财政资金0.11亿元，有效地增强了财政资金使用的科学性和合理性，杜绝财政投资浪费，实现开源节支。

【参与配合区内重点项目建设情况】 积极主动参与古城街区各相关建设项目、意桂线（北山路）道路建设工程及相关配套工程项目、绿榕西路（彩虹路至潮州大道）道路建设工程、市“六个十”公园及市区新建公园项目、官塘园区及意溪工艺美术之都相关工程费用项目、市区公厕及垃圾压缩站改建项目、社会主义新农村建设、垦造水田建设、中小河流治理建设等重点项目建设工作，为重点项目建设提供财政服务和资金保障。

国有资产管理

【行政机关及事业单位资产管理】 在对个别单位的土地、房屋等资产进行变更处置中，做好资产的评估及公开招、拍、挂工作。对符合国有资产管理规定，已超报废年限的办公设备予以核减，并将残值上缴区财政专户。

【行政事业单位资产报表上报】 为进一步加强行政事业单位国有资产管理，做好行政事业单位资产报表上报工作，按照市财政局《关于编报2018年行政事业单位资产报表的通知》工作部署，区财政局印发《关于编报2018年行政事业单位资产报表的通知》，要求各单位对资产报表与2018年度决算报表同口径数据不一致的情况进行分析、说明，并通过行政事业资产管理信息系统填报报表和进行电子数据报送。

【人大国有资产监督职能】 区财政局拟订《中共潮州市湘桥区委关于建立区政府向区人大常委会报告国有资产管理情况制度的意见》并报请区政府印发区直各单位及各街道、镇，建立健全全面规范的政府报告国有资产管理情况制度，加强人大和全社会对国有资产的监督，推进国有资产管理公开透明，为加强国有资产管理和治理体系奠定基础，使国有资产更好服务发展、造福人民，为湘桥区高质量提升发展提供保障。

【区级机构改革资产、经费划转】 结合湘桥区机构改革工作实际，对全区涉改单位进行经费划转和资产划转培训。区民政局已将原值217700元的固定资产划转至区退役军人事务局；区党政办将原值16353.5元的固定资产划转至区司法局；区农业农村局将车辆粤U01774划转至区应急管理局。其他区级涉改单位尚未完成。需将资产上划至市级的两个单位中，原区国土资源监察大队资产已完成上划，资产总额清查数188793.66元；原区食药监局正在清查中。另外，区财政局制定《关于做好区级机构改革经费划转工作的通知》，涉及机构改革经费划转的两家单位（原区国土资源监察大队、原区食药监局）已全部完成经费划转。

【“私车公养”问题专项抽查】 根据上级有关文件精神，对湘桥区行政事业单位开展新一轮“私车公养”问题专项自查及重点抽查。全区118个部门预算单位自查均未发现存在使用公务“加油卡”给私人车辆加油、个人利用职务之便将单位“加油卡”变卖套现、公款报销私人车辆费用等情况。对区机关事务管理局（湘桥区公务用车服务平台管理单位）等5个单位进行抽查，未发现“私车公养”相关的违规问题。

【国有困难企业改制】 积极推进困难企业改制工作，要求企业做好改制前的清产核资工作，对企业的各类账户进行清理、核对，对各项资产、负债和所有者权益进行清查、核实，通过实物盘点、核对资料等手段，全面核实企业的资产财务状况，确保企业账实相符。认真做好未改制企业留守人员基本生活保障，通过借款给困难或关停的未改制企业用于发放企业留守人员工资以及解决部分企业办公费用。协调解决历史遗留问题，帮助已改制企业职工办理退休手续，保障企业职工利益。

【区属国有企业财务制度管理】 印发《关于开展区属国有企业财务管理自查自纠工作的通知》，在湘桥区范围内开展区属国有企业自查自纠工作。检查自2016年1月至2019年9月，各相关单位各类财务收支、处置、管理情况。检查具体内容包括差旅审批、业务接待、车改纪律、用工管理、财产清查、会计核算等，以控制各项费用支出，发挥资金使用效益，严肃财经纪律，提高财务管理水平。

【政企脱钩工作】 为进一步加快推进区直机关、事业单位与所属企业脱钩，实现政企分开、政资分开，深化国有企业改革，建立企业国有资产集中统一监管制度，区财政局拟定《湘桥区区直单位政企脱钩工作实施方案》并经区政府同意，印发各街道（镇）、区直各有关单位执行。区属国有企业由区财政局代表区政府依法履行出资人职责，实行集中统一监管；区直机关、事业单位所属的国有“僵尸企业”，由各主管部门按有关要求于2020年底前落实企业出清，注销企业。稳步将机关、事业单位所属企业的国有资本纳入经营性国有资产集中统一监管体系，实现国有资产出资人监管全覆盖，依法规范企业国有资产监管。

【集体企业改制改革】 全面完成潮州市二轻五金铜器厂改制工作。潮州市二轻五金铜器厂位于市区中山路葡萄巷马使埕5号，为区属困难二轻集体企业。为落实市委、市政府关于做好老市区许驸马府周边环境整治提升工作的要求，企业积极探讨腾退改制方案，经区政府常务会议研究，同意拨付企业改制资金130万元。由区二轻联社委托潮州湘桥金城会计师事务所，对企业进行清产核资专项审计，指导企业制订改制的有关方案，按程序召开职工大会。在听取和审议有关方案后，经讨论表决，企业职工一致同意企业改制方案。在领取一次性经济补偿后，职工与企业解除劳动关系，连同退休工人等的个人档案寄存到当地劳动服务机构，妥善解决职工的善后问题；尚未办理的企业党员组织关系转移以及后续的工商注销等事项及费用，暂寄存区二轻联社，候待以后处理。

【公有物业资产管理】 2019年，区公有物业共接收街道（镇）、区国有企业委托经营的公有物业资产54处，经营性资产收益共179.6万元，同比增加72%。其中14处通过网上竞价交易，取得收益55万元，比竞价前租赁价格增加92%，最高增幅达到3.7倍，实现国有资产的保值增值；构建企业管理新模式，推进智慧停车系统建设。市区新桥路实行道路停车收费运营一年，立足“引车入库，还路于民”，引导车主“短停快走”，提高道路停车位的使用率，全路段僵尸车全部消失，“短停快走”率超过60%，自助停车率达到98.5%，应用路段平均车位周转率稳定在6%，日常空位率为15%左右，有效地解决了新桥路停车难问题。认真落实有关市城区道路有偿停车体系建设工作，已完成项目有关的招投标，12月13日与中标方签订合同后，区公有物业管理部门分4个工作组及时跟进，已完成古城区域共901个泊位的车位划线和部分路段的布线、视频桩安装工作，平台建设及软件建设也同步推进中。同时将城区道路划分为三类区域，采用价格差异杠杆调整城区停车资源，对城区道路实行有偿停车收费管理，收费标准已由市发改部门公开向社会征求意见。另外，整合现有区管停车场4个，对停车场泊位实行动态管理，引导旅游大巴、私家车辆进场停放，有效减少古城区停车压力和拥堵程度。

市场监管

【概况】 3月22日，潮州市市场监督管理局湘桥分局挂牌成立。根据《潮州市机构改革方案》以及《潮州市市场监督管理局职能配置、内设机构和人员编制规定》，市市场监督管理局湘桥分局整合辖区原工商、质监、食药监、知识产权、价格监督检查等相关职能，下设10个市场监督管理所，负责辖属街道（镇）市场监督管理工作。5月23日至5月28日，湘桥分局各市场监督管理所相继挂牌成立。2019年，市市场监督管理局湘桥分局以习近平新时代中国特色社会主义思想为指导，全面贯彻中共十九大和十九届三中、四中全会精神，深入学习习近平总书记对广东重要讲话和重要指示精神，紧紧围绕区委区政府和市市场监督管理局工作部署，以机构改革为契机，对标上级要求，对焦市场监督管理部门职能履行，全力在推进队伍建设、推进“放管服”、加强市场监管、服务社会经济发展等方面下功夫，取得一定成效。

【食品安全监管】 一方面，结合省食品安全示范区建设，突出重点加强监管。针对重点路段、重点时段、重点食品经营，积极开展各项专项整治行动。全年出动执法人员6996人次、执法车辆510车次，检查学校食堂780家次，检查食品销售经营单位1835户次，检查食品生产企业102家次，检查餐饮经营单位2235户次，检查保健食品经营单位150户次，检查农贸市场129家次，督促自查529家次，开展市“两会”、第二届广东茶叶产业大会、高考、新时代文明实践广东“七个一百”精品项目活动等重大活动监餐4场次，开出相关文书632份，开展宣传科普活动19次，发放培训材料1154份，落实发放食品安全信息公示栏1513份，印发《致经营户一封信》等宣传资料2.1万份。共核发食品经营许可证2896份、食品小摊贩登记卡1060份，变更食品经营许可证105份，注销食品经营许可证344份。另一方面，全面推进食用农产品快检和食品抽检工作。湘桥区共有12家农贸市场开展快检检测，覆盖农贸市场经营户278户，完成食用农产品快检46885批次，其中46428批次合格，合格率为99.03%，处理快检不合格产品686.06千克，农贸市场快检各批次数量、品种均符合市局方案要求；牵头区2019年“每千人5批次”食品（含食用农产品）抽检工作，完成1421批次的抽检任务，完成率为100%。

【药品安全监管】 一是日常表格化检查与专项行动相结合，排查化解药品流通环节风险隐患。深入开展排查过期药品回收、执业药师“挂靠”、疫苗接种排查等专项整治行动，共出动执法人员404人次，检查药店169家次、医疗机构303家次、医疗器械经营使用单位117家次、化妆品店124家次，查实存在“挂证”行为药店4家，移交违法线索1条，撤销GSP证书2

家。二是结合化妆品安全科普宣传周活动，积极组织药品科普知识进基层、药品科普知识竞赛、湘桥区安全用药公益讲座等活动，增强广大群众用药安全意识，共发放宣传资料1500多份，宣传企业近百家。三是严格把好药品经营许可准入关，做好药品抽检工作。全年核发药品经营许可证12家，换发7家，变更27家，注销22家；抽检药品120批次，共收到2批次不合格报告。抽检化妆品19批次，抽检医疗器械5批次，未收到不合格报告。

【特种设备安全监管】 一是制订日常检查计划，全面深入落实日常监管，不断强化特种设备使用管理单位的安全生产管理主体责任。二是落实安全生产工作，成立安全生产工作领导小组，深入开展特种设备安全大检查、新中国成立70周年庆祝期间特种设备安全保障工作。三是开展电梯起重器械叉车、大型游乐设施安全隐患、承压类特种设备等特种设备安全隐患专项排查治理，加强气瓶安全监管，强化问题电梯应急排查，全力防范化解系统性风险。出动检查人员2401人次，检查单位1174家，检查设备2934台（套），发现一般安全隐患92件，其中89件已整改完毕，移送执法2件，立案1件。

【产品质量安全监督】 一是加强重点工业产品监督检查。加强对辖区电动自行车、危险化学品包装容器等重点工业产品生产销售单位的监督检查，对全区82家电动车销售单位等重点经营企业实现全覆盖监督检查。二是开展流通领域来源不明产品专项清查行动。对儿童玩具、童车等与群众生活密切相关且危及人体健康、人身财产安全的产品开展清查，共出动执法人员490人次，检查生产销售单位230家次，责令立即改正的违法产品种类15种，立案查处1家伪造厂名、厂址及3C认证的儿童玩具生产企业。三是落实重点产品质量抽检工作。组织对电线电缆、儿童及婴幼儿服装、成人服饰、肥料、消防器材、车用燃油等产品进行抽检，其中对加油站点的抽查覆盖率达到65%。

【“双随机、一公开”监管】 积极推进湘桥区“双随机、一公开”监管工作联席会议制度建立，健全“一单两库一细则”机制，全区有执法权职能部门均完成“一单两库一细则”建设工作。全区累计组织抽查218次，抽查企业604户次，其中跨部门抽查35次，跨部门抽查企业45户次；推进“双告知”工作，全年“双告知”6186户次。

【信用监管】 一是切实做好2018年度企业信息公示工作。2018年度应年报企业户数5399户，按时年报户数5140户，企业年报率为95.20%。二是清理长期停业未经营企业，核查拟立案吊销不存在经营行为的企业16户。三是强化企业主体责任意识。全年引导企业签订履行安全生产主体责任承诺书1585份，清理无照企业3353户。

【网络市场和广告监管】 完善网络数据库建设，将132家新开业网站（店）纳入数据库管理；督促辖区259家广告企业完成广告业统计填报，检查辖属公共场所24处，监测广告媒介15家次，监测房地产广告18条次，对市区较大型的6块户外电子广告屏进行全面清查，落实广告发布者履行广告发布责任。

【检验检测机构监管】 联合潮州市生态环境局湘桥分局进行辖区检验检测机构随机抽查，规范检验检测行为。督促辖区内4家机动车检验检测机构按照新机动车污染物检验标准，及时做好资质认定标准变更。

【价格监管】 一是切实推进落实国家减税降费政策。二是加强重要商品和服务价格监测，要求各经营主体落实明码标价责任，维护市场价格秩序稳定。三是突出加强节日及重点时段价格检查，对相关重点经营单位进行集中价格约谈，加强价格监管。四是落实医疗药品领域价格监管整治工作，对抽查到的2家公立医疗机构和1家非公立医疗机构的医药服务价格行为进行检查。五是开展机动车停放服务收费监管工作，严格明码标价规定，规范机动车停放服务收费秩序。

【消费维权工作】 一是加强节日消费维权处置，节日期间，抽调42名执法人员到牌坊街开展消费维权巡街工作，加强对各经营者的价格检查、食品安全检查，切实加强节日期间重点旅游区域消费维权检查，成立春节、国庆节期间消费维权应急队伍，确保发生消费维权应急事件能及时到场处置。二是组织开展节前消费维权，开展旅游景区节前检查，约谈食品经营单位等行业经营户，开通24小时举报投诉热线，印制2000份消费投诉电话公示牌。三是围绕“信用让消费更放心”主题，开展“3·15”宣传活动。共受理消费者投诉1303件、举报443件，为消费者挽回经济损失484.57万元。

【标准计量工作】 一是加强辖区标准化工作推广，做好企业产品和服务标准自我声明公开和监督工作，辖区有27家企业累计上报49项标准，涵盖87种产品，其中地方标准1个、企业标准48个。二是落实汛期城乡电力设施安全隐患、出租车计程计价设备、眼镜制配场所计量、加油机计量等专项监督检查工作，共检查眼镜制配场所37家、加油站37家，检查加油机139台、加油枪507条，共发出责令整改通知书16份。三是开展集贸市场与基层医疗卫生单位计量器具强制检定工作，已完成集贸市场24个、基层医疗卫生单位11家，共免费检定强检计量器具2280台，其中集贸市场电子秤2090台、基层医疗卫生单位医疗器械190台。

【商事制度改革】 一是稳步推进“证照分离”“多证合一”及放宽企业住所登记条件、企业简易注销登记等一系列改革措施，将开办企业时间整体压缩至3个工作日以内，实现从准入到退出全流程的便利化。二是继续扎实推进行政审批标准化和政务服务事项实施清单“十统一”工作，对本单位本部门的83项事项进行纳入实施，完成信息补全并发布。2019年，新发展各类市场主体4762户，其中个体工商户4390户、私营企业339户、内资企业23户、农民专业合作社10户；各类市场主体期末实有27933户，其中个体工商户22077

户、私营企业4919户、内资企业861户、农民专业合作76户。

【服务企业高质量发展】 一是加强“个升企”工作，建立重点扶持对象名册，提供定向引导服务，优化注销登记流程，简化“个升企”登记手续，最大限度为其保留相关字号和有效证明材料，扶持企业做大做强，全年扶持个体户转型升级为企业112户，“个升企”任务完成率105.66%。二是服务企业融资，办理动产抵押登记4份，主债权金额5707.64万元。三是引导企业参与2018年度“守合同重信用”公示活动，全区有60家企业被公示为2018年度广东省“守合同重信用”企业，其中新获公示企业8家，连续10年以上获得公示的企业19家，连续20年以上获得公示的企业4家。四是服务企业做好相关项目申报，2019年共有3家企业通过省局下放地市知识产权促进类项目审核，2家企业申报潮州市贯标项目，1家企业申报2019年广东省市场监管局下放地市知识产权促进类项目，2家企业申报2019年潮州市实施技术标准战略专项资金资助项目。

【推进“创文创卫”工作】 一是开展农贸市场专项整治。结合地方集贸市场改造升级工作，牵头推进集贸市场整治，引导市场开办方落实市场管理、定期保洁、安全管理、车辆停放等各项管理措施，改变以往旧市场“脏乱差”形象。组织专项执法队伍驻场8个多月，出动执法人员2020人次、执法车辆450车次，取缔“六乱”行为645次，发放《致经营户一封信》1000份。二是开展城区餐饮店环境整治专项行动。对各餐饮店开展拉网式清查，重点检查餐饮店“三防”设施、内外环境卫生以及是否存在油烟直排扰民，擅自倾倒餐厨废水、生活污水、垃圾等乱排乱弃行为，印发《致全区餐饮服务经营者一封信》5000份。

【精准扶贫】 挂钩帮扶磷溪镇溪口三村和城西街道各贫困户，落实分局领导及干部同各贫困户进行结对帮扶。积极开展精准扶贫政策宣讲，指导所在村委会为贫困户建档立卡，制定帮扶方案，及时跟踪帮扶政策落实情况，确保各项扶贫政策落实到位。开展“广东扶贫济困日”活动，为各贫困户送上大米、食用油等慰问物资。帮扶的35户贫困户已完成脱贫公示工作。

物价管理

【政策落实工作】 严格落实行政事业性收费减免政策，开展督促落实全区收费目录清单制度工作，全面规范涉企收费，降低企业成本。依据法律法规及行政事业性收费政策变化情况，及时更新公布湘桥区收费目录清单，积极配合潮州市发展和改革局开展相关保供稳价工作，落实食品价格上涨保供稳价工作，维护价格秩序基本稳定。

【价格认证服务】 2019年，共办理各类涉及刑事案件价格鉴定270件，鉴定总金额580万元。

政务服务与数据管理

【概况】 湘桥区政务服务数据管理局是负责全区政务服务和数据管理的职能部门。主要职责是：

组织起草全区政务服务和政务信息化相关规范性文件并予以实施。负责全区行政审批制度改革、审批服务便民化相关工作，负责全区政务服务事项目录管理和标准化建设；负责进驻政务服务大厅各部门工作人员的管理，协调综合窗口与进驻部门之间的关系；负责进驻大厅工作人员的考核工作；负责召集有关职能部门和单位，召开联审会议或联合进行实地勘查。

统筹推进全区政务服务体系建设，指导、督促全区各级政务服务平台的建设、管理及运行。统筹推进"数字政府"改革建设，拟订建设规划和年度计划并组织实施；负责"数字政府"平台建设运转和维护资金管理工作，对区级政务信息化项目建设实施集约化管理；负责区财政资金建设的政务信息系统项目立项审批，加强宏观管理和统筹协调；统筹协调各街道（镇）、区直部门业务应用系统建设，统筹管理政务云平台和电子政务外网，指导全区各级各部门网上政务应用和建设。负责政务服务、电子政务标准体系建设和相关标准规范的制定，推进全区政务服务和电子政务标准化工作。

组织协调推进政务数据资源共享和开放，统筹政务数据资源的采集、分类、管理、分析和应用工作。统筹全区电子政务基础设施、信息系统、数据资源等安全保障工作，负责"数字政府"平台安全技术和运营体系建设，监督管理区级信息系统，保障数据库安全；对各街道（镇）、区直各部门和事业单位的工作作风、办事效率进行检查监督和调查研究，受理群众的相关投诉。

管理区人民政府政务服务中心，进一步转变职能。按照省、市的工作部署，协调统筹"数字政府"改革建设，推动政务服务信息技术与政府管理深度融合，提升政府运作效率和便民利企服务水平，实现政府职能转变和政府治理能力提升；深化简政放权、放管结合、优化服务改革，加快转变政府职能，强化服务功能，把"互联网+"与审批服务便民化结合起来，推进政务服务标准化和集中办理，全面推行政务服务"马上办、网上办、就近办、一次办"，打通群众办事的"堵点""痛点"。

【政务公开】 区政数局结合职能调整实际，调整充实公开内容，拓展信息载体，深化政务公开工作。一是及时发布政务信息，及时更新信息动态，树立良好形象。重制政务公开栏，公开主要职责和机构设置，并根据实际变动情况更新人员监督岗，主动接受公众监督。二是借助湘桥区人民政府网对外宣传平台，及时公开政务动态、业务信息、办事指南、机关职能、有关政策信息等，提高工作透明度，拓宽宣传面，方便群众了解政务工作。截至2019年12月，共公布信息18条，其中部门资讯8条、机构信息1条、其他9条。

【服务工作】 优化调整进驻单位、分中心，做到工作不断链。按照市政府和市政数局的要求，针对机构改革后，部分进驻单位出现机构撤并更名、职能调整优化的情况，为合理设置进驻单位，充分发挥政务大厅综合政务服务平台作用，要求各有关单位按照规定选派素质高、业务熟、能力强、作风正的工作人员进驻大厅，以满足业务开展需要，确保承担的审批服务工作不断链，并进一步优化提升“一门式一网式”政务服务质量。调整后，区进驻市政务服务大厅的单位共19个，其中常驻单位9个、非常驻单位10个，设公安局湘桥分局（出入境大队）、区民政局（婚姻登记处）、区人社局（社保局）、区税务局4个政务服务分厅（政务服务分中心）。为确保各进驻单位业务有序开展、无缝对接，及时做好各进驻单位行政审批专用印章管理刻制工作。同时加强监督，对进驻单位和各分中心的业务办理情况、考勤情况等实行每月一通报。推行政务服务绿色通道。梳理各审批部门可实行“容缺受理”的政务服务事项，形成目录清单，特别是对涉及当年度“四梁八柱”民营企业和认定期重大投资项目等的政务服务事项推行“绿色通道”服务机制，清理各单位承担事项，将符合条件的事项列为“绿色通道”事项，按照“实事求是、能快则快”的原则，实行快速审批。全区全年梳理“绿色通道”事项26项，审批时限压缩50%以上，压缩审批时间63天。推进“一网通办”平台向街道（镇）延伸。一是推进基层公共服务“两有一明”。为进一步完善全区政务服务体系建设，加强和规范基层政务（公共）服务的管理，本着服务群众、方便群众“一门式”办事的原则，进一步升级街道（镇）级政务服务中心，将政务和公共服务、代办服务等工作职责整合到街道（镇）政务（公共）服务平台上；明确专人专责，推进“有主管、有机构、明职能”的规范化、统一化管理。建立健全业务办理统计季度报送制度，并将各街道（镇）业务办理情况汇总后，形成通报印发给各街道（镇），有效提升基层政务（公共）服务管理和运行水平。二是数据上云，服务下沉。推进市统一受理平台向街道（镇）拓展，把大数据服务支撑能力延伸到基层，让数据跑腿代替群众和基层干部跑腿，提高辖区政务服务事项网办率。深入基层调研，完善政务服务的对策思路，引导村（居）干部和群众关注使用微信小程序“粤省事”，借助“粤省事”便捷易用的特点，减轻基层工作负担，有效缓解基层人员缺乏、难以适应现代业务系统的问题，进一步提升政务服务质量，优化办事服务流程。

【政务数据资源管理利用】 推动政府网站建设集约化。湘桥区网站已于9月12日迁移至省政务网站集约化平台，由省统一管理维护。实施统一管理后，借助南方新闻网的硬件设备和技术支撑，较好地解决基层技术力量薄弱和网络防护设备配套不足的问题，确保网络数据安全。推进协同办公应用。加快推动协同办公平台在全区的推广应用，实现部门横向协同，市、县（区）纵向互通。

【“互联网+”政务服务】 推动政务服务事项进驻“一张网”。坚持以企业和群众办事需求为导向，建立完善面向政务服务、规范管理、实用好用的政务服务事项目录体系，对纳入区级的政务服务事项，参照省级政务服务事项通用目录事项标准化要求，组织完成标准化工作，为推动实现政务服务“三少一快”（少提交材料、少填表单内容、少到办事现场、快速办理）打好基础。坚持以政务服务事项实施清单“十统一”工作为基础，对纳入省级政务服务事项通用目录、依申请办理的行政权力事项和公共服务事项及其要素，实现全区纵向层级、横向区域间保持统一或相对统一。严格统一事项名称、子项拆分、基本编码、实施编码规则、事项类型、设定依据等基础要素，相对统一办理材料、业务表单、办理时间等重点要素，规范填录其他要素。做到审批事项“清单之外无权力，政务网之外无审批”。全区全年编制录入办事事项932项，依申请事项网办率达83.1%，“最多跑一次”事项达95.6%。宣传推广“粤省事”政务服务移动手机端。宣传推广“粤省事”进商城、进企业、进校园、进村（社区）等和“粤省事”“粤商通”移动政务服务平台、工程建设项目审批平台的应用，广泛发动区机关事业单位干部职工注册使用“粤省事”，并向家人、亲戚、朋友推广；借助湘桥区的区位优势，联合街道办事处、社区居委会、中国移动潮州分公司到潮州恒大城等大型小区开展宣传推广；结合湘桥区教育资源丰富的特点，联合区教育局印发“致家长的邀请信”，邀请学生家长关注使用“粤省事”。推进工程建设项目平台建设。为加快推进辖区工程建设项目审批制度改革，通过开展相关业务培训会，了解工建项目审批系统的应用，实现审批系统及相关系统平台互联互通，强化工程建设项目审批管理系统线上线下融合，实现实体窗口与虚拟窗口无缝对接。推进“12345”效能平台区级建设。重视投诉举报平台工作，将其作为倾听群众呼声、了解群众意愿、密切干群关系、共建和谐社会的重要平台和抓手；树立“群众利益无小事”意识，坚持群众导向，为民解难题、办实事。配合市“12345”举报投诉平台向区级延伸，组织区各有关部门开展专题培训，确保新系统上线后运行顺畅。

税　务

【税费征管】 组织收入稳中有进。在各项减税降费政策效应相继释放、宏观经济下行压力加大、房地产业持续降温等严峻形势下，区税务局按照“保存量、稳增量、提质量”工作要求，加强统筹协调，层层压实责任，充分发挥重点税种、重点行业、重点企业对税收增长的支撑和带动作用，做好组织收入工作。2019年，湘桥区税务局累计组织税费收入58.56亿元，同比增长23.9%。（数据不包括铁铺镇，下同）

征管基础夯实到位。推进“金三”并

库中双轨、大双轨试运行工作，实现完成“金三”并库。通过加强经济户口管理、“双定户”核定管理、票证调拨、电子税务、征管档案信息化和数据质量清理，强化税费征管基础。加强欠税清理，定期开展欠税费核对工作，及时办理以退抵欠，尽可能压缩欠税。实行数据风控，通过有效开展风险数据比对，加大扩面增员力度，完成2019年社保费两项任务。开拓缴费渠道，跨越式实现全区约37.5万笔城乡医保数据，均可统一实行ETS批量实时扣款的便捷高效缴费新模式。开展风险任务的核查反馈，深化信息化管税应用，做好税源管理图像监控系统的数据采集、录入标识和清理核实工作，进一步强化经济户口管理。

税种管理精准有效。加强增值税管理。推广应用增值税发票综合服务平台，利用发票税控系统2.0版等系统，提升增值税发票管理系统数据应用水平，防范增值税税收风险。加强所得税管理。完成企业所得税汇算清缴及后续管理分析，落实个人所得税新政策，做好个人所得税专项附加扣除信息核验工作。加强房产税、城镇土地使用税规范化管理，对辖区内纳税人的房产税、土地使用税进行清理登记和核实工作，提高管理的科学化、专业化、精细化水平。加强土地增值税管理，建立房地产项目管理清册，对项目实施全程跟踪监控。制作清算业务流程图，为土地增值税清算业务提供操作指引。加强出口退税管理。结合出口退（免）税风险的类型和等级加强出口退税管理，进一步推进出口退（免）税无纸化申报。

【减税降费】 健全工作机制，成立落实减税降费工作领导小组，下设办公室和11个工作组，制定减税降费工作和深化增值税改革任务表和作战图，明确减税降费十二大类114项重点事项和深化增值税改革23项任务清单，实行挂图作战、对标对表、分类推进，确保政策落实到位。加强与地方党政的汇报，及时将减税降费工作开展情况、经验成效向党政有关部门报告，累计主动汇报工作12次，落实“县长税课”10次，得到区委、区纪委主要领导的肯定性批示2次。创新宣传方式方法，打造“古城税韵街”、“纳税人港湾”、“大银幕”税宣、“潮绣+税宣”特色税收宣传项目，不断扩大减税降费政策的影响力。梳理减免政策要义，分析减税降费风险要点，制作企业所得税“小微”政策、减税降费“六税”政策和“两费”等优惠政策执行思维导图，为纳税人提供操作指南。组建党员先锋队、税务青年助企团、减税降费宣传志愿者等队伍开展普法“六进”活动，借助“大走访，深调研”、专题座谈会、税企座谈会、政策解读培训会、税政例会、集中学习日等形式加强政策培训辅导，特邀村党支部书记担任税宣志愿者，实现精准式企业普法。准确采集相关减税申报数据，评估减税降费实施成效，跟踪政策执行效果。建立“下发—核查—反馈—跟进”疑点数据监控分析机制，一对一开展税负调查和政策辅导，帮助纳税人分析税负变化的问题和改进方向，并做好工作台账跟踪管理和服务。明确工作职责，严格纪律要求；组织干部职工签订《落实减税降费工作承诺书》；通过直接与纳税人交流、邮寄调查问卷等多种方式，征求纳税人的意见和建议，以铁的纪律为减税降费工作提供保障。采取听取情况汇报、查阅相关材料等方式，开展实地督导，确保减税降费工作落到实处；开展一系列检查督导工作，做好借减税降费服务乱收费行为专项排查整治工作，以严格的纪律要求和过硬的工作作风为落实减税降费工作保驾护航。

【法治建设】 全面推行行政执法三项制度，强化执法能力和执法监督，不断提高税务部门公信力和执行力。深入开展执法督察，围绕税收执法高风险领域和“放管服”改革落实情况进行督察，加大问题整改落实力度。积极开展规范性文件专项清理和证明事项清理，进一步规范文件管理，有效加强合法性审查、合规性评估和公平竞争审查，提升规范性文件管理质量。开展税收执法考核，借助税务系统内部控制监督平台，做好疑点数据核实和整改工作，确保问题核实和整改到位。加大涉税违法行为查处力度。结合日常的税收管理及检查工作，重点加强对企业相关报表的审核及排查，对税收日常征收管理、税收违法案件等工作中可能出现的涉黑涉恶情况进行全面摸查。在潮州市湘桥区开展的2019年度国家机关“谁执法谁普法”履职报告评议中获优秀等次，列参评单位第二名。

【优化营商环境】 开展便民办税春风行动，推进4类13项59条便民办税措施落地实施。精简涉税资料报送，及时修改涉及取消事项的相关规定、更新表证单书，推进办税无纸化，进一步减少纳税人向税务机关报送的资料。优化注销办理流程，推行纳税人“承诺制”容缺注销办理，实行“一窗受理、内部流转、限时办结、窗口出件”的“套餐式”服务模式。建设维护“纳税人港湾”，为纳税人、缴费人提供暖心服务，打造湘桥税务纳税服务的品牌。扎实做好纳税人满意度调查整改工作，结合实际推出5类20项整改措施，完善纳税服务机制，提升纳税人满意度和获得感。加强纳税信用管理，完成2019年纳税信用等级评价工作，加大信用评价结果应用，不断降低守信纳税人融资成本，打造税收共治格局。充分发挥参谋助手作用，积极向地方党政建言献策。在充分调查研究的基础上，针对推进外埠建筑企业税收管理、城乡居民基本保险费征收、城乡居民基本医疗保险费村（居）委批量代缴等方面提出行之有效的意见、建议，在发挥税收职能作用、优化税收营商环境、服务经济社会发展方面做出新的探索和贡献。

【队伍建设】 分级分类开展教育培训。充分利用广东税务网络学院等平台，9月，组织参加网络知识竞赛和学法考试，丰富教学培训的方式方法；4—12月，组织参与“岗位大练兵，业务大比武”活动，提升干部税收业务能力。积极创新活动载体，组建开展徒步、瑜伽、羽毛球、书法、乒乓球、太极拳、歌唱队等一系列兴趣小组，营造良好的税收文化氛围。积极选树先进集体和先进典型，做好湘桥税务系统精神文明建设。探索建立干部职工互助基金，做好重大疾病、困难帮扶工作部署，进一步做好关爱干部职工工作。开展离退休老干部走访慰问，着力加强老干部学习活动阵地，凸显人文关怀。

【党风廉政建设】 实化细化“一岗双责”，厘清纪检责任清单。坚持信访案件必核必查制度，对上级部门转办信访件反映的问题线索，严格按照规定处置。完善“制度压责、检查约谈督责、‘一案双查’问责”的管理机制，推进监督、执纪、问责更加科学严密。充分整合、发挥专兼职监察员作用，加强特邀监察员走访，进一步畅通问题反映渠道，了解队伍纪律动态。巩固深化纠正“四风”工作成果，严防“四风”反弹。开展常态化提醒，督促全体干部职工落实中央八项规定精神，自觉遵守各项纪律。开展以案说纪警示教育活动，组织观看廉政教育警示片，充分发挥反面典型警示作用，进一步加强干部职工的廉政意识。

国土资源监察

【垦造水田项目工作】 实施2017年度湘桥区官塘镇巷头、巷下两村现有耕地提质改造项目，任务为500亩，改造规模面积537亩，预计改造后新增水田面积471亩（变更后预计新增垦造水田面积508亩）。项目于2018年8月20日开工建设，2019年6月底工程完工并上报，已进行市级验收并出具验收意见。2018年度湘桥区垦造水田任务项目共两项。项目一在官塘镇巷下、宫头、苏二村实施，规模面积为197.74亩，可新增水田面积为160亩，项目于2019年1月21日开工建设，当年6月底由官塘镇政府上报工程完工，已进行市级验收并出具验收意见函。项目二在磷溪镇溪口五、英山和西坑村实施，项目于2019年3月21日正式立项，总垦造规模面积为383.23亩。其中，西坑村185.52亩，英山村101.51亩，溪口五村96.20亩，新增水田面积361.47亩。项目于2019年6月10日开工建设，当年10月底由磷溪镇政府上报工程完工，已进行市级验收并出具验收意见函。

【高标准基本农田建设】 2015年度湘桥区高标准基本农田建设项目分别位于磷溪镇、官塘镇，两镇各4000亩。项目于2019年10月31日完成区级验收，12月18日上报申请市级验收确认。2017年度磷溪镇1000亩高标准基本农田建设项目工作、2018年度意溪镇800亩高标准基本农田建设项目工作于2019年底上报工程完工，正完善镇级相关资料，并做好区级、市级验收准备工作。

【永久基本农田保护省级补助资金使用】 认真抓好永久基本农田保护省级补助资金使用有关工作的落实，要求相关镇加强对使用支出永久基本农田保护省级补助资金的重视力度，安排专人跟进负责，掌握资金使用支出进度最新情况，加快资金使用支出进度。至2019年10月底，2012—2017年度永久基本农田保护省级补助资金已使用完毕。

【土地利用总体规划编制】 自然资源湘桥

分局协助市局相关科室完善土地利用调规工作，协调收集区各部门对《潮州市湘桥区官塘镇土地利用总体规划（2010—2020年）修改方案（潮州市韩江新城污水处理（中期）工程污水处理厂项目）》《潮州市湘桥区土地利用总体规划（2010—2020年）预留规模落实方案（潮州天然气高压管道项目）》《湘桥区磷溪镇土地利用总体规划（2010—2020年）有条件建设区使用方案（溪口三村）》的意见，协助推进土地利用总体规划编制工作。

【永久基本农田储备区划定】 根据自然资源部通过国土调查云（永久基本农田储备区实地核查软件）下发给各县（区）的永久基本农田储备区划定潜力图斑，并结合省厅提供的数据，对未来一定时期重大建设项目占用、生态建设调整和永久基本农田核实整改需要等情况，协助配合市局委托技术单位（广州地理研究所）做好永久基本农田储备区相关划定工作。

【储备补充耕地核查整改】 根据市局和区政府的工作部署，自然资源湘桥分局会同意溪镇政府、凤新街道办事处，认真抓好湘桥区3个储备补充耕地项目核查整改工作，要求相关街道（镇）根据部级核查意见，按补充核查及整改工作的具体要求认真做好有关整改工作。至2019年底，湘桥区3个项目已通过省审核，正在报部核准。

【土地征收和供后监管工作】 按照市局部署，积极协助配合市局做好辖区的土地征收和土地供后监管工作，对系统出现的各种超期违约行为进行有效监管，使预警宗数降到最低限度，有效督促国有土地使用权受让人按土地出让合同约定的要求进行开工建设，防止出现闲置及到期未开工、未竣工行为。

【地质灾害隐患整治】 磷溪镇溪口二村青金埔项目在施工过程中，由于降雨频繁导致崩塌，施工受阻中断。业主单位磷溪镇于12月3日请示区政府对该项目进行结算后重新实施整治。分局已会同区财政局下达项目资金补助46万元用于磷溪镇星星小学地灾隐患点治理工作，已完成项目立项，下一步将落实施工单位进场施工。2019年，分局会同区财政局研究下达专项治理资金93万元用于凤新街道高厝塘村地灾隐患点治理，经勘测、设计，测算项目整治需投入资金约222.7万元，资金缺口约130万元，下一步需向上级部门申请资金。同时抓早做好2020年度省级地质灾害防治专项资金项目入库储备工作。分局已将有关文件印发至各相关街道、镇，要求尽快开展资金申报，做好地灾隐患点整治工作。

【汛期地质灾害防治】 分局制定《潮州市湘桥区2019年度地质灾害防治方案》，明确全年地质灾害防治的主要任务、责任分工和保障措施。自入汛以来，要求各隐患点所在街道（镇）、各自然资源管理所要强化地质灾害防治工作，全面落实防范措施。分局、各街道（镇）、自然资源管理所及群防群测监测员上下联动，加强对强降雨期间的实时监测，各级人员全体就位，落实全覆盖动态巡查机制，各地灾点情况平稳。

应急管理

【概况】 2019年，湘桥区全年未发生较大以上生产安全事故。共发生各类生产安全事故24起，死亡21人，受伤15人，直接经济损失108.792万元；未发生因自然灾害死亡事件。

【落实安全生产层级责任制】 按照“党政同责、一岗双责、齐抓共管、失职追责”和“管行业必须管安全、管业务必须管安全、管生产经营必须管安全”的工作要求，积极推动各级安全生产责任制的落实。一是落实区安委会“双主任”制，并督促各街道（镇）实现制度落地，实现区、街道（镇）二级安全生产委员会“双主任”制全覆盖，切实加强对安全生产工作的组织领导。二是推动出台《潮州市湘桥区党政领导干部安全生产责任制实施细则》，进一步落实各级各部门党的领导干部安全生产责任。三是推动各级、各有关部门层层签订安全生产责任书，明确安全生产责任目标和工作要求，强化各街道（镇）和区有关部门的属地管理责任和行业监管责任。四是以安委会名义制定《潮州市湘桥区安全生产委员会安全生产巡查工作制度》，进一步压实安全生产政府属地管理责任、部门行业监管责任和企业主体责任。

【高危行业安全监管】 危化品企业监管。通过开展自查、配合市级抽查和省级督查等方式，结合重点防护期、汛期、节日等重要时段，对辖区危化品生产经营企业进行全覆盖检查。全年共检查各类危化品企业103家次，排查整改各类隐患107处，发出责令限期整改指令书5份，责令停产停业整顿2家，着力解决企业落实安全生产主体责任不到位的现象，防范较大以上生产安全事故的发生。开展危险化学品领域沿街商铺违规人“三合一”（集生产、储存、经营场所与居住于一体的两种或两种以上用途的场所）消防安全专项整治，全年出动执法人员24人次，开出执法文书8份，责令限期整改涉嫌“三合一”的危险化学品经营店1家。

烟花爆竹生产经营监管。针对春节、清明等时节特点，区应急管理局牵头各街道、镇和公安、市场监管等部门，组织对全区烟花爆竹零售点进行逐一巡查。重点检查各经营店产品来源，确保所销售的产品为正规厂家生产。同时，落实部分经营店对烟花爆竹存放不规范、消防器材配备不足等安全隐患进行现场整改。检查过程中还加强对各经营店负责人的安全防范教育，确保烟花爆竹经营安全无事故。全年检查烟花爆竹零售点37家次，排查隐患22处。强化执法力度，严厉查处非法销售烟花爆竹行为。春节前，联合公安部门和磷溪镇安监所，于磷溪镇查获一起非法销售烟花爆竹案件，并移交公安部门处理。

非煤矿山安全监管。加强对节后复工复产、汛期等重要时段的安全监管。全年开展各类专项检查督查14家次，排查隐患

9处，开出责令限期整改书1份，对1家采矿许可证已到期的企业下达停产通知，确保非煤矿山领域安全无事故。

【重点领域安全专项整治】 落实各级、各有关监管部门深入推进安全生产大检查大整治，着力治理重点行业领域安全隐患。道路交通方面，配合市交警部门对防汛通道、开元路、水平街等古城区部分路段和北关停车场、开元停车场等游客密集停车点的安全管理和交通引导，提升古城区交通安全管理水平。水上交通方面，配合市交通部门督促磷溪镇、岗山水库管理处及渡口运营人员做好渡口渡船日常安全管理。消防方面，深入开展“打通生命通道”、电动车“正源清违”、电气火灾综合治理、危化品企业排查等火灾隐患排查，从严整治消防安全隐患；推进消防基础设施建设，开展微型站（专职队）业务技能大比武和多种形式消防宣传教育，全区火灾形势持续保持高度安全稳定。建筑施工方面，对全区在建工程项目进行全面安全排查，发出限期整改通知书53份，实施动态记分226分，促进建设工程安全系数的提高。燃气方面，开展辖区瓶装液化石油气安全生产大检查和燃气管道大排查，全面加强燃气安全监管，共检查瓶装液化石油气站12家次，发出整改通知书7份，采取强制措施1家次，检查瓶装液化石油气销售点30家次，发出停业整改通知书19份。旅游方面，加强重要节假日和寒暑期区属景区景点、旅行社、古城区牌坊街及周边地区的安全监管，督促企业落实安全生产主体责任，对97家符合消防标准的民宿客栈发放《消防安全意见书》。大型群众性活动方面，围绕新中国成立70周年大庆、澳门回归20周年庆典等系列重要敏感节点，部署做好大型群众性活动（含群众自发性聚集活动）的安全监管工作，指导督促主办单位落实安全主体责任，严格落实各项安全措施，共审批许可大型群众性活动4场次。特种设备方面，开展电梯起重机械叉车专项整治、特种设备安全隐患专项排查治理、大型游乐设施安全隐患专项整治和承压类特种设备安全隐患专项整治，全年出动检查人员2255人次，检查单位1246家，检查设备3051台（套），排除安全隐患60处，发出《特种设备监察指令书》10份，拆除非法设备1台。

【安全宣传教育培训】 一方面，积极举办安全实务培训班。5月，组织全区12个街道（镇）的59名安全员进行安全实务培训，着力夯实安全生产末梢监管基础。另一方面，以“安全生产月”为契机，通过举办危险化学品企业公众开放日、开展安全生产宣传咨询、发放宣传海报、悬挂横幅等方式，全面推进安全生产“七进”活动，积极引导全区各级、各有关部门、企业广泛开展安全宣传教育活动，营造全社会关心、支持、参与安全生产的浓厚氛围。2019年，全区各级、各有关部门共开展安全生产宣传咨询活动15场，发放各类宣传资料5000多份。

【应急管理工作】 认真做好预案编修工作，明确应急救援职责。结合湘桥实际，制定《潮州市湘桥区专项应急预案目录》《潮州市湘桥区部门应急预案目录》，明确湘桥区专项应急预案、部门应急预案的类型和牵头单位，确保突发事件应对工作规范、科学、有序。

加强应急队伍建设，壮大应急救援力量。建立健全以消防救援为主力军，以森林防火等重点行业相对专业救援队伍及街道、镇应急救援队伍为重要辅助力量的综合救援体系。2019年，全区有各类专业应急救援队伍6支87人，各类兼职应急救援队伍13支约1万人。整合覆盖区水务局和各街道（镇）、重要水利设施等17个“三防”信息应急保障系统站点，逐步建立起统一指挥、上下联动的应急管理机制。

加强应急演练，提高应急处置能力。制定《潮州市湘桥区2019年突发事件应急预案演练计划》，在危险化学品、非煤矿山、消防、公共卫生、食品安全等领域举办综合应急演练9场次。通过演练活动，有效检验和提升各应急救援队伍应对突发事件的响应速度和协同处置作战能力。

开展应急管理信息化建设，推进“两网”贯通工作。根据上级部署，要求2019年12月15日前完成部、省、市、县指挥信息网和国家电子政务外网“两网”四级贯通工作。区应急管理局制定《潮州市湘桥区应急指挥信息网贯通工作实施方案》，对接市应急管理局、区工信局等单位，协调落实网络接入、新增链路等工作，提前完成“两网”贯通工作任务。

【严格安全生产行政许可】 严格规范行政审批行为，强化服务意识，进一步理顺简化行政审批手续和规程，提高行政许可效率和服务水平。2019年，分别为5家危险化学品企业换发经营许可证，为6家烟花爆竹零售店颁发经营许可证；对不符合现有规定的1家危险化学品经营企业不予延期换证并发出注销通知公告。

【机构改革期间政务服务事项标准化工作】 根据有关文件要求，对照区应急管理局机构改革后新承担的职能，全面梳理承担的行政许可、行政处罚、行政强制、行政征收、行政给付、行政检查、行政确认、行政奖励、行政裁决、其他行政权力、公共服务11类事项，按时按质完成本单位省级政务服务事项目录管理系统的权责清单实施清单的完善和发布，确保完成纳入省级政务服务事项通用目录事项的标准化工作。

【执法检查】 严格落实安全生产行政执法责任，不断规范执法行为，强化执法惩戒力度，依法严厉查处各类安全生产非法违法行为。一是加强安全生产执法队伍建设。通过组织观看广东应急大讲堂、选派执法人员参加上级知识培训、开展街道（镇）安全监管人员安全检查实务培训班等方式，全面提升执法队伍整体素质，提高区、街道（镇）二级安全生产执法能力。二是加大安全生产执法力度，保持安全生产工作高压态势，对不符合安全生产标准的企业坚决关停，对隐患整改不到位的依法采取强制措施。全年出动执法检查人员236人次，下达各类执法文书66份，行政处罚4宗，罚款31.5万元，并通过潮州电视台、政府公众信息网等渠道对违法案件进行宣传报导，切实加大执法宣传力度，达到“查处一个、震慑一批、教育一片”的警示效果。

【事故调查处理】 湘桥区“4·23”起重机挤压伤害事故。2019年4月23日16时，凤新街道高厝塘原泓基水泥搅拌厂附近废弃码头发生一起起重机挤压伤害事故，造成一死一伤。根据《中华人民共和国安全生产法》和《生产安全事故报告和调查处理条例》等法律法规的规定，4月25日，区政府成立由区党政办、区应急管理局、市公安局湘桥分局、区消防大队、区住房和城乡建设局、市市场监管局湘桥分局、市自然资源局湘桥分局、区总工会、凤新街道办事处等单位为成员的“4·23”事故调查组，并邀请湘桥区人民检察院、潮州市公安局水上分局、潮州海事局派人参加事故调查。同日，潮州市安全生产委员会办公室发出《潮州市安全生产委员会办公室关于对湘桥区凤新街道鸿基水泥搅拌厂事故调查处理工作挂牌督办的函》，按规定对该起事故调查处理工作实行挂牌督办。事故调查组按照“四不放过”和“科学严谨、依法依规，实事求是、注重实效”的原则，通过现场勘查、调查取证、查阅资料、询问相关人员，查明事故发生的经过、原因及经济损失情况，认定事故的性质和事故责任，经调查认定，湘桥区“4·23”起重机挤压伤害事故是一起由于安全生产责任制不落实，员工操作不当导致的一般生产安全责任事故。

莲云“7·18”燃气火灾事故。2019年7月18日13时许，湘桥区凤新街道莲云工业区黄卫潮陶瓷厂大门口发生一起燃气火灾事故，造成4人重伤、2人轻伤，直接经济损失约23万元。事故发生后，市委书记李雅林、市长殷昭举第一时间作出指示，要求全力抢救伤员，妥善做好事故善后工作，迅速查明事故原因，严肃查处，深刻吸取教训，举一反三，防止类似事故再次发生。湘桥区党政主要领导全力协调全区各相关职能部门和凤新街道扎实推进伤员救治及事故责任认定、网络舆情监管、安全隐患排查、伤员家属安抚等善后工作，全力确保社会和谐稳定，根据《中华人民共和国安全生产法》、《生产安全事故报告和调查处理条例》和《城镇燃气管理条例》等法律法规的规定，7月19日，区政府成立由区委副书记苏昇为组长，区应急管理局局长丁旭桂为常务副组长，区党政办、区住房和城乡建设局、市公安局湘桥分局、区消防大队、市市场监管局湘桥分局、区工信局、区总工会、凤新街道等单位相关领导为成员的“7·18”事故调查组，并邀请湘桥区人民检察院派员参加。事故调查组按照“四不放过”和“科学严谨、依法依规、实事求是、注重实效”的原则，通过现场勘查、调查取证、查阅资料、询问相关人员，查明事故发生经过、原因及经济损失情况，认定事故的性质和事故责任。经事故调查组调查认定，莲云“7·18”燃气火灾事故是一起燃气生产安全责任事故。

表24　2019年湘桥区生产安全事故情况表

数量（宗）	受伤人数（人）	死亡人数（人）	经济损失（元）
24	15	21	1087920

【森林防火】 按照上级森林防灭火工作要求，严格落实森林防火责任制，加强森林火灾防范工作，扎实有效落实森林防灭火各项措施。根据机构改革后各单位的职能，及时调整充实湘桥区森林防灭火指挥部成员单位，切实加强对全区森林防火工作的组织领导。开展多种宣传形式，充分利用墙报、宣传栏、宣传车等宣传媒介，广泛深入地开展森林防灭火的法律法规、规章制度及《潮州市森林防火“六不准”“五不烧”规定》等森林防火知识宣传，把节假日期间的各种文娱活动与森林防灭火宣传教育有机结合起来，以群众喜闻乐见的形式，开展群众性防火宣传活动，增强全民森林防灭火意识。全年组织区森林消防队开展应急演练5场次。在森林高火险期，严禁一切野外用火，对森林火灾多发地段和重点区域实行重点防范，严防死守，组织镇村干部及护林员在重点林区、重点路段及各进山主要路口设立森林防火检查哨卡，严防携带火源进入森林防火区，从源头上消除森林火灾隐患。湘桥区全年未发生森林火灾。

【防汛防旱防风工作】 认真落实“三防”（防汛、防旱、防风）工作责任制，建立体系完善的三防指挥机构。鉴于机构改革和部分人事变动，为确保区“三防”工作责任制落实到位，切实做好“三防”工作，湘桥区委、区政府及时对区“三防”指挥部领导成员进行调整，由区政府首长任区“三防”指挥部总指挥，区分管副职领导任常务副总指挥，区其他相关领导任副总指挥，各有关单位主要负责人任指挥部成员。指挥部下设办公室，办公室设于区应急管理局，负责指挥部日常工作。为加强对各街道、镇“三防”工作的领导，区委、区政府领导挂钩各街道、镇和区属水库，检查指导街道、镇和区属水库做好“三防”工作。为保障“三防”指挥工作有序开展，区“三防”指挥部指挥长实行AB角工作补位制度，指挥长或常务副指挥长工作出差或休假期间，由相应的B角接替并履行“三防”指挥部指挥职责，避免出现责任空档。汛期前，区政府与相关街道（镇）签订《潮州市湘桥区防洪安全责任书》《湘桥区水利工程防汛安全责任书》，确保各级各相关责任单位防汛工作做到职责明确、责任到人。2019年，湘桥区在防汛防风过程中，共启动防汛Ⅳ级应急响应2次、防汛Ⅲ级应急响应2次、防台风Ⅳ级应急响应1次、防台风Ⅲ级应急响应1次、防台风Ⅱ级应急响应1次。2019年，全区农作物受灾面积7495亩，受灾人口4306人，受损房屋322处，直接经济损失2315万元。

能源管理

【开展节能全民行动】 坚持多措并举，加强节能、淘汰落后产能的目标管理和督查工作，深入开展节能全民行动。一是加强对节能目标责任落实情况的督查。开展能耗对标活动，进一步加强主要耗能行业能耗限额执行情况专项监察，推动重点行业、重点企业自觉实施节能降耗。二是加大节能新产品新技术推广力度。开展重点行业、重点领域节能技术研究和推广，实施工业炉窑节能改造等重点节能工程建设。三是开展节能全民行动。加强节能降耗、有序用电等方面的先进典型报道，引导和动员全社会增强节能意识、加大节能力度、落实节能措施，营造推进节能降耗工作的良好氛围。

【节能专项资金项目库申报】 区推荐广东新金山环保材料股份有限公司、潮州市大新工艺厂有限公司、湘桥街道、市节能减排协会4家单位申报节能专项资金项目，项目单位合计获得补助资金30万元。

【清洁生产】 2019年，广东新宏泽公司通过清洁生产审核验收。同时，动员西荣文化科技等公司为2020年度清洁生产审核工作做好准备。

【废瓷整治】 一是跟踪督促各消纳点运营状况，定期检查了解陶瓷废物处理情况。二是完善陶瓷废物清运机制。9月，整治办印发《湘桥区进一步加强陶瓷废物整治工作方案》，以分类收集和综合利用为重点，引导企业建立陶瓷废物“集中收集、规范运输、定点处置、循环利用”工作台账，委托有回收处理资质的企业组建专业清收队伍上门收集清运，杜绝陶瓷废物乱堆乱放污染环境现象，提高陶瓷废物综合利用和处理处置能力和水平。

【成品油市场整治】 重视成品油市场整治工作。区发改局协调配合联席部门，加大巡查整治力度，2019年共出动执法人员100多人次，查处非法经营成品油点17个，查获成品油3.912吨、非法改装运输车辆12辆，由公安机关行政拘留16人。

城乡规划与监察

【土地执法整治】 湘桥区整合区相关职能部门与各镇、街道执法力量开展联合执法，充分发挥各部门的职能优势，拆除整治各类“两违”（违法用地和违法建设）。2019年，全区组织46次“两违”专项整治统一行动，出动联合执法人员6535人次，出动机械737台次，整治“两违”412宗，涉及面积493.47亩，其中耕地面积193.4亩；拆除236宗，拆除违法违规构建筑物75671.5平方米，通过采取停电停水等措施控停162宗；复耕98.41亩；复绿62.99亩；完善用地手续4宗，面积6.2亩，其中耕地面积1.78亩。

【项目审查、报批】 湘桥分局是市自然资源局加强城乡规划管理、方便基层设立的服务窗口，严格按照局的工作制度、程序认真做好项目的审查和执行规划批前公示、批后公布等相关制度，在承诺期限内及时履行审查、报批工作。2019年，湘桥分局共出具规划条件2宗；核发建设用地规划许可证14份；上报审查用地修建性详细规划总图11份；工规图审查16份；核发建设工程规划许可证16份；核发建设工程规划验收合格通知书23份；核发建设工程规划验收合格证14份；办理完成区交办市人大建议、政协提案5件；协助湘桥区做好农村公厕选址等推进乡村振兴工作；配合其他部门做好住宅小区业主的维权咨询；热心接待人民群众，为群众办理报建手续解惑答疑。

【农村住宅建设审批指导】 根据湘桥区政府和市局工作要求，分局全力推动《潮州市城乡村民住宅建设管理办法（试行）》全面贯彻落实。在城乡村民住宅建设的审批管理上遵循重心下移、简化程序、方便群众原则，通过培训、扩大宣传等方式提高村镇规划管理人员的业务能力，引导村民规范办理住房报建手续。促进湘桥区各街道、镇建立良好的建设审批工作制度，规范审批流程和审批内容。为进一步落实市委、市政府工作要求，分局将《潮州市城市总体规划（2015—2035）》电子版分发到各街道、镇，为街道、镇审批工作做好技术支撑；原市城乡规划局、原市国土资源局、市住房和城乡建设局联合行文《关于明确授权委托村（居）民自建城乡村民住宅审批有关事项的通知》（潮建〔2018〕60号），为各街道、镇审批城乡村（居）民住宅建设提供了依据。湘桥区政府积极研究制定城乡村（居）民自建住宅具体审批方法方式，并选择城西街道作为湘桥区先行试点单位，积极探索实施审批工作，规范审批流程和审批内容。2019年12月，试点单位城西街道已完成农村住宅建设审批27宗。在城西街道的示范带动下，湘桥区各街道、镇农村住宅建设审批工作有序开展，从源头上防止违法建设行为。

工　业

【概况】 2019年，湘桥区110家规模以上工业企业实现增加值46.45亿元，增长2.3%；全区完成工业总产值524.81亿元，增长25.3%。工业投资稳中趋缓，全区工业投资16.63亿元，下降4.0%，其中工业技改投资6.16亿元，下降10.6%。全区七大行业同比呈“三增四降”态势。从主要行业生产情况看，七大行业完成产值呈现“三增四降”，全区主要行业实现工业产值492.04亿元，增长26.7%。其中有色金属制品业完成产值373.13亿元，同比增长38.5%；食品行业完成产值10.10亿元，同比增长16.6%；电力行业完成产值66.07亿元，同比增长6.3%；陶瓷制品业完成产值18.11亿元，同比下降0.1%；电子行业完成产值9.25亿元，同比下降1.0%；皮革制品和制鞋业完成产值6.20亿元，同比下降19.0%；纺织服装、服饰业完成产值9.17亿元，同比下降29.0%。

【服装业】 湘桥区纺织服装业以婚纱、晚礼服生产、加工为主，在产品结构上，包括婚纱、晚礼服、服装及纤维制品、羽绒制品、针织制品、服饰配件、服装原辅料、服装加工设备等，形成上、下游配套完善的产业链。2019年，全区有规模以上纺织服装、服饰企业22家，累计完成产值

9.17亿元。

婚纱晚礼服产业是在潮绣传统工艺的基础上发展起来的。通过引进世界先进生产设备进行改造提升，以现代设计理念引领世界消费新潮流而逐步发展壮大，产品实现传统民族服饰与国际时尚元素的完美结合。湘桥区婚纱晚礼服的生产和销售日益形成产业集群优势。湘桥区的城西街道是省级服装专业镇。

【陶瓷制品业】 潮州陶瓷制造业历史悠久，产品以出口为主，销售市场覆盖世界各大经济圈。陶瓷产业在湘桥区工业经济中占有相当比重。2019年，全区有规模以上陶瓷企业26家，累计完成产值18.11亿元。湘桥区陶瓷产业不断开拓进取，锐意创新，注重产品品牌打造与质量提升；日用、工艺陶瓷均享有很高美誉度；从产品的开发设计、生产、配套加工到销售形成了完整的产业链。

2004年，潮州市被授予“中国瓷都”荣誉称号，湘桥区作为潮州陶瓷的重要产区，不断整合陶瓷制造业资源，加快科技成果推广应用，增强企业自主创新能力，指导企业申报省、市各类相关项目，加快企业创新发展步伐。湘桥区凤新街道是省级陶瓷专业镇。

【新兴产业】 广东凯普生物科技股份有限公司成立于2003年，是国内核酸分子诊断产品供应商，专注分子诊断试剂及配套仪器等核酸诊断相关产品研发、生产和销售及服务。公司拥有自主研发导流杂交、国际通用荧光PCR、高通量测序等技术平台，研发覆盖感染性检测和遗传病检测领域产品线，广泛应用于临床检测、人群筛查和优生优育管理领域。至2019年，凯普核酸诊断产品累计使用量已超过3000万人次。其中，HPV检测产品在宫颈癌临床检测及筛查领域占重要地位，是HPV检测行业龙头，在地贫、耳聋基因检测、STD检测方面也处于国内领先地位。凯普“人乳头瘤病毒基因分型检测试剂盒及其基因芯片制备方法”（ZL200710030723.6）获第18届中国发明专利金奖；HPV系列产品自2011年起连续4次参加世界卫生组织（WHO）HPV室间质评，结果均完全符合临床应用水平和实验室能力要求。2020年，公司研发的国内首个生殖道感染病原体十联检测试剂获证上市，首次突破实现一次取样、一次实验同步检测十种病原微生物。

在分子诊断产业化取得重大成果基础上，公司在全国各重点城市建立了20余家分子医学检验所。凯普香港分子病理检验中心（HK-MPDC）是亚太地区先进的检验中心标杆，2016年成为香港首个通过分子病理专业ISO15189认可的第三方检验中心，提供国际先进的分子检测服务，是默沙东等六大国际药商在亚太地区投放新药前的指定检测机构之一。2018年，建立（凯普）香港分子病理检验中心与广州凯普医学检验所联合检验中心，将国际先进水平的医疗质量标准引入内地，实现全国检验所同质化运营。2019年，广州凯普医学业检验发展有限公司成为EMQN中国总服务商，为中国区医学检验实验室提供EMQN全面服务，护航肿瘤精准诊疗。

【街道（镇）企业】 2019年，全区10个列入规模工业企业统计的街道、镇（金山街道、南春街道无规模以上工业企业），工业总产值增长速度由高至低依次为：凤新街道29.2%，意溪镇14.4%，桥东街道11.4%，西新街道10.8%，磷溪镇7.9%，官塘镇3.4%，湘桥街道0.1%，西湖街道-1.7%，太平街道-21.1%，城西街道-46.3%。

【重点工业企业简介】 广东金源照明科技股份有限公司。公司成立于2004年，专注于LED封装与应用、光伏新能源领域的开发和制造，业务涵盖LED光源、LED照明、光伏发电系统及储能应用等领域，是具备年产千万套LED室内外照明产品、1亿个LED移动照明产品和500兆瓦光伏太阳能产品的企业，是国家高新技术企业，广东省战略性新兴产业骨干企业、广东省创新型试点企业、国家知识产权优势企业。公司立足LED移动照明产品，发展大功率室内外照明产品与光伏新能源产品，形成“虎宇”牌LED移动照明产品、“JY”牌LED室内外照明产品与“EcoMatters”牌光伏新能源产品三大品牌，走品牌化、国际化的发展道路。产品采用国际标准，通过高新技术产品认定、CQC认证、德国TUV认证、欧盟CE与RoHS认证、美国FCC认证、美国UL认证、澳大利亚SAA认证等。公司已在全球30个国家和地区注册了42个商标。“虎宇”等商标被广东省著名商标评审委员会认定为“广东省著名商标”。2011—2019年，公司先后获“广东省企业创新记录金奖”和“广东省名牌产品”“广东省出口名牌企业”等称号；连年获评“创税大户”、潮州市“四梁八柱”工程民营大企业、“广东省诚信守法示范企业”、“广东省守合同重信用企业”，并被海关总署授予“AA类企业”称号。

金源照明始终坚持创新发展，2013年，金源研发中心分别获得“广东省企业技术中心”和“广东省工程技术中心”认定；2019年获批建设广东省院士专家（企业）工作站。公司长期与国内知名院校和科研院所开展产学研合作，借助“扬帆计划”引进华南理工大学、广东省智能制造研究所等多个高层次创新创业团队，多次承担省、市重点攻关项目；获得国家专利200多项（至2019年12月，累计申请专利273件，授权213件），省级优秀成果奖1项、市级科技进步奖1项，并参与5项地方标准与多项团体标准的制订和修订。

广东翔鹭钨业股份有限公司。公司位于官塘工业区，创建于1997年，是一家集钨矿开采、钨粉末及钨深加工产品的研发、生产、销售于一体的国家高新技术企业。公司主要产品包括仲钨酸铵、氧化钨、钨粉、碳化钨粉、钨合金粉及钨硬质合金等钨深加工产品。拥有年产5000吨仲钨酸铵、氧化钨，6000吨钨粉、碳化钨粉，600吨特种硬质合金的生产能力，被商务部认定为全国14家钨及钨制品国营贸易出口企业之一。

公司在广东东莞、江西大余均设有分公司，已形成从钨矿开采到钨粉末研制再到钨硬质合金精密深加工产品的全产业链模式，通过ERP信息管理系统集中管理，推行5S现场管理等制度，建立健全各项经济责任制的管理和考核，逐步形成信息化、标准化、规范化、高效化的新型生产管理模式。

公司注重科技创新。拥有“广东省钨

材料工程技术研究中心”和“广东省省级企业技术中心”，通过与多所重点高等院校和知名科研院所建立长期稳定的合作关系，强化企业自主研发和新产品开发能力，先后完成多项具有自主知识产权的重点科研项目，取得了具有行业先进水平的科研成果，并拥有多项发明专利，产品自主研发能力处于同行业领先水平。

公司先后通过ISO9001：2015质量管理体系、ISO14001：2015环境管理体系认证。“翔鹭”牌多个产品被评为“国家重点新产品”“广东省名牌产品”“广东省高新技术产品”；公司连续多年获“纳税大户”“守合同重信用企业”等称号。产品远销欧美、日本等20多个国家和地区，得到国内外厂家的一致好评。

表25　湘桥区域内高新技术企业情况表

序号	单位名称	地址	企业类型	注册资本（万元）
1	广东新金山环保材料股份有限公司	潮州市湘桥区官塘工业区	塑料人造革，合成革改造	4000
2	广东宏兴集团股份有限公司	潮州市西荣路40号	中成药生产	32616
3	潮州市顺冠生物科技有限公司	潮州市湘桥区官塘镇象山村工业小区	生产、销售食品添加剂、水果制品、调味料	3178
4	潮州凯普生物化学有限公司	潮州市潮州大道北经济开发区北片高新区D5-3-3-4	生物试剂制造	600
5	广东长兴生物科技股份有限公司	潮州市桥东东山路神农工业区	保健食品制造	5340
6	广东凯普生物科技股份有限公司	潮州市潮州大道北经济开发区北片高新区D5-3-3-4号	医疗诊断，监护和治疗设备制造	6750
7	广东翔鹭钨业股份有限公司	潮州市湘桥区官塘镇庵头工业区	钨钼冶练	7500
8	广东金源照明科技有限公司	潮州市潮州大道北站西路D5-9-11号	光电子器件及其他电子器件制造	5899
9	广东益美生活电器有限公司	潮州经济开发区二期工业园区振兴路北侧	家用电器，五金制品	1000
10	广东博心科教设备有限公司	潮州市湘桥区凤新街道田中工业区二巷九号厂房首层北侧	计算机软件及辅助设备批发	1088
11	潮州市宏粤陶瓷制作有限公司	潮州市湘桥区意溪镇意桂公路5号	日用陶瓷制品制造	380
12	广东恒创陶瓷有限公司	潮州经济开发试验区D5-5号	陶瓷制品制造	1000

续表25

序号	单 位 名 称	地 址	企 业 类 型	注册资本（万元）
13	潮州市联骏陶瓷有限公司	潮州经济开发区二期工业园振工西路（B、D幢）	日用陶瓷制品制造	6963
14	潮州市庆发陶瓷有限公司	潮州市凤新街道田中村	陶瓷制品制造	926
15	广东恒利新包装材料有限公司	潮州市湘桥区官塘工业区内	包装材料生产	2000
16	广东凯琪服饰有限公司	潮州市陈桥浮陇山片区	婚纱时装设计生产	1000
17	潮州湘源环保节能科技有限公司	潮州市东山路高级技工学校内	环保节能技术开发咨询	1000
18	潮州市柏斯特时装有限公司	潮州市区新洋路尾西湖工业城内	婚纱时装设计生产	1000
19	潮州市通恒科技有限公司	潮州市湘桥区花园开发区瑞香街中段	音响设备制造	1000
20	广东国色婚纱礼服有限公司	潮州市西河路10号	婚纱时装设计生产	5000
21	广东明宇科技股份有限公司	潮州经济开发区二期工业园振潮北路东侧	陶瓷制品制造	4232
22	广东西荣文化科技有限公司	潮州经济开发区二期工业园靠兴工北路东侧	文具用品生产销售	1800
23	广东旭远科技有限公司	潮州市湘桥区枫春路与潮州大道交会处凤新大厦	信息技术咨询服务	1000
24	广东智信信息科技股份有限公司	潮州市区福安路13号	信息系统集成服务	1500
25	潮州市汇能电机有限公司	潮州市潮州大道凤新东路北站二路	发电机及发电机组制造	1100
26	潮州市联源陶瓷制作有限公司	潮州市区外环北路与兴工北路交会处	陶瓷制品制造	320
27	广东恒通达科技有限公司	潮州市潮州大道北片工业区	塑料制品制造	1000
28	广东顺大食品调料有限公司	潮州市湘桥区官塘镇庵头工业区	食品及饲料添加剂制造	10300
29	广东新宏泽包装股份有限公司	潮州市潮州大道北片工业区北站二路	包装装潢及其他印刷品制造	16000

【服务企业】 一是强化运行监测。针对2019年以来工业经济运行和中小企业发展中出现的新情况和新问题，区工信局精心组织召开工业经济形势分析会，加强运行监测和跟踪服务。开展中小企业经营发展调研，分析研究中小企业经营发展状况及对策措施，积极推进中小企业扶助工作。扎实抓好全区企业情况综合采集工作，2019年，全区采集录入企业799家次。二是送服务。坚持长效服务企业机制，优化提升服务企业能力，区经信局配合区领导走访联系重点企业，了解企业经营发展中存在的困难，有效帮助解决企业实际问题。

【协调金融工作】 协调银企携手发展。为解决企业贷款难、担保难问题，围绕产业结构调整、城乡一体化、可持续发展和社会主义新农村建设的战略任务，区工信局积极引导和鼓励金融机构与广大中小企业手握手、心贴心，加大信贷扶持力度，为企业的发展壮大和地方经济发展作出贡献。截至2019年12月底，湘桥区共有小额贷款公司9家（潮州市湘桥区鼎新小额贷款股份有限公司、潮州市湘桥区晟达小额贷款股份有限公司、潮州市湘桥区瑞盛小额贷款股份有限公司、潮州市湘桥区兆丰小额贷款股份有限公司、潮州市湘桥区兴融小额贷款股份有限公司、潮州市湘桥区联融小额贷款股份有限公司、潮州市湘桥区宏业小额贷款股份有限公司、潮州市湘桥区正盛小额贷款股份有限公司、潮州市湘桥区信强小额贷款股份有限公司），各贷款项目主要扶持区中小微企业，覆盖制造业、批发零售业、住宿和餐饮业和农林牧渔业等近10个行业，为区域大批中小微企业融资注入资金，有力缓解企业融资难问题。

区工信局积极引导和鼓励金融机构多渠道增加对中小微企业、民营企业的信贷投入，大力发展企业融资担保体系，扶持和帮助中小企业、民营企业发展壮大。支持和培育符合条件的企业在境内外资本市场上市。落实财政奖励政策，对上市企业分阶段给予奖励。建立完善企业上市后备资源库，挑选出一批符合产业发展方向、盈利能力强、发展前景好的企业作为上市后备企业，对入库后备企业在推动上市过程中分阶段给予政策扶持，帮助企业解决改制上市过程中遇到的困难，做好企业加快上市各项服务工作。鼓励和支持金融机构到湘桥区举办各种形式的宣传、推介、培训活动，提升企业对进入全国中小企业股份转让系统挂牌的认识，至2019年底，已有广东新宏泽包装股份有限公司、广东翔鹭物业股份有限公司、广东凯普生物科技股份有限公司3家企业在深圳证券交易所上市；广东新金山环保材料股份有限公司、广东明宇科技股份有限公司、广东智信信息科技股份有限公司3家企业在全国中小企业股份转让系统成功挂牌。

【民爆安全监管】 2019年，区工信局组织对广东安粤民爆器材公司潮州分公司开展每月不少于一次的常规检查，督促公司落实安全生产措施，及时排查和整改安全隐患，与企业负责人签订安全生产责任书，确保库区安全生产无事故运营。

民营经济

【概况】 湘桥区大力发展民营经济，着力促进民营企业做大做强，形成以陶瓷、服装、制鞋等传统产业为支柱，有色金属、电子、食品、机电等产业共同发展的民营经济产业体系。2019年，区工信局按照区委、区政府的部署，全力做好推动民营企业创新、完善民营企业服务两项工作，以保姆式服务促进民营企业转型升级和健康发展。全区全年规模以上民营企业完成工业增加值28.84亿元，同比增长0.2%。

【营造创新政策环境】 充分运用省、市科技项目资金、民营企业发展专项资金在创新投入中的引导作用，重点支持民营企业技术创新、技术改造、节能减排、结构调整和民营企业服务体系建设；鼓励金融机构支持民营企业技术创新，加大对具有自主知识产权和自主品牌民营企业的支持力度。

【创新资源整合】 支持高等院校、科研院所和大企业向民营企业开放研发仪器设备和专业技术服务资源，加强共性技术、关键技术研发；支持民营企业与高等院校、科研院所和大企业建立合作关系，联合研发及开发项目、共同培养人才，加快技术创新成果的转化应用。

【创新成果保护】 实施民营企业知识产权战略推进工程，通过加强培训，通过提升民营企业的知识产权意识，提高创造、运用、保护和管理知识产权的能力。

【推动创新引领发展】 支持民营企业利用新技术、新工艺、新设备、新材料，改造提升传统产业，加快技术升级，提高产品质量和生产效率，促进节能减排和安全生产；引导和支持民营企业进入战略性新兴产业、现代农业、现代服务业，拓展发展空间，寻求形成新的增长点；支持科技型、高成长性和优势民营企业做强做大，引导民营企业走专业化发展道路。截至2019年底，全区有省级企业技术中心12家。

【激发创新创业活力】 着力改善民营企业创业环境，培育创业主体，强化创业服务；鼓励各创业投资机构加大对民营企业特别是科技型民营企业的投入，为民营企业发展注入新的活力。充分发挥科技企业孵化器作用，鼓励和支持创新导向的创业活动，以创新提升创业水平和创业企业的成长能力。2019年，全区新认定省级工程中心1家，累计建成省级工程中心13个；新认定市级工程中心1家，累计建成市级工程中心32个。

【缓解中小企业融资难题】 2019年，湘桥区推荐4家企业申报潮州市中小微企业贷款风险补偿基金入库企业。

【组织企业参加各类博览会和论坛】 组织湘桥区40余家企业参加在广州举办的第十六届中博会。参会期间，组织区相关企业分别参加“专精特新”展区专题活动、

2019年“中小微企业日”活动、中国中小企业高峰论坛、中小企业信息化应用推广等中心活动。通过中博会，促进湘桥区企业同国内外各行业交流融合，学习和借鉴先进经验，对区经济高质量发展起到积极的推动作用。组织湘桥区80余家企业，参加在市党政机关会堂举办的2019年潮州市中小企业发展论坛，为各中小企业及相关机构提供交流思想、分享智慧的平台，促进区中小企业健康发展。

农　业

【农业生产】 2019年，湘桥区贯彻落实中央1号文件精神，结合区农业生产实际，积极推广优质抗病丰产品种，引导适时播种，疏播培育壮秧，打好育秧基础工作，提高播种质量；加强病虫调查和田间病虫害防治，及时采取喷药防病、增施钾肥等应对措施，确保全区早晚造生产顺利进行。做好蔬果、茶叶生产技术指导，切实提高农业生产效率。2019年，全区粮食总播种面积4.25万亩，其中水稻3.47万亩、番薯0.40万亩，粮食总产量1.91万吨；蔬菜种植面积2.62万亩，总产量6.35万吨；茶叶种植面积0.30万亩，总产量0.04万吨；水果种植面积1.73万亩，总产量4.67万吨；农业从业人口24万人，农业生产总值12.5亿元。

【强农惠农政策】 通过广播、报刊、下乡宣传等多种途径，大力宣传各项强农惠农政策。一是继续落实水稻政策性保险。保额每亩每造800元，以行政村整村投保为主要方式，全区水稻投保面积3615.19亩，保险金额289.22万元，进一步提高农民抵御自然灾害能力。二是推进耕地地力保护补贴。区农业农村局围绕省的相关要求，落实各带农街道、镇对辖区各农户农村土地确权面积进行全面核实，预报2020年度耕地地力保护补贴面积。2019年，全区补贴面积经核实，调整为3.61万亩。三是推进农机购置补贴。通过广泛宣传相关政策，鼓励广大农户踊跃购机，提高农业装备水平，发出农机购置资金申请书3份，使用农机补贴资金7.056万元。四是做好渔船油补和休禁渔补贴。完成2018年度渔船油补发放工作，并委托第三方机构对区2015年度、2016年度和2017年度渔船油补进行审计；3月区开展韩江禁渔后，2019年度休禁渔补贴已完成审核并公示。

【粮食功能区划定】 高度重视“两区”（粮食生产功能区和重要农产品保护区）划定工作，认真按照国家、省、市“两区”（粮食生产功能区及重要农产品生产保护区）划定工作的总体部署，已完成“两区”划定工作，并通过省组织的验收。全区最后划定面积为13395亩，93片，574块，超额完成上级下达的1.33万亩工作任务。

【“菜篮子”市长负责制考核】 区农业农村局组织区“菜篮子”工程建设领导小组成员单位对考核工作进行会商，落实各项考核细则。3月中旬，市考核组对湘桥区“菜篮子”产品生产能力、市场流通能力、质量安全监管能力、调控保障能力和市民满意度5个方面共32项细则进行考核。经考核，湘桥区以84.6分列全市县区第一名，通过此次考核。

【推进新型农业企业发展】 抓好农业龙头企业的示范辐射作用。始终把发展农业龙头企业作为推进农业产业化经营的关键环节，通过加大引导培育力度，以农业龙头企业联结市场，带动农户农产品销售，增加农业生产效益和农户收入。至2019年底，全区有省级龙头企业3家、市级龙头企业3家、市级农业龙头流通企业1家。

培育壮大农民专业合作社。通过政策引导，扶持建设产业特色明显、竞争力强的国家级、省级合作社。至2019年底，全区有专业合作社70家（其中国家级示范合作社3家、省级示范合作社6家），社员总数1255人，带动农户1555户。

推进湘桥区省现代农业产业园建设工作。6月，潮州市湘桥区佛手果产业园被省农业农村厅确定为2019年粤东西北地区第二批省级现代农业产业园，规划投资1.5亿元，打造集佛手果种植、加工、销售、研发、技术服务和休闲观光旅游等于一体的现代农业产业链。产业园已于7月底开工，5000万元财政资金已于10月中旬按建设资金使用方案拨付至各实施主体。至2019年12月底，产业园已开工项目26个，使用财政资金7658729元。

【实施新型职业农民培育工程项目】 完成2018年、2019年新型职业农民培育工程项目。2018年以茶叶种植等优势产业为主体，培育新型农业经营主体带头人、现代青年农场主174人，由仲恺农业工程学院进行培训。培育工作分为两期，分别于5月20—23日、6月17—18日及10月21—26日完整实施相关培训课程，并于10月30日顺利通过由省农业农村厅科教处组织的验收。

做好2019年新型职业农民培育项目工作。2019年度区需培训新型职业农民66人，分为高校教学模块、电商教学模块、农业实训教学3个模块，培训资金为20万元。已完成培育工作，并通过省农业农村厅科教处组织的验收。

【农产品质量安全监管】 加强监督检测，确保上市食品质量安全。加大抽检监测力度，增加监测频次，扩大监测范围，及时掌握区农产品质量安全情况，严防重大农产品安全事故发生。截至12月底，共对区内定性检测310个样品，全部合格。定量送检样品250个。为迎接国检，积极配合市农检中心对区域内水果批发市场、蔬菜批发市场进行抽检。

做好农产品质量安全追溯管理工作。指定专人负责对国家追溯系统上申请注册的主体信息进行排查审核，及时开展追溯管理。组织辖区内企业，特别是“二品一标”认证的企业在国家追溯平台进行主体注册并上传产品追溯信息，实现基地可视化、农产品可追溯。全区6个“二品一标”企业均在平台注册。

执行生猪产地检疫和屠宰检疫。严抓畜禽检疫环节的监管，督促生猪屠宰企业落实好入场查证验物、待宰静养等质量安全控制措施，对来源不明的生猪坚决不得收购和屠宰。加大屠宰过程中疑似非洲猪瘟临床症状和病理变化的检查力度，严防外疫流入湘桥区，严防病畜及产品进入市场流通，切实保障肉类质量安全。截至11月，共实施产地检疫16066头，屠宰检疫2.069万头。

做好生猪“瘦肉精”监督抽检工作。加强日常监管，适时开展监督抽检，采取现场快速检测与实验室检测相结合，现场快速检测结果均呈阴性，实验室共检测199份猪尿样品，检测盐酸克伦特罗、莱克多巴胺、沙丁胺醇3种“瘦肉精”类物质597份次，全部为阴性。

【动物卫生监督、疫病防控】 抓好重大动物疫病免疫注射工作。顺利完成春秋季集中免疫工作，并抓好新进栏和漏免畜禽的免疫工作，确保畜禽始终处于有效的抗体保护水平。2019年，全区共免疫注射禽流感疫苗40.50万羽、新城疫疫苗6.07万羽、猪口蹄疫疫苗0.62万头、牛口蹄疫疫苗0.104万头、猪瘟疫苗0.61万头、猪高致病性蓝耳病疫苗0.61万头、狂犬病疫苗201头，共发放消毒药3900.25千克。

加强监测，科学指导免疫工作。切实做好禽流感、口蹄疫、猪瘟、高致病性猪蓝耳病等动物疫病血清学和病原学的抽样监测工作，及时了解免疫密度和免疫质量。对抗体水平不达标的少部分养殖场，及时组织补免疫，构筑全面的防疫屏障，更好地做到以检促防。

加强非洲猪瘟防控工作。通过落实联防联控和责任分工、开展全面排查和紧急监测、强化检疫和生猪移动监管、强化应急准备和疫情报告管理等一系列措施，严抓非洲猪瘟防控工作。全年出动950人次，排查生猪养殖场、生猪屠宰企业462场次，生猪10.49万头。积极配合省、市做好非洲猪瘟紧急监测工作，全年送检猪全血样品90份。受理新增生猪运载车辆登记备案申请13起，核实13起。截至12月底，全区未发现非洲猪瘟可疑情况。

【农业污染源调查防治】 抓好湘桥区农产品产地第二批土壤重金属监控点布设任务落实。湘桥区有4个“国控点”和2个“省控点”的布设任务，土壤和农产品样品采集和系统APP录入工作已完成，土壤和农产品样品已寄送至省。

做好禁止秸秆露天焚烧工作。大力宣传相关法律、法规和政策规定，在农作物收获季节等重点时段，加大巡查监督力度，始终保持对露天焚烧农作物秸秆违规行为严查重处的高压态势。引导农民将秸秆作为饲料及高床养殖使用，力促秸秆使用饲料化、基料化。

开展牛蛙养殖专项清理整治行动。继续按照《湘桥区牛蛙养殖污染专项整治行动方案》要求，强力推进牛蛙养殖污染专项整治行动。全区有牛蛙养殖户（场）81户，养殖面积180.3亩，至3月12日，已全面完成清理任务。

做好畜禽养殖污染整治工作。抓好禁养区的整治清理，至2019年年中，全区各带农街道（镇）禁养区整治清理工作完成。严格对新建养殖场的指导审核，对选址不合适的，坚决反对办场；加强对各规模以下养殖场的巡查指导工作，指导其对粪污处理设施进行升级改造和做好粪污资源化利用工作。

做好不合格小型屠宰场整治清理工作。其中，对产能和设备设施比较落后的官塘食品站和意溪肉联厂进行取缔；有2家屠宰场已取得屠宰许可证、动物防疫条件合格证和排污许可证；磷溪食品站按要求进行升级改造。

开展“大棚房”清理整治工作。经查，磷溪镇急水村湘桥区韩金果种植专业合作社存在“大棚房”1处，项目总占地面积300亩，其中涉及“大棚房”问题占地面积2.5亩，已建设占地面积500平方米的三层钢结构房，其余用于经营“农家乐”。截至3月10日，已完成“大棚房”清理整治工作，基本农田上的非法建筑物全部完成清拆，并复种复耕。

【省级新农村连片示范工程项目建设】 湘桥区意溪镇后径、锡美、莲上、桂坑和荆山5个主体村被省列入第三批省级新农村连片示范建设工程项目。工程总投资约11142.9万元，其中省级财政资金10000万元、区级配套资金1142.9万元。截至12月底，共使用省级专项资金5900万元、区级配套资金310.3923万元，广东省美丽乡村建设信息均及时录入示范片管理信息平台。

【农村改革】 做好农村土地承包经营权确权登记颁证工作。全区需确权81个村，已完成调查面积43732亩，完成81个村共42577户证书打印，土地确权工作通过省、市验收。

推进农村承包地经营权流转奖补试点工作。区土地流转试点定于官塘镇苏二村，以点带面，推进农村承包地经营权流转工作的开展。

推进农村集体产权制度改革试点工作。按照省农业农村厅关于做好农村集体产权制度改革试点工作的要求，根据市政府批示精神，区制定《潮州市湘桥区农村集体产权制度改革试点方案》，并于2019年4月18日经市农业农村局批复，5月22日征求各带农街道（镇）及区直有关单位的意见。12月11日，草拟《农村集体产权制度改革清产核资成员身份界定资产股权量化三个指导意见》。已落实财政资金聘请第三方，一并抓紧布置召开动员会及培训工作，以加快推进改革工作的开展。

【人居环境综合整治】 全面开展“三清三拆三整治”、“六乱”整治，彻底治理乡村“脏乱差”现象。坚持实施后期管理，防反弹强监管，坚持对各种乱摆乱卖、乱堆乱放、乱搭乱建现象开展地毯式清理、立体性拆除，进一步规范商铺坐店经商、流动摊档经营、道路交通和停车秩序；增设路旁垃圾桶，保障镇、村面貌整洁有序。全区98个行政村219个自然村，已100%完成“三清三拆三整治”、村庄规划、集中供水、生活垃圾处理、卫生保洁队伍配备、畜禽集中圈养等工作任务。

【农村户用卫生厕所建设与改造】 开展农村户用卫生厕所建设和改造，同步实施粪污治理。至2019年底，全区98个行政村农村户厕建设和改造已全面完成，农村无害化卫生户厕数量为53010户。

【农村污水处理】 区从惠民生、促发展的高度，主动作为，密切配合，抓紧时间节点，奋力推进污水处理项目建设。截至12月底，意溪镇5个示范村及头塘村和凤新街道高厝塘村已先期完成了污水收集处理设施建设，在全市率先完成雨污分流工程；各村还实施引水入村，开展排水渠系和池塘清理，全面治理水环境，让村民享受到“水清、岸绿、景美、健康”的水环境。

【美丽乡村建设】 区立足实际，突出地方特色，以点带面把美丽乡村的“盆景”变成全域旅游的“风景”。2019年，以意溪镇省级新农村连片示范工程建设为先导，全力抓好2条特色精品旅游线路和22个市级美丽宜居示范村建设。作为精品旅游线路主轴的意溪镇示范片河内沿线和紫莲生态度假村、玉瑶现代农业综合体，均突出绿色生态优势，成片带动河内北山路沿线村庄的创建工作；作为副轴的官塘镇象官路沿线依托顶乡等6个市级示范村和利用区域乡贤、华侨支持优势，通过规划设计，量身打造美丽乡村精品线路。

【“一村一品、一镇一业”建设】 根据省农业农村厅的要求，湘桥区2019年需建设“一村一品”专业村5个。经层层推荐、评审、公示，确定意溪镇锡美村茶叶、后径村茶叶，磷溪镇芦庄村黄皮果、西坑村潮州柑，官塘镇石湖村番石榴5个项目作为区“一村一品”专业村建设项目。2019年11月底，500万元财政资金已拨付至各实施主体，项目均已开工建设。2020年度“一村一品、一镇一业”入库申报工作正推进中。

【脱贫攻坚】 湘桥区委围绕市委工作部署，认真落实兜底保障政策，加快推进增收项目的实施。深入开展全覆盖大检查，全区精准扶贫、精准脱贫各项工作取得良好成效。至2019年11月底，全区分散贫困户1668户3205人，有劳动能力贫困户454户1515人，年人均可支配收入13968.82元；无劳动能力贫困户1214户1690人，年人均可支配收入10108.63元，全区符合政策的全部或部分丧失劳动能力的贫困人口全部实现政策性保障兜底脱贫；贫困人口医疗、教育、住房“三保障”工作全面得到落实；“八有”指标（八有：有稳定的收入来源或者生活保障，有安全饮用水，义务教育有保障，基本医疗有保障，住房安全有保障，有电用，有电视信号覆盖，有宽带网络覆盖）全面达标。全区贫困人口全部符合退出标准，已严格按照程序全部办理退出，实现整区脱贫。

林 业

【概况】 湘桥区紧紧围绕创建“国家森林城市”工作部署，牢固树立和践行绿水青山就是金山银山的理念，科学规划，加快营林造绿，建设美丽家园。2019年，全区林地面积1.42万公顷，森林覆盖率为46.83%，活立木蓄积量为68.51万立方米。

【森林碳汇重点生态工程项目】 该项目委托饶平县兴林工程设计室进行设计，编制《湘桥区2019年森林碳汇重点生态工程建设项目作业设计》，作业设计建设面积948亩，其中套种补植400亩、更新改造548亩，总投资52.08万元。项目建设地点为官塘镇巷下村、巷头村和磷溪镇林场林地，已全面完成种植任务。

【2018年中央林业改革发展资金森林抚育补助项目】 该项目抚育面积1000亩，资金12万元（其中中央资金10万元、省级配套资金2万元），项目抚育地点为意溪镇和磷溪镇山地。2019年12月完成项目抚育任务。

【2019年春天绿化大会战】 做好安黄公路桥东段岭顶裸露山体复绿示范点工作。2019年4月1日前，完成安黄公路桥东段岭顶复绿栽植工作，投入资金97702.25元，共种植爬山虎、炮仗花、勒杜鹃及木棉花等营养袋藤生植物和树苗1325株。

开展“3·12”植树节活动。以“春天绿化大会战、让大地更绿更美”为主题，在桥东街道卧石村后头山公园植树点开展义务植树活动，践行植绿护绿、同创森林城市、实现城乡森林生态一体化发展。组织约60名干部、群众参加活动，种植羊蹄甲、火焰木、黄槐、凤凰木等乡土花色树种大苗320株。

推进全域绿化美化工作。全区各街道（镇）以开展“2019年春天绿化大会战”为契机，加快新城区绿化步伐，做好瓷土矿、瓷泥厂周边绿化，结合乡村振兴战略，大力推进乡村绿化美化，利用农村“拆四旧”等迹地进行绿化美化，全面推进“园林进城”“森林围城”工作，建设环城生态廊道。

【森林资源保护管理】 加大林地监管和林木采伐管理力度，规范征占用林地审批程序。严格依照相关法律法规规定，在严格控制、从严把关的前提下，严把征占用林地的审核关。全年办理国家级、省级生态公益林采伐县级审核1件，建设工程永久占用林地审核17件。

加强生态公益林管护工作。2019年，省级以上生态公益林效益补偿资金共147.07万元，其中补偿资金121.29万元、管护经费19.71万元、管理经费6.06万元。全年全区没有发生越权擅自采伐生态公益林的行为。

加强林业有害生物防控工作。该项目由区森林病虫害防治与检疫站负责实施，防治专项资金18万元，在意溪镇、磷溪镇及凤新街道薇甘菊发生地以实施药物喷洒、结合人工清除的方式，防治薇甘菊900亩次，已完成项目除治任务。

大力开展林业资源保护执法工作。重拳惩治涉林犯罪行动。持续开展查处破坏林地资源违法行为，有力惩治非法侵占林地行为。全年查处涉林行政案件4件。

做好2019年森林督查工作。在57个督查图斑中，共梳理出合法图斑50个、违法违规图斑7个，其中刑事处理、行政处理案件完毕6个，已整理资料并将线索材料移交市森林公安分局侦查案件1个。加大力度做好野生动物保护工作。做好野生动物繁育行政审批，2019年，审核人工繁育国家重点保护野生动物1件；加大保护野生动物力度，通过组织开展“爱鸟周”“护飞徒步”活动和清除捕鸟网等行动，提高公众尤其是青年一代对新修订的《中华人民共和国野生动物保护法》的认识和野生动物保护意识。

【森林防火工作】 切实做好森林防火宣传工作。制作宣传横幅50条，悬挂于各街道、镇醒目位置；向全区群众及党员发出《森林防火致全区人民的一封信》《森林防火致全体党员的一封信》资料近万份，提高全民森林防火意识。

强化野外火源管理。坚决堵住森林火灾源头，有效遏制森林火灾的发生和蔓延；严格执行造林炼山审批制度，未经批准，严禁一切炼山作业。

落实森林防火相关制度。严格执行森林火灾“日报告”“零报告”“归口报告”制度，及时处置各种火情信息和紧急文件，及时核查、反馈林火卫星热点信息，确保火情信息和政令畅通；严格责任追究制度，确保森林火灾不超过市森林防火“双控”指标。2019年，全区未发生较大森林火灾。

水　利

【河道水系】 湘桥区境内主要河流有8条，分别为韩江干流、韩江北溪支流、韩江西溪、韩江东溪、文祠截洪溪、文祠归槽河、桂坑河和金沙溪。

表26　2019年湘桥区主要江河涌一览表

江河涌名称	起　讫　地　点	长度（千米）
意溪文祠截洪渠	意溪钟厝桥至橡埔	6.9
桂坑河	意溪草岚武至桥东黄金塘温湖	20
韩江干流	凤新龙翔至仙洲岛上游	10
韩江西溪	仙洲岛至古美	3.9
韩江东溪	仙洲岛至急水	13.2
韩江北溪	北溪桥闸至铁铺小溪	25.1
文祠归槽河	黄竹洋至石牌	4.5
金沙溪	金砂中学至北溪尧里	8.5

【水资源保护】 湘桥区实行最严格水资源管理制度，在实行城乡涉水事务一体化管理的基础上，按照《潮州市城乡水环境综合整治工作方案》和“农村五治理、城镇六同创”的工作要求，编制《潮州市湘桥区江河渠塘综合整治工作方案》，依据控制“三条红线”实施方案等规范性文件，完善水资源保护机制，开展水环境综合整

治。2019年，全区累计投入“清漂”“五清”专项行动资金259.9万元，清理河道长度272.01千米，打捞清理河面漂浮物垃圾9780吨；全区饮用水源的水质保持良好超10处，水质合格率达到100%，韩江水质常年保持在Ⅱ类标准以上。

全区全年新增办理取水许可证3宗；出台《湘桥区农村饮用水安全工程运行管理办法》、韩江湘桥区段整治工作实施方案、韩江湘桥区段日常管理长效机制，以及拟订用水总量、用水效率、水功能区限制纳污控制“三条红线”实施方案等，严格执行市韩江水资源管理和保护等办法及规定，促进水资源管理规范有序开展；同时，出台《潮州市湘桥区水功能区划》《潮州市湘桥区突发水污染事件应急预案》《潮州市湘桥区饮用水安全突发事件应急预案》。

【“三防”工作】 区水务局认真落实湘桥区水旱防御工作，切实做好防灾抗灾的各项准备工作。在防灾抗灾工作中，坚持以人为本，科学防御，上下联动，密切配合，有效减少水旱灾害损失。联合区委党校举办区“三防”业务知识培训班；举办区级水利工程水毁抢险演练，强化防汛人员抢险能力和责任意识；要求各相关街道、镇进行山洪灾害危险区域人员转移。区水务局多次派出督导组对各地水旱防御工作进行督查，确保防汛各项工作有序开展；多次对水利工程隐患点进行督查，并及时整改，消除隐患，确保安全。

2019年3月，根据《中共中央关于深化党和国家机构改革的决定》《广东省关于市县机构改革的总体意见》《潮州市湘桥区机构改革方案》，区水务局水旱灾害防治职责划入区应急管理局。

【“河长制”实施】 成立区全面推行“河长制”工作领导小组，出台《潮州市湘桥区全面推行河长制工作方案》。为落实省第1号总河长令和“让广东河更美大行动”，推动绿色发展，在全区开展“五清”和“清四乱”专项行动。2019年度，经省水利厅确认，湘桥区属“四乱”问题共141宗，其中乱占27宗、乱堆10宗、乱建101宗、其他违法违规问题3宗。至当年底，全区“四乱”问题已销号141宗，销号率为100%。

【水利设施】 堤围。全区有大小堤围25条（其中万亩以上堤围7条，即韩江南北堤、意东堤、文祠截洪堤、东厢堤（东溪）、东厢堤（北溪）、秋北堤、秋西堤，总长125.812千米。

表27　2019年湘桥区堤围一览表

序号	堤　　围	设　防　标　准
1	韩江南北堤	北堤城堤段100年一遇，南堤段50年一遇
2	意东堤	30年一遇
3	高厝塘堤	20年一遇

续表27

序号	堤 围	设 防 标 准
4	文祠截洪堤	10年一遇
5	头塘堤	10年一遇
6	东厢堤（东溪）	30年一遇
7	东厢堤（北溪）	30年一遇
8	秋北堤	20年一遇
10	窖美小堤围	10年一遇
11	溪口五村小堤围	10年一遇
12	溪口四村小堤围	10年一遇
13	三村松脚堤	10年一遇
14	橡埔村堤	10年一遇
15	狗尾堤	10年一遇
16	上下沙洲堤	20年一遇
17	上埔古美堤	10年一遇
18	社光堤	10年一遇
19	卧石堤	10年一遇
20	黄金塘堤	10年一遇
21	桂坑河堤左、右岸	5年一遇
22	龙宫山下洋堤	10年一遇
23	秋溪堤	10年一遇
24	意溪文祠水归槽堤（左、右岸）	5年一遇
25	秋西堤	20年一遇

山塘。全区有山塘12个，即锡美鸡公岭山塘、荆山山塘、陈桥龙翔山塘、高厝塘山塘、大岭头池山塘、安公池山塘、响水山塘、牛牯岭山塘、葫芦塘山塘、吴内山塘、五角星山塘、横坑山塘。总蓄水量35.4万立方米。

水库。全区有水库17个。其中，中型水库1个，即岗山水库；小（1）型水库2个，即白石岭水库、樟厝堤水库；小（2）型水库14个，即草岚武水库、锡美水库、顶庵水库、石牌水库、坪坑水库、远坑水库、石棕水库、铁东水库、大雨洋水库、龙眼坑水库、寨后水库、田厝水库、曾尾店水库、凤泉水库；小（2）型水库总库容300多万立方米。担负耕地灌溉任务3500亩。

表28　2019年湘桥区水库一览表

水库名称	水　库　位　置	行政区域	管　理　单　位
岗山水库	湘桥区磷溪镇	磷溪镇	湘桥区岗山水库管理处
白石岭水库	湘桥区铁铺镇	铁铺镇	湘桥区铁铺坎下电排站
樟厝堤水库	湘桥区铁铺镇	铁铺镇	湘桥区铁铺坎下电排站
顶庵水库	湘桥区凤新街道	凤新街道	湘桥区意溪镇锡美村委会
草岚武水库	湘桥区意溪镇	意溪镇	湘桥区意溪镇草岚武水电站
锡美水库	湘桥区凤新街道	意溪镇	湘桥区凤新街道东埔村委会
大雨洋水库	湘桥区铁铺镇	铁铺镇	湘桥区铁铺镇大坑村民委员会
凤泉水库	湘桥区铁铺镇	铁铺镇	湘桥区铁铺镇凤泉水厂
龙眼坑水库	湘桥区铁铺镇	铁铺镇	湘桥区铁铺镇嫌水坑村民委员会
坪坑水库	湘桥区铁铺镇	铁铺镇	湘桥区铁铺镇坑门村民委员会
石牌水库	湘桥区铁铺镇	铁铺镇	湘桥区铁铺镇坑门村民委员会
石棕岭水库	湘桥区铁铺镇	铁铺镇	湘桥区铁铺镇坑门村民委员会
田厝水库	湘桥区铁铺镇	铁铺镇	湘桥区铁铺镇詹罗田村民委员会
铁东水库	湘桥区铁铺镇	铁铺镇	湘桥区铁铺镇仙岩村民委员会
远坑水库	湘桥区铁铺镇	铁铺镇	湘桥区铁铺镇坑门村民委员会
曾美店水库	湘桥区铁铺镇	铁铺镇	潮州市宏发实业有限公司
寨后水库	湘桥区铁铺镇	铁铺镇	湘桥区铁铺镇嫌水坑村民委员会

水陂。全区有水陂31个，即西都陂、印石潭陂、锡美马厝陂、锡美吴厝陂、锡美石角陂、后径陂、河北陂、桂坑陂、白水带陂、莲上陂、龙翔陂、白石陂、银潭陂、鸭母陂、新陂、担水坑陂、苏石溪陂、坦盘陂、大陂肚陂、溪墘陂、崩坎陂、上路头陂、田尾陂、城格田陂、新沟陂、崩坑陂、大陂、大房陂、灰陂、凤山陂、大坑口陂。担负耕地灌溉任务6110亩。

小水电站。全区有小水电站10座，即岗山水库坝后电站、岗山水库渠首电站、官塘桥闸左岸电站、官塘桥闸右岸电站、草岚武一级水电站、草岚武二级水电站、草岚武三级水电站、草岚武白水带水电站、锡美水电站、樟厝堤电站，总装机容量18台，4360千瓦。岗山水库坝后电站、岗山水库渠首电站由湘桥区岗山水库管理处管理；官塘桥闸左岸电站、官塘桥闸右岸电站由湘桥区官塘桥闸管理所管理；铁铺樟厝堤电站由湘桥区铁铺坎下电排站管理；意溪镇5座水电站，除锡美水电站由锡美村管理外，其余4座水电站均由意溪草岚武水电站管理。

水闸。全区上规模水闸共有67处。其中，大型水闸1处，即官塘桥宗；中型水闸3处，为婆涵闸、永安闸、六亩闸；小（1）型水闸和小（2）型水闸64处。

表29　湘桥区水闸工程情况表

序号	水闸名称	水闸位置	工程管理单位	工程规模	
				过闸流量（立方米/秒）	工程规模
1	官塘桥闸	官塘镇巷头村	官塘桥闸管理所	1300	大(2)型
2	六亩闸	桥东街道六亩村	意溪镇农业服务中心	452	中型
3	婆涵闸	意溪镇文祠截洪堤橡埔堤段	意溪镇农业服务中心	381	中型
4	永安闸	意溪镇河内永安桥头	意溪镇农业服务中心	444	中型(北山路工程已拆除重建)
5	河内电排闸	意溪镇小陂村	意溪镇农业服务中心	15	小(2)型
6	黄竹洋退水闸	意溪镇黄竹洋村	意溪镇农业服务中心	38	小(1)型
7	意东堤宋厝岭穿堤闸	意溪镇橡埔村	意溪镇橡埔村委会	1.2	小(2)型
8	凤埔闸	意溪镇东郊村	意溪镇东郊村委会	40	小(1)型
9	三孔闸	意溪镇东郊村	意溪镇东郊村委会	25	小(1)型
10	团三灌溉闸	意溪镇团三村	意溪镇团三村委会	1.5	小(2)型
11	河北陂灌溉闸	意溪镇河北村	意溪镇河北村委会	1.2	小(2)型
12	石牌排涝闸	意溪镇石牌村	意溪镇石牌村委会	1.8	小(2)型

续表29

序号	水闸名称	水闸位置	工程管理单位	工程规模	
				过闸流量（立方米/秒）	工程规模
13	黄金塘湖尾穿堤闸	桥东街道黄金塘村温湖口	桥东街道黄金塘村委会	1.3	小(2)型
14	黄金塘大涵排涝闸	桥东街道黄金塘村	桥东街道黄金塘村委会	1.8	小(2)型
15	六亩穿堤闸	桥东街道六亩村	桥东街道六亩村委会	2	小(2)型
16	卧石下涵闸	桥东街道卧石村	桥东街道卧石村委会	1.8	小(2)型
17	社光下涵闸	桥东街道社光村	桥东街道社光村委会	2	小(2)型
18	西都韩师肚排涝闸	意溪镇西都村	意溪镇西都村委会	5.66	小(2)型
19	西都灌溉站闸	意溪镇西都村	意溪镇西都村委会	1.2	小(2)型
20	下津排涝闸	桥东街道下津村	桥东街道下津村委会	2.2	小(2)型
21	古美排涝闸	城西街道古美村	城西街道古美村委会	2	小(2)型
22	云梯排涝闸	凤新街道云梯村	凤新街道云梯村委会	3.5	小(2)型
23	东埔排涝闸	凤新街道东埔村	凤新街道东埔村委会	2.5	小(2)型
24	高厝塘电排闸	凤新街道高厝塘村	凤新街道高厝塘村委会	2	小(2)型
25	高厝塘穿堤闸	凤新街道高厝塘村	凤新街道高厝塘村委会	5	小(2)型
26	中津穿堤闸	意溪镇中津村	意溪镇中津村委会	1	小(2)型
27	中津砖厂穿堤闸	意溪镇中津村	意溪镇中津村委会	1	小(2)型
28	中津安塘山穿堤闸	意溪镇中津村	意溪镇中津村委会	1.5	小(2)型
29	黄金塘车头穿堤闸	桥东街道黄金塘村	桥东街道黄金塘村委会	0.5	小(2)型
30	上津西亭穿堤闸	意溪镇上津村	意溪镇上津村委会	5	小(2)型
31	钟厝桥穿堤闸	意溪镇四益村	意溪镇四益村委会	1.5	小(2)型
32	攀月头引韩	磷溪镇攀月头	磷溪镇水利所	7.5	小(2)型
33	田心电灌涵	磷溪镇田心村	磷溪镇水利所	0.2	小(2)型
34	先锋过堤涵	磷溪镇埔涵村	磷溪镇水利所	1.2	小(2)型
35	后堤过堤涵	磷溪镇涸溪村	磷溪镇水利所	1.5	小(2)型
36	顶厝洲过堤涵	磷溪镇顶厝洲村	磷溪镇水利所	0.25	小(2)型
37	仙河电灌涵	磷溪镇仙河村	磷溪镇水利所	0.4	小(2)型
38	急水引韩	磷溪镇急水村	磷溪镇水利所	1.2	小(2)型

续表29

序号	水闸名称	水　闸　位　置	工　程　管　理　单　位	工程规模	
				过闸流量（立方米/秒）	工程规模
39	狗槽过堤涵	磷溪镇仙田山脚	磷溪镇水利所	1.5	小(2)型
40	景成过堤涵	磷溪镇景成	磷溪镇水利所	1.2	小(2)型
41	竹崎头过堤涵	磷溪镇竹崎头	磷溪镇水利所	1.05	小(2)型
42	竹崎头电灌涵	磷溪镇竹崎头	磷溪镇水利所	5.0	小(2)型
43	下洋关排水涵	磷溪镇溪口五村	磷溪镇水利所	7.0	小(2)型
44	双分口水閘	磷溪镇攀月头	磷溪镇水利所	3.5	小(2)型
45	仙河三閘	磷溪镇仙河村	磷溪镇水利所	4.0	小(2)型
46	农科站闸	磷溪镇农科站	磷溪镇水利所	3.0	小(2)型
47	旸山闸	磷溪镇旸山村	磷溪镇水利所	3.5	小(2)型
48	柑园闸	磷溪镇仙旸路中段	磷溪镇水利所	5.0	小(2)型
49	塘边东闸	磷溪镇塘边村	磷溪镇水利所	2.5	小(2)型
50	林畔闸	磷溪镇仙田林畔	磷溪镇水利所	3.0	小(2)型
51	巷下闸	官塘镇巷下村	官塘镇巷下村委会	6	小(2)型
52	元房闸	官塘镇元房	官塘镇元房村委会	1	小(2)型
53	宫头闸	官塘镇宫头	官塘镇宫头村委会	0.5	小(2)型
54	苏二闸	官塘镇苏二村	官塘镇苏二村委会	0.5	小(2)型
55	堤边闸	官塘镇堤边村	官塘镇堤边村委会	1	小(2)型
56	奕东闸	官塘镇奕东村	官塘镇奕东村委会	1	小(2)型
57	奕湖闸	官塘镇奕湖村	官塘镇奕湖村委会	1	小(2)型
58	坎下电排	铁铺镇石坵头村	铁铺坎下电排站	105	小(1)型
59	小溪截洪闸	铁铺镇小溪村	铁铺镇水利所	108	小(1)型
60	巷口陂	铁铺镇巷口村	铁铺镇巷口村委会	25	小(1)型
61	神宫山	铁铺镇坎下村	铁铺镇坎下村委会	9.98	小(1)型
62	温头仔	铁铺镇坎下村	铁铺镇坎下村委会	13.7	小(2)型
63	葫芦胫	铁铺镇坎下村	铁铺镇坎下村委会	11	小(2)型
64	小溪潮澄闸	铁铺镇小溪村	铁铺镇水利所	38	小(1)型

续表29

序号	水闸名称	水闸位置	工程管理单位	工程规模	
				过闸流量（立方米/秒）	工程规模
65	截洪退水闸	铁铺镇西陇村	铁铺镇水利所	15	小(1)型
66	直流闸	铁铺镇小溪村	铁铺镇水利所	15	小(1)型
67	一级跌水	铁铺镇尚书村	铁铺镇水利所	98	小(1)型

机电排灌站。全区有机电排灌站79座，即河内电排站、头塘电排站、高厝塘电排站、中津电灌站、上津电灌站、石牌电灌站、西都电灌站、锡美电灌站、团三电灌站、头塘电灌站、凤栖电排站、橡埔电排站、橡埔电灌站、下津电排站、大堤电排站、社光电灌站、下津电灌站、海鹅头电灌站、洗马桥电灌站、埔口电灌站、古美电排站、龙空电排站、鹿湖电排站、云梯电排站、高厝塘电灌站、西都电排站、下洲电排站、东埔电排站、仙洲岛电排站、奕东电排站、石湖电排站、奕东电灌站、石湖电灌站、巷头电灌站、元房电灌站、巷下电灌站、宫头电灌站、苏二电灌站、堤边电灌站、潭头电灌站、下底电灌站、奕湖电灌站、奕庵电灌站、尧里电灌站、攀月头低水头电灌站、攀月头高水头电灌站、攀月头应急电灌站、仙田一排涝站、饶砂排涝站、面前电灌站、三角目电灌站、鸿沟里山后电灌站、上溪电灌站、上溪后电灌站、竹崎头电灌站、内洋电灌站、顶厝洲电灌站、仙河电灌站、仙田二电灌站、仙田三电灌站、要堤电灌站、塘边电灌站、仙田一电灌站、岗湖电灌站、崩隙电灌站、岗湖电灌站、美堤面前电灌站、口美电灌站、打石电灌站、溪口一电灌站、北堤电灌站、后洋堤电灌站、急水电灌站、急水涵头电灌站、饶砂电灌站、仙美电灌站、福聚电灌站、铁铺坎下电排站、铁铺坎下村电排站。总装机容量108台，3948千瓦，担负9.5万多亩农田灌溉和13万多亩土地排涝任务。

交通运输

【“四好农村路”建设】 2019年底，湘桥区第一批示范路中的桥东街道六亩村道进行清表工作，准备进入施工阶段。拟建设的“四好农村路”第二批、第三批示范路项目（一般项目）已确认并上报市交通运输局，其中第二批项目共8条路，总长15.66千米，第三批项目1条路，长2.1千米。12月底，官塘镇慧如路已基本完成沥青砼路面浇筑；磷溪镇华侨大道已完成设计，进行排水管铺设；官塘镇秋溪村道已完成设计工作。

【农村公路安全生命防护工程建设】 2019年，全区农村公路安防工程任务共38.588

千米，均已完成施工图批复，正在办理财审手续。

【农村公路危桥改造建设】 全区有危桥改造任务4座，至12月底，河埔溪村已完成改造；口黄桥正在施工；西都桥正在办理开工手续；五村大桥申请暂缓实施。

【水上交通安全检查】 2019年，重点检查磷溪田心渡口和岗山水库渡口的客渡船安全制度落实情况。5月，磷溪田心渡口停止运营，已要求磷溪镇政府迅速组织对该渡口实施撤渡，做好渡船上岸撤离处理和落实撤渡后渡口安全防护措施，确保消除安全隐患。全年开展对渡口检查4次，总体情况良好，未发现较大安全生产隐患。

城乡建设　房地产业

【机构改革】 顺利完成机构合并、设立工作。区住房和城乡建设局与区市容环卫局无缝对接。原区市容环卫局的职能和在编在职人员并入区住房和城乡建设局，由区住房和城乡建设局承接辖区城市管理工作。市城综局湘桥执法分局协同区住房和城乡建设局做好城市管理和市容环卫管理工作。设立湘桥区政府项目建设中心，承担区政府投资非经营性房屋建筑和市政工程项目的代建管理工作，以进一步深化政府投资项目建设管理体制改革，规范政府投资工程项目建设程序，更好地开展区政府项目建设管理工作。

【核发施工许可证】 2019年，由湘桥区住房和城乡建设局核发施工许可证的建设项目有：百悦大厦；御水岸首期项目；锦峰天地华庭；腾瑞中心；潮州碧桂园第20幢-A、20幢-B、21幢-A、21幢-B、22幢-A、22幢-B；阳光御府一期项目；加油站综合服务中心；御水岸二期项目；美食街建设项目；科研车间；意桂线（北山路）道路建设工程（一期）；综合楼；滨江华府A幢、B幢、C1～C3幢、D幢；潮州市陈伟南文化馆；阳光华府二期项目；义安路、西马路景观改造项目；潮州湘桥金塘路碧桂园1～4幢及配电房、门卫房；潮州华侨城纯水岸（一期）项目（A区）；潮州华侨城纯水岸（一期）项目（B区）；潮州湘桥金塘路碧桂园5～11幢及配套幼儿园；海博熙泰观澜阁第1幢、丽湖阁第1幢、观景阁第4～3幢；潮州市市区环保发电厂场平工程；潮州市区环保发电厂桩基、基坑开挖、道路及道路雨排水工程；潮州市区环保发电厂主体建筑安装工程；潮州湘桥意溪华碧园A标段；潮州华侨城纯水岸（三期）项目（A区）。

【“三旧”改造】 实施关于粤港澳大湾区建设战略部署，继续深入推进节约集约用地建设，优化“三旧”改造运作机制，加快推动“三旧”改造取得新突破。2019年，湘桥区“三旧”改造新增项目3个，上下东平路（美食街）改造项目（234亩）、西马路立面更新改造项目（79.974亩）、岭南大厦片区改造项目（7.007亩）。

超额完成省、市下达改造任务234亩，完成率为105.58%；超额完成省、市下达新增改造任务320.981亩，完成率为100.26%。

【新型城镇化建设】 围绕新城建设、古城活化、环保整改目标，着力推进重大项目建设，以项目大突破促进发展大提升，不断提升城市品位，打造沿海经济带上的特色精品区。

打造美丽交通要道凤城生态水乡意桂线（北山路），助推示范区建设。湘桥区为配合市委、市政府实施城市东扩发展战略，尽快解决道路破损严重和拥堵问题，提升乡镇内联外通功能，加快实施凤城生态水乡示范区的意桂线（北山路）道路建设步伐。该项目自2018年4月正式施工，首期拟建设路宽22米的双向四车道，至2019年12月底，正进行可施工路段的路基加固桩、土方换填、桥梁桩基及桥面的施工，道路工程完成投资约5500万元，完成工程量约占总工程量的44%，累计完成投资13747.395万元。

全力推进古城保护改造。为提升古城品质，塑造古城新形象，区住房和城乡建设局对古城区下东平路、义安路等主要街道进行改造。按照“修旧如旧”原则修缮沿街建筑立面，破解古城区“蜘蛛网”难题，以点带面改造，提升古城风貌。下东平路项目总投资估算约962万元，已于2019年5月31日竣工验收；义安路、西马路景观改造项目总投资3580万元，于2019年4月开工，12月底完成工程量约占总投资的96%；美食街建设项目总投资估算约1323万元，12月底已完工待验收。

加快市区环保发电厂项目建设。市区环保发电项目是完善城市功能配套、造福人民群众的民生工程。该项目服务区域包括湘桥区、枫溪区、凤泉湖高新区及潮州新区部分区域，对全市生态环境保护和改善将发挥重要作用。项目于2017年12月18日动工建设，并按计划于2019年10月30日点火烘炉，12月25日进垃圾，12月27日举行点火启动仪式。项目建设进度累计完成94.5%，累计完成投资约6.5亿元，占一期投资额的94.5%。

积极推进枫江流域水环境二期整治工程。潮州市枫江流域水环境整治二期工程（湘桥区段）于2018年11月28日正式开工，至2019年底，已基本完成26条道路的污水主管网铺设工作，完成市政管网建设总长约44.87千米，正进入收尾阶段。城中村排水整治工程共涉及11个村，都在有序开展中。河道清淤工作，三利溪、百亩溪、社道沟、河浦溪已完成清淤。经联合设计方、勘探方等对区内居民区、企业、单位污水排放口进行排查，市政污水管网沿路两侧共有203个小区的污水口支管，至12月底，已全面完成203个小区的污水口接入工作。

【建筑业及市场监管】 为切实加强住房和城乡建设系统安全防范工作，打好“防风险、保安全、迎大庆”决胜战，区住房和城乡建设局联合市住房和城乡建设局在“湘桥碧桂园·韩东府”举办2019年建筑施工安全观摩体验活动，参加人员近300人；联合区应急管理局、区卫健局、区消防大队在金塘路碧桂园翰林府开展“建筑起重机械安全事故”应急救援演练，参加人员近250人。

【建设管理工作】 开展安全整治，全面排查安全隐患。严格执行安全生产“党政同责、一岗双责、失职追责”，强化行业监管责任、企业主体责任，认真落实两个责任，层层签订安全生产责任书。狠抓建筑施工等重点领域、关键环节的安全隐患排查整治，突出检查各施工企业安全生产责任制的落实情况，现场相关资料是否齐全，建筑工地的文明施工、施工用电、施工机具、“三宝、四口、五临边”、建筑起重机械、深基坑、高支模、外脚手架的安全使用情况，坚决防止重特大安全事故发生。

加大行政处罚力度。按照“双随机、一公开”要求，扎实开展安全生产监督检查，特别是加强对重点项目、重点部位、重点环节的监督巡查、监督抽查和专项检查。针对思想不到位、行动不到位、主体责任落实不到位的建设项目，曝光相关项目和责任单位，并按有关法律法规上限予以严肃查处。结合“安全月”和各项安全专项整治等活动，对在建工程开展了一系列质量安全大检查。全年对全区在建工程进行大规模质量安全检查活动超10次，检查在建项目132项次，建筑面积近327万平方米，共查出违章作业、违规操作及存在薄弱环节的建筑工程92项次，发出整改通知书92份，发出责令停止施工通知书8份，并采取限期整改，组织复查，验收合格重新开工的具体措施。同时，对存在隐患较多工程项目的相关责任人实施安全生产动态记分332分，依法实施行政处罚13件，金额173.85万元。

加强区属建筑工地扬尘整治。全年组织开展建筑扬尘整治检查7次，检查在建工程项目66项次；共对存在问题的工程项目发出整改通知书66份，责令限期整改，并跟踪落实，整改率为95%。

【既有住宅加装电梯】 为适应社会经济发展，完善既有住宅的使用功能，提高家居水平，方便居民生活，根据《潮州市既有住宅增设电梯管理办法（试行）》的规定，为申报人及时办理增设电梯审批手续，对申报人在增设电梯期间碰到的实际问题及时给予指导服务，全年全区既有住宅增设电梯43台。

【房地产管理】 坚持突出重点、创新方法、创新作为，促进全区房地产市场平稳健康发展。

坚持创新服务，助推企业提质增效。建立项目挂钩制度。围绕构建既清又亲的新型政商关系要求，进一步强化区住房和城乡建设局领导班子挂钩重点建设项目工作机制，推动干部走出去，及时帮助业主方、建设方协调解决实际问题，通过“筹建项目快落地、在建项目抓进度”，促进各重点项目加快建设。

维护房地产市场秩序。加强房地产领域不稳定问题专项治理，印发并落实《湘桥区关于在“不忘初心、牢记使命”主题教育中专项整治房地产中介机构乱象实施方案》。区住房和城乡建设局联合市市场监督管理局湘桥分局和相关部门对湘桥区辖属房地产中介机构进行随机抽查督导，被抽查的11家房地产中介机构均没有按规定备案，现场对存在违法违规提供房源中介服务的4家中介机构，责令其撤下不合法房源信息，令其立即整改。全年协调处理房地产领域投诉信访件52件，维护房地产市场发展秩序。

做好公共服务。2019年，经区住房和城乡建设局初审合格，向市住房和城乡建设局申请房地产开发资质企业共14家，其中申请房地产开发三级资质3家、四级资质3家、暂定资质8家。

【“放管服”改革】 深入推进“放管服”改革，以重点领域关键环节为突破口，深入推进区工程建设项目审批制度改革，努力建设服务高效、管理规范、综合成本低的营商环境。9月18日，成立潮州市湘桥区工程建设项目审批制度改革工作协调领导小组，发挥领导小组办公室的协调统筹作用，顺利完成改革任务。一是制定实施方案。在前期充分征求各单位意见的前提下，制定工程建设项目审批制度改革实施方案，于12月16日通过市政府审核，以区政府名义印发《潮州市湘桥区关于全面开展工程建设项目审批制度改革实施方案》。二是简政放权转职能。对工程建设项目审批制度实施全流程、全覆盖改革（审批权限在市、省或国家层面的审批事项从其规定），确定改革覆盖工程范围，主要是房屋建筑和城市基础设施等工程，不包括特殊工程和交通、水利、能源等领域的重大工程；覆盖行政许可等审批事项和技术审查、中介服务、市政公用服务以及备案等其他类型事项，推动流程优化和标准化。三是优化工程建设项目审批全过程，从立项到竣工验收和公共设施接入服务，将审批流程分为立项用地规划许可、工程建设许可、施工许可、竣工验收四个阶段，精简审批环节，规范审批事项。

【承接消防新业务】 为切实做好消防设计审查验收备案承接工作。区住房和城乡建设局明确自身责任定位，牢固守住质量安全红线，切实保障人民群众生命财产安全；进一步提升服务意识，服从改革大局，营造健康良好的市场环境。自2019年6月承接消防设计审查验收有关工作以来，共收到建设工程消防验收申请9件，办结9件；收到建设工程消防备案申请7件，办结7件；设计审查申请6件，办结6件。

商　务

【概况】 2019年，湘桥区实现货物进出口总额49852万美元，比上年下降10.39%；其中出口48408万美元，下降10.40%；进口1444万美元，下降10.8%。全年合同利用外资24298万美元，实际利用外资2104万美元，是上年同期的481倍。

【政府银企互动互利】 根据区政府工作部署，区商务局联合建设银行潮州分行举办“政银企对接会”；联合中信保汕头营业部，针对重点企业举办出口信用保险推荐会，促进出口企业增加商品买家数量，进一步提高企业出口额。2019年，全区有106家企业参与出口信用保险投保。

【农贸市场整治改造提升】 为满足人民群众日常生活需求，补齐湘桥区农贸市场设施短板，按照上级文件精神，对湘桥区7座农贸市场（集市）开展整治改造规范提升行动。截至12月底，莲云市场、大新乡市场、上洲市场已完成改造，其余4个市场正进行改造准备工作。

【扫黑除恶专项斗争】 通过湘桥区公众网和区商务企业群开展“扫黑除恶，人人有责”宣传行动，动员群众和企业积极举报涉黑涉恶线索；结合区商务局行业管理职能，在各重点商贸企业开展扫黑除恶专项斗争，通过深入企业宣传发动，发放宣传资料，开展对消费者的调查了解，摸查是否存在欺行霸市、强买强卖、敲诈勒索、聚众滋事，侵害群众利益的各类菜霸、行霸、市霸等黑恶势力，引导消费者向商务局或公安、工商等相关职能部门举报。

【规范市场日常监管】 建立健全市场监测机制，积极配合开展涉众金融检查工作。对典当、拍卖行业，二手、废品收购站经营秩序等进行多次检查，并建立监测长效机制，以及时发现行业中的风险点。

【重要活动】 创建潮州非遗传承文化馆。6月2日，由区商务局牵头，潮安乡贤郭传秋先生发起，上海翠达珠宝有限公司和潮州市韩福堂文化产业投资有限公司共同投资的潮州非遗传承文化馆在上海城隍庙城隍珠宝城成立。韩福堂致力于推广潮州非遗项目，弘扬潮州传统文化，倡导创新、协调、绿色、开放、共享的新发展理念，促进潮州文化与其他地域文化之间的交流，推动潮州非物质文化遗产项目市场化，更好地保护传承潮州非遗项目，推动文旅融合发展。同年10月26日，“韩福堂”文化还在上海虹桥商务区的世界手工艺产业博览园设立“潮州馆”。

【辖区重点外贸、“三资”企业】 2019年，全区有出口企业190家（以2019年度出口数据为基准），其中陶瓷企业61家、服装及纺织品企业69家，鞋类塑料企业24家，食品企业5家，贸易企业3家，机电产品企业15家，其他各类企业13家，涉及多个行业领域。

表30 2019年湘桥辖区出口总额前5位企业情况表

企业名称	企业地址	企业类型
广东翔鹭钨业股份有限公司	潮州市官塘镇庵头工业区	自营企业
广东金源照明科技股份有限公司	潮州经济开发区北站西路D5-8-3号地块厂房（1-3）	自营企业
潮州市联骏陶瓷有限公司	潮州经济开发区二期工业园振工西路（B、D幢）	自营企业
潮州市佳运塑料制品有限公司	潮州市湘桥区凤山村军民共建路2号厂房	自营企业
潮州市阳光科技发展有限公司	潮州经济开发区二期工业园A13-2小区	三资企业

【商贸流通管理】 组织企业申报各类扶持资金，助推企业发展壮大。落实上级财政扶持资金政策，组织企业申报中央财政2019年度外经贸发展专项资金（开拓重点市场项目），全年全区有21家企业申报该项专项资金，计23个项目，申报金额86.8421万元，助推企业开拓海外市场。按程序下达湘桥区外贸企业申报省2018年外经贸发展专项资金、促进经济发展专项资金（进口贴息项目及促进投保出口信用保险项目），2018年潮州市促进外贸稳增长调结构扶持专项资金，中央财政2018年度外经贸发展专项资金（外贸中小企业开拓国际市场等项目），2019年省促进经济发展专项资金（外贸方向及双向投资方向项目）等，共261.31万元；同时，在区政府政策的支持下，对出口额在300万美元以下（含300万美元）的小微企业实行资助，一定程度上为企业出口排忧解难，提振企业进出口的信心和积极性。

挖掘进出口新生力量，增强湘桥区外贸队伍。面对出口大户进出口急剧下跌和国内外需求不振的形势，切实加大宣传力度，千方百计挖掘进出口潜力企业，区商务局积极协调相关部门为企业申报自营进出口权和推进对外贸易提供高效服务，进一步壮大外贸队伍。全区全年新增外贸进出口权备案企业22家；大力支持外贸综合服务平台的设立与发展，及时跟踪了解设立过程中遇到的问题及困难，提供步骤、手续宣传及良好的服务和协调工作。截至12月底，湘桥区内外贸综合服务企业有潮州市蓝晖进出口有限公司、潮州市商贸通贸易有限公司、潮州市中通贸易有限公司3家，通过专业外贸服务平台建设，为辖区中小规模企业提供通关、退税、融资、信保、物流等专业、高效的外贸综合服务，增强中小微外贸企业发展活力，促进全区外贸发展。

推进出口信用保险工作的开展。出口信用保险是为企业在出口贸易、对外投资和对外工程承包等经济活动中提供风险保障的一项政策性支持措施，对于出口额在300万美元以下（含300万美元）的小微企业，在省财政扶持80%保费、市财政扶持10%保费的基础上，由区资助剩余10%的保费；出口额在300万美元以上的企业，在省财政扶持40%保费的基础上，由区资助10%的保费。区商务局加大走访企业、宣传政策力度，有针对性地举办重点企业出口信用保险推荐会。2019年，全区有112家企业参与出口信用保险投保。

【组织企业参加国内外展会】 国内展会方面。围绕构建全面开放新格局，积极开拓“一带一路”沿线市场，巩固香港等传统市场。组织企业参加香港时装展、广交会、中国·上海国际婚纱摄影器材展览会、2019粤澳名优商品展览会、2019中国（北京）国际精品陶瓷展、中国西部国际博览会进出口商品展、上海进口博览会等展会，通过加强国内外商贸交流，寻找商机，助力企业发展。国外展会方面。在区商务信息平台发布展会信息，积极动员企业参加9月举办的第二十四届俄罗斯家用电器与家庭用品博览会及广东（日本）商品展览会。

旅　游

【概况】 全区全年接待海内外游客647.8万人次，比增28.07%；旅游总收入73.9亿元，比增23.99%，全年无旅游安全事故和重大旅游质量投诉。

【古城文化旅游示范区建设】 2019年，区文化旅游体育局以“绣花”精神推动古城在项目建设、更新改造、业态布局、服务管理等方面向“特、精、融”高品质发展。

大力挖掘古城红色文化旅游资源。对全区红色遗址进行全面普查，已收集红色遗址线索25处，重点打造的柯柏年故居（李春涛故居）为集爱国主义教育和红色文化游于一体的红色教育基地，讲好“左联六杰”红色故事，传承红色基因，进一步强化文旅融合。

全面加强古城文保资源的保育活化。扎实抓好古城“微更新”“微改造”，探索“文物 + 保护 + 创意”模式，加强对古城文物资源的管理和保护，活化文保资源，完成对市级文保单位下东平路305号名人故居的主体建筑修缮和布展工程，打造为集教育、旅游、文创、学术、纪念于一体的名人故居纪念馆。

【构建全域旅游格局】 加快推进乡村生态旅游发展。以古城区为核心，主动对接新城建设发展，以万达世界潮人文旅城、华侨城“中国工艺美术之都”等重点文旅项目建设为契机，加强古城新城联动，串连14个旅游点成一线，打造一江两岸休闲二天游精品线路。继续做优区属景区紫莲森林度假村、玉瑶山庄旅游品牌；以社光村获评“广东省文化旅游特色村”为契机，继续挖掘独特的乡村自然景观、民俗文化和特色美食等资源，辐射带动环古城乡村生态旅游发展，助力乡村振兴。

不断提升旅游企业综合服务水平。指导区属景区完善内部配套建设和各项管理制度建设，不断丰富观赏游览项目，提升景区接待服务水平。积极参与各类创优活动，紫莲森林度假村入选潮州市文化研学游基地；社光村被省文化和旅游厅列入首批广东省文化和旅游特色村；5家商铺和企业特色产品获得“潮州十大手信”称号。

【古城管理和服务】 在继续做好牌坊街路障设施管护的同时，进一步配套牌坊街应急管理指挥监控中心，更好地对街区进行实时管控。全力整治牌坊街闯禁行行为。进一步强化禁行标识配置，调整牌坊街管理方案，落实街区管理人员加强巡查，落实24小时轮班“定点、定时、定人、定责”监控，多措并举强化街区管理。加强对旅游小长假、黄金周等重要时点管控。通过成立应急管理工作指挥部、多部门联动、发布道路交通指引、印制出行小贴士、设置青年志愿者驿站等举措，全方位提升管理服务水平，为市民、游客营造良好、安全的旅游体验。

【文旅融合】 区文旅体局联合韩师美院、府学旧地文创园举办大学生文创作品展，让文化创意走进古城，推进古城文化旅游不断融合发展。联合南方报业传媒集团潮州记者站在牌坊街举办“打卡千年城·发现新潮州”随手拍活动，活动根据不同主题、季节安排采风，让更多游客到潮州旅游、深入体验，更好地展示潮州古城魅力，促进古城旅游经济发展。开展“美丽古城·你我共享”牌坊街创意彩绘垃圾桶赠送活动，以生动活泼的形式倡导市民、游客共同爱护古城环境。

【旅游公共服务设施提质升级】 2019年，推进5座旅游厕所建设，其中新建3座，改扩建2座，同时对2015年以来建设的50座旅游公厕的位置进行确认，在百度地图上标注厕所的详细位置和编号，方便游客查找。建立“厕所开放联盟”，组织发动古城区商铺、茶馆、客栈、机关企事业单位等加入联盟，将内部厕所免费向市民、游客开放，并统一对70多家加入“厕所开放联盟”的商户进行挂牌，在门口张贴标志，提升城区旅游服务功能。

【行业安全监管】 全面贯彻落实地方党政干部安全生产“一岗双责”制度，履行文化和旅游领域的安全生产监督管理，组织指导文化经营场所、旅业单位做好安全宣传教育工作，组织开展旅游安全专项整治和隐患排查治理，做好突发事件风险隐患排查整改工作；持续推进重点行业领域安全生产专项整治行动；全面开展风险点、危险源排查整治工作，切实解决旅游安全生产领域“认不清、想不到、管不着”问题。区文旅体局全年出动人力200多人次，组织开展安全生产、消防安全专项检查40多场次；联合公安、消防、市场、街道等部门开展安全专项整治行动8场次，共检查旅游企业100多家次。

【市场监管】 结合“扫黑除恶”工作，联合市场监管、公安、街道等部门开展各类专项排查。在文化市场方面，全面清查娱乐、演出、网吧等文化市场领域违法违规经营行为，对检查发现的涉黑涉恶线索，及时向相关职能部门通报，逐步建立健全规范化的文化领域监管体系。在旅游行业方面，全力排查旅游景区欺行霸市、强买强卖、收保护费的市霸、行霸等黑恶势力；排查旅行社的旅游合同、广告等招徕、咨询、组团、接待等经营行为；排查旅游行业中的“黑社”“黑导”“黑店”等无证经营行为；排查导游强制购物、强制游客消费、恶意攻击团队游客等违法违规行为；排查破坏古城区旅游环境行为，切实引导全区旅业单位做好诚信经营。

【优化旅游服务】 通过“12301”投诉电话、网上办事大厅、政务服务办事大厅驻点等方式，为市民游客提供“一站式”服务。通过坚持依法行政，着力营造良好文化旅游市场环境和秩序。继续完善广东省政务服务事项管理系统，认领事项清单30个，同时通过“互联网+监管”系统门户，录入相关监管数据。全年审批行政许可事项9项，均在广东省行政执法信息公示平台数据采集系统上进行公示。

【旅游产品宣传推介】 主动融入对接粤港澳大湾区。参加粤港澳大湾区巡回推介会和2019广东国际旅游博览会等推介活动，加强对区属文化、旅业单位自身品牌培育。在宣传推介上，加强潮文化对粤港澳大湾区的吸引力和输出能力，密切与大湾区城市在文化、旅游等领域的合作与交流，努力拓展文化旅游市场。

积极引客入潮。强化旅游资源整合和宣传工作，继续依托各大媒体开展古城文化旅游宣传，收集和整合古城文化旅游资源、非遗手工艺资源、红色旅游资源和美食文化资源，制作“古城最潮州”文旅融合小册子，不断提升区域文化旅游品牌影响力。

【黄金周旅游情况】 2019年春节假期期间，接待海内外游客89.1万人次，比增41.32%；旅游总收入20500万元，比增41.47%。古城文化旅游特色区成为粤东旅游中心和全省最受欢迎的旅游目的地之一；乡村休闲旅游红火，假日旅游经济持续繁荣。2019年国庆节假期，接待海内外游客102.3万人次，比增33.4%；旅游总收入30520万元，比增35.2%。古城文化游、回乡探亲游、家庭自驾休闲游是国庆“黄金周”游客旅游的主要方式，客源地以粤东地区、闽南地区为主，粤港澳大湾区各市游客比往年同期有所增加。

金　融

【概况】 2019年，湘桥区金融机构年末存款余额157.06亿元，比年初增长8.5%。其中城乡居民储蓄余额109.01亿元，增长9.8%；贷款余额120.49亿元，增长168.9%。

【潮州农村商业银行股份有限公司凤城支行】 截至2019年12月底，潮州农村商业银行股份有限公司凤城支行各项存款余额742310万元，比年初增加64457万元，增幅为9.51%；各项贷款余额75076万元，比年初增加13220万元，增幅为21.37%；表内不良贷款余额2032万元，不良贷款率为2.71%。（数据包括铁铺镇）

【业务经营管理】 做大主业。一是将工作重心重归存款。紧紧抓住村社存款组织工作，开展对公账户存款营销竞赛活动，千方百计拓宽存款资金来源，巩固和扩大存款业务优势。截至12月底，实现各项存款余额742310万元，比6月末增加40396万元，比年初增加64457万元，增幅为9.51%。其中对公存款余额137426万元，比6月末增加28818万元，比年初增加19409万元，增幅为16.45%。二是借助“访百万企业　助实体经济”专项行动，“走出去”加快信贷业务推广，进一步回归实体经济发展中急需的金融支持，尤其是支持本地重大发展项目、供给侧结构性改革以及“小微”“三农”等经济社会发展的薄弱环节，通过走访覆盖更多的区域和不同层次的客户，提前超额完成潮州农村商业银行有限公司下达的走访任务，有效走访1574户客户，完成比例为115.4%。三是借助“亮剑”营销活动平台，实现全员营销。构建“驻村客户经理+突击队+分理处”的交叉联动模式，把机关打造成一个流动的窗口银行，实现凤城支行全员联动营销，打造出一支支“农支小铁军”，推动“亮剑”营销活动向纵深发展，在服务“三农”、服务“小微”的道路上走出“凤城”特色。截至12月底，实现各项贷款余额75076万元，比6月末增加21243万元，比年初增加13220万元，增幅为21.37%。

做小服务。一是回归本源，全力支持乡村振兴和普惠金融发展。凤城支行通过规划特色乡村、古城改造、普惠金融、美丽乡村和精准扶贫五大工作路线，搭建“1+54321”金融服务模式，做实实地调研走访工作，在做好“选乡村、育产业、用政策、抓管理”四个环节的基础上，持续扎实推进整村授信基础性工作，为普惠金融奠定根基。截至12月底，共完成11个村委的整村授信调查摸底工作，推动与官塘镇顶乡村、铁铺镇石板村、桥东街道社光村、磷溪镇顶厝洲村整村授信项目落地，共授信44户，授信金额657万元。二是履行社会责任，落实精准扶贫工作。凤城支行与枫溪区扶贫办签订的扶贫小额贷款项目于2019年10月到期，通过切实对建档立卡贫困户“应贷尽贷”，为扶贫攻坚作出积极贡献。

提升促发展和控风险平衡能力。一是多措并举抓压降，全力推进“雷霆清收”不良资产专项攻坚行动的开展。截至12月底，共清收不良贷款6194.66万元。二是强化管理遏新增，建立交叉检验和不良贷款容忍度机制，以充分激发和保护员工营销热情，破除“畏贷惧贷”痛点，同时坚决查处信贷领域的违法违规和失职行为，维护信贷领域的正常秩序，不断提升“促发展”与“控风险”的平衡能力。

【改制组建农商行工作】 组建农商行工作已于2018年底完成申筹工作。2019年上半年，凤城支行主要做好资产确权和不良贷款清收压降等工作，加快推进改制组建农商行收口工作，并积极配合做好筹建前的相关准备工作。中国银保监会于2019年5月30日批复同意筹建潮州农商银行，凤城支行积极配合，做好开业宣传策划工作，助力潮州农商银行于6月29日顺利开业。

教育 科学 文化 卫生

教　育

【概况】 2019年，湘桥区（不含铁铺镇）共有幼儿园125所、中小学校103所，其中完全中学1所、普通高中2所、初中15所，职业技术学校1所、小学76所、成人中学1所、九年一贯制学校6所、特殊教育学校1所。在校学生总数64136人，其中普高学生4874人、职校学生140人、初中学生16695人、小学学生42356人、特殊教育学生71人。全区中小学有教职工4330人（含民校），幼儿教职工2729人；在园幼儿22088人。

截至12月底，全区中小学有正高级教师2人、高级教师415人、一级教师2071人。其中，高中正高级教师1人，高级教师102人，一级职称教师206人；初中高级职称教师228人，中级职称教师614人；小学正高级教师1人，高级教师85人，一级职称教师1251人。

【重要会议】 4月30日，召开2019年湘桥区教育工作会议暨全区教育系统党建、意识形态安全工作会议。会议坚持以习近平新时代中国特色社会主义思想为指导，深入学习贯彻中共十九大精神、全国教育大会精神和习近平总书记视察广东重要讲话精神，总结2018年湘桥区教育工作，部署新一年教育改革发展各项任务。

9月9日，召开湘桥区教育大会暨2019年“尊师重教”颁奖大会。会议充分肯定全区教育工作取得的可喜成绩，授予陈永序等5名校长“至善校长”称号，陈伟杰等10人“湘桥区优秀教育工作者”称号，黄韩玉等23人“湘桥区教书育人优秀教师”称号和陈碧霞等20人“湘桥区优秀班主任”称号。要求全区各级各部门和广大教育工作者继续坚持以习近平新时代中国特色社会主义思想为指导，以实现湘桥区教育事业的高质量提升发展为目标，认真学习贯彻习近平总书记关于教育工作的重要论述和全国教育大会精神，坚持社会主义办学方向，把德育放在教育的首要位置，确保全区教育事业始终沿着中国特色社会主义教育发展道路前进，不断提高教育发展质量和水平。

【实施“理想学校+卓越校长”工程培训项目】 为科学规划全区教育发展新路径，促进区域教育内涵发展质量提升，引领学校体制机制改革，全面提升校长教师的专业素养，建设一批“学生快乐、教师幸福、家长满意、社会认可”的“理想学校”，区教育局开展“理想学校+卓越校长”工程培训项目，培训对象为湘桥区35名中小学校长。培训以“理想学校”构建模型为核心，通过为期一年半的系统性、结构性、立体化、导师制的培养体系，帮助学校管理者优化学校治理结构、提升教师专业发展、提高校本部教研能力，推动学校可持续发展。

为进一步加强中小学干部队伍建设，选拔培养一支素质优良、数量充足、结构合理、年青优秀的校长后备干部队伍，并为推进教育现代化建设提供强有力的组织保证和人才保障，在全区中小学开展校长后备干部推荐工作，并基本建成后备校长人才库。

【探索集团办学】 积极探索发展学前教育的途径和方法，以“集团化办园”为基本模式，制订《潮州市湘桥区学前教育集团化办园试点工作方案》。2月18日，首批以湘桥区中心幼儿园为“龙头园”试点组建的快乐学前教育集团揭牌成立，通过加盟、托管等形式引领辐射，发挥品牌效应，整合优质教育资源，打造区域学前教育品牌。3月21日，挂牌成立潮州市湘桥区潮人阳光教育集团，通过品牌服务、多元办学、资源共享、协同发展、辐射带动各中小学优质办学，着力为韩东新区提供更多优质学位。

【师德师风教育】 制订《潮州市湘桥区学校思想政治理论课建设行动计划（2019—2021年）》，扎实抓好习近平总书记在学校思想政治理论课教师座谈会上的重要讲话精神和全省学校思想政治理论课建设推进会精神的贯彻落实，积极落实新时代教师职业行为十项准则。积极实施“名校长”“名师”建设工程，支持省级、市级名教师、名校长工作室开展活动，大力组织学员参加省名校长、名师、名班主任工作室的跟岗学习培训。

【幼儿教育】 湘桥区域内幼儿办园体制以集体办和民办为主。学制三年，春秋季招生，由幼儿园自主招生。

表31　2019年湘桥区域内幼儿园情况表

幼儿园名称	地址	开办时间	幼儿数（人）	教学班级（个）	教职工数（人）	占地面积（平方米）	建筑面积（平方米）	级别	办学体制
湘桥区启迪幼儿园	环城北路5号B幢二楼	1995年6月	77	9	9	450	450	—	民办
湘桥区育苗幼儿园	卫星二路上东平综合楼A幢1－2层	1995年1月	105	12	12	615	432	—	民办
湘桥区第一幼儿园	绿榕北路中段	2013年9月	480	55	55	1800	9000	市一级	公办
湘桥区娃哈哈幼儿园	地址1：绿榕北路中段 地址2：西荣路10号 地址3：枫春路中段 地址4：环城西路32号	2004年8月	1271	58	160	8200	12700	市一级	民办
湘桥区娃哈哈（凤园）幼儿园	凤园路凤山管区洋东山	2018年8月	560	18	46	1850	6014	—	民办
湘桥区六一幼儿园	新桥东路新馨里9幢	1996年6月	200	7	23	800	1600	—	民办
湘桥区小太阳幼儿园	地址1：西新路15号 地址2：陈桥十亩妈宫前工业区二期1号	2004年8月	358	13	39	750	1200	—	民办

续表31

幼儿园名称	地址	开办时间	幼儿数（人）	教学班级（个）	教职工数（人）	占地面积（平方米）	建筑面积（平方米）	级别	办学体制
湘桥区霓霓幼儿园	永护路22号	2006年6月	52	3	10	1223	1223	区一级	民办
湘桥区南春实验幼儿园	振德街书楼堀地22号	1995年9月	25	3	10	296	890	—	集体办
湘桥区童星幼儿园	开元路开元广场	2002年9月	105	5	11	800	1200	—	民办
湘桥区建总幼儿园	城新路建安花园	1989年2月	163	7	26	2006	630	—	集体办
湘桥区明星幼儿园	南较路8号	1995年7月	239	9	27	630	1840	—	民办
湘桥区娃娃乐幼儿园	地址1：南较路春福街春福园 地址2：磷溪镇凤美路段磷溪供电所对面	1996年11月	440	16	45	2020	2620	—	民办
湘桥区玉兰幼儿园	地址1：南较路春福街水产新村 地址2：春荣路北侧湘港综合楼	1995年9月	1033	30	120	2168	5595	市一级	民办
湘桥区中心幼儿园	趣春路一横1号	2013年9月	435	14	48	1600	5830	市一级	公办
湘桥区快乐幼儿园（春荣园）	春荣路兰花四街	2017年12月	210	8	31	2437	2800	—	民办
湘桥区兰英第三幼儿园	潮州大道红树林8号铺面	2011年8月	238	11	21	1300	1300	—	民办
湘桥区阳光中英文幼儿园	绿榕北路卢柳贤综合楼1—3层	2011年8月	181	9	27	1000	3500	区一级	民办
湘桥区东方幼儿园	城新路56号	2016年4月	51	4	13	306	306	—	民办
湘桥区博思实验第二幼儿园	潮州大道北端东晖华府旁	2014年1月	463	14	40	5333	2873	—	民办
潮州市体育幼儿园	北园路市体育运动学校内	2015年1月	192	7	30	4054	1537	市一级	民办
湘桥区丝绸中心幼儿园	城新路28号	2016年4月	244	9	21	1600	2600	—	民办
湘桥区精博中英文幼儿园	潮州开发区立信路尾	2018年1月	61	4	10	16870	9556	—	民办
湘桥区江楠幼儿园	城新路35号	2018年8月	202	9	33	2500	1300	—	民办

续表31

幼儿园名称	地址	开办时间	幼儿数（人）	教学班级（个）	教职工数（人）	占地面积（平方米）	建筑面积（平方米）	级别	办学体制
瓷都实验幼儿园	潮州开发区潮州大道北片工业区D4–1–3–5	2019年8月	43	4	20	3047.58	6000	—	民办
湘桥区金山幼儿园	北关金山前一横4号	2010年9月	120	5	17	500	500	—	民办
湘桥区金山实验幼儿园	绿茵路中段	2011年12月	665	21	67	4000	8000	区一级	民办
湘桥区粤海坤辉幼儿园	潮州大道南端粤海坤辉家园会所	2016年9月	81	4	13	600	1130	—	民办
湘桥区维多利亚幼儿园	绿榕北路58号	2014年4月	350	11	35	2000	2000	—	民办
湘桥区快乐幼儿园（西荣）	西荣路春光上埔	1997年9月	270	8	29	2800	2800	—	民办
湘桥区快乐幼儿园（南较）	南较路南榕园	2001年9月	250	8	28	2800	2800	—	民办
湘桥区北关幼儿园	北关北美路池下西街四横	1973年3月	108	4	9	880	600	—	集体办
湘桥区小博士幼儿园	城西街道春光景山村景新巷22号之1	2015年8月	56	3	10	500	500	—	民办
湘桥区春光中心幼儿园	春光谢厝村村委会办公楼	2013年12月	112	4	13	1126	840	—	民办
湘桥区小能人幼儿园	凤园路后埔顶5号	1997年8月	204	7	20	500	500	—	民办
湘桥区景山中心幼儿园	景山市场对面	2016年2月	154	6	15	800	920	—	民办
湘桥区景山实验幼儿园	花园村丽春路区实验小学对面	2013年2月	230	7	21	1200	3600	—	民办
湘桥区威尼斯幼儿园	潮枫路潮新巷19号	2014年4月	145	7	21	1200	1800	—	民办
湘桥区欢乐实验幼儿园	枫春路前街综合楼1–3层	2015年8月	258	9	22	400	803	—	民办
湘桥区欢乐双语幼儿园	西新路前街二支渠中段	1996年6月	195	7	17	600	600	—	集体办
湘桥区红苹果幼儿园	北关村北美路	2016年2月	53	3	7	400	400	—	民办
湘桥区信怡幼儿园	城新路9号外贸综合楼	1991年6月	270	10	20	800	800	—	民办

续表31

幼儿园名称	地　　址	开办时间	幼儿数（人）	教学班级（个）	教职工数（人）	占地面积（平方米）	建筑面积（平方米）	级别	办学体制
湘桥区吉怡幼儿园	新桥西路287号	2001年2月	218	8	29	680	2040	区一级	民办
湘桥区福春幼儿园	后沟中二巷	2003年9月	80	3	14	400	400	—	民办
湘桥区爱苗幼儿园	城西吉街前街村前新西片一排一号	2015年8月	146	6	25	300	900	—	民办
湘桥区向上实验幼儿园	地址1：磷溪镇凤美工业区 地址2：西荣路凤眼兰园二路10号	2016年12月	500	18	16	820	1860	—	民办
湘桥区育艺幼儿园	新春南路23号	2000年6月	235	8	27	400	1200	—	民办
湘桥区彩虹幼儿园	新乡村新景园楼下	1998年8月	77	3	9	600	600	—	集体办
湘桥区康乐幼儿园	城西街道北关村池下西街四巷一号	2016年1月	52	3	9	450	450	—	民办
湘桥区晨光实验幼儿园	枫春南路40号	2015年8月	141	5	18	100	2000	—	民办
湘桥区英华实验幼儿园	沙洲商业街上洲小学对面	1998年4月	120	4	13	220	660	—	民办
湘桥区新利园幼儿园	金田花园、新桥东路新利园	1998年2月	97	4	14	2500	2500	—	民办
湘桥区侨苑幼儿园	城新路市公安局隔壁	2002年2月	60	3	9	600	300	—	民办
湘桥区饼干厂幼儿园	西荣路景山村池西中路3号	1995年3月	78	4	9	420	420	—	民办
湘桥区沙洲幼儿园	上洲村凤洲商业街47号	2015年8月	102	4	12	300	650	—	民办
湘桥区新乡幼儿园	新桥东路新乡市场右侧	1984年3月	104	4	11	380	380	—	集体办
湘桥区贝贝乐幼儿园	春光谢厝三片下工业楼一楼铺面	2018年8月	81	4	8	1015	1015	—	民办
湘桥区沙洲中心幼儿园	上洲村商业街凤洲大楼二楼	2018年11月	81	3	9	386	386	—	集体办
湘桥区陈桥中心幼儿园	陈桥村泰安路	1994年3月	256	9	28	3335	2580	区一级	集体办
湘桥区希望幼儿园	新洋路翠竹园首层	2003年9月	96	4	11	500	880	区一级	民办

续表31

幼儿园名称	地址	开办时间	幼儿数（人）	教学班级（个）	教职工数（人）	占地面积（平方米）	建筑面积（平方米）	级别	办学体制
湘桥区新星幼儿园	地址1：潮州市春荣路安居楼13幢4号 地址2：新桥东路新桥花园76幢幼儿园	1993年11月	93	5	18	1600	2000	区一级	民办
湘桥区博思实验幼儿园	凤园路中段李厝宫前	2010年2月	357	12	34	500	3600	区一级	民办
湘桥区云梯幼儿园	云梯村	1977年7月	80	4	8	1500	1000	—	集体办
湘桥区文欢幼儿园	花园管理区	1996年7月	110	5	11	990	910	—	民办
湘桥区芳欢实验幼儿园	凤新街道西塘管理区社道南片九巷1号	2016年1月	148	5	11	800	1800	—	民办
湘桥区花蕾幼儿园	区实验学校对面	2001年7月	100	4	13	559	1080	—	民办
湘桥区安贝尔实验幼儿园	潮州大道泰安路尾段	2014年3月	130	6	14	300	1000	—	民办
湘桥区新艺幼儿园	凤新街道大新乡村竹下18号	2016年4月	150	5	12	650	1230	—	民办
湘桥区奂华幼儿园	凤新街道莲云村莲花心片	2017年5月	93	6	30	1844	3500	—	民办
湘桥区凤新街道莲云中心幼儿园	凤新街道莲云村宫前巷	2018年8月	90	4	12	420	750	—	集体办
湘桥区花园幼儿园	花园管理区	1995年2月	99	4	9	900	700	—	集体办
湘桥区大新乡幼儿园	大新乡管理区	1994年12月	175	6	17	1330	800	—	集体办
湘桥区伶俐幼儿园	陈桥村泰安路	1995年3月	150	6	14	1800	700	—	民办
湘桥区华星幼儿园	陈桥村永安路陈桥工业楼43号	1996年6月	102	4	12	1250	870	—	民办
湘桥区雅思实验幼儿园	凤新街道大园村学校路	2015年8月	80	4	14	6000	1409	—	民办
湘桥区恒星实验幼儿园	凤新街道宾园路中段	2017年4月	133	7	28	1400	3200	—	民办
湘桥区童年时光幼儿园	凤山村凤中一路八横2号	2014年12月	105	4	12	600	1800	—	民办

续表31

幼儿园名称	地址	开办时间	幼儿数（人）	教学班级（个）	教职工数（人）	占地面积（平方米）	建筑面积（平方米）	级别	办学体制
湘桥区欢乐实验幼儿园（潮枫园）	潮枫路中段云梯村B幢综合楼一至四层	2018年1月	122	6	22	1820	1353	—	民办
湘桥区智慧树幼儿园	潮州大道北站西路D5-7-3-1	2017年1月	67	4	16	1240	1100	—	民办
湘桥区凤新街道非凡幼儿园	凤新街道莲云村头社后头西三横1号	2019年5月	80	3	8	650	450	—	民办
湘桥区灰路头幼儿园	翠竹园B幢6-12铺面一二层	2016年4月	66	3	8	800	880	—	民办
湘桥区黄金塘幼儿园	桥东街道黄金塘村顶门口田	1976年9月	53	3	8	756	520	—	集体办
湘桥区社光幼儿园	桥东街道社光村北溪路2号	1970年9月	120	4	18	1000	370	—	集体办
湘桥区下津幼儿园	桥东街道下津村廖厝祠	1971年4月	100	4	14	1500	1500	—	集体办
湘桥区金色童年幼儿园	桥东街道东湖路中段	2017年11月	205	10	33	2400	1800	—	民办
湘桥区恒大福达幼儿园	金碧路189号潮州恒大城	2018年10月	295	9	38	3069	3015	—	民办
湘桥区爱加艺术幼儿园	桥东街道东山路中段北侧	2019年9月	262	9	39	3650	5100	—	民办
湘桥区桥东下津星星幼儿园	桥东街道下津村草尾公厅	2018年8月	96	3	9	400	620	—	集体办
湘桥区桂花园（上津）幼儿园	金山大桥东引道南侧	2014年4月	300	10	26	900	1850	—	民办
湘桥区意溪东津实验幼儿园	意溪镇中津裴厝前	2017年5月	374	12	33	3200	1000	—	民办
湘桥区意溪中心幼儿园	意溪镇原东郊小学址	2011年9月	380	9	29	6542	2950	市一级	公办
湘桥区意溪实验幼儿园	意溪镇意东一路中段563号	2016年1月	324	10	31	2600	3300	—	民办
湘桥区意溪团结幼儿园	意溪镇埔东村学校路原埔东学校	2018年8月	112	5	13	1150	1100	—	民办
湘桥区意溪中津幼儿园	中津村向阳路段	1992年5月	102	4	11	660	450	—	集体办
湘桥区中津（童乐）幼儿园	中津村向阳路段	2013年2月	280	9	33	800	2400	—	民办

续表31

幼儿园名称	地址	开办时间	幼儿数（人）	教学班级（个）	教职工数（人）	占地面积（平方米）	建筑面积（平方米）	级别	办学体制
湘桥区意溪东郊育苗幼儿园	意溪镇东郊村	1989年2月	240	8	29	970	430	—	集体办
湘桥区意溪镇启蒙幼儿园	意溪镇东和路原酒厂楼二楼	2018年8月	66	3	9	360	360	—	民办
湘桥区意溪镇欢欢幼儿园	意溪镇意东一路卫生院旁	2018年8月	70	4	9	350	700	—	民办
湘桥区磷溪镇中心幼儿园	磷溪镇溪口二村	1980年9月	253	8	20	825	938	—	集体办
湘桥区磷溪镇溪口一村幼儿园	磷溪镇溪口一村	1980年9月	62	3	8	620	600	—	集体办
湘桥区磷溪镇娜娜实验幼儿园	磷溪镇溪口三村	1996年9月	152	6	18	960	1200	—	集体办
湘桥区磷溪镇溪口四村幼儿园	磷溪镇溪口四村	1980年9月	61	3	6	950	900	—	集体办
湘桥区磷溪镇溪口八村幼儿园	磷溪镇溪口八村	2003年9月	40	3	11	520	390	—	集体办
湘桥区磷溪镇星光幼儿园	磷溪镇仙田三村	1993年9月	100	4	10	600	360	—	集体办
湘桥区磷溪镇星星幼儿园	磷溪镇仙田一村	1990年9月	85	3	9	980	600	—	集体办
湘桥区磷溪镇星华幼儿园	磷溪镇仙田二村	1993年9月	110	4	10	1300	400	—	集体办
湘桥区磷溪镇仙田明星幼儿园	磷溪镇仙田一村	2012年9月	73	4	12	560	500	—	民办
湘桥区磷溪镇埔涵童心幼儿园	磷溪镇埔涵村	2012年2月	150	4	12	800	500	—	民办
湘桥区磷溪镇田心星星幼儿园	磷溪镇田心村	1996年9月	120	4	10	250	300	—	民办
湘桥区磷溪镇韩城实验幼儿园	磷溪镇溪口三村	2016年2月	228	7	23	240	1074	—	民办
湘桥区磷溪镇埔涵幼儿园	磷溪镇埔涵村	1990年9月	82	3	6	350	250	—	民办
湘桥区磷溪镇仙河幼儿园	磷溪镇仙河村	1986年9月	238	9	32	3996	4580	—	集体办
湘桥区磷溪镇培英幼儿园	磷溪镇窑美村	1996年9月	26	2	5	250	360	—	民办

续表31

幼儿园名称	地　　址	开办时间	幼儿数（人）	教学班级（个）	教职工数（人）	占地面积（平方米）	建筑面积（平方米）	级别	办学体制
湘桥区磷溪镇溪口美堤幼儿园	磷溪镇美堤村	2000年9月	26	1	5	300	250	—	集体办
湘桥区磷溪镇韩城实验二园	磷溪镇内坑村塗潭	2019年3月	55	3	12	2500	2000	—	民办
湘桥区磷溪镇金沙幼儿园	磷溪镇内坑村塗潭	2019年8月	58	4	8	2500	2300	—	民办
湘桥区官塘镇中心幼儿园	官塘镇苏三村	2002年9月	75	4	10	660	1010	—	民办
湘桥区官塘镇奕湖幼儿园	官塘镇奕湖村	1978年9月	45	3	5	500	135	—	集体办
湘桥区官塘镇供销社幼儿园	官塘镇罗地山邮电局后面	1997年9月	75	4	8	740	360	—	民办
湘桥区官塘镇石湖幼儿园	官塘镇石湖村	1977年5月	30	3	6	490	490	—	民办
湘桥区官塘镇苏二幼儿园	官塘镇苏二村	1998年9月	58	3	6	480	350	—	民办
湘桥区赛恩小太阳幼儿园	官塘镇石湖村安澄公路边综合楼第一层至第三层	2019年6月	122	5	12	500	1250	—	民办
湘桥区官塘镇奕东幼儿园	官塘镇奕东村	1986年8月	41	3	6	300	300	—	民办
湘桥区官塘镇育苗幼儿园	官塘镇元房村	1999年9月	80	3	9	860	460	—	民办
湘桥区官塘镇真娜幼儿园	官塘镇巷头村	1977年9月	106	5	12	1440	1220	—	民办
湘桥区官塘镇象山幼儿园	官塘镇象山村	2001年9月	62	3	7	400	850	—	民办

【小学教育】 课程设置方面，按广东省教育厅《广东省义务教育课程（实验）计划表》的要求开齐课程，开足课时。

全面实行“阳光招生”。坚持就近入学、公开公平公正的原则，及时将招生信息在湘桥区教育网、湘桥教育微信公众平台上向社会公布。充分做好招生各环节的准备工作，注重落实招生过程各环节的公示制度、告知制度、社会监督制度。公布咨询电话，耐心接受群众咨询，热情为群众答疑解惑。采取按区域划分、摇号派位的方式组织秋季新生入学，杜绝以考试或任何变相考试的方式择优选拔新生行为；严格执行标准化学校班学额标准，全面实现“零择校”，促进教育公平，妥善解决招生过程中出现的各类问题。

小学阶段，区教研室借助2019年首次“小升初抽测”大数据反馈情况，有目的地对“薄弱小”的小学进行专项教学调研，以此分析当前“小规模学校”普遍存在的主要问题，力促特色发展。

表32　2019年湘桥区域内小学情况表

学校名称	地址	学生数（人）	教学班数（个）	教职工数（人）	占地面积（平方米）	建筑面积（平方米）	级别	办学体制
潮州市湘桥区昌黎路小学	昌黎路70号	2153	47	119	20546	12195	省一级	公办
潮州市湘桥区来宜小学	环城北路杨成新村	349	9	21	2106.6	1096	—	公办
潮州市湘桥区城南小学	环城西路38号	2956	65	178	13054	12792	省一级	公办
潮州市湘桥区培英小学	太平路石牌巷6—8号	1158	26	59	3842	5560	—	公办
潮州市湘桥区振德街小学	南春路振德街新兴巷22号	1483	32	75	2160	8530	区一级	公办
潮州市湘桥区南春路小学	南春路220号	536	12	22	722	1619	—	公办
潮州市湘桥区新桥路小学	西新路东二巷尾	1102	24	60	18408	6411	区一级	公办
潮州市湘桥区铮蓉小学	环城西路57号	1394	30	64	4166	7464	区一级	公办
潮州市湘桥区桥东中心小学	东兴南路伯爷头	520	12	28	5325	3120	区一级	公办
潮州市湘桥区东湖小学	桥东街道东湖新村	112	6	10	4000	1600	—	公办
潮州市湘桥区下津博雅学校	桥东街道下津村	656	14	35	15338	3693	—	公办
潮州市湘桥区六亩小学	桥东街道六亩村	26	3	7	1470	896	—	公办
潮州市湘桥区黄金塘小学	桥东街道黄金塘村	186	6	10	2926	1391	—	公办
潮州市湘桥区卧石侨英学校	桥东街道卧石村	166	6	11	3420	1380	—	公办
潮州市湘桥区社光小学	桥东街道社光村	154	6	12	4106	1102	—	公办

续表32

学校名称	地址	学生数（人）	教学班数（个）	教职工数（人）	占地面积（平方米）	建筑面积（平方米）	级别	办学体制
潮州市湘桥区涸溪小学	桥东街道涸溪村竟成新区	19	3	6	1428	1548	—	公办
潮州市湘桥区阳光实验学校	桥东街道恒大城	1420	32	137	29674	20224	—	公办
潮州市湘桥区城南阳光实验学校	花园开发区兰花三街	1922	47	121	5700	16684	—	民办
潮州市湘桥区城西中心小学	城新路吉园街中段	1189	25	58	19800	6897	区一级	公办
潮州市湘桥区厦寺小学	城西街道厦一村	962	20	53	10005	5596	区一级	公办
潮州市湘桥区北关小学	城西街道北关村田中园中段	733	16	38	6870	4440	区一级	公办
潮州市湘桥区春光小学	城西街道春光谢厝村	806	17	44	7260	3375	—	公办
潮州市湘桥区上洲小学	城西街道上洲村商业街	300	8	16	6670	3976	—	公办
潮州市湘桥区古美小学	城西街道古美村	84	6	10	3333	1200	—	公办
潮州市湘桥区新春园小学	绿茵路中段	678	14	35	2743	2592	—	公办
潮州市湘桥区八一学校	湘桥区兰花三街	348	8	19	13770	1424	—	公办
潮州市湘桥区凤新中心小学	凤新街道陈桥村	1209	25	65	10346	6345	—	公办
潮州市湘桥区凤山小学	凤新街道凤山村	346	10	16	6475	2996	—	公办
潮州市湘桥区大新乡小学	凤新街道大新乡村	313	8	17	8004	1986	—	公办
潮州市湘桥区莲云小学	凤新街道莲云村	529	12	16	4000	3000	—	公办
潮州市湘桥区竹围小学	凤新街道竹围村	190	6	12	4500	1400	—	公办
潮州市湘桥区田中小学	凤新街道田中村	318	8	18	5980.36	2524.25	—	公办

续表32

学校名称	地址	学生数（人）	教学班数（个）	教职工数（人）	占地面积（平方米）	建筑面积（平方米）	级别	办学体制
潮州市湘桥区云梯小学	凤新街道云梯村	216	6	11	5120	1761	—	公办
潮州市湘桥区东埔小学	凤新街道东埔村	75	6	10	5125	2685	—	公办
潮州市湘桥区实验学校	春荣路丽春街	2456	54	130	8400	10000	省一级	公办
潮州市湘桥区意溪中心小学	意溪镇寨内书院池	999	22	54	10656	5626	—	公办
潮州市湘桥区意溪镇华侨学校	意溪镇东洋堀周厝前	482	12	24	5994	2603	—	公办
潮州市湘桥区意溪镇橡埔基础小学	意溪镇橡埔村麻厝堆	194	6	12	9914	1857	—	公办
潮州市湘桥区意溪镇永安基础小学	意溪镇永安村	25	3	7	4100	1010	—	公办
潮州市湘桥区意溪镇上津小学	意溪镇上津村江厝	256	6	15	6000	2390	—	公办
潮州市湘桥区意溪镇中津小学	意溪镇中津村	274	9	15	4200	1820	—	公办
潮州市湘桥区意溪镇西都小学	意溪镇西都村	198	6	12	10000	1888	—	公办
潮州市湘桥区意溪镇后径小学	意溪镇后径村宫池路1号	192	7	13	3500	1725	—	公办
潮州市湘桥区磷溪镇中心小学	磷溪镇溪口一村	255	7	17	6300	2500	—	公办
潮州市湘桥区磷溪镇溪口二祥杰学校	磷溪镇溪口二村	253	8	13	3669	2687.6	—	公办
潮州市湘桥区磷溪镇溪口三小学	磷溪镇溪口三村	178	6	13	5600	1388	—	公办
潮州市湘桥区磷溪镇溪口四小学	磷溪镇溪口四村	236	7	13	7200	2200	—	公办
潮州市湘桥区磷溪镇溪口八小学	磷溪镇溪口八村	73	6	11	3330	1300	—	公办
潮州市湘桥区磷溪镇岗湖小学	磷溪镇岗湖村	44	4	7	4000	985	—	公办

续表32

学校名称	地址	学生数（人）	教学班数（个）	教职工数（人）	占地面积（平方米）	建筑面积（平方米）	级别	办学体制
潮州市湘桥区磷溪镇美堤小学	磷溪镇美堤村	44	3	7	2397	800	—	公办
潮州市湘桥区磷溪镇英山学校	磷溪镇英山村	23	3	5	2650	783	—	公办
潮州市湘桥区磷溪镇星光小学	磷溪镇仙田三村	203	6	15	4000	1389	—	公办
潮州市湘桥区磷溪镇星星小学	磷溪镇仙田一村	146	6	15	3930	1700	—	公办
潮州市湘桥区磷溪镇星华小学	磷溪镇仙田二村	206	6	16	4500	1618	—	公办
潮州市湘桥区磷溪镇塘边华侨学校	磷溪镇塘边村	150	6	14	5300	1500	—	公办
潮州市湘桥区磷溪镇福聚小学	磷溪镇福聚村	92	6	11	5355	1469	—	公办
潮州市湘桥区磷溪镇凤美小学	磷溪镇凤美村	109	6	12	4910	1116	—	公办
潮州市湘桥区磷溪镇埔涵华侨学校	磷溪镇埔涵村	222	6	15	5336	1715	—	公办
潮州市湘桥区磷溪镇窑美小学	磷溪镇窑美村	60	6	12	5000	1250	—	公办
潮州市湘桥区磷溪镇田心学校	磷溪镇田心村	271	10	18	10920	2238	—	公办
潮州市湘桥区磷溪镇顶厝洲小学	磷溪镇顶厝洲村	32	3	6	3200	996	—	公办
潮州市湘桥区磷溪镇仙河华侨学校	磷溪镇仙河村	589	16	33	10909	5540	—	公办
潮州市湘桥区磷溪镇吉水华侨学校	磷溪镇急水村	0	0	0	3564	959	—	公办
潮州市湘桥区磷溪镇饶砂华侨学校	磷溪镇饶砂村	88	6	11	3960	1284	—	公办
潮州市湘桥区磷溪镇后洋堤小学	磷溪镇后洋堤村	36	3	6	3960	985	—	公办
潮州市湘桥区磷溪镇仙美小学	磷溪镇仙美村	61	3	9	3650	1150	—	公办

续表32

学校名称	地址	学生数（人）	教学班数（个）	教职工数（人）	占地面积（平方米）	建筑面积（平方米）	级别	办学体制
潮州市湘桥区磷溪镇旸坑华侨学校	磷溪镇阳山村	258	8	15	10126	2660	—	公办
潮州市湘桥区官塘镇秋溪小学	官塘镇秋溪村	53	6	8	5336	1276	—	公办
潮州市湘桥区官塘镇象山小学	官塘镇象山村	71	6	9	4206	2638	—	公办
潮州市湘桥区官塘镇时术小学	官塘镇巷头村	157	6	14	5678	1607	—	公办
潮州市湘桥区官塘镇元房小学	官塘镇元房村	49	3	6	2670	1083	—	公办
潮州市湘桥区官塘镇巷下中心小学	官塘镇巷下村	322	9	19	5230	3265	—	公办
潮州市湘桥区官塘镇石湖小学	官塘镇石湖村	308	8	19	6699	2172	—	公办
潮州市湘桥区官塘镇苏寨小学	官塘镇苏二村	229	7	14	4937	1470	—	公办
潮州市湘桥区官塘镇奕东小学	官塘镇奕东村	120	6	9	2892	2138	—	公办
潮州市湘桥区官塘镇育智学校	官塘镇奕湖村	93	6	11	5295	2055	—	公办
潮州市城南中英文学校	绿榕路北段	4115	86	221	34151.74	39505	—	民办公助
潮州市湘桥区凤城中英文学校	绿榕路万绿花园后面	654	15	38	3333	8070	—	民办
潮州市湘桥区金华学校	市开发区西塘村工业区	495	13	43	8600	5660	—	民办
潮州市湘桥区阳光中英文（国际）学校	潮州大道北端富丽广场	1116	28	160	33300	16865	—	民办
潮州市湘桥区韩江实验学校	凤新街道莲云村后头工业区	420	11	36	5924	4741	—	民办
潮州市湘桥区兴华学校	潮州大道北段	841	20	97	14327.84	14327.84	—	民办

【中学教育】 教学方面，义务教育阶段，区教研室继续以“中考招生新政”为契机，采取多项措施，助推初中学校优质均衡发展。2019年，通过“两个加强”“三

次大数据分析”“九场中考学科会”等中考备考指导新举措指导学校复习备考。结合学校调研，将中考的“大数据分析”具体指导到校，指导各校从横向对比看差距，从纵向对比看变化，指导各校查找不足，寻找提升空间，及时调整复习备考措施，使指导更加精准到位。在2019年潮州市金山中学“志博班”自主招生考试中，湘桥区再创佳绩，共有36人被录取。2019年中考，辖区公办学校城西中学、城基中学和民办学校韩山实验中学均取得好成绩，呈现优质均衡发展的良好态势。

高中阶段，通过强化考试研究工作，有效促进高考备考质量的提升。2019年，区教研室首次组织意溪中学、磷溪中学和铁铺中学三校“集中评卷”，作为高考备考指导的新举措，有利于评卷的准确科学，将“集中评卷”的数据对接到全市大数据，为各校高考备考提供科学的参考依据，可更好地对各项质量指标进行比对。另外，首次组织区高中学科中心组集体到校开展教研活动，既发挥中心组的作用，促进学校之间的交流。2019年，区教育局超额完成市下达的任务（本科99人）。其中，南春中学上本科线436人，超过本科上线人数预测数78人；意溪中学上本科线20人，超过本科上线人数预测数13人；磷溪中学上本科线10人，超过本科上线人数预测数8人。高中“课改”克服困难，三所高中学校根据各自实际分别设定（8—6—4）套餐，新高二稳步进入“新课改”。

表33 2019年湘桥区域内中学情况表

学校名称	地址	学生数（人）	教学班数（个）	教职工数（人）	占地面积（平方米）	建筑面积（平方米）	级别	办学体制
潮州市湘桥区南春中学	南春路444号	2721	51	251	20994.71	21264	省一级	公办
潮州市湘桥区意溪中学	意溪镇永安村中学路8号	2206	46	167	39960	16396	市一级	公办
潮州市湘桥区磷溪中学	磷溪镇仙田一村	872	17	77	35989	13195	市一级	公办
潮州市湘桥区开元初级中学	义安路王双举巷2/3号	44	1	9	2958	359	区一级	公办
潮州市湘桥区城南中学	下西平路道后巷	1291	29	102	8260	9962	省一级	公办
潮州市湘桥区锡华初级中学	北门外灰路头	326	8	40	5655	3055	—	公办
潮州市湘桥区太平初级中学	太平路571号	523	11	39	4100	3027	—	公办
潮州市湘桥区城基初级中学	环城南路10号	1550	31	137	19928	13417	市一级	公办
潮州市湘桥区城西中学	南较西路	2193	44	165	43290	19736	市一级	公办
潮州市湘桥区铮蓉中学	新洋路中段陈桥新埔	728	15	51	10000	6300	—	公办

续表33

学校名称	地址	学生数（人）	教学班数（个）	教职工数（人）	占地面积（平方米）	建筑面积（平方米）	级别	办学体制
潮州市湘桥区凤新中学	凤新街道田中村	330	7	30	13306	7186	—	公办
潮州市湘桥区阳光实验学校	桥东街道恒大城	787	18	137	29674	20224	—	公办
潮州市湘桥区磷溪镇金沙中学	磷溪镇阳山村	250	7	25	28089	3678	区一级	公办
潮州市湘桥区磷溪镇联侨中学	磷溪镇溪口二村	302	9	34	17318	3820	区一级	公办
潮州市湘桥区磷溪镇侨光中学	磷溪镇仙田二村	634	14	53	24018	8935	区一级	公办
潮州市湘桥区官塘初级中学	官塘镇石湖村	661	15	59	23333	8411	—	公办
潮州市湘桥区城南实验中学	新洋路中段凤园路	1979	42	157	10353	15851	—	民办公助
潮州市湘桥区城基实验中学	凤新街道莲云村	1776	36	127	6087	16019	—	民办公助
潮州市湘桥区凤城中英文学校	绿榕路万绿花园后面	199	5	38	3333	8070	—	民办
潮州市湘桥区韩江实验学校	凤新街道莲云村后头工业区	135	4	36	5924	4741	—	民办
潮州市湘桥区金华学校	市开发区西塘村工业区	220	5	43	8600	5660	—	民办
潮州市湘桥区阳光中英文（国际）学校	潮州大道北端富丽广场	643	16	160	33300	16865	—	民办
潮州市湘桥区韩山实验中学	市开发区北片工业区	1199	26	114	15800	28336	—	民办

【中等职业教育】 湘桥区虹桥职业技术学校认真落实管理常规，通过多措并举的招生宣传，抓好德育管理，促进学生身心健康，突出技能培训目标，提升教学水平，学校整体办学质量有很大的提高。

表34　2019年湘桥区域内中等职业技术教育学校情况表

学校名称	地址	开办时间	学生数（人）	教学班数（个）	教职工数（人）	占地面积（平方米）	建筑面积（平方米）	备注
潮州市湘桥区虹桥职业技术学校	潮州市湘桥区中山路打银街中段	1994年4月	140	11	54	1800	1400	公办

【特殊教育】 区集德启智学校以立德树人为核心和根本任务，紧紧围绕区教育局对教育工作的总体部署，秉持“替学生成长着想，为学生自立奠基”的办学宗旨，倡导“包容差异，全面育人”的办学理念，实行“按需施教、多元发展”的育人模式，树立“博爱、奉献、自强、奋进”的治校精神，不断提升学校管理水平、教学质量和服务能力。

表35　2019年湘桥区域内特殊教育学校情况表

学校名称	地　　址	学生数（人）	教学班数（个）	教职工数（人）	占地面积（平方米）	建筑面积（平方米	办学体制
集德启智学校	潮州市东下城脚38号	71	9	22	1400	930	公办

【教师队伍建设】 加强师德师风教育，积极落实新时代教师职业行为十项准则。完善中小学校长后备人才库，建立中小学校长后备人才选拔培养机制；积极实施“名校长、名师”建设工程，积极支持省级、市级名教师、名校长工作室开展活动；大力组织学员参加省名校长、名师、名班主任工作室的跟岗学习培训。做好教师职称评审工作，积极推进“区管校聘”工作，促进区域内师资均衡配置，促进教育公平。

表36　2019年湘桥区各类学校教职工情况表

单位：人

项　　目	合计	普通中学	小学	中职	幼儿园	特殊教育学校
一、教职工人数合计	7135	1805	2525	54	2729	22
1. 专任教师	5615	1679	2198	42	1676	20
其中：大学本科毕业及以上	2830	1513	1181	39	97	—
大学专科毕业	2206	166	984	3	1053	—
高中阶段毕业	541	0	33	0	508	—
高中阶段毕业以下	18	0	0	0	18	—
2. 行政人员	352	62	130	10	148	2
3. 教辅人员	777	24	129	0	624	0
4. 其他人员	391	40	68	2	281	0
5. 校办厂场职工	0	0	0	0	0	0
二、代课教师	4	0	0	0	4	0
三、兼任教师	59	5	38	0	16	0

表37　2019年湘桥区教育经费投入情况表

财政教育经费投入（万元）		预算外资金补充经费（万元）	
合计	占总投入比例	合计	占总投入比例
61174	84%	11326	16%

【教研活动及成果】　经过全区师生的共同努力，各项教学、教研、科研活动取得喜人成绩。2019年，共有1221多人次师生获奖，其中市级奖项341项、省级奖项110项。

推动"名师工作室"建设，助推语文主题学习课改实验深入开展。2019年，区教育局成立湘桥区"语文主题学习名师工作室"（其中小学低、中、高部各1个，初中1个）。工作室的成立有效促进该项实验深入推进。通过一系列"磨课"和"送课到校"活动（近60场次）、在校内成立"工作坊"、举办工作室"论坛"等活动，发挥示范、引领和辐射作用。还通过"走出去"，到其他先进实验地区跟岗学习，参与全国语文主题学习观摩交流活动，开阔名师视野，提升名师能力。

此外，为构建书香社会、书香校园、书香家庭，倡导全民阅读，养成中小学生、家长及教师良好的读书习惯，区教育局、华樾（深圳）科学技术研究院及潮州市时间轴书店联合开展"与书为友、时间有约"阅读系列公益活动（为期一年，每月一次）。

搭建多元发展平台，引领教师专业成长。教研室除举行教学观摩比赛、教学论文评比等常规的教学教研活动外，还积极探索，多途径为全区广大教师搭建实践平台、研究平台、交流平台、学习平台、地校合作平台等多元立体平台，引领教师专业成长。一是通过加强与韩山师范教师发展中心的联系与合作，组织全区中小学教师参加粤东第三届微课大赛并获得组织奖，推动信息技术与教育教学全面深度融合，探索信息技术环境下教与学的新模式、新方法；通过组织教师参加粤东基础教育学科群学科"名师工作坊"活动，促进区中小学教师获得更多与粤东地区同行单位间交流学习的机会；通过联系梅州嘉应大学教师发展中心，组织梅州市乡村教师到城西中学进行"物理实验课"活动探讨，展示区教学优质学校的教学风采，促进学校在交流中获得提升。二是通过组织教师参加"一师一优课，一课一名师"活动，推动信息技术与课堂教学有效整合，力争形成一批精品课程。活动中，有11个课程被评为"市优课"，6个课程被评为"省优课"。三是通过组织全区中小学教师参加全省中小学六个学科的网络教研活动，学习外地名校和同行的先进办学思想与教育理念，借鉴别人的成功教育经验和先进教育教学资源，促进教师专业水平和专业技能的提升。四是通过设置专刊《湘桥教育》、举办全区中小学教师教学论文"宣读"活动、出版《湘桥区教育教学科研优秀论文集》，为全区教师提供展示教学教研成果的平台。

注重科研实效，促进全区教育可持续发展。一方面，区教研室通过加强规范管理和指导，力促各课题严格按照要求做好结题准备工作。市立项的15个课题、粤东立项的17个课题全部通过结题验收；区立项的74个课题，除1个未能够通过结题验收外，其余73个课题均通过结题验收。另一方面，区教研室注重“结题成果”的提炼指导。在2019年潮州市教育教学成果奖评比中，共获得3个一等奖、4个二等奖、2个三等奖。其中湘桥区阳光实验学校、湘桥区实验学校、城基中学3所学校获一等奖，城南中英文学校、城南中学、湘桥区教育局教研室、湘桥区虹桥职校4个单位获二等奖，城南小学和磷溪中学获三等奖；在2017年粤东基础教育研究课题成果评比中，有6个课题被评为优秀，占整个粤东优秀课题的一半；区立项课题评审结束后，教研室专门召开课题结题暨成果展示活动，对全区教育科研工作做出回顾总结，同时对全区73个课题成果进行集中展示，进一步推进全区教育科研工作的深入开展。

表38　2019年湘桥区中小学教学教研各项奖励情况表

单位：个

	教师			学生			合计
	一等奖	二等奖	三等奖	一等奖	二等奖	三等奖	
国级	0	0	0	0	0	0	0
省级	17	22	27	12	18	14	110
市级	160	80	69	12	10	10	341
区级	129	153	184	47	87	170	770
合计	306	255	280	71	115	194	1221

【德艺体美育工作】 开展创建全国文明城市“创文五项工程”活动，落实“2019年春天绿化大会战”工作部署，组织做好“潮州市文明校园”创建验收评估工作。组织潮州市“中华优秀传统文化艺术传承示范学校”创建工作调研活动，分别对区城南小学（陶艺）、区实验学校（潮汕童谣）、意溪中学（舞龙、舞狮、潮州大锣鼓）、城南中学（潮绣）等学校申报的优秀文化艺术传承项目进行调研；组织艺术教师参加潮州市中小学音乐、美术教师基本功比赛和优质课评比工作，组织《潮汕优秀文化读本》原创作品展示活动。推荐城南实验中学、城南小学、城西中学、磷溪星华小学、兴华学校、韩山实验中学6所学校开展潮州市“书家挂点”校园申报活动。做好2019“书香岭南”全民阅读活动重点工作项目报送工作，城基中学等14所学校分别申报“书香岭南”全民阅读活动项目21个。开展“我与我的祖国”、“我与祖国共奋进——国旗下的演讲”主题教育活动以及维护宪法权威和民族团结、反邪教等各类宣传教育活动，筑

牢校园思想阵地。首次举办湘桥区青少年科技创客节,该活动从3月开始策划,在做好各项辅导、训练等筹备工作的基础上,于11月14日举办。创客节分为两个板块,第一板块是“优秀科技作品展览区”,共展出通过选拔获得参加市赛资格的青少年科幻画12幅、优秀创新科技作品10件;第二板块是“创客现场赛”,有来自全区14所小学的150名学生报名参赛,比赛考验学生对空气动力学的认识和运用,最后决出纸折飞机奥运五环靶标赛一等奖15人、橡筋动力飞机留空赛优胜者10人。

科　技

【概况】 2019年,湘桥区坚持以增强自主创新能力的要求,强化科技服务,创建创新平台,开展技术攻关,推进科技合作,加快传统特色产业转型升级步伐,推动高新技术产业和战略性新兴产业同步协调发展。

【申报省、市科技项目】 争取上级资金政策扶持,积极动员组织申报工作,推动科技成果转化。2019年全区推荐申报省、市科技项目18项。同时组织科技计划项目结题验收管理工作,推进已到期项目的结题验收。

【科技创新体系建设】 围绕加快自主创新和科技成果推广应用,积极引导企业抓好工程技术研发中心等平台建设,组织高新技术企业、创新型企业等科技认定,提高技术创新能力和水平。至2019年12月底,全区有高新技术企业29家。其中,2019年新认定的高新企业有广东新金山环保材料股份有限公司、潮州市联骏陶瓷有限公司、潮州市宏粤陶瓷制作有限公司、广东博心科教设备有限公司、广东恒创陶瓷有限公司5家。

【项目跟踪督查】 高度重视科技项目资金的使用管理和项目督查验收工作。在项目中期督查、绩效评价和结题验收等各个环节加强服务管理,发挥项目预期经济和社会效益。对获得立项的项目,加强实施过程的监督检查,跟踪项目资金到位情况和项目实施进度,及时进行项目绩效评价,确保项目承担单位按合同书规定的内容和进度推进。

【工程中心建设】 2019年,全区新认定省级工程中心1家,累计建成省级工程中心13个;新认定市级工程中心1家,累计建成市级工程中心32个。

文　化

【概况】 2019年,湘桥区共有公共文化馆(站、室)162个,各级文物保护单位150处,各级非遗项目15项,各级非遗传承人65人,各类非遗基地11个。

【文化设施建设】 不断完善公共文化服务设施建设。全区有国家二级文化馆1个、国家三级图书馆1个，同时积极推进区图书馆按国家二级馆进行修缮建设，启动区博物馆修缮工作，努力提高“三馆”（文化馆、图书馆、博物馆）免费开放服务水平。全区有文化站特级站1个、一级站1个、二级站5个、三级站5个，同时积极推进金山街道、南春街道、西新街道、磷溪镇、官塘镇等5个三级文化站晋升等级建设工作。其中官塘镇按一级站的标准配套建设；意溪镇作为特级站，对照标准，查漏补缺，进行全面提升改造。推进文化馆（图书馆）总分馆制建设。以区文化馆（图书馆）为总馆，街道（镇）文化站为分馆、村（社区）一级为服务点，分阶段进行建设，促进优质资源向基层倾斜延伸。第一阶段已建立以湘桥区文化馆（图书馆）为总馆，5个街道（镇）文化站为分馆，15个村（社区）文化室为基层服务点的总分馆服务体系。

【非遗项目申报】 区非遗中心认真落实项目推荐申报工作，组织非遗项目评审专家，对具备条件的省非物质文化遗产项目名录进项筛选，推荐潮州麦秆剪贴画、潮州菜烹饪技艺、潮州青龙庙会申报国家级非物质文化遗产代表性项目。

不可移动文物挂牌。为加强文物的保护管理，继承优秀历史文化遗产，为全区95处不可移动文物统一制作不可移动文物牌匾，并发放《潮州市湘桥区文物保护宣传手册》100多份。

文物消防安全检查。加强古城区国家级文物保护单位14处古民居建筑群的消防安全检查，安装智慧消防无线火灾自动报警远程监管系统，有效加强和改进区文物消防安全工作。2019年，共检查文物单位82处，其中国家级文保单位14处，未定级不可移动文物68处，出动检查人员246人次。

推进潮州古城文物保护利用示范区建设。7月，省文化和旅游厅将潮州古城列为广东省文物保护利用示范区。区文旅体局委托有资质的单位编制《潮州古城文物保护利用示范区建设实施方案》，作为今后建设文物保护利用示范区的依据。

报送革命文物重点项目。为落实中共中央关于实施革命文物保护利用工程的意见和省的行动计划，弘扬革命传统，传承红色基因，通过认真调查梳理，将李春涛烈士（柯柏年）故居列入省革命文物重点项目库，推进李春涛烈士（柯柏年）故居修缮工作。

继续推进“博物馆之城”建设。组织辖区8个第三批市“博物馆之城”系列馆参加5月18日在市博物馆举行的授牌仪式；落实第三批纳入市“博物馆之城”系列馆的资金补助工作。

完成文化生态保护实验区规划工作。省文化和旅游厅于11月15日批复实施《潮汕文化（湘桥）生态保护实验区总体规划（2017—2030）》。文化生态保护工作进入规范化轨道。

举办2019年“文化和自然遗产日”系列活动。6月6日，在湘桥区实验学校举办“非遗进校园”和“工匠风采”——湘桥区非物质文化遗产记录摄影活动启动仪式。组织5个非遗项目的10位传承人（艺人）进课堂上辅导课。从2019年6月起，每周组织区摄协会员对非遗传承人（艺人）艺术创作进行记录性拍摄，采风优秀作品并将其选登、展览、结集出版。6月9日，在牌坊街兵马司林门口举办非遗文艺专场演出，以文艺表演形式展演展示潮州音乐、潮州大锣鼓、潮剧等非遗项目。

表39　2019年湘桥区域内各级文物保护单位一览表

序号	级别	年　代	名　　称	地　　址	公布时间
1	全国重点文物保护单位	南宋	广济桥	古城东门外	1988年
2		宋	许驸马府	中山路葡萄巷东府埕	1996年
3		唐	开元寺	开元路东段	2001年
4		清光绪	己略黄公祠	义安路铁巷2号	2001年
5		唐	笔架山潮州窑遗址	韩江东岸笔架山东麓	2001年
6		南宋	韩文公祠	韩江东岸笔架山	2006年
7		明—民国	潮州老城古民居建筑群		2013年
		明	辜厝巷林宅	辜厝巷1号	
		明	辜厝巷王宅	辜厝巷22号	
		明	郑厝巷蔡氏府第	郑厝巷12号	
		清	甲第巷12号外翰第	甲第巷12号	
		清	甲第巷18号大夫第	甲第巷18号	
		清	红栏杆民居	辜厝巷10号	
		民	德里旧家	辜厝巷7号	
		清	兴宁巷24号大夫第	兴宁巷24号	
		清	东府埕2号儒林第	东府埕2号	
		清	卓府	中山路22号	
		明	黄尚书府	上西平路2号	
		清	马使埕8号闫宅	葡萄巷马使埕8号	
		清	青亭巷24号大夫第	青亭巷24号	
		清	铁巷陈宅	铁巷20号	
1	省级文物保护单位	明万历十三年（1585年）	凤凰塔（又名涸溪塔）	韩江边	1978年
2		宋、明、清	葫芦山摩崖石刻	西湖山	1978年
3		明洪武二年（1369年）	海阳县儒学宫	昌黎路西段	1989年
4		明洪武三年（1370年）	广济门城楼	太平路东门街东端	1989年
5		民国	涵碧楼	西湖公园内	2002年
6		唐宋	刘蒿家族墓	桥东下津村	2015年
7		宋	丁允元夫妇墓	潮安县磷溪镇英山村	2015年

续表39

序号	级别	年　代	名　　　　称	地　　　址	公布时间
1	市级文物保护单位	明隆庆二年（1568年）	凤凰台	韩江凤凰洲头	1987年
2		明	石庵	意溪镇桂坑村	1987年
3		明嘉靖十六年（1537年）	忠节坊	北门金山巷口	1987年
4		清（光绪年间重修）	外江戏梨园公所	上水门街	1987年
5		宋	北关古窑遗址	市区北郊	1987年
6		清康熙十二年（1673年）	葫芦山腰城遗址	西湖葫芦山	1987年
7		元	马发墓	城北金山顶	1987年
8		宋—民国	金山摩崖石刻	市区金山上	1987年
9		1927年	叩齿庵	西平路道后巷	1987年
10		1925年	黄埔军校潮州分校旧址（李厝祠）	中山路44号	1987年
11		1955年	潮州革命烈士纪念碑	西湖公园内	1987年
12		明洪武三年（1370年）	潮州府城墙遗址	市区东面	1987年
13		宋	陈氏大宗祠	官塘镇巷下村	1987年
14		明	仙田旧家	东平路丁厝内	2011年
15		明	西马路庄宅	西马路22号	2011年
16		明—清	上津方伯第	意溪镇上津村向西路	2011年
17		明	谢氏世族宗祠	南春路大宗祠巷口	2011年
18		清	别峰古寺	意溪镇橡埔村凤栖山别峰	2011年
19		清	郑义成宅	太平路英聚巷3号	2011年
20		清	古大士庵	义安路府仓内16号	2011年
21		清	廖厝祠	太平路旧县巷中段	2011年
22		宋—清	府城古井（含东门大井、义井、开元古井、二目井、四目井、广源街井、弥勒佛井、莲花井、子母泉）	城区	2011年
23		新石器	海角山贝丘遗址	意溪镇头塘村海角山	2011年
24		唐—明	刘氏祖墓群	桥东下津村	2011年
25		宋	许驸马墓	桥东下津村洗马桥埔	2011年
26		清	李宅祖墓	凤新高厝堂村双篮山	2011年

续表39

序号	级别	年　代	名　　　称	地　　址	公布时间
27	市级文物保护单位	清	时钟楼	环城西路	2011年
28		1916年	陈桥大夫第	凤新陈桥村	2011年
29		1926年	潮安第一次工人代表大会旧址（扶轮堂）	太平路英聚巷20号	2011年
30		1927年	李春涛烈士故居	上西平路刘察巷15号	2011年
31		1929年	黄宅庭园	下东平路305号	2011年
32		1935年	猷巷46号陈宅	太平路猷巷46号	2011年
33		1948年	吴祥记府第	太平路义井巷25号	2011年
34		1956年	刘察巷8号曾宅	上西平路刘察巷8号	2011年
35		1996年	安济王庙	南堤路	2011年
36		元	刘英发墓	意溪镇东洋堀村凤埔	2016年
37		清	梅益故居	打银街小卞厝巷4号	2016年
38		明	黄府马房	中山路葡萄巷东府埕	2016年
39		清	丁宦大宗祠	磷溪镇仙田三村	2006年县级，2016年改为市级
40		清	八角楼寨	铁铺镇八角楼村	2006年县级，2016年改为市级
41		清	娘祠古渡口	铁铺镇石坵头村	2006年县级，2016年改为市级

表40　2019年湘桥区域内市级以上历史文化保护街区一览表

名称	年代	位置	公布时间	简　　　介
中国历史文化名街	明、清	太平路牌坊街	2011年6月11日	潮州牌坊街位于潮州古城区中心地带，是潮州市国家历史文化名城的重要载体，也是《潮州市国家历史文化名城保护规划》的重要内容之一。修复的牌坊街全长1948米，宽9～10米，其中太平路1742米，东门街长206米，是集沿街牌坊、沿街骑楼、沿街古井、沿街灯光亮化、沿街百年老字号商铺、货栈、客栈、绿化、住宅等于一体的综合性街区

表41　2019年湘桥区非物质文化遗产项目一览表

年　度	项 目 分 类	项　目　名　称	等级
2006年	传统美术	潮州木雕	国家级
2008年	传统美术	潮州花灯	国家级
2009年	民俗	潮州“出花园”	省级
2009年	传统音乐	潮州大锣鼓演奏技艺	市级
2009年	民间文学	陈三五娘传说	省级
2009年	传统美术	潮州麦秆剪贴画	省级
2009年	传统手工技艺	潮州菜烹饪技艺	省级
2009年	传统手工技艺	潮州小食	区级
2011年	传统手工技艺	潮州蜡石造型技艺	市级
2012年	民俗	潮州青龙庙会	省级
2013年	传统手工技艺	潮州金银錾刻技艺	省级
2015年	民间文学	潮州歌谣	省级
2015年	传统手工技艺	潮州传统建筑木结构技艺	省级
2017年	民间文学	潮州讲古	市级
2017年	传统手工技艺	潮州玉雕	市级

表42　2019年湘桥区非物质文化遗产项目代表性传承人情况表

年度	项目分类	项　目　名　称	传　承　人　资　料			级　别
			姓　名	性别	出生年份	
2007	传统美术	潮州木雕	陈培臣	男	1951	国家级
2007	传统美术	潮州木雕	李得浓	男	1949	国家级
2012	传统美术	潮州木雕	辜柳希	男	1956	国家级
2012	传统美术	潮州木雕	金子松	男	1958	省级
2012	传统美术	潮州木雕	陈绍明	男	1951	市级

续表42

年度	项目分类	项 目 名 称	传 承 人 资 料			级 别
			姓 名	性别	出生年份	
2014	传统美术	潮州木雕	陈培希	男	1964	市级
2014	传统美术	潮州木雕	卢进文	男	1974	市级
2013	传统美术	潮州木雕	陈素民	男	1970	市级
2013	传统美术	潮州木雕	卢臣杨	男	1946	市级
2015	传统美术	潮州木雕	郑庆明	男	1957	市级
2018	传统美术	潮州木雕	郭少俊	男	1967	市级
2018	传统美术	潮州木雕	辜培东	男	1983	市级
2017	传统美术	潮州木雕	陈树典	男	1982	区级
2009	传统美术	潮州花灯	林汉彬	男	1930	国家级
2018	传统美术	潮州花灯	刘耀生	男	1962	国家级
2012	传统美术	潮州花灯	沈增华	男	1955	省级
2014	传统美术	潮州花灯	林 衡	男	1967	市级
2018	传统美术	潮州花灯	林 瑜	女	1965	市级
2018	传统美术	潮州花灯	黄 韬	男	1986	市级
2018	传统美术	潮州花灯	黄秋权	男	1970	市级
2011	传统美术	潮州麦秆剪贴画	林利飞	男	1947	省级
2012	传统美术	潮州麦秆剪贴画	方志伟	男	1956	省级
2014	传统美术	潮州麦秆剪贴画	李光荣	男	1954	省级
2012	传统美术	潮州麦秆剪贴画	刘桂荣	男	1957	市级
2014	传统美术	潮州麦秆剪贴画	蔡小尹	男	1956	市级
2014	传统美术	潮州麦秆剪贴画	李两丰	男	1967	市级
2018	传统美术	潮州麦秆剪贴画	郑 和	男	1961	市级
2018	传统美术	潮州麦秆剪贴画	石敬潮	男	1950	市级
2011	传统技艺	潮州菜烹饪技艺	方树光	男	1955	省级

续表42

年度	项目分类	项 目 名 称	传 承 人 资 料			级 别
			姓 名	性别	出生年份	
2012	传统技艺	潮州菜烹饪技艺	刘宗桂	男	1967	省级
2014	传统技艺	潮州菜烹饪技艺	吴前强	男	1959	省级
2012	传统技艺	潮州菜烹饪技艺	郑著阳	男	1955	市级
2015	传统技艺	潮州菜烹饪技艺	陈俊生	男	1968	市级
2015	传统技艺	潮州菜烹饪技艺	苏培明	男	1967	市级
2018	传统技艺	潮州菜烹饪技艺	孙文生	男	1968	市级
2013	传统技艺	潮州菜烹饪技艺	王邦强	男	1951	区级
2017	传统技艺	潮州菜烹饪技艺	彭湘群	男	1974	区级
2014	传统技艺	潮州金银錾刻技艺	许秋泉	男	1952	省级
2018	传统技艺	潮州金银錾刻技艺	李楚良	男	1946	市级
2015	传统技艺	潮州金银錾刻技艺	郑先永	男	1968	区级
2012	传统技艺	潮州蜡石造型技艺	林仰青	男	1949	市级
2014	传统技艺	潮州蜡石造型技艺	杨树雄	男	1965	市级
2014	传统技艺	潮州蜡石造型技艺	陈伟华	男	1960	市级
2018	传统技艺	潮州蜡石造型技艺	曾荣文	男	1963	市级
2018	传统技艺	潮州蜡石造型技艺	王小荣	男	1958	市级
2015	传统技艺	潮州蜡石造型技艺	朱旭佳	男	1963	区级
2011	传统技艺	潮州小食	胡小鸿	男	1964	区级
2015	传统技艺	潮州小食	阮荣辉	男	1968	区级
2017	传统技艺	潮州小食	陈宏耀	男	1951	区级
2012	传统音乐	潮州大锣鼓	黄义孝	男	1935	区级
2012	传统音乐	潮州大锣鼓	陈镇锡	男	1945	区级
2012	传统音乐	潮州大锣鼓	杨俊成	男	1965	市级
2014	传统音乐	潮州大锣鼓	施绍春	男	1959	市级

续表42

年度	项目分类	项 目 名 称	传 承 人 资 料			级 别
			姓 名	性别	出生年份	
2018	传统音乐	潮州大锣鼓	王茂标	男	1952	市级
2018	传统音乐	潮州大锣鼓	谢楚伟	男	1974	市级
2015	传统音乐	潮州大锣鼓	黄少杰	男	1984	区级
2018	传统音乐	潮州大锣鼓	王春声	男	1964	区级
2018	传统音乐	潮州大锣鼓	陈育灿	男	1988	区级
2015	民间文学	潮州歌谣	林朝虹	女	1970	市级
2015	民间文学	潮州歌谣	丁丽曼	女	1963	市级
2018	民间文学	潮州歌谣	丁怀宇	男	1977	市级
2015	传统技艺	潮州传统建筑木结构技艺	肖楚明	男	1950	省级
2018	民间文学	潮州讲古	庄明炯	男	1950	市级
2017	民间文学	潮州讲古	余 真	女	1970	区级
2017	传统美术	潮州玉雕	杨绍武	男	1949	区级

【群众文化活动及文艺创作】 2019年，湘桥区分别在西湖街道西湖公园、金山街道李厝祠、意溪镇石牌村、磷溪镇溪口七村和官塘镇奕东村举办2019年“走进新时代 唱响新湘桥”文化活动。活动以“文化+”形式开展，以文艺演出为主打，结合时政、全民阅读、非遗、扫黑除恶、“打黄打非”、禁毒、纪律教育、司法救助、公益诉讼、网络安全等内容开展宣传。文化走基层活动惠及约2万人，演职人员和志愿者近600人，活动现场共发放宣传资料2000多份，赠送湘桥区图书馆电子图书读者证1000个和书刊近800本。

8月21日晚，组织举办“文化古城 乐享名街”——湘桥区“我和我的祖国”献礼新中国成立70周年文化巡游活动。

1月31日、3月16日、9月21日分别在昌黎路区文化活动中心一楼、韩师艺术院音乐厅以及市图书馆报告厅举办“为你朗读”分享大会。

9月12日，举办“我们的节日·中秋——‘音为有你’”艺术沙龙，弘扬中华民族优秀传统文化，营造热烈、喜庆、文明、和谐的节日氛围，向新中国成立70周年献礼。

4月至5月，举办2019年“4·23”世界读书日全民阅读推广系列活动。系列活动共分七大项，包括积极响应行业倡议、“同城共读，万卷共知阅读”活动、“万卷共知”阅读竞答活动、“为你朗读”经典诵读沙龙、文化惠民进社区进校园活动、举办“中国古典名著《西游记》图片展”和“为你朗读”快闪活动。

5月18日至6月16日，举办“悦读·为祖国喝彩”——颂时代华章·献礼建国70周年朗诵大赛作品选拔赛，评选出“朗诵大使”3人、“朗诵之星”6人、“朗诵达人”12人。其中“朗诵大使”作品参加省复赛。

表43 2019年湘桥区文艺作品获奖情况表

年度	作品名称	作者	奖项名称	颁奖单位	获奖时间
2019	潮州弦丝乐《湖边春色》	作曲：许灿纯	2019年度潮州市群众文艺作品评选（一等奖）	潮州市文化广电旅游体育局	2020年1月
2019	潮州方言儿歌《潮州歌仔唱不完》	作词：谢晓霞、徐许纯(根据潮州童谣收集改编) 作曲：郭创永、肖娜	2019年度潮州市群众文艺作品评选（二等奖）	潮州市文化广电旅游体育局	2020年1月
2019	潮州歌册《青史流芳李春霖》	作者：冯汉桐	2019年度潮州市群众文艺作品评选（二等奖）	潮州市文化广电旅游体育局	2020年1月
2019	群舞《花木兰》	编导：丁晓梦 杨思斯	2019年度潮州市群众文艺作品评选（二等奖）	潮州市文化广电旅游体育局	2020年1月
2019	相声《小康生活》	作者：陈妙珊	2019年度潮州市群众文艺作品评选（二等奖）	潮州市文化广电旅游体育局	2020年1月
2019	小品《有缘人终成眷属》	编剧：陈妙珊	2019年度潮州市群众文艺作品评选（三等奖）	潮州市文化广电旅游体育局	2020年1月
2019	歌曲《中华好儿女》	作词 作曲：黄均爽	2019年度潮州市群众文艺作品评选（三等奖）	潮州市文化广电旅游体育局	2020年1月
2019	歌曲《按时长大》	作词：ASG 作曲：陈奕彦	2019年度潮州市群众文艺作品评选（三等奖）	潮州市文化广电旅游体育局	2020年1月
2019	歌曲《薄荷味的夏天》	作词：翁凯莉 作曲：陈奕彦	2019年度潮州市群众文艺作品评选（三等奖）	潮州市文化广电旅游体育局	2020年1月
2019	潮州大锣鼓《逐梦》	作曲：施绍春	2019年度潮州市群众文艺作品评选	潮州市文化广电旅游体育局	2020年1月
2019	群舞《老鼠拖猫上竹篙》	编导：杨淑芬 作曲：曾 雯	2019年度潮州市群众文艺作品评选（三等奖）	潮州市文化广电旅游体育局	2020年1月
2019	群舞《盼》	编导：柯冬娜 作曲：曾 雯 辅导：陈 桦 李美熙	2019年度潮州市群众文艺作品评选（三等奖）	潮州市文化广电旅游体育局	2020年1月

体　育

【竞技体育】 2019年4月，区文化旅游体育局举办全区体育场地统计调查工作培训班，组织全区各街道（镇）对全区供开展运动训练、比赛和健身等体育活动的体育场地进行调查，完成各项调查统计任务；6月，组织6名选手组成湘桥代表队参加2019年潮州市青少年跆拳道选拔赛；12月，组织区属学校参加潮州市体育传统项目学校考核暨新周期评定工作，其中城西中学、磷溪镇仙河华侨学校、快乐幼儿园、卧石侨英学校、区阳光实验学校、城南阳光实验学校6所区属学校被评为“2019—2021年度市级体育项目传统学校”；加强对城南青少年体育俱乐部、城西青少年体育俱乐部、桥东青少年体育俱乐部、区实验青少年体育俱乐部、意溪青少年体育俱乐部5所区属青少年体育俱乐部的指导和管理。通过一系列活动，进一步满足人民群众日益增长的多元化体育健身需求，促进湘桥区竞技体育事业的发展。

【群众体育】 湘桥区于2019年8月14日在凤新街道莲云村举行湘桥区第二十届“体育节”启动仪式暨“全民共舞、活力凤新”广场舞展演；2019年8月17日至8月20日，在湘桥区阳光实验学校举办区第二十届“体育节”活动——少年五人制足球争霸赛。同时组织各街道（镇）、各体育协会开展健身广场舞、篮球赛、足球赛等“体育节”活动，营造全区全民健身的良好氛围；开展社会体育指导员服务站评估工作，其中意溪、桥东2个社会体育指导员服务站通过2019年度广东省乡镇（街道）社会体育指导员服务站的评估；加强对区属体育协会的指导和监管，全区有老年人体育协会、跆拳道协会、棋类协会、羽毛球协会、足球协会和恒翔信鸽协会6个体育协会，引导各协会认真贯彻落实党和政府有关体育工作的路线、方针和政策，积极组织体育爱好者开展各种形式的体育活动，进行科学健身锻炼。其中区老年人体育协会在13个街道（镇）下设分会，不间断地组织老年人进行健身锻炼，鼓励老年人积极参加各类体育演出和比赛。通过一系列体育活动，提高群众的体育锻炼热情，有力推进群众体育事业的发展，使全民健身的观念深入人心。

【体育设施与体育市场管理】 推进意溪镇中津、凤新街道云梯2个社区体育公园的建设，配套相应的体育健身器材；抓好意溪镇坪埔、官塘镇巷头等5个五人制足球场的建设；采购健身路径7套，分别安装在湘桥街道昌黎社区、桥东街道六亩村、意溪镇锡美村、磷溪镇溪口七村、磷溪镇芦庄村、磷溪镇磷溪社区、磷溪镇仙美村、官塘镇苏二村、官塘镇象山村9个村(社区)；进一步完善村(社区)体育设施的配备，为群众提供健身锻炼的体育场所；向社会开放各街道（镇）的文体广场、运动场，吸引广大群众进行健身锻炼；加强对全区游泳场所的巡查和监管，联合市文广旅体局执法部门检查各类游泳场所10场次，督促各游泳场所经营者持证经营；全年办理高危险体育项目经营许可证5件。

表44 2019年湘桥区体育设施一览表

序号	名称	地址	运动项目	面积（平方米）
1	博武体育馆	湘桥区立信路	篮球、羽毛球、散打	2400
2	雷龙篮球运动中心	湘桥区北美路	篮球	1000
3	磷溪镇青少年足球基地	磷溪镇溪口四村	足球	6000
4	城南阳光实验学校周边足球场	湘桥区春荣路	足球	800
5	阳光中英文(国际)学校周边足球场	湘桥区潮州大道尾	足球	4800
6	仙河村足球场	磷溪镇仙河村	足球	1600
7	永安村足球场	意溪镇永安村	足球	800
8	卧石健身广场	桥东街道卧石村	综合性	2000
9	下津健身广场	桥东街道下津村	综合性	14520
10	社光健身广场	桥东街道社光村	综合性	7000
11	黄金塘健身广场	桥东街道黄金塘村	综合性	2000
12	六亩健身广场	桥东街道六亩村	综合性	1000
13	东山健身广场	桥东街道东山社区	综合性	2000
14	涸溪健身广场	桥东街道涸溪社区	综合性	3000
15	桥东健身广场	桥东街道桥东社区	综合性	700
16	东湖健身广场	桥东街道东湖社区	综合性	300
17	陈桥文体广场	凤新街道陈桥村	综合性	6000
18	凤山文体广场	凤新街道凤山村	综合性	2400
19	花园文体广场	凤新街道花园村	综合性	600
20	高厝塘文体广场	凤新街道高厝塘村	综合性	800
21	大新乡文体广场	凤新街道大新乡村	综合性	2500
22	云梯文体广场	凤新街道云梯村	综合性	2500
23	东埔文体广场	凤新街道东埔村	综合性	1500
24	莲云文体广场	凤新街道莲云村	综合性	4000
25	竹围文体广场	凤新街道竹围村	综合性	900

续表44

序号	名　　称	地　　址	运动项目	面积（平方米）
26	西塘文体广场	凤新街道西塘村	综合性	1200
27	田中文体广场	凤新街道田中村	综合性	600
28	大园文体广场	凤新街道大园村	综合性	2000
29	北关健身广场	城西街道北关村	综合性	5000
30	下洲健身广场	城西街道下洲村	综合性	200
31	中津村文体广场	意溪镇中津村	综合性	1000
32	石牌村文体广场	意溪镇石牌村	综合性	1200
33	锡美村文体广场	意溪镇锡美村	综合性	2000
34	坪埔村文体广场	意溪镇坪埔村	综合性	800
35	桂坑村文体广场	意溪镇桂坑村	综合性	1200
36	荆山村文体广场	意溪镇荆山村	综合性	800
37	后径村文体广场	意溪镇后径村	综合性	1000
38	小陂村文体广场	意溪镇小陂村	综合性	1200
39	福聚村活动场地	磷溪镇福聚村	综合性	2000
40	塘边村活动场地	磷溪镇塘边村	综合性	600
41	仙田一村活动场地	磷溪镇仙田一村	综合性	2400
42	仙田二村活动场地	磷溪镇仙田二村	综合性	1300
43	仙田三村活动场地	磷溪镇仙田三村	综合性	2000
44	凤美村活动场地	磷溪镇凤美村	综合性	200
45	埔涵村活动场地	磷溪镇埔涵村	综合性	500
46	窑美村活动场地	磷溪镇窑美村	综合性	2000
47	田心村活动场地	磷溪镇田心村	综合性	400
48	顶厝洲村活动场地	磷溪镇顶厝洲村	综合性	100
49	仙河村活动场地	磷溪镇仙河村	综合性	2000
50	塔后村活动场地	磷溪镇塔后村	综合性	400
51	急水村活动场地	磷溪镇急水村	综合性	400
52	饶砂村活动场地	磷溪镇饶砂村	综合性	200
53	后洋堤村活动场地	磷溪镇后洋堤村	综合性	200

续表44

序号	名　　称	地　　址	运动项目	面积（平方米）
54	仙美村活动场地	磷溪镇仙美村	综合性	1100
55	北堤村活动场地	磷溪镇北堤村	综合性	500
56	旸山村活动场地	磷溪镇旸山村	综合性	3000
57	内坑村活动场地	磷溪镇内坑村	综合性	800
58	美堤村活动场地	磷溪镇美堤村	综合性	600
59	岗湖村活动场地	磷溪镇岗湖村	综合性	250
60	溪口一村活动场地	磷溪镇溪口一村	综合性	500
61	溪口二村活动场地	磷溪镇溪口二村	综合性	1300
62	溪口三村活动场地	磷溪镇溪口三村	综合性	1200
63	溪口四村活动场地	磷溪镇溪口四村	综合性	1000
64	溪口五村活动场地	磷溪镇溪口五村	综合性	1200
65	溪口七村活动场地	磷溪镇溪口七村	综合性	600
66	溪口八村活动场地	磷溪镇溪口八村	综合性	400
67	英山村活动场地	磷溪镇英山村	综合性	1000
68	西坑村活动场地	磷溪镇西坑村	综合性	850
69	芦庄村活动场地	磷溪镇芦庄村	综合性	300
70	奕东村文化广场	官塘镇奕东村	综合性	5000
71	象山村文化广场	官塘镇象山村	综合性	4666
72	巷头村文化广场	官塘镇巷头村	综合性	2333
73	苏三堤边文体广场	官塘镇苏三村	综合性	2200
74	苏二文昌祠小公园	官塘镇苏二村	综合性	2666
75	顶乡村文化广场	官塘镇顶乡村	综合性	2000
76	石湖村文化广场	官塘镇石湖村	综合性	1700
77	宫头村文化广场	官塘镇宫头村	综合性	900
78	城甲村文化广场	官塘镇城甲村	综合性	1000
79	元房村文化广场	官塘镇元房村	综合性	1500
80	奕湖村文化广场	官塘镇奕湖村	综合性	1600

档案工作

【区档案馆新馆建成并投入使用】 新馆位于太平路羊玉巷13号，以原铮蓉幼儿园建筑为构架进行修缮改造。2019年3月正式动工，同年8月完成主体工程建设。新馆建筑面积约1200平方米，馆藏设计容量约10万卷，是具有档案安全保管基地、爱国主义教育基地、档案利用服务中心、政府信息公开查阅中心、电子文件管理中心五位一体功能的综合档案馆。新馆于2019年12月2日开馆。新馆的使用更好地肩负起“为党管档，为国守史”的神圣职责，对湘桥区发展的历史记忆和文化遗产的传承、创新具有重要作用。

【“湘桥记忆——档案文献综合展”主题展览】 2019年12月，区档案馆新馆展览厅举办“湘桥记忆——档案文献综合展”主题展览，展览分“主要概况”“历史沿革”“政事纪要”“名城历史”“优越环境”“经济发展”“文化底蕴”“海外潮人”“社会事业”9个部分，以档案文献为载体还原历史。展览展示的167幅图片从不同视角采撷湘桥区经济社会发展的成就，真实记录湘桥区在改革开放中的历史足迹。通过组织全区各单位和学校师生现场参观，弘扬民族精神，增强爱国主义情感，实现情感教育、直观教育和体验教育的有机结合，培养爱祖国、爱人民、爱家乡的家国情怀。

【档案法制宣传】 区档案局树立“大宣传”理念，利用“6·9”国际档案日契机，组织全区档案干部参观《侨批大观——民间档案文献展》，到市档案馆参观档案查阅大厅、档案库房、档案数字化加工流程，感受侨批文化，了解档案知识，加深对档案工作的认识。同时，通过张贴宣传海报，利用湘桥区政府大厅电子屏幕、新馆大门电子显示屏滚动播放档案法制宣传标语，向公众宣传档案作用，普及档案知识,提升公民依法利用档案的意识。

【档案综合管理检查】 依法开展档案年度行政执法检查，强化依法治档理念，切实有效提高辖区档案管理水平。2019年，共检查12个镇、街道的档案管理工作，对镇、街道的档案保障条件、档案业务建设等情况进行全面检查。

【专项档案管理】 积极履行指导职能，确保专项档案工作顺利开展。区档案局及时指导区级机构改革涉及部门和单位的档案管理与处置工作；深入意溪、磷溪、官塘、城西、桥东、凤新6个镇、街道开展农村土地确权档案工作业务指导与实地督查；主动开展服务，加强对主题教育文件材料的收集、整理和归档工作的业务指导。

【档案馆基础业务】 档案接收情况。结合区域实际，科学制定接收计划，确保各类档案应收尽收。2019年，区档案馆接收全区54个全宗单位的纸质档案1098卷，其中文书档案947卷、专业档案151卷。积极开展辖区重大活动和重大事件档案的收集工作，全年收集、整理全区重大活动的照片档案319张、视频光盘档案12张，征集各类史志、族谱14本，丰富馆藏档案资源。

档案信息化建设。馆藏档案目录数字化比例达100%，文件级目录总数达11万条，实现档案目录查阅利用检索电子化。加大力度开展档案全文数字化工作。全年完成馆藏档案全文数字化994卷6.5万页，累计完成馆藏档案全文数字化4788卷35万页，占馆档案总藏量（以2010年底的统计数据为基数）的117.2%，同时做好档案数字化成果的备份工作。

建立完善全宗卷。区档案馆按照《全宗卷规范》，为馆藏24个全宗单位建立全宗卷，内容包括全宗介绍、大事记、档案交接文据及相关目录、文件材料归档范围和保管期限表、全宗单位档案制度汇编、档案统计台账、档案利用效果事例等。完善全宗卷比例占全宗总数的44.4%。全宗卷的建立和完善为编制《档案馆指南》奠定基础。

档案信息网页。在湘桥区人民政府网站开设湘桥区档案局网页，围绕辖区档案工作，及时通过网站更新档案工作动态，发布公开政务信息文件，为社会公众提供丰富的档案信息资源，为档案宣传开辟新的平台。全年新增部门资讯23条、公示公告4条、政府文件6份、政府信息公开工作年度报告1份。

【档案开发与利用】　2019年，区档案馆新增一期《档案资政参考》，图文并茂地介绍湘桥区级非物质文化遗产——潮州小吃。区档案馆为社会各界提供到馆查询、函电咨询等档案查阅服务，方便市民和各单位查阅有关档案资料。全年接待查阅170人次，提供档案利用500卷，复印档案资料668页，为有关单位和个人保障权益、解决纠纷、工作参考、撰写志书等方面提供大量翔实的资料和凭证。

地方志和党史工作

【志鉴扩面提质工作】　2019年，湘桥区志办按照广东省志办和潮州市志办关于年鉴供稿的要求，认真收集湘桥区经济、政治、文化、社会和生态文明等方面情况，按时按质完成《广东年鉴（2019）》湘桥区部分的供稿任务。同时完成《湘桥年鉴（2019）》的编纂工作。编纂工作从2019年1月上旬启动，经历组稿、编辑、校对、审稿、修改、审定和出版等环节，于11月由线装书局出版，成为潮州市各县区中第一个顺利完成出版任务的县区。按照《湘桥区地方志资料年报制度实施方案》的要求，开展2018年度资料年报工作，已收集、登记和存档全区各级有关单位年报64份，全面实现逐年年报制度。

【地方志资源开发利用】　积极做好全省自然村落历史人文普查工作。认真开展自然村落历史人文普查表入库“回头看”工作，根据方志出版社提出的修改意见，对入库的自然村落文稿、表格进行补充修改，并在众多文稿中选送两篇较有代表性的文稿，在市级杂志《潮州》上刊登。同时，借助自然村落普查等成果，为市委宣传部组织开展上报精品潮州采访工程、区委宣传部开展编纂《村里的故事》和征集革命故事线索等工作提供线索及资料，挖掘整理乡村历史、红色文化资源，弘扬优秀乡土文化、传统美德和社会主义核心价值观。

【地方志数字化工作】 一方面全力做好省、市、县地情网栏目共建的试点工作，积极提供《广东省服装专业镇（城西）》《广东省特色产业陶瓷专业镇（凤新）》《潮州木雕小镇——潮州市湘桥区意溪镇》文稿及图片等内容，不断开拓地情资源，进一步宣传推介湘桥区。同时，为市地情网提供简讯2则。湘桥区被选为地情网共建试点单位。另一方面，做好地情频道建设工作。在湘桥区人民政府网站开设专属频道，地情信息类栏目3个，包含区情区貌、历史沿革、行政区划板块。全年发布更新地情信息6篇。

【参与《革命老区（县）发展史》编纂工作】 根据中国老促会和省老促会关于组织编纂《革命老区县（区）发展史》的要求，区委党史研究室作为成员单位，积极参与此项工作，为《革命老区县（区）发展史》的编纂提供丰富的资料及做好其他相关的基础性工作。《革命老区县（区）发展史》包括9章，共25万字，收录图片100多张。该书在2019年11月省老促会组织的评审会上，得到省《革命老区县（区）发展史》评审小组有关专家和领导的高度评价。

【湘桥区域革命遗址大普查】 贯彻落实习近平总书记关于“把红色资源利用好，把红色传统发扬好，把红色基因传承好”的重要指示精神。湘桥区作为革命老区，红色资源十分丰富，根据中共潮州市委宣传部、中共潮州市委党史研究室、潮州市文化广电旅游体育局、潮州市退役军人事务局《关于开展潮州市革命遗址大普查的通知》（潮委史〔2019〕2号）的要求，区委党史研究室作为湘桥区的牵头单位，在全区组织开展新一轮革命遗址大普查。截至2019年12月底，通过各类党史书籍、文献、湘桥区志、各街道（镇）志、潮州革命遗址通览等资料梳理出区域内革命遗址线索近70条，所有线索全部下发给对应的街道（镇）开展实地调查，为2020年推进此项工作打下坚实基础。

卫　生

【概况】 2019年，湘桥区共有各类卫生事业机构442个。其中综合医院2家，中医医院1家，专科医院1家，乡镇卫生院3家，社区卫生服务中心9个，社区卫生服务站2个，各类门诊部、所249个，专科防治站1个，妇幼保健院1家，卫生站173

个。卫生机构拥有床位503张，拥有各类卫生技术人员1522人，执业医师和执业助理医师745人，注册护士429人。

【机构改革】 根据《中共潮州市湘桥区委 潮州市湘桥区人民政府关于印发〈潮州市湘桥区机构改革方案〉的通知》（潮湘委发〔2019〕5号），将区卫生和计划生育局的职责，以及区民政局的老龄工作职责、区安全生产监督管理局的职业安全健康监督管理职责等进行整合，组建潮州市湘桥区卫生健康局，于3月18日挂牌。根据新核定的《潮州市湘桥区卫生健康局职能配置、内设机构和人员编制规定》并结合日常工作开展需求，对区卫健局班子及股室人员分工进行调整，更好地适用新职能、新变化，机构改革平稳过渡，业务开展顺利。

表45　2019年湘桥区公立医疗卫生服务机构情况表

名　　称	地　　址	面积（平方米）	医技人员（人）	病床（张）	级别
湘桥区人民医院	绿茵路绿茵二街4号	11048	127	160	二级乙等
湘桥区妇幼保健计划生育服务中心	潮州市绿榕北路483号	8363	152	100	二级
湘桥区中医医院	潮州市绿榕北路390号	2847	100	100	二级
湘桥区慢性病防治站	潮州市西马路100号	1600	10	0	未评级
湘桥社区卫生服务中心	潮州市太平路307号	1069	22	0	未评级
西湖西新社区卫生服务中心	潮州市西马路240—244号	1226	24	0	一级
金山社区卫生服务中心	潮州市西马路100号	1600	17	0	一级
太平社区卫生服务中心	潮州市太平路473号	1048	11	0	一级
南春社区卫生服务中心	潮州市南春路171号	357	18	0	一级
城西社区卫生服务中心	潮州市新春路123号	2360	55	0	一级
桥东社区卫生服务中心	桥东东兴北路思韩楼	1020	12	0	一级
凤新社区卫生服务中心	潮州大道泰安路文教卫综合楼	2054	32	0	一级
意溪卫生院	意溪镇东园工业区北侧	3242	52	26	一级
磷溪卫生院	磷溪镇府前路127号	6544	78	60	一级
官塘中心卫生院	官塘镇府前路25号	5136	62	57	一级

【诊疗技术水平及特色医疗】 创设儿童生长发育监测中心。儿童生长发育监测中心完成场地建设、人员培训、设备配置等工作，于2019年9月底正式投入使用。中心开展体成分分析、膳食营养分析等十多个项目，进一步开拓辖区儿保领域。

发展产后康复治疗中心。继续夯实盆底康复治疗项目及骨密度检测项目；投入资金扩大产后康复中心建设，开展母乳分析、中药香薰治疗等项目，创建潮州市特色专科。

创设生殖健康与不孕不育门诊。加大投入创建不孕不育门诊，包括选派专业人员到省妇幼保健院轮训进修学习、配套基本医疗设备等。2019年底，开展不孕不育诊治业务，同时恢复停办多年的男性婚检工作，开拓妇幼保健领域新项目。

推进“互联网+”医疗服务。根据《关于印发潮州市湘桥区信息便民“五个一”攻坚行动实施方案的通知》，积极推进“互联网+医疗健康”便民惠民服务工作，开展智能预约挂号、导医分诊、检查结果查询、医疗救助“一站式”等便民服务。8月，区保健院还利用信息技术成功完成首例专家远程会诊，开拓创新便民惠民服务新途径。

【医学人口统计】 2019年，湘桥区居民因病致亡的死因有10类，按顺序排列如下：第一为恶性肿瘤，死亡率为24.92%；第二为内分泌营养代谢疾病，死亡率为11.86%；第三为心脏病，死亡率为11.78%；第四为脑血管病，死亡率为10.35%；第五为呼吸系统疾病，死亡率为5.46%；第六为损伤及中毒，死亡率为3.56%；第七为消化系统疾病，死亡率为2.57%；第八为神经系统疾病，死亡率为1.32%；第九为泌尿生殖系统疾病，死亡率为1.25%；第十为精神障碍，死亡率为0.90%。

【疾病防控（卫生防疫）】 根据上级有关传染病防控工作的指示精神，区卫健局及时部署，加大联防联控力度。一方面，加强医疗机构传染病监测和病例诊治准备工作，加大对医务人员的培训力度，总结救治经验，提高医务人员早期发现及诊断流感、手足口病、诺如病及登革热等常见传染病的意识和能力，同时做好收治医院的院内隔离等有关工作。另一方面，贯彻“以防为主”方针，加强与学校和幼托机构的沟通联系，广泛开展健康宣传教育工作。

做好登革热重点防控工作。9月11日，湘桥区启动登革热防控Ⅳ级事件响应，以迅速扑灭疫情、严防疫情扩大为目标，进一步加强登革热防控工作。根据防控形势，在原有监测工作基础上，将监测强度调整为每月开展3次对各街道（镇）的布雷图指数监测和1次诱蚊诱卵指数监测，不定时抽查、布置各街道（镇）布雷图指数监测。国庆节期间，各基层卫生单位保留布雷图指数监测和病例流调力量，指导各街道（镇）抓防控、灭蚊虫。根据市政府相关会议精神，针对城西街道登革热防控形势，于10月8日发出《关于建立潮州市湘桥区防治重大疾病工作联席会议登革热防控工作挂钩联系督导城西街道工作制度的通知》，及时加强重点地区的登革热防控工作，维护人民群众的身体健康。

【妇幼保健】 2019年，湘桥区共有新生儿14989人，新生儿死亡率为1.13‰，婴儿死亡率为1.4‰，5岁以下儿童死亡率为1.87‰。

【医疗仪器设备】 湘桥区各医疗卫生机构不断加强医疗设备设施建设，提高医疗服务水平。2019年，共投入约198.87万元改造修缮业务用房；投入约723万元购置母乳分析仪、DR、四维彩色多普勒超声仪、胎心监护仪、脊柱侧弯测量仪、香薰蒸汽仪、妇科（不孕症）诊断治疗仪、精子质量分析仪等一批医疗设备。此外，为促进"互联网+医疗"发展，投入约57.2万元建设血糖血压管理系统、智慧门诊医疗导引系统、幼儿营养综合监测系统，并做好系统运行的日常维护工作。

【公共卫生监督及执法】 坚持医师、护士执业注册制度，强化依法执业。全年受理医师执业注册41份，变更注册58份，多机构备案37份，注销注册1份；护士执业注册21份，延续注册70份，变更注册58份，遗失补证1份；乡村医生执业再注册14人。

完成2019年湘桥区公立医疗机构、下伸门诊所、村卫生站的校验及换发新证工作。

加强对辖区医疗机构精麻药品的使用管理，严格要求各相关单位每月定时将精麻药品的库存量和使用情况上报至区卫生健康局及其他相关职能部门。组织23名医务人员参加潮州市麻醉药品、第一类精神药品使用处方资格培训班，学习相关法律法规、精麻药品使用管理制度以及临床应用指导原则，确保精麻药品合理使用。开展芬太尼类物质底数集中摸排专项活动，主动参与做好易制毒化学品管制工作。

【红十字会工作】 发挥红十字会在社会救助中的积极作用。区红十字会全年发放物资主要有羊毛大衣100件、毛毯50床、牙膏50支、食用油20罐、大米50袋，折款38750元。发放对象主要为卫健系统对口扶贫户。开展慰问贫困家庭活动。

【医药卫生体制改革】 落实基层医疗卫生机构公益一类财政保障，按照上级"公益一类财政供给"有关要求，上报《关于要求解决我区公益一类卫生机构薪酬问题的请示》，报经区委、区政府研究，同意自2019年7月起，区公益一类医疗卫生机构在编在岗人员基本工资所需资金由区财政拨付。

培育资源纵向整合的医联体。一方面，争取上级医院支持，组建医疗联合体。为进一步深化医改，加强基层服务能力建设，根据《潮州市人民政府办公室关于印发〈潮州市推进医疗联合体建议和发展实施方案〉的通知》等文件精神，报经区政府常务会议同意，按照基层首诊、双向转诊、急慢分治、上下联动、资源共享、互惠互利的原则，在标准化建设项目基础上，以潮州市人民医院为牵头单位，联合磷溪卫生院组成医疗联合体，从"120"基层急救站开始，逐步扩展到内科、妇产科、外科等各科室，全面提升服务能力。另一方面，为降低市三级医院药占比，推进分级诊疗，配合市政府决定，将太平社区和西湖社区卫生服务中心同市中心医院建立医联体，南春社区和城西社区卫生服务中心同市人民医院建立医联体。患者持上述两家医院的特定门诊处方，可自主选择到太平、西湖、南春、城西任一家社区卫生服务中心就近取药，方便特殊门诊患者就医取药。逐步推进分级诊疗制度，已完成前期场地准备工作。

开展家庭医生签约服务。充分发挥基层医疗机构网底作用，为辖区居民开展家庭医生签约服务，重点加强残疾人、贫困人口签约服务工作。截至12月30日，全区家庭医生签约192222人，签约率为34.9%；重点人群140416人，重点人群签约95227人，签约率为67.82%。

促进社会办医。为方便群众，提升办事效率，响应国家深化“放管服”改革的号召，从11月20日起，区二级及以下医疗机构设置审批与执业登记两个环节，设置人（单位）可同时提交到政务服务中心，资料提交按照粤卫规〔2017〕6号文件要求执行。2019年，全区审批发证的社会办医疗机构共11家，其中普通诊所2家、口腔诊所4家、中医（综合）诊所3家、口腔门诊部1家、医疗美容诊所1家。

开展“互联网+医疗健康”便民惠民服务。一是按照《潮州市湘桥区信息便民“五个一”攻坚行动实施方案》逐步推进信息便民行动；二是制定《湘桥区卫生健康系统信息化工作管理暂行办法》，为全区各卫生健康机构编制信息化工作规划，制定信息化标准和规范，建设信息化应用系统，开发和利用信息化资源，为落实信息安全管理与责任机制提供依据；三是完成基层医疗机构异地就医直接结算平台上线工作；四是配齐作为广东省镇村远程医疗项目（一期）试点的意溪卫生院、磷溪卫生院、官塘卫生院所有设备并调试完毕，分批完成与省平台的对接。

村卫生站公建规范化建设。2019年，完成对意溪镇锡美村和荆山村2个卫生站的改建。其中，荆山村卫生站建筑面积70平方米，主体结构建设已完成；锡美村卫生站在古树公园管理处的基础上改建，建筑面积85平方米，主体结构建设已完成。

【卫生行动】 为清除卫生死角和“四害”（苍蝇、蚊子、老鼠、蟑螂）孳生地，湘桥区增加灭蚊药物投入。全年下发滞留药物150件、热烟雾剂100件、灭蚊片100件、低容量液10瓶、安倍等灭杀幼虫药物10件、毒鼠药3000千克、毒鼠屋3000个。组织开展全区统一行动日活动24场次；建立“党政机关企事业单位与地方群众共建共治洁净湘桥”卫生行动日制度，区党政领导班子和各街道（镇）、各单位领导带头上街，按卫生行动日责任路段清理环境卫生；发动广大群众和沿街铺户，动手清理室内室外、屋前屋后、阳台天台积水和垃圾杂物，掀起“清洁家园，灭蚊防病”行动高潮。

社会生活

人口和计划生育

【人口概况】 2019年末，湘桥区共有户籍人口473322人，其中已婚育龄妇女77209人；全区常住人口出生5510人，出生率为11.68‰，自然增长率为4.66‰。

【计划生育】 落实利益导向机制，推进利益导向体系建设。落实潮州市关于农村独生子女户子女和纯生二女结扎户女孩报考湘桥区高中阶段实行的优惠政策。2019年，全区有93名学生通过审核，享受加分优待政策。完善计生奖励政策，落实“四项奖励扶助”逐月发放，并落实各街道（镇）计生办对奖励对象进行年审。全区全年投入计生奖励扶助资金2136.313万元，其中13217人享受城镇独生子女父母奖励，投入奖励资金1193.92万元；3282人享受农村部分计生家庭奖励，投入奖励资金468.17万元；3170人享受农村计划生育节育奖励，投入奖励资金192.20万元；364人享受特别扶助资金，投入282.13万元。至2019年12月底，四项奖励扶助对象共年审16388人，年审率为89.98%。

全面落实“两孩”政策。推行网上办证，优化办事流程，简化办理手续。2019年，全区有生育登记8969例，其中“一孩”登记4823例，“二孩”登记4146例，网上申办6973例，网上申办率为78%；再生育办理152例，其中网上申办81例，网上申办率为54%。

【优生优育宣传】 优化提升妇幼健康服务水平。积极开展全区免费孕前优生健康目标人群检查，共检查580对。实施出生缺陷综合预防。截至12月9日，开展唐氏筛查1830例、地贫筛查1700例、B超排畸1855例，其中转诊进行产前诊断10例，新生儿代谢性疾病筛查154例，听力筛查158例。

【三级人口计生服务机制】 湘桥区人口和计划生育管理，以区卫生健康局、街道（镇）人口和计划办公室、村（居）委会人口和计划生育办公室形成三级管理机构。设立以湘桥区妇幼保健计划生育服务中心、带农街道（镇）妇幼保健计划生育服务所（在乡镇卫生院加挂牌子）、村（居）委会人口和计划生育服务室组成的服务网络。

【老龄工作】 为辖区老年人发放潮州市老年人优待证780份。投入66万元为全区60周岁（以2018年12月31日为截止日期计算年龄，下同）以上湘桥区户籍的城乡特困对象、城乡低保户等特殊困难老年人和65周岁以上湘桥区户籍老年人，按每人10元的保险费统一购买意外伤害综合保险，推进“银龄安康行动”。受理“潮州市老年人乘车优惠IC卡”，全年申办发放约6300份。

【职业健康监督管理】 承接职业健康工作。区卫健局加强与区应急管理局、区工信局、区二轻联社等部门的沟通衔接，做好区企业库及其重点项目等信息摸查，制定矿山、冶金、化工等行业的职业病危害监测工作方案，委托第三方机构对28家企业进行有害因素监测，对110家企业进行入户调查。

【征兵体检工作】 组建2019年湘桥区征兵体检队，从8月3日至8月17日，进驻湘桥区人民医院，为湘桥区应征青年进行体检，实行“一站式”兵检。

【精准扶贫工作】 一是组织到意溪镇上门慰问结对帮扶的贫困户。2019年，区卫健系统为意溪镇挂钩帮扶的47户贫困户送去慰问物资。二是协助挂钩镇组织驻镇帮扶工作组，积极做好2019年度扶贫开发成效考核准备工作。三是做好精准扶贫建档立卡信息管理平台2018年数据结转工作，有针对性地制订2019年帮扶计划及信息系统录入工作。

【无偿献血工作】 根据2019年无偿献血招募指标，结合辖区机构改革，重新调整分配区各直属单位、街道（镇）无偿献血任务指标。全区全年献血81200毫升，献血323人次。

人力资源和社会保障

【重要会议】 3月6日，召开全区人力资源和社会保障暨社保扩面征缴工作会议，对全年人社工作进行部署。

7月22日，召开全区社会保险扩面征缴工作推进会，副区长黄航代表区政府与各街道（镇）签订社保扩面工作责任书。8月12日，区人社局下达《关于下达2019年企业职工养老保险和城乡居民社会养老保险扩面征缴工作目标的通知》，对完成社保扩面征缴任务的街道（镇）实行奖励，推进社会保险扩面工作顺利实施。

11月5日，召开全区社保扩面征收冲刺工作会议，提出要克服一切困难，坚决实现全年目标任务。会后，区人社局加强对各街道（镇）工作的督查指导，较好地完成年度目标任务。

【重大活动】 3月23日，在城西中学举办2019年春季人力资源招聘会，有92家企业参加，提供就业岗位2044个，达成就业意向66人，其中20家企业提供精准扶贫岗位189个。

4月15日至21日，在湘桥区民营企业招聘周开展网络招聘活动，共有12家企业参加，其中民营企业7家、中小微企业5家，提供岗位162个，达成就业意向42人。

6月22日，举办潮师招聘会之2019年毕业生专场和就业创业政策进校园活动，进场企业84家，提供岗位1439个，进场人数280人，达成就业意向52人。

10月17日，在磷溪镇开展湘桥区2019年“就业扶贫行动日”活动。挑选9家区属企业、277个适合贫困劳动力的就业岗位，通过专场招聘会、入户走访、下乡送岗等活动形式，促成4人达成就业意向。

【事业单位人事管理】 组织全区事业单位公开招聘5场次，分别招聘教师4人、卫生专业技术人员64人、区直事业单位工作人员22人。做好全区事业单位科级以下工作人员年度考核工作。2019年，事业单位在职人数5081人（其中在职教师3746人）

表46　2019年湘桥区事业单位人员年龄情况表

单位：人

总计	35岁及以下	比例	36～45岁	比例	46～54岁	比例	55岁及以上	比例
5081	1020	20.07%	2610	51.37%	1162	22.87%	289	5.69%

【工资福利】 做好公务员工资业务的移交工作。根据机构改革有关文件要求，配合区委组织部及时做好全区公务员工资信息的整理、工资管理系统的维护以及相关档案资料的归档等工作，按时将全区公务员的工资业务移交区委组织部管理。

【专业人才与专家管理】 深化湘桥区职称制度改革，加强和完善专业技术人才队伍建设，出台《潮州市湘桥区深化职称制度改革实施方案》。

2019年，湘桥区新取得职称资格（工程技术系列、教育系列）的有218人，其中取得高级职称资格的51人，取得中级职称资格的90人，取得初级职称资格的77人。享受国务院政府特殊津贴人员1人，谢华，批准年份为2016年。谢华于2012年获得“中国工艺美术大师”称号；2013年获全国轻工行业“劳动模范”荣誉称号，被聘为广东省工艺美术协会紫砂朱泥壶专业委员会主任；2014年获第三届非物质文化遗产传承人薪传奖；2015年被聘为韩山师范学院技能大师工作室主持人；2016年被评为正高级工艺美术师。他多次在国家级、省级期刊上发表论文，编写《中国工艺美术大全·广东卷》潮州手拉朱泥壶章节。作品获国家级特别金奖1项、金奖11项目，被中国紫砂博物馆等多家国家级、省级博物馆收藏。作品还曾在法国罗浮宫、意大利米兰举行展览，为米兰展官方指定用品。

【人事人才公共服务】 认真做好高校毕业生的公共服务工作。多渠道开展办事指南和政策宣传。通过现场资料发放、邮箱问答、电话咨询等渠道，做好高校毕业生报到、改派、档案转递等相关业务办事流程的宣传和高校毕业生就业创业服务有关优惠政策的宣传工作。

引导高校毕业生网上报到，方便高校毕业生报到登记。采取网上报到和现场报到相结合的方式，认真做好毕业季接收高校毕业生报到的工作。全年接受毕业生报到2544人，其中网上报到2505人、现场报到39人。

开展实名登记，做好离校未就业高校毕业生服务。通过毕业生登记就业信息、短信回复、电话家访等多种方式逐个联系，全区全年有离校未就业毕业生1069人，1023人实现就业，就业率为95.7%。

做好流动人员人事档案的管理和服务。一方面，规范整理档案，及时更新信息。做好档案的收集、整理、保管及信息录入等工作，形成以计算机管理为基础的档案管理模式。全年接收流动人员人事档案255个。另一方面，全面简化流动人员人事档案转递流程，方便人才流动，全年转出档案146个。

做好高层次人才和急需紧缺人才相关工作。积极宣传高层次人才认定办法的相关文件政策，发动湘桥区企事业单位高层次人才到市申报，执行高层次人才缴纳个税奖励措施。积极宣传《2019年度潮州市急需紧缺人才目录》，设置绿色通道，指定专人受理，认真做好急需紧缺人才的申报工作，助推企事业单位招才揽才。

【劳动就业管理】 抓好各项就业创业补贴政策的落实。全年发放各项就业创业补贴（含技能晋升培训补贴）约400.91万元。其中就业创业服务补助50.65万元；公益性岗位补贴138.6万元，享受人数211人次；高校毕业生基层就业岗位补贴11280元，享受人数3人次；公益性岗位社保补贴40.07万元，享受人数211人次；灵活就业社保补贴7559.16元，享受人数4人次；公益性岗位社保个人缴费补贴18.96万元，享受人数211人次；一次性创业资助12万元，享受人数12人；创业租金补贴4万元，补贴人数10人次；创业带动就业补贴2.4万元，享受人数10人；高校毕业生到基层就业补贴2万元，补贴人数4人。全年组织劳动力技能晋升培训634人，创业培训240人，受理个人培训补贴申请累计139人，发放技能晋升培训补贴资金约13.04万元。

认真组织开展招聘活动，提高就业率。全年组织区内外招聘会10场，共有279家企业参加，提供7675个岗位，达成就业意向302人。通过积极开展以服务广大大中专毕业生、下岗失业人员和农村富余劳动力、各精准扶贫对象为主题的人才劳力招聘会、就业援助、校园招聘、网络招聘、政策宣传等一系列公共就业服务专项活动，发放近万份宣传资料，推进企业用工，提高就业率。

【劳动信访、劳动保障监察】 2019年，全区检查各类用人单位760家，涉及劳动者9000多人；共发生欠薪案件359件，涉及人数1331人，金额约1654万元。推进建设工程领域用工实名管理制度和建设施工企业严格落实工人工资分账管理制度，全面落实建设领域工人工资支付保证金制度和欠薪应急周转金制度。截至2019年12月底，湘桥区共有41个项目缴纳工程工资支付保证金和保函，缴纳保证金8000万元。另外，按照要求已将80万元欠薪应急周转金存入专用账户，切实保障欠薪工人的合法权益。2019年，区人社局信访办共接待来访群众512人次，转办市人社局法制科转来投诉件211件，交接区信访局信访件4件，按时答复率为100%。全区劳资关系总体和谐稳定。

【劳动仲裁】 基层调解组织全年受理劳动纠纷案件177件，主要涉及劳动报酬争议，调解成功结案率为98.2%，快速有效地维护劳动者的合法权益。区仲裁机构共立案受理案件9件，其中工伤保险待遇争议2件，赔偿金争议7件，调解结案2件，法定期限内结案率为100%。

【社保工作】社会养老保险。2019年，湘桥区职工养老保险参保单位共8513个，参保人数为84225万人，征收基金69562万元；领取待遇人数共34762人，领取待遇基金119563万元。

失业保险。2019年，湘桥区职工失业保险参保单位共8792个，参保人数为63870万人，征收基金595万元；领取待遇人数共108人，领取待遇基金243万元。

工伤保险与劳动能力鉴定。2019年，湘桥区职工工伤保险参保单位共8905个，参保人数为68455万人，领取待遇人数共48人。

城乡居民基本养老保险。2019年，湘桥区城乡居民基本养老保险参保人数共152013万人，征收基金876万元；领取待遇人数共49078人，领取待遇基金9554万元。

【基金支出、结算及各项待遇发放】 2019年，全区企业养老保险基金支出75454万元，机关养老保险基金支出44109万元；失业保险基金支出243万元；工伤保险基金结算71万元（由市社保局统一支出）；综合医疗保险基金支出5676万元；住院医疗保险基金支出5354万元；生育保险基金支出1364万元；城乡医疗保险基金支出23952万元。到12月底，全区享受企业养老保险待遇375530人次，发放待遇约7.22亿元；办理死亡待遇共461人，发放死亡待遇约1740.4万元。2019年7月，一次性补发1—6月企业职工养老待遇调资，共调整31458人，调资增加金额约402.14万元，补发金额约3124.83万元，人均增资128.26元/月，调整后人均养老金1869.19元/月。至12月，发放失业保险待遇1251人次，发放金额约170.53万元；发放临时价格补贴421人次，发放金额17073元；发放失业保险稳岗补贴待遇14家，发放金额约18.84万元。

【社会保险扩面征缴】 至2019年12月，全区参加企业养老保险78495人，比上年同期增长6.6%，实际缴费52032人，比上年同期增长9.2%。参加失业保险63870人，比上年同期增长8.3%。参加工伤保险68455人，比上年同期增长7.6%。截至2019年12月31日，城乡居民养老保险实际缴费人数73419人（含趸缴）。除去铁铺镇，全区实际完成缴费人数62029人（含趸缴），完成率为101.5%。

【事业单位养老保险制度改革】 事业单位养老保险制度改革工作取得阶段性成果。2019年8月起，以实账方式按月征收职业年金，并于8月底前将2019年1月至7月以来记账的单位缴费做实，在全市率先完成工作任务。集中推进机关养老保险清算工作，克服时间紧、任务重、财政资金缺口等困难，采取全收全支和线上轧差相结合的方式，基本完成清算工作。

【医保工作】 各项医保工作稳步推进，切实减轻群众就医压力。随着小程序异地就医备案的推广和政策宣传，2019年有更多参保人享受异地就医直接结算。截至12月18日，城乡居民医保参保实缴人数达376629人，完成市下达任务数的98%，已发送税务台账353121人，占市任务数的94%，所有街道村（居）增员表均报送完毕。区医保局已向区财政局发函申领全区困难群体（残联人员除外）3157人的参保金。

职工基本医疗保险。2019年，湘桥区共有7149个用人单位职工参加医疗保险，参保人数为6.9万人，征收职工医保基金累计13470万元，发放医疗保险待遇11030万元。

城乡居民基本医疗保险。2019年，湘桥区城乡居民基本医疗保险参保人数为375042人，共20459人享受基本医疗保险待遇，累计发放待遇23952万元。

生育保险。2019年，湘桥区共有8052个用人单位参加生育保险，参保人数为6.5万人，征收基金1415万元，享受待遇人数为1073，累计发放待遇1364万元。

【医疗救助】 针对农村低保、特困供养人员、建档立卡贫困户等重点对象，实现医疗救助全覆盖。6月，实现市内医疗救助和基本医疗保险、大病保险同步结算的“一站式”服务。9月，实现省内和跨省异地住院医疗救助“一站式”直接结算，切实减轻困难群体的资金垫付压力。6月—12月，共完成医疗救助3460人次，累计1054002.66元。其中零星救助216人次，累计406856.38元；“一站式”医疗救助3244人次，累计647146.28元；儿童重疾救助共3人次，累计27945.05元。

【重大活动】 一是参与市医疗保障局医保基金安全、打击欺诈骗保宣传活动，加强湘桥区各医院的宣传工作，在各医院张贴宣传海报，发放宣传手册，让更多市民了解欺诈骗取医保基金行为，维护自身合法权益。二是结合定点医疗机构分级管理评审工作及反欺诈骗保检查，重点检查定点医疗机构在执行医保政策、规范管理方面存在的问题。配合市医疗保障局及市场监管湘桥分局对全区多家定点零售药店经营化妆品、日用品、套现等违规情况进行专项检查。三是在定点医疗机构推行参保人员身份查对制度，要求医院医护人员对住院病人进行身份查对，人证相符后方可出具相关住院手续，且需到医保科进行复核。由专人负责每日对医疗机构开展实地巡查、抽查工作，核实住院人员身份，严查挂床住院、冒名住院等违规情况。10月中旬，在市医保局指导下，对申请门诊特定病种人员进行抽查体检。四是联合中国人民财产保险有限公司配备的专职检查人员，加强对定点医疗机构的日常巡查监管；每日对定点医疗机构的住院参保人进行询问检查，对外伤参保人做好笔录调查。五是做好基本医疗保险定点医疗机构分级管理评审工作，规范医疗服务。

消　费

【概况】 2019年，全区社会消费品零售总额140.53亿元，比上年增长8.9%。限上批发零售业实现商品销售总额106.25亿元，增长0.5%，其中限上批发业商品销售额94.56亿元，增长0.6%；限上零售业商品销售额11.70亿元，增长0.2%。限上住宿和餐饮业营业额3.41亿元，增长11.0%。其中，限上住宿业营业额1.57亿元，增长6.5%；限上餐饮业营业额1.84亿元，增长15.1%。

居民消费价格总指数为102.7%，比上年上涨2.7%，涨幅比上年提高0.5个百分点。八大类商品价格“七涨一降”：食品烟酒类价格上涨5.9%，衣着类价格上涨1.3%，居住类价格上涨0.9%，生活用品及服务类价格上涨1.2%，教育文化和娱乐类价格上涨3.9%，医疗保健类价格上涨1.1%，其他用品和服务上涨2.3%，交通和通信类价格下降1.7%。另外，商品零售价格总指数上涨1.4%，工业生产者出厂价格指数上涨1.2%。

民政工作　社会事务

【行政区域】 2019年，湘桥区辖湘桥、西湖、金山、太平、南春、西新、桥东、城西、凤新9个街道和意溪、磷溪、官塘3个镇，共51个社区居委会和97个行政村。全区总面积254.2平方千米。

【行政村和社区居委会建设】 一是修订村规民约。全区共12个街道、镇（不含铁铺镇）和148村（居）委会，已有141个村（居）修订完善具有依法保障、自我约束且务实管用的村规民约和居民公约，占全区村（居）总数的94%。二是推进村务公开工作。建设好桥东街道社光村、下津村，凤新街道西塘村、陈桥村的村民议事厅；推动桥东、凤新街道办事处开展“提升乡镇政府服务能力建设”试点工作。三是全面落实村（居）经费运转，按时下拨补贴、养老保险等待遇。四是深入开展扫黑除恶专项斗争，共清退涉刑事或留党察看干部15人，补选6人。

【“三社联动”工作】 积极推动社区、社会组织、社会工作人才“三社联动”社会治理新模式，出台实施方案，成立机构，明确责任。成立社会组织（社工）培育发展中心，加快社区服务型社会组织、社会专业工作人才、志愿者的培育发展。2019年12月，全区有入壳培育的社会组织5个。

【第四轮汕潮线澄海湘桥段联检】 开展“平安边界”创建活动，分别对汕潮线澄海湘桥段21.36千米及埋设440551005号、440551006号界桩进行联合检查，建立界线委托管理制度。

【拨款支持骨灰堂建设】 拨款支持意溪镇石牌村、城西街道春光村、凤新街道陈桥村、磷溪镇旸山村和官塘镇巷下村5个村的骨灰堂建设。2019年，新批准意溪镇石牌村1个骨灰堂。2019年，全区常住人口死亡火化3747具，火化率为100%。

【社会组织登记管理】 规范社会组织申报登记程序，强化社会组织监管。至2019年12月，全区登记注册社会组织共281家（其中当年新成立38家），其中社会团体55家，民办非企业单位226家。区民政局于3月至6月组织开展年检工作。

表47　2019年湘桥区社会组织情况表

单位：个

社会团体数	其中					民办非企业单位数	其中
	本年度成立数	清理整顿数	注销数	转为法人社团数	非法人社团未转数		本年度成立数
55	7	0	0	0	0	226	31

表48　2019年湘桥区本级行业与专业社会团体一览表

序号	名　　称	类　　别	登记时间
1	潮州市湘桥区瓷都实验幼儿园	民办非企业单位	2019-12-9
2	潮州市湘桥区意溪镇扶贫促进会	一般性社团	2019-11-29
3	潮州市湘桥区凤新街道扶贫促进会	一般性社团	2019-11-25
4	潮州市湘桥区磷溪镇扶贫促进会	一般性社团	2019-11-13
5	潮州市湘桥区磷溪镇培英幼儿园	民办非企业单位	2019-11-13
6	潮州市湘桥区明德文化艺术培训中心	民办非企业单位	2019-11-5
7	潮州市湘桥区爱加艺术幼儿园	民办非企业单位	2019-10-30
8	潮州市湘桥区磷溪镇韩城实验幼儿园第二分园	民办非企业单位	2019-10-9
9	潮州市湘桥区桥东街道扶贫促进会	一般性社团	2019-10-9
10	潮州市湘桥区智欣教育培训中心	民办非企业单位	2019-9-29
11	潮州市湘桥区磷溪镇金沙幼儿园	民办非企业单位	2019-9-29
12	潮州市湘桥区琳璐琪教育培训中心	民办非企业单位	2019-9-27

续表48

序号	名　　　称	类　　别	登记时间
13	潮州市湘桥区六六教育培训中心	民办非企业单位	2019–9–2
14	潮州市湘桥区赛恩小太阳幼儿园	民办非企业单位	2019–8–13
15	潮州市湘桥区精英教育培训中心	民办非企业单位	2019–8–8
16	潮州市湘桥区琅文外语培训中心	民办非企业单位	2019–8–5
17	潮州市湘桥区官塘镇扶贫促进会	一般性社团	2019–8–1
18	潮州市湘桥区学思教育培训中心	民办非企业单位	2019–7–26
19	潮州市湘桥区滨江教育文化培训中心	民办非企业单位	2019–7–5
20	潮州市湘桥区磷溪镇仙河幼儿园	民办非企业单位	2019–6–27
21	潮州市湘桥区铁铺镇新苗幼儿园	民办非企业单位	2019–6–19
22	潮州市湘桥区汉维教育培训中心	民办非企业单位	2019–5–7
23	潮州市湘桥区海洋教育培训中心	民办非企业单位	2019–5–4
24	潮州市湘桥区磷溪镇埔涵幼儿园	民办非企业单位	2019–4–23
25	潮州市湘桥区岭海艺术教育培训中心	民办非企业单位	2019–3–29
26	潮州市湘桥区官塘镇奕湖幼儿园	民办非企业单位	2019–3–29
27	潮州市湘桥区至善教育促进会	一般性社团	2019–3–29
28	潮州市湘桥区沙洲中心幼儿园	民办非企业单位	2019–3–13
29	潮州市湘桥区童画美术教育培训中心	民办非企业单位	2019–3–13
30	潮州市湘桥区意溪镇欢欢幼儿园	民办非企业单位	2019–2–13
31	潮州市湘桥区意溪镇启蒙幼儿园	民办非企业单位	2019–2–13
32	潮州市湘桥区凤新街道莲云中心幼儿园	民办非企业单位	2019–1–28
33	潮州市湘桥区欢乐实验幼儿园（潮枫园）	民办非企业单位	2019–1–28
34	潮州市湘桥区中广艺术文化教育培训中心	民办非企业单位	2019–1–18
35	潮州市湘桥区学加思培训中心	民办非企业单位	2019–1–18
36	潮州市湘桥区黄金塘福利会	一般性社团	2019–1–16
37	潮州市湘桥区恒大福达幼儿园	民办非企业单位	2019–1–8
38	潮州市湘桥区快乐幼儿园（春荣园）	民办非企业单位	2019–1–3

【双拥工作】 一是开展走访慰问活动。“八一”前夕，区退役军人事务局积极开展对驻潮部队、立功受奖退役军人及残疾军人、参战退役人员、“三属”（烈士遗属、因公牺牲军人遗属、病故军人遗属）、在乡老复员军人、带病回乡退伍军人、“五老”人员、60周岁以上农村籍退役士兵和烈士子女等各类优抚对象走访慰问活动，送上节日问候和慰问金。共慰问优抚对象2845人，发放慰问金28.45万元。联合区武装部上门为立功现役军人送喜报。在新中国成立70周年之际，区退役军人事务局在区委、区政府组织带领下开展对在乡复员军人、烈士子女、伤残军人的走访慰问活动，把温暖送到退役军人及优抚对象家中。共走访慰问烈士遗属（享受定恤定补对象）10户、新中国成立之前入伍的在乡复员军人4人和残疾军人121人，发放慰问金共87800元。9月12日，区退役军人事务局联合省巡回医疗队在桥东街道下津村开展“关爱功臣，送医送药”活动。二是做好光荣牌悬挂工作。完善退役军人和其他优抚对象的信息采集工作，为信息数据的综合分析和精准服务与管理的实施提供科学依据。进一步开展烈属、军属和退役军人等家庭悬挂光荣牌活动，做到应挂尽挂。

【退役军人优待抚恤】 一是做好优抚资金发放和评残受理及上报工作。按规定落实各类优抚对象抚恤金待遇，及时发放各类抚恤补助金和生活补助金，全区全年发放抚恤和生活补助金1964万元。按照优抚工作有关要求，加强退役人员的服务保障，服务好各类优抚对象；重点抓好参战退役人员身份认定、调查核实等工作。做好退役军人评残工作，全年审批通过14人。

二是开展全区企业军转干部体检工作，进一步落实优抚政策，及时了解企业军转干部身体健康情况，充分展现党委、政府对企业退休军转干部的关怀。

三是组织退役士兵参加技能培训。为进一步提升退役士兵职业技能，促进退役士兵顺利就业，多渠道宣传退役士兵技能培训政策，认真做好政策咨询和解答工作，动员退役士兵积极参加技能培训。全年参与适应性培训和中等职业技能培训的退役士兵分别为6人和17人。

四是做好社保接续工作。6月，启动辖区部分退役士兵的社保接续办理工作，整理核实符合政府安置条件的退役士兵档案资料，对初审符合办理条件的人员进行登记造册；同时联合区医保局、区人社局推进辖区部分退役士兵的社保接续审核工作。

五是做好60周岁以上农村籍退役士兵老年生活补助的申请工作。

【移交安置工作】 退役士兵和自主择业转业干部接收工作。严格执行关于退役士官转业报到接收工作的政策规定。

转业士官安置工作。认真核实档案，摸清人员底数，掌握人员基本情况；根据转业士官报到情况，与区人社、编办、组织部门沟通联系，掌握各单位空编及用人需求，将符合条件的转业士官安置到各部门。对2011年前入伍、退役时选择由政府安置工作的城镇士官，除自愿到国企工作外，其他均安置到公益一类事业单位。

【婚姻登记服务】 成立湘桥区“初心”家庭婚姻辅导志愿服务队，向社会公开招聘热心婚姻家庭关系调适专业志愿者34人，其中专职辅导员10人、爱心辅导员24人，开展家庭婚姻辅导服务活动。2019年，湘桥区办理结婚登记2780对、离婚登记643对。

【社会福利与社会救济】 低保特困供养人员救济。低保标准调整为城镇702元/月、农村484元/月，补差水平达到城镇554元/人·月、农村251元/人·月。全年为1550户低保户发放低保金1296.84万元。城镇、农村特困供养人员标准分别提高到1124元/人·月、775元/人·月。全年共为426名特困供养人员发放资金420.9万元。

开展特困老年人生活自理能力评估认定护理资助。对全区426名特困老年人进行自理能力评估认定，按全失能、半失能、全自理不同等级给予护理资助，每人每月分别资助846元、423元、28.2元，落实相应照料人员对该部分老年人进行生活照料专门护理服务，共发放补贴金额19.1万元。为低保特困供养人员购买养老保险，为全区281名低保、特困人员购买养老保险33720元。

残疾人“两项补贴”。困难残疾人生活补贴、重度残疾人护理补贴标准分别为165元、220元；全年为4116名重度残疾人发放“两项补贴”金额87.43万元，为937名贫困残疾人发放补贴金额15.23万元，为50名非低保扶贫户残疾人发放补贴金额7.755万元。

孤儿助养。全区全年有社会散居孤儿20人，按1025元/人·月标准发放，共下发孤儿生活保障补助资金24.6万元。其中8名孤儿就读中专以上学校，每人每年获1万元救助金。

临时救助。2019年，全区有80户家庭申请临时救助，共发放救助金38.75万元。

表49 2019年湘桥区低保家庭救济情况表

低保标准（元／人·月）		救济情况						年低保资金额（万元）		
		城镇			农村			合计	城镇	农村
城镇	农村	户	人	人月平补差（元）	户	人	人月平补差（元）			
702	484	380	637	554	1170	2346	251	1296.84	469.06	827.78

表50 2019年湘桥区特困供养人员救济情况表

特困标准（元／人·月）		救济情况				年特困资金额（万元）
		城镇		农村		合计
城镇	农村	户	人	户	人	
1124	775	79	79	347	347	420.86

养老服务。全区7个社区居家养老服务机构、敬老院和97个村老年人活动场所全面向老年人开放，积极开展为老敬老服务活动。全年为10632位高龄老人发放津贴176.15万元，投入养老服务体系建设资金238万元。

慈善事业。全力推进全区教育、扶贫、济困、乡村振兴等慈善事业发展，做好“扶贫济困日”捐款接收、拨付工作。2019年，区慈善总会共接受捐款122820077元。其中定向捐款11883317元、非定向捐款3986907元。“扶贫济困日”活动期间，接受捐款512205元，其中定向慈善款474768元、不定向慈善款37437元。

市容与环境卫生

【概况】 区市容环卫局在市城区持续开展立体式、全方位的市容环境卫生整治行动。全年组织区域统一整治行动86次，对全区各路段“六乱”现象进行集中整治，整治内容包括占道经营、乱摆乱卖、乱泼污水等行为，进一步规范沿街铺户做好“门前三包”工作；对乱贴乱挂广告牌、乱堆放垃圾杂物、占道灯箱、占用停车位障碍物进行清理，取得较好成效。全年处理乱摆卖流动摊档约28000摊次、占道经营铺户约23000户次、乱丢弃垃圾约4100宗，处理各类占道桌椅、遮阳伞、停车位障碍物等杂物约39000处，彻底清除“六乱”顽固点多个，进一步提升城区环境卫生水平。

【落实“六城同创”战略部署】 加强日常管理工作，强化环境卫生整治。每月根据监管工作重点调整监管人员，采取分片区、监管人员轮值的方式，切实开展日常监管工作。对各区域实行全方位检查，杜绝监管盲点，同时合并区城监队管理力量，对各片区重点道路、景区周边环境进行重点整治，确保环卫监管工作落到实处。加强辖区路面、公厕、垃圾压缩站、果皮箱和垃圾中转站的管理，督促环卫作业公司每日进行路面保洁、公厕清洗及对垃圾压缩站（中转站）清收、冲洗，及时收运垃圾、清洗果皮箱，做到垃圾日产日清；认真落实对民居、铺户日常上门收集生活垃圾的制度；加强垃圾运输途中的防洒漏管理，防止收运中污水滴漏、飘洒造成二次污染。定期开展环卫作业公司卫生检查评分工作，对考评分数认真进行复核，杜绝弄虚作假；同时汇总各街道片区监管工作中发现的问题，拟定相应处理办法；加强对易形成卫生“黑点”的内街小巷及城郊接合部的卫生监管；针对环卫工作弱点、难点，以环卫作业市场化监管考评工作督查通报的方式，要求环卫作业公司及时做好整改，并经常开展“回头看”，专人跟进和督促环卫作业公司落实整改工作，使反映的问题得到彻底解决。

多部门形成合力，平稳完成环卫市场化交接。在第一轮、第二轮环卫市场化交接过程中，区环卫局协调各街道办事处、隧成公司、家宝公司做好交接工作，明确作业范围界限，使交接工作顺利进行，实现平稳过渡。在家宝公司进驻潮州后，区环卫局多次召开会议，就监管工作中发现的问题要求其落实整改：一是招聘合适的环卫作业人员，落实作业人员定点定岗定责工作制度；二是做好市区重点道路的清扫保洁，提高环境卫生清扫保洁质量；三是加强上门服务，要求作业人员按上门服务时间段完成服务工作；四是做好公厕管养，重点公厕实行全天候保洁；五是做好安全生产工作，要求所有垃圾压缩转运站禁止住人，且必须配置灭火器等消防设施。使该公司运作逐步走上正轨。

加强环卫作业监管，压实监督责任。采取领导、骨干人员分片区、分路段，每天分时段的方法，到现场对家宝公司进行跟进监督管理。联合家宝公司出动机械清扫车、洒水车，分别对潮州大道、枫春路、南堤路、新桥东路、新桥西路、开元路、牌坊街、防汛通道等主要交通路段进行路面清洗，对道路及管辖路段人行道上的花圃进行洒水等。在人流量大的路段要求嘉宝公司增派人员，配足清运力量，加强对沿街垃圾的清运力度，抓好重点路段、人行步道、交通枢纽等区域的保洁工作；同时增加流动作业人员，巡查及清理卫生死角，努力提高环卫作业质量。

狠抓落实，确保办理工作满意度。2019年，区市容环卫局共承办区级人大政协提案4份，均为主办件。分别是谢淑英委员提出的《关于切实加强节假日古城区环境卫生管理、进一步提升古城旅游品位的建议》、汪晓航等委员提出的《关于进一步加强牌坊街垃圾箱管理的意见建议》、陈乔和等代表提出的《关于提高基层一线城管协管人员工资待遇的建议》、蔡湘萍等代表提出的《关于在全区推广道路智能停车综合管理的建议》。区市容环卫局高度重视提案办理工作，专门成立领导小组，定期召开工作督办会，研究解决提案的相关具体问题，做到答复与落实并重，确保政协委员和群众反映的热点、难点问题得到解决，杜绝“重答复、轻落实”“只承诺、不兑现”等倾向。所有提案均按时按质完成答复工作，并将提案、议案有关书面材料送达区人大办、区政协办和区党政办。

【工程项目建设】 潮州市枫江流域水环境整治二期工程（湘桥区段）。工程于2018年11月28日正式开工。截至2019年12月下旬，市政污水管网完善工程：共涉及26条道路，已完成市政管网建设44272米，约占市政管网总里程的98.66%；已完成25条道路污水管网铺设〔电信路、凤园路、绿榕北路、南较西路、潮枫路、泰安路、北站一路、北站二路、北站三路、北站四路、城新西路、立信路、凤新东路、枫春路、枫春南路、潮州大道（南堤路—潮枫路）、新洋路南段、潮州大道（凤新东路—潮枫路）、绿榕北路（西段）、绿榕西路、潮州大道（外环北路—银槐西路）、潮州大道（银槐西路—凤新东路）、北站西路、外环北路（兴利路）、北站四路（凤新东路—绿榕北路）等〕，仅剩新洋路正在铺设污水主管网。

城中村排水整治工程（共11个村）。其中各村完成区域内工程量的进度比分别是：莲云村90%，花园村99%，陈桥村70%，竹围村87%，大新乡村88%，北片工业区97%，田中村80%，引韩渠排污口整治88%，西塘村70%，锡岗大排沟82%，东埔村55%，十字沟污水管道65%，凤山村87%，大园村15%，云梯村15%。累计完成工程投资6741.5万元，约占城中村排水整治工程投资总额的75%。

河道清淤：三利溪、百亩溪、社道沟、河浦溪已完成清淤，累计投资额约867万元。

联合设计方、勘探方排查辖区内的居民区、企业和单位的污水排放口，共掌握203个小区污水口支管的排放情况，并完成179个小区的污水口接入工作。

潮州市枫江上游北片工业区——老西溪截污支流工程。工程旨在实现雨污分流前的支流截污，共截收北片二期污水提升泵站前约60米处的支涌污水，以解决纳污区域排水体制混乱、雨污水混流混接、地表水污染严重等问题。纳污范围为振潮北路以东、银槐西路以北区域（即东埔村及大新乡村），总面积约3.12平方千米。2019年4月开工建设，6月完工，工期约2个月。已移交供排水管理中心管理。

公厕及垃圾压缩站建设。完成市区环卫处负责的2座公厕及8座垃圾压缩（中转）站的工程预算、施工图绘制及图审、项目立项、预算审核等工作。2座公厕已开工建设，8座垃圾压缩（中转）站进入政府采购程序。

太平路古树庙街垃圾中转站建设。对太平路古树庙街原有铺面进行改建，改建面积约120平方米，主要内容包括过滤池、水电安装等。该工程已于2019年完工。

永春北路黑底化改造工程。永春北路黑底化改造工程于2018年10月开工，通过单一采购并开始施工，2019年完工。

新桥路改造提升工程。工程于2017年11月28日开工，截至2019年12月已完成沥青路面、人行道路面整修修复、雨水井及污水井、交通标识、树池绿化、公厕改造、智能停车系统VV等工程。

【推进市区扬尘整治和景观建设】 多部门联动，协力整治扬沙扬尘。联合组织城管人员对外环北路及汕汾延长线的各个建筑工地进行调查摸底，对没有落实好防洒漏和抑尘措施的泥头车车主、建筑工地负责人进行教育并责令整改。对沿途建设单位和生产单位开展环卫宣传，要求企业在工厂、工地出口处设置水槽，冲洗泥头车，确保轮胎及车况干净，减少对道路环境的污染。

开展市区道路智能化降尘喷雾。从2019年6月1日起，区园林绿化管养中心每天对市区10个降尘喷雾点实行专人定时定点降尘抑尘，降低过往车辆污染系数，确保市区道路干净。10座降尘喷雾点每天早、中、晚准时准点3班次开机，有效抑制市区路面扬尘，减少路面灰尘污染。

汕汾延长线S335绿化矮化及保洁工作。针对该路段绿化管养存在的问题，采取六项整改措施：一是对汕汾延长线S335黄田山至溪口亭路段两侧生长过茂、影响交通视线的路树进行矮化。二是清理残花败叶，更换花卉；对绿篱、草坪进行全面修剪，并清除垃圾杂物。三是做好绿化树病虫害防治工作，及时修剪病虫枝，伐除枯死树。四是清洗更换栏杆，对官塘高速出入口沿路两侧栏杆进行更换及冲洗，共更换栏杆210多副。五是增加绿化洒水作业次数，对汕汾延长线S335全线早晚进行

3次洒水作业。六是增派防尘降噪洒水作业车，每天对东三口至官塘高速出入口进行2次路面抑尘作业，并实行动态管理，保障作业人员在岗巡查，发现问题及时汇报处理。

民族宗教

【概况】 2019年，湘桥区共有少数民族聚居村3个（意溪镇古庵村、桂坑村、荆山村）；已登记的宗教活动场所34个，其中佛教活动场所27个、天主教活动场所1个、基督教活动场所6个。

【“民族团结进步”主题宣传活动】 不断创新宣传形式，深入少数民族村，广泛宣传国家民族政策和有关法律法规。组织开展公共政策培训、法律咨询，开展捐资助学、义医义诊、扶贫济困慰问等系列活动，切实帮助少数民族群众解决实际困难。在社区设立民族之家、民族阅览室、民族服装展览室，开展庆佳节茶话会、民族文艺会演、灯谜、书法培训等文化活动，丰富社区少数民族群众文化生活。

【“民族团结进步”示范创建活动】 积极推进民族团结进步示范创建工作，继凤新街道奎元社区（示范社区）、湘桥街道开元社区（示范社区）和意溪松林古寺（示范寺庙）被省民族宗教委员会命名为第一批“广东省民族团结进步创建活动示范单位”之后，2019年1月，意溪中学（示范学校）又被省民族宗教委员会命名为第二批广东省民族团结进步创建活动示范单位。

【落实国家有关民族政策】 一是落实学生资助政策。区民宗局为辖区3名符合广东省少数民族聚居区少数民族大学生资助条件的少数民族大学生申报资助资金；帮助位于凤新街道的潮州开发区铁么力克面馆解决2名子女的入学问题。二是争取上级资金扶持少数民族聚居村。针对少数民族聚居村雷厝山村民长期以来未能饮用城市直供水、未能实现饮用水安全的现实问题，争取上级支持，于2018年、2019年分别获得省民宗委安排的中央少数民族发展资金33万元和23万元，促进雷厝山村全面完成水改工作，进一步改善少数民族同胞的生产生活条件。

【宗教法规、政策学习宣传】 将上级有关宗教的法规、政策和工作意见及时印发到各单位、各街道（镇）和各宗教活动场所并组织学习；举办全区统战干部、宗教工作三级工作网络成员和宗教界代表人士参加的宗教政策法规培训班，召开宗教政策法规学习辅导座谈会，促使党和国家关于宗教的法规、政策和工作意见等的贯彻实施实现全覆盖、无盲区，保障宗教界坚持宗教中国化方向，主动与社会主义社会相适应。

【制度建设】 一是认真做好宗教场所宗教

教职人员的备案和佛教教职人员证申领工作，全年为17名符合条件的佛教教职人员申请办理佛教教职人员证，做到底数清、情况明、管理及时、措施到位。二是指导各宗教活动场所进一步建立健全各项管理制度，建立健全寺管会、堂务管理小组等场所管理组织，做到重大事项集体研究、民主决策。强化宗教活动场所的日常管理，不断提高宗教活动场所人员和信众对突发安全事故的防范意识和自救互救能力，有效促进宗教活动场所管理工作逐步趋向规范。三是指导湘桥区佛教协会顺利完成换届工作，通过民主选举产生湘桥区佛教协会第七届理事会和监事会，释道源当选会长，杨业成当选监事会监事长。

【监督检查】 以“创建平安宗教活动场所”活动为载体，积极开展对宗教活动场所的风险点、危险源排查整治专项行动。先后组织开展专项检查约20场次，指导各场所认真做好法制教育和安全防范教育，及时排除宗教活动场所的安全隐患，宗教活动依法依规平安有序开展。进一步规范宗教活动场所、民间信仰场所等场所的燃香行为，重点做好青龙古庙烧“大香”问题、原富丽公园违规设置宗教设施问题的整改工作。

【教育引导】 以“四进”活动为抓手，着力把宗教活动场所创建成为党的大政方针、国家法律法规、社会主义核心价值观、中华优秀传统文化宣传学习贯彻的重要场所。积极引导宗教界坚持和发扬爱国爱教、热心社会公益事业的优良传统，以实际行动关怀弱势群体，大力开展扶贫济困和捐资助学活动，助力脱贫攻坚，同心协力推动全面建成小康社会。在6月“广东扶贫济困日”活动中，湘桥区佛教界举办精准扶贫济困物资发放仪式，向全区1375户精准扶贫户发放价值11.1万元的济困物资（大米、食用油）1400份；8月，区佛教协会带领区佛教界人士在全区开展助学活动，为全区200名贫困学生每人发放3000元资助，共发放资助金60万元。区宗教界全年在为贫困群众施医赠药、扶贫济困、捐资助学以及发展其他社会公益事业中，累计捐赠款物折合人民币约400万元。

街道、镇概况

湘桥街道

【概况】 湘桥街道位于潮州古城中心区域，因辖区内的“湘子桥”而得名，办事处设于太平路柳衙巷26号。街道东临滨江长廊，西与西湖街道的上西平路交界，南至下东平路，北抵上水门路，总面积0.63平方千米。街道下辖开元、义安、昌黎、太昌、分司5个社区居委会。2019年底，全街道户籍人口2.4万人，常住人口约1.12万人。

【经济发展】 2019年，街道经济平稳发展。街道通过强化服务，着力推进区域经济协调发展，引导二、三产业实现有效增长。街道有规上工业企业1家（嘉富制鞋有限公司）；限上住宿和餐饮业1家（莲华素食府有限公司）；拟报限上批零企业1家（广东新华购书集团潮州新华书店有限公司）；限额以下批发零售、住宿餐饮开展抽样调查的单位共3家，其中，琴韵艺术客栈于8月注销，现存2家，分别为我家客栈和大街小院客栈。2019年，街道规上工业产值2003.9万元，限上住宿餐饮业产值223万元，固定资产投资完成6217万元。另外，辖区有民居客栈45家，咖啡吧、音乐吧等休闲行业发展迅速，潮绣、木雕等非遗产业化进程持续推进。

【城区建设】 “美食街建设项目”“义安路景观改造项目”“西马路景观改造项目”于2月中旬全面开工建设；“开元广场停车场改造提升建设项目”已基本完工并试行开放停车，正在办理工程增量报批手续，争取尽快验收；古城街区“微更新”项目稳步推进，已完成立项、设计、图审、预算编制、财审、竞争性磋商等工作，正加紧办理工程建设许可证；凤城文化广场·唐伯元故居已完成项目建设，12月30日举办修建工程竣工暨捐赠仪式；街道古城街巷改造项目已完成可研编制、立项、勘察设计、专家论证工作，进入初步设计阶段。

【街道管理】 优化市场环境。通过强化日常巡查制度，配合工商等有关部门开展整治行动，努力解决集贸市场环境脏乱差、无证照经营、证件过期及证件不全、占道经营、乱摆卖等问题。重点对辖区各主要路段、沿街铺户及居民住户开展宣传教育，与沿街铺户签订责任书；强化监管，严格考核，对不履行卫生责任区清扫保洁任务的行为，按照有关规定予以处理。

集中力量治“六乱”。街道持续深入开展创文创卫工作，落实环境卫生四级网格化管理，建立环境卫生整治工作监管反馈微信群，实现网络化、无缝隙、全覆盖管理。城管人员实行每天十六小时工作制，从每天7时到23时不停顿，加强对辖区“六乱”问题的巡查。通过“定岗、定位、定人、定责”集中巡查、错时巡查和适时巡查，保持环境整治无盲区，实现点、线、面全范围覆盖。街道连续开展多场集中专项整治行动，联合市、区两级城监部门，组织形成数十人的整治队伍，由街道主要领导带队，重点对辖区开元路、义安路、昌黎路、上东平市场、西马路等路段进行集中整治，要求沿街商铺落实坐店经商，杜绝占道经营。全年出动人力7000多人次，清理卫生死角800多处、垃圾杂物约800吨，清理“牛皮癣”300余处，拆除遮阳物约130处、违规灯箱广告牌约70块，拆除水泥斜坡30多处，清理占道障碍物约200处，清理内街小巷占道废旧铁皮车、“僵尸车”30辆。

优化交通环境。街道联合交警部门对牌坊街各链口车辆乱停乱放现象和内街小巷的僵尸车进行清理整治，加强日常巡查，发现乱停乱放车辆及时宣传劝离。同时按照上级要求，以在各大链口设置“雪糕筒”警用标志、张贴警示公告等形式，劝退乱停车主，杜绝将链口空地占为停车场地的违章行为。在辖区内开展古城区车辆乱停乱放专项调研，对乱停放问题进行深入研究，对症下药，提出切实可行的建议。从源头入手，寻找辖区空置区域，合理规划停车点，增加停车场地。在牌坊街文化巡游活动期间，协调处理好各项交通问题，坚持做好牌坊街等重点地段的出入管理，严格按规定时间启闭各个管制路口，禁止一切机动车辆违章进出。

做好环保工作。继续排查清理环保违法违规建设，未发现新增项目。做好污染源排查处置工作，继续排查“散乱污”工业企业（场所），未发现新增企业（场所）。扎实落实推进“河长制”工作，街道二级“河长”全年开展集体巡河45场次，未发现河段污染、乱堆垃圾、乱排污水等现象。推进街道垃圾分类示范点建设，积极做好垃圾分类宣传动员，召开生活垃圾分类动员会暨培训会，传达贯彻湘桥区生活垃圾分类工作推进会精神，部署街道推进生活垃圾分类工作。

【社区服务】 做好低保工作。根据低保户动态管理原则，加强对享受低保人员的审查核实工作，切实做到申请一户、调查一户、公示一户。将符合低保条件的困难群众纳入保障范围，对超出低保条件的人员及时调整撤保，实现动态管理下的“应保尽保”。每月按时为低保户、特困户申办低保金发放、物价补贴，为低保户办理购买社保、医保手续及申请护理补贴。2019年，街道低保户共39户、60人，特困11户，其中当年度新增贫困低保户5户、特困户1户。及时为符合条件的困难家庭申请临时救助、公租房租金补贴和贫困大学生助学金。开展各项爱心行动，积极争取上级及各慈善机构的支持，同时发动辖区企业、社会热心人士捐资捐物。开展“广东扶贫济困日”爱心捐赠活动，动员各届热心人士踊跃捐款。

落实优抚政策。及时足额发放各类优抚对象抚恤金、生活补助及慰问金；开展拥军优属慰问活动，定期走访参战老兵，帮助困难优抚对象解决实际问题。街道成立退役军人服务站，完成退役军人信息录入、上挂光荣牌工作，热情接待每个上门咨询的退役军人，每月按时发放优抚金、优抚补差。重视残联工作，对区域内残疾人情况进行全面调查摸底，登记造册，至2019年底，辖区持有第二代残疾证残疾人口254人。街道认真落实困难残疾人生活津贴制度和重度残疾人护理补贴制度，每月按时发放困难残疾人生活津贴、重度护理补贴和残疾人燃油补贴。联合区人民医院医生上门为卧床病人做残疾评定，解决办证难问题3人次；为3户困难残疾人安装无障碍设备；开展残疾人就业情况调查；选聘残疾人专职委员，为残疾人提供辅助器具和康复训练。

做好高龄老人补贴工作。街道逐月按时发放高龄津贴。2019年，辖区80岁以上老人770人，其中百岁及以上老人2人，全年发放高龄津贴10万多元。热心为辖区老人申办老人证及乘车IC卡。

做好精准扶贫工作。对口帮扶磷溪镇溪口二村15户贫困户，落实帮扶干部和贫困户结对入户工作。街道多次组织上门慰问活动，为贫困户送去大米、食用油等物资。全年送去慰问金约9000元、大米约600千克、食用油约110瓶，实现15户精准扶贫户全部脱贫。

【计划生育】 落实“全面二孩”政策，促进计划生育家庭发展。推进流动人口规范、“惠一生”利益导向、优质服务、人口信息化、部门综合治理五项工作。2019年，街道户籍人口出生163人，其中“一孩”87人、“二孩”72人、“三孩”4人。

【社保医保】 不断扩大社会保险覆盖面。2019年，街道灵活就业人员企业养老保险实际缴费1106人，当年度新增199人。积极推进城镇居民医保参保工作，确保辖区内居民应保尽保。9月，全面开展2019年度城乡居民医疗保险参保登记缴费工作，全年新参保601人，减员409人，变更居民医保信息125户。根据粤人社规〔2011〕237号《关于妥善解决企业未参保人员纳入企业职工基本养老保险问题的通知》文件精神，街道办事处一次性补缴企业养老保险的灵活就业人员4人，补缴金额共141310.4元。

【党建工作】 落实党工委学习第一议题制度。充分发挥街道党工委会和理论学习中心组的示范带动作用，扎实开展“不忘初心、牢记使命”主题教育。加强党校阵地建设，依托街道党校，在基层党员中开展学习宣传贯彻习近平新时代中国特色社会主义思想、中共十九届四中全会精神、习近平总书记系列重要讲话和指示批示精神，持续深化“大学习、深调研、真落实”工作。严肃党内政治生活，严格执行民主集中制，严明政治纪律和政治规矩，组织党员干部参加革命传统教育、先进事迹报告、警示教育、形势政策教育等，参观主题教育档案文献展，学习党史、新中国史，落实意识形态工作责任制，强化网络舆情监测，筑牢意识形态防火墙，守好意识形态安全“南大门”。配合做好省委第十一巡视组巡视潮州市委、湘桥区委工作，主动对照梳理巡视反馈意见，坚持刀刃向内，检视自身存在问题，研究制定整改落实方案和整改总台账，扎实抓好整改落实。

履行党建主业职责。以提升组织力为重点，推进党支部标准化、规范化建设。以开元社区党支部为党建示范点，以点带面推动基层党建工作。大力实施“头雁”工程，选优配强社区党支部书记。认真做好社区党支部书记后备队伍的培养和储备工作，及时补选太昌社区居委会主任。深入实施“南粤党员先锋工程”，开展在职党员亮身份、亮职责、亮承诺活动，全面推行窗口单位党员在岗佩徽挂牌。深化领导干部直接联系群众工作，探索基层社会治理新模式，发挥党群服务中心、新时代基层实践站所的平台作用，创建“一社区一特色”活动。建设“红色书吧”，推进全民阅读，建设“角落绿化公园”，组建义警巡逻服务队和移动调解组，成立志愿之家和旅业党支部，组织引导群众共建共治共享美好社区；增强基层党组织服务群众、凝聚人心、促进和谐的能力，开元社区的“六微工作法”被省委改革办列为重点研究课题。贯彻落实“书记论坛”工作机制，定期组织观摩交流，全年召开“同频共振”、书记论坛4场次。加强街道党校配套建设，改善办学条件，充分发挥街道党校“主阵地”作用，加大对全街道党员的理论培训力度，全年开展培训14场次，培训党员407人次。严把发展党员入口关。全年确定入党积极分子2人，预备党员转正4人。

坚持正风肃纪，营造良好政治生态。落实党风廉政建设责任制，贯彻《湘桥街道基层正风反腐三年行动方案》，制作廉政教育宣传视频，修订湘桥街道制度汇编，组织党员干部集中观看警示教育片、廉政教育电教片等，以廉洁自律坚守初心使命，营造良好政治生态。继续开展扫黑除恶专项斗争，加强线索排查，共同营造和谐稳定的治安环境。加大力度抓会风抓作风，管控总量精简文山会海；组织开展考勤、外出报备、值班、请销假督查，进一步强化干部队伍管理，切实转变机关工作作风。运用监督执纪“四种形态”，严格落实谈话提醒制度，签订廉洁责任书，抓早抓小，加强对扶贫领域、扫黑除恶专项斗争、生态文明建设、落实中央八项规定精神、纠正“四风”突出问题等工作的监督执纪问责，严防违纪问题和不正之风发生。全年排查违纪违法线索3条，办结线索3条，给予诫勉处理4人，谈话提醒2人。

【社会综合治理】 不断探索创新社会治理方式。街道以义安社区、开元社区为试点，联合西马派出所积极推广和发展“枫桥经验”，成立由派出所民警带队，辖区热心群众参与的义警巡逻队，定期在辖区巡查；又以义安社区和开元社区为试点成立流动人民调解组，做到随叫随到，及时为居民化解纠纷。加强禁毒宣传活动，街道联合西马派出所、区禁毒办、广东山区计划志愿服务队在市区开展“拒绝毒品·阳光生活”禁毒骑行宣传活动。认真做好社会矛盾纠纷排查、研判、调解工作，扎实做好特殊时间节点的维稳、安保工作。2019年，街道综治中心共排查各类矛盾纠纷36起，调处36宗，调处率为100%；办理群众来信来访3件次，已办结2件次。

大力开展扫黑除恶专项斗争。继续加大对扫黑除恶专项斗争工作的宣传力度，在人流量密集地方悬挂标语横幅6幅，利用LED屏、LED电子彩屏滚动播放宣传标语，设置扫黑除恶举报箱6个，公布举报电话及电子邮箱；新增扫黑除恶专项斗争宣传栏3个，张贴宣传海报95张，发放致居民一封信2250份、小卡片5950张；在文化公园、昌黎路小学等区域举办户外宣传活动4场次。全年新增掌握线索2条，已全部核查。

【安全生产和消防安全】 街道结合实际，研究制订《2019年安全生产工作计划》，明确全年安全生产目标、内容和主要任务。街道党工委、办事处坚持每月召开一次安全生产会议，召开一次安委会成员会议，分析研判安全生产形势及安全生产中出现的新情况。重点部署开展安全生产检查行动、治理行动和宣传教育“三项行动”，加强安全生产投入、安全生产保障能力、安全生产管理队伍“三项建设”。扎实开展安全生产领域“打非治违”，隐患治理和安全生产联合执法工作。在加强培训，提高执法和依法行政水平的同时，促进执法检查工作经常化、制度化。为提高广大群众的安全意识，结合安全生产月活动开展安全生产宣传活动2场，共发放各种安全生产宣传教育资料370份，张贴安全生产消防安全警示46条次。认真吸取社会上发生的重大安全生产事故教训，对辖区电瓶车充电安全进行检查，督促居民、商铺注意电瓶车充电安全，禁止停车场提供电瓶车充电服务。开展对辖区餐饮业用气安全检查，督促经营者按消防部门要求，使用规范燃气设施和符合要求的燃气瓶，重视用气安全。继续深入开展以消防安全疏散通道和出口畅通，学会扑救初起火灾和自救逃生为重点的专项整治工作。配合旭远科技有限公司，为辖区独居老人、商户、企业安装“智慧消防”686个。

街道切实把安全生产作为一项重要的政治任务和“一把手”工程来抓，落实“党政同责，一岗双责”，坚持实行领导每周带队检查制度。全力抓好安全生产各项工作的落实，并认真组织开展安全生产大检查和执法专项行动。全年组织人力对辖区小作坊和用工单位进行全面检查。其中，安全生产专项检查4场次、安全生产大检查12次，出动检查人员72人次，检查生产经营单位396家，排查各类安全隐患68处，现场落实整改61处，限期整改7处。

【街道文化】 坚定文化自信，推动潮文化创造性转化、创新性发展。辖区内的载阳茶馆常态化承办各类文化沙龙，包括潮州茶文化、潮州传统习俗文化等活动。在茶馆设立专门的舞台，以展示潮文化为主，常态化展示潮剧、潮曲工夫茶艺等富有潮州文化特色的节目。2019年1月，载阳茶馆创新形式举办了一场“潮韵唱不停”12小时不断电潮剧公益大汇演，邀请众多潮剧名家与粤东潮剧曲艺社参与。

补齐文化短板，完善各项文化设施建设。街道联合开元社区，将位于义安路的双忠宫打造成集新时代文明实践站、星光老年之家、邻里议事厅、社区儿童活动中心于一体的多功能服务阵地，为社区居民提供书报阅读、才艺展示、团队活动、党员服务、科普教育、娱乐休闲等各类公共文化服务。

打造书香社区，推动全民阅读活动纵深开展。积极探索书吧运营新模式，选取辖区内运营能力强、覆盖人群广的客栈、民宿、咖啡馆作为合作点联建书吧。在街道辖属各社区建成社区书吧4个、社区书屋2个。在建立书吧、书屋的同时，多渠道充实书库，招募社区居民志愿者参与书吧管理工作。借助书吧平台举办读书沙龙，开展“推荐一本好书”读书心得分享会，举办图书“漂流”活动，实现居民之间共享阅读；充分利用公众号推送优秀书评，带动知识共享，进一步提高居民精神文化修养。开设“文化讲坛”。邀请文学爱好者、法律专家等讲师举办文化知识讲座，将经典文化、法律知识、治安防范等知识送进社区，为居民提供多层次、全方位的“文化大餐”，引导居民提升思想道德水平和科学文化素质，推动社区整体文明风尚提升。创建“书香家庭”。开展家庭亲子阅读等活动，全面提升家庭成员的文化素养，推动文明家庭创建，营造阅读风尚。

利用“直联日”开展宣传活动。组织街道机关干部、社区干部和社区志愿者到辖区牌坊街、街巷、广场、商场等公共场所发放创文宣传资料，号召市民从我做起、从现在做起、从身边小事做起，讲卫生、讲秩序、讲公德、讲文明，摒弃陋习，共建美好家园。

更新完善社区宣传栏。根据创文工作需要及时更新各社区宣传栏公益广告。因地制宜，在开元广场便民驿站、街道文教体育服务中心、防汛通道等处设置社会主义核心价值观公益广告。将分司巷列为社会主义核心价值观主题街巷，设置与古城景观相协调的公益广告，让核心价值观宣传真正成为入眼入心的风景线。着力在融入上下功夫，将价值引导熏陶与新时代文明实践所、站建设结合起来，在实践活动中强化对价值观的宣传教育，推动社会主义核心价值观走进社会生活、融入社会治理。

加强未成年人思想道德建设。深入开展“扣好人生第一粒扣子”教育实践活动，多次开展校园周边环境整治专项行动，净化校园周边环境。4月30日，湘桥街道新时代文明实践所在昌黎小学举办“版权宣传周”暨“扫黄打非进校园”志愿宣传活动，向学生发放版权法重要条文简释、文明上网等宣传资料，提升青少年网络素养，养成良好的阅读习惯。昌黎社区与辖区中心幼儿园、昌黎路小学联合开展常态化“小手拉大手，文明齐步走”专题志愿服务活动，由社区志愿者带队定期到文化公园、社区巷道捡拾垃圾杂物，美化净化社区环境。

结合新中国成立70周年开展各类宣讲、庆祝活动。开展“潮州市红色文化名片”进湘桥社区巡展活动；邀请市委、区委宣讲团到街道、社区开展“我和我的祖国”主题宣讲活动。各社区相应开展“走进百年名校·共庆祖国华诞”、“献礼70年，科普进社区”、“辉煌七十年，奋进新时代”、“庆祖国华诞，诵爱国情怀”读书会、“庆祖国华诞　传红色基因”等群众性主题活动。通过基层宣讲、文艺表演、读书沙龙等形式，深化党史教育，唱响共产党好、社会主义好、改革开放好、伟大祖国好的时代主旋律，凝聚建功新时代力量。继续抓好道德模范和身边好人的选树工作，广泛发动辖区居民积极推荐符合条件的居民参评“南粤楷模”“最美环保使者”等活动。2019年度已推荐辖区居民廖奕铭参评“南粤楷模”，推荐居民赵钢生参评“最美环保使者”，用典型示范作用倡导推动全民形成学习模范、崇德向善的良好社会风尚。

成立志愿服务队伍。街道已组建志愿

服务队13支。规范志愿服务管理，统一制作志愿服务队队旗和志愿服务者马甲，建立健全志愿服务的组织协调工作机构，成立“志愿之家”，常态化开展健康卫生、法律服务、“书香满社区”、“温暖来敲门”、“阳光维修”等各项志愿服务活动。制定《志愿团队操作流程》《志愿服务制度》《志愿服务积分管理办法》等一系列制度。发动机关党员干部、社区群众注册成为志愿者，践行志愿精神，参与志愿服务，让新时代文明志愿服务活动走上规范化、常态化轨道，推动志愿服务出新出彩。

西湖街道

【概况】 西湖街道位于潮州市新老城区交界，因靠近名胜西湖而得名。街道办事处设于环城西路82号，共辖上西平路、杏花巷、曾厝巷、西荣路、悦园5个社区居委会，总面积0.63平方千米。辖区内主要道路有西马路、开元路、环城西路、环城北路、西河路、西园路、上西平路、打银街、西荣路。2019年末，共有户籍人口21518人。其中，上西平路社区5986人、杏花巷社区3948人、曾厝巷社区4614人、西荣路社区4309人、悦园社区2661人。2019年末，共有常住人口17710人。

【经济发展】 街道集中精力保增长、调结构、促转型，推动区域经济平稳发展。辖区内有企业620家。2019年，街道规模上工业企业3家，规模以上企业完成工业产值2.27亿元；批发零售业完成产值11.48亿元；住宿餐饮业完成产值1684万元，同比增长11.59%；固定资产投资完成2190万元，同比增长87.5%。街道继续抓好工业城光伏发电绿色经济稳步运营，日均发电量保持在150千瓦时以上，累计发电约34万千瓦时（含就地消纳光伏电力在内），产生直接经济效益约43万元。

【城区建设】 推进“微更新”工程项目建设。街道“微更新”项目投资金额153.4万元，经过细致的前期准备工作，工程于2019年10月10日动工，至年底，已完成总工程量的90%，提升了改造区域城市品位。

启动柯柏年故居修缮项目。项目于9月启动。已与故居产权人代表签订《关于左联“潮州六杰”——柯柏年故居修缮项目的协议书》，同意故居修缮后由政府对外无偿开放。市文体旅广局的修缮专项资金330万已到位，至2019年底，已完成故居文物修缮工程设计编制和专家会审工作。

通过认真细致做好前期各项准备工作，千方百计加快项目工作进度，于9月确定项目施工方和监理单位，10月上旬开始施工。至年底，曾厝巷工程点已完成墙面墙体修复和地面石板铺设；国王宫巷口工程点于12月18日动工建设，已完成总工程量的50%。

推进街巷改造项目建设。改造项目勘察设计经过招标，由福州市规划设计研究院、赣北地质工程勘察院中标。勘察设计合同及相关补充协议已协商完成，相关签订工作已按程序推进中。

配合城市道路黑底化工程建设。根据前期黑底化道路工程双侧住户和铺户的摸底情况，联合市、区职能部门对施工路段不配合工程建设，违规占用公共区域从事生产、经营的铺户进行整治，对违章建筑物予以拆除，确保道路黑底化工程顺利施工。

推进西马路景观改造提升项目拆违工作。走访登记区域沿街铺户并汇总造册，对违规搭建的铺户进行劝导，动员其自行拆除，配合项目业主单位做好沿街铺户和居民思想工作，力促项目按时完工。

【环境卫生管理】 坚持以“净化为主、绿化为辅，整治为主、宣传为辅”的工作原则，美化净化社区公共环境，深入开展各项创建工作。

强化领导力量，落实“创文”共建制度。街道与8个市直机关企事业单位建立共建关系，研究制定《潮州市湘桥区西湖街道“创文”共建工作方案》，与共建单位签订“创文”共建目标责任书，集中力量，整合资源，统一步伐，突出重点，齐抓共管，共建共享，确保“创文”“创卫”活动有序开展。

上下联动，常态化开展集中整治。扎实开展全面清理卫生死角专项行动，全年出动人员300多人次、运载车辆100多车次，清理卫生死角和存量垃圾100多处，有效维护区域环境卫生整洁。联合市、区相关职能部门全天候不间断开展区域巡查，全面加强区域“六乱”（乱搭乱建、乱堆乱放、乱设摊点、乱拉乱捡、乱贴乱写乱画、乱扔乱吐）黑点和重（难）点地段排查整治工作。对南岩街、上西平路、打银街、环西湖主干道等多次开展集中整治行动，重点整治沿街铺户和流动摊贩乱摆乱卖和路面乱停乱放等“六乱”行为，拆除违规铁棚、搭建物一批，区域“六乱”现象得到较好整治。

深入开展爱国卫生统一行动。认真落实“党政机关企事业单位与地方群众共建共治洁净湘桥”卫生行动日工作制度，街道和社区干部带头发动群众开展环境卫生整治，着重清理居室内外、阳台天面积水，搞好厝前屋后卫生，掀起以防蚊灭蚊为重点的爱国卫生运动高潮。坚持科学防控，加大病媒生物防治力度，在辖区全方位开展灭鼠大行动，确保辖区环境整洁、居民健康。

【安全生产工作】 通过经常性和突击性检查相结合的方式，对辖区内企业、“三小”（小档口、小作坊、小娱乐场所）场所、娱乐场所、幼儿园、餐饮店等进行地毯式检查12次，出动检查人员200多人次，清理相关场所共400多处，整改安全生产隐患20多处。一是加强安全生产法律法规学习宣传。街道联合西马派出所深入企业，指导教育企业坚持“以防为主，重在教育”的方针，着力提高企业从业人员的安全意识和防范意识。全年印发安全生产宣传资料1000多份，设置宣传栏6个、横幅6条，有效提高企业和居民的安全生产意识。二是组织开展安全培训和应急疏散演练。按照“谁主管、谁负责”的原则，狠抓责任制的落实，确保安全生产工作目标的实现。街道与市公安消防支队湘桥大队联合，组织在西湖工业城、市高级实验学校开展安全培训和灭火演练，进一步提升灭火实操技能。

【食品安全工作】 建立健全《西湖街道食品药品安全应急预案》《西湖街道食品药品安全责任制和责任追究制度》等食品药品安全制度，积极开展监督管理，共出动人员97人次，重点配合市、区食安部门加强环城西路、西马路的饮食摊档和区域部分学校食堂的食品安全检查，切实保障群众的饮食安全。

【社区服务机构】 发挥街道社区居家养老服务中心作用。1月底，顺利完成800平方米主体工程和室内装修、配套设施建设并通过验收，正式投入使用。以居家养老服务为基础，以社区管理服务中心为依托，着力建设满足老年人群体需求的社会化养老服务体系。

【福利事业】 2019年，全街道纳入低保36户59人，全年累计发放低保金38.4万元；特困供养对象7人，累计发放低保金9.3万元；为6名贫困重病患者申请重大医疗救助2万多元；向高龄老人发放生活津贴9.7万元；为40户住房困难户申请租赁住房租金补贴。全年慰问困难户500多户，发放慰问金14.6万元、大米6000多千克、食用油2500多升，及其他物资一批，救助困难群众近800人次。广东“扶贫济困日”共筹集慈善资金3500元。

【社保医保】 2019年，全街道灵活就业人员参保累计1483人，实增237人，累计缴费约1045万元；职工住院医保参保43人，支出约95000元，城镇居民医疗保险办理、变更手续1355人次。

【志愿服务】 弘扬“奉献、友爱、互助、进步”的志愿服务精神。由街道团委委员、机关及社区优秀青年干部组成的西湖街道志愿者服务队积极投身志愿活动之中，参与“文明街道、文明社区”创建、志愿助残等系列活动，发挥青年志愿者自身渲染力和影响力，在社会中传播文明正能量。街道在“i志愿”注册的志愿者99人；借助新时代文明实践所、站开展志愿服务活动20多场次。

【党建工作】 街道党工委按照从严治党要求，认真落实《三年实施方案》工作目标管理责任制，将基层党建作为工作重点，列入重要议事日程。

打造基层党建示范点。以悦园社区为试点推进党建阵地建设，打造“不忘初心，牢记使命”党建主题小区，并发挥党建示范点带头作用，开展悦园社区和杏花社区党支部结对子党建帮扶活动。

以“书记论坛”促党建交流。制定《西湖街道2019年度“书记论坛”工作计划》，组织各社区党支部围绕基层党建进展情况、中心工作进展情况、重点项目落实情况，定期交流工作经验，总结好做法，剖析存在问题，形成“比、学、赶、超”的良好氛围，全年共召开书记论坛5场次。

缔结党建联盟。由街道党工委牵头，市、区各有关单位联合共建，成立西湖墘商圈党建驿站，形成“党建引领、社会参与、关注公益、共建文明”的服务模式。

打造红色资源党教平台。充分运用左联“潮州六杰”——柯柏年故居红色文化资源，发挥辐射带动作用，挖掘利用红色文化资源开展党性教育的好经验、好做法，使党员在参与活动中接受教育、增强党性。

【社会综合治理】 街道坚持综合治理，继续做好扫黑除恶、综治维稳、社会治理等各项工作，全年区域社会环境稳定。

着力排查调处，化解社会矛盾。2019年，共组织排查各类社会矛盾纠纷72场次，调处化解矛盾纠纷57件，调处率为100%，建立接访下访工作机制，及时掌握群体动态和利益诉求，务实解决诉求问题。街道社区服刑人员中新入矫4人，符合解矫条件5人。至年底，在册社区矫正对象3人，均为缓刑；各类重点优抚对象70人；精神障碍患者81人，其中3级以上3人；社区戒毒康复报到人员12人。

着力专项整治，坚持扫黑除恶。2019年，经排查上报有效线索6条。扎实推进法律普及和法律服务下基层、进村（社）步伐。全面开展“一村（社）一法律顾问”工作，累计驻点服务时间超480小时，提供法律服务136件次，接受法律咨询113场次，服务对象404人次；通过开展法治讲座及大型宣传活动，现场为群众提供法律咨询24场次。

着力创新管理，深化社会治理。按照“网格化、精细化、常态化”的工作原则，实行区域社会治理网格化管理，确保每个网格内都有街道干部、社区干部、职能部门工作人员在岗尽责，做到将区域环境整治、文明“双创”、扫黑除恶、治安治理、登革热防控等重点工作“一网打尽”。探索“街道吹哨，部门报道”的社会治理模式，致力打造西湖墘商圈党建品牌，通过“118党建工程”抓党建促服务，规范经营，以党建聚商、兴商、惠商、惠民。党建商圈驿站落成以来，共举办大小活动10场次。以悦园社区为试点，推进“党建＋居民自治”模式，引导悦园社区居民推选楼长21人，并由楼长投票选举居民自治领导小组；成立社区环境卫生巡逻队，增设小区垃圾桶，规划小区停车标志线，创新小区自治模式。

【街道文化建设】 认真贯彻落实市委、市政府关于创建全国文明城市工作的有关部署，通过上下联创、内外共建，准确把握意识形态的引领作用，积极开展系列文明创建专项工作，全面推进创文网格化管理模式，为文明城市创建打下坚实基础。

筑牢意识形态防线，确保文化风清气正。优化辖区文化环境，对书店、网吧进行检查，清理垃圾文化，杜绝非法出版物和各类封建迷信活动。组织实施网络意识形态安全“护城河工程”，加强网络信息管控，重点管理好新媒体，规范网上信息传播秩序。打造国王宫巷“新二十四孝”主题巷，以爱国为主题的刘察巷、南岩“社会主义核心价值观”小广场等宣传教育阵地，通过宣传革命烈士李春涛、柯国泰的光辉事迹，弘扬爱国主义精神，引导广大人民群众树立正确的人生观和价值观。

加大文化服务供给，推进文化中心建设。坚持重心下移，以基层为重点，推进基层社区综合文化服务中心和社区书屋建设，常态化开展宣传文化、党员教育、科技普及、普法教育等活动。引导由群众自发组织的彩虹乐团、翰墨社和长城国标舞培训社，通过歌舞、书法等文艺表现形式，宣扬优秀传统文化，传达文明和谐正能量。配合区文化馆举办潮州歌谣和硬笔书法暑期培训班，共14天28课时，60人参加，丰富活跃青少年学生暑期文化生活。

金山街道

【概况】 金山街道位于潮州古城区的北端，以境内的金山得名。街道办事处设于中山路1号。辖区东临韩江，南至上水门街、文化公园、中山路、西湖虹桥、园林路人防宿舍，西至园林路，北抵北园路、金山大桥，总面积0.71平方千米（韩江水域除外）。辖区文化底蕴深厚，文物古迹众多，自然风光秀丽，早有“金山金山，八景居半，百业俱兴，政通人和”之美誉。2019年，共有户籍人口15227人，常住人口11662人，流动人口1430人。街道设13个党支部，共有党员462人。街道办事处下辖金山巷、中山路、北马路、北门外4个社区居委会。

【党建工作】 强化政治统领。街道党工委牢牢把握“不忘初心、牢记使命”主题教育总要求，学习成果转换成实干为民，将“大学习、深调研、真落实”作为倾听民声、关注民意、为民谋利总抓手。成功统筹多方力量处置虹桥停车场建设、北园路小区地陷、方巾巷危墙隐患、冲公池排污等复杂历史遗留问题，以“为民服务解难题”践行“以人民为中心”治理理念，以调研检视问题的挂牌消号换来群众的幸福感和获得感，以党员干部的为民情怀获取群众对党组织的拥戴和信任。活跃思想宣传阵地，积极推广“学习强国”学习平台，实现学习全覆盖，建立学习情况通报制度，形成“比、学、赶、超”学习氛围，将宣传阵地拓展到基层末端。注重建设和提升街道党校、综合文化服务中心、社区党群服务中心、新时代文明实践所（站）等阵地，发掘辖区红色资源优势，创新党员教学模式；常态化组织开展新时代文明实践活动，在惠民举措中强化引领，在保障新中国成立70周年政治安全中激发家国情怀，在宗教、网络、学校、文艺、讲坛等阵地中掌握主动，在践行为人民谋幸福和为民族谋复兴的初心使命中传递习近平新时代中国特色社会主义思想、中共十九大、十九届历次全会精神的正能量与新导向。

夯实党建根基。将《党建三年实施方案》目标上墙、任务落地，巩固上年度基层党组织规范化建设成果，强化提升组织力推进办法，严格执行《支部工作条例（试行）》和《湘桥区基层党组织组织力提升任务清单》，借力主题教育和党建工程历练“头雁”、修整“羽毛”，督促党支部落实“三会一课”制度，引导基层党员守初心担使命。实施“南粤党员先锋工程”抓基层、打基础，加大优秀青年党员培养力度，做好失联党员规范管理，立案处置2起党员涉嫌违纪违法问题，落实省委巡视反馈问题整改，统筹党员志愿服务和党内关怀慰问，在党校体验式教育和课题研究中加大探索，形成1条红色教育线路和2份课题研究成果，完善党内民主和激励关怀帮扶制度，提升党组织的凝聚力和向心力。

更新党建理念，融合引领基层治理。打造中山路党建示范点，以中山路党群服务中心为主心，以党建联席会议为纽带，串联起区域内机关单位、“两新”组织、群团组织等各方力量，通过整合资源，打造共建共治共享的社区治理新格局。吸纳金山社区卫生服务中心、潮州市潮剧团、潮州市委老干部局等6个单位共同服务社区群众。全力支持社区党支部在领导自治中发挥政治引领功能，在统筹资源中发挥联动主导功能。把“全面接受社区党支部领导”写入中山路社区《居民自治公约》。全年以党员干部为骨干开展的政策宣讲、文化展演、红色传承、消防演练、义医义诊、非遗体验等公益活动逾50场，成为市级城市基层党建示范点。推行精细化治理，协调推动黄埔军校潮州分校旧址外埕、卓府、环城北路小游园等文体活动空间常态化向公众免费开放。继续“扫黄打非”工作，以净化出版物市场、清除网上有害信息、保护知识产权、清除涉黄场所为工作重点，大力扫除文化垃圾。集党建、综治、治理功能于一体的网格化管理模式初步形成，辖区群众在党组织带动下参与志愿服务、出资铺路、环境卫生、垃圾分类、扶贫济困、支持重点项目建设，创文创卫创森等共建共治共享社会治理初步形成风气。

从严管党治党，正风肃纪净化政治生态。抓实党员发展，坚持“源头把关、严格程序、管理培训”原则，注重优化党员队伍结构，培育1名非遗专业技术人才成为“两新”党组织新生力量。抓强班子建设，严把党支部书记素质关，认真开展“四不”（“不想干”“不愿干”“不会干”“不敢干”）书记排查，严把党支部书记素质关，运用监督执纪“四种形态”和民主生活会对有苗头性问题的党员干部加以告诫提醒；推选的1名优秀典型被省委组织部授予广东省“百名优秀村(社区)党组织书记”称号。从严管人管事，坚持底线思维和规矩意识，从着力防范化解重大风险入手，切实加强对党员干部的约束管理，多层面防范形式主义、官僚主义苗头，营造风清气正的良好政治生态。

【经济发展】 2019年，街道固定资产投资总额2650万元。辖区有批发零售业企业1家，住宿餐饮业企业1家。限额上批发零售业完成1985.7万元，住宿餐饮业完成产值431.1万元，均按要求完成区下达的年度目标任务。街道致力于做大“文旅服务　文化自信”两大板块品牌和“特精融”文章，不断规范古城中山路街区管理，强化业态引导，从街区原有特色业态入手，发掘引导特色产业优势，力推“党建+文化+产业”，促成工艺特色产业集聚增长，推进中山路工艺街区的升级提质。中山路两侧经营木雕、抽纱、手拉壶、潮绣、麦秆画、蜡石、古玩等工艺主导业态商家约60家（其中国家级大师工作室2家，省市名师工作室25家）；咖啡茶艺、特色餐饮、民宿客栈等辅助业态商家约40家；街道立足古城辖区民居民风等原生态文化资源，结合潮绣、木雕、工夫茶等“非遗”人文载体，巩固提升古城首个文化创意产业园——府学旧地文化创意产业园建设，引进时间轴、玩美时代、凤水驿、老迹牛肉等较为成熟的业态商家，打造集餐饮、住宿、休闲于一体的文化旅游集合区；将中山路存世百余年的“老粮仓”——郡城义仓改造成为文创产业园，设置“一店一特色、一店一大师”、人才咖啡等平台，打造成聚集工艺人才、集中展示潮文化的艺术家驿站。

【社会综合治理】 推进基层综治中心建设。街道着力推进平安创建工作和综治工作有机衔接，严格落实维稳工作“一把手”负总责、分管领导牵头、分管部门具体抓的责任制度；创新“联勤联防联动”工作方式，不断健全街居矛盾纠纷两级联动排查、重要节假日联勤稳控、维稳形势定期分析研判和群防群治机制；充分整合综治维稳中心、司法所、驻区民警、“秋光”社区志愿巡逻队等力量，扎实开展矛盾纠纷排查调处工作；认真落实“每周一研判”制度，实时掌控街区动态，针对重点节日、重要时段开展专项摸底排查，重大风险事件实行每日一研判、一日一调度、一事一处理、一日一报告制度；认真推进社会治理“职能综合化、服务网格化、平台智能化、治理社会化”建设，高标准建设街道综治联勤指挥中心，着力构建四位一体的基层社会治理“四化”（社会化、法治化、智能化、专业化）综合体系，通过建设基层治理全事务智能管理平台，运用大数据科技信息手段，推行网格精细管理服务，着力构建集中心调度管理、事务全面处置、网格高效服务、社会全民参与的基层社会治理“四化”综合体系；认真做好刑释解教人员、社区矫正对象和社区戒毒（康复）人员的帮教工作；做好辖区严重精神障碍患者的排查和救治救助工作。全面开展社会治安重点地区和区域性治安挂牌整治专项行动。

开展扫黑除恶专项斗争。结合中央督导组“回头看”反馈问题，及时成立领导小组，认真开展扫黑除恶整改“回头看”工作。制定《金山街道迎接中央扫黑除恶督导整改“回头看”工作方案》，开展经常性督导检查，跟进各项整改工作进展情况，及时提出建议和意见；在社区设置多处宣传载体，发放宣传资料，组织开展多形式宣传活动；坚持深入、细致、扎实摸排各类涉黑涉恶线索，突出重点，加强排查和巡查力度，拓宽线索的举报途径；加强各部门联动配合，联合派出所驻委民警、城管部门和各社区干部开展巡查，紧盯重点打击的十类黑恶势力，深入推进扫黑除恶专项斗争；街道领导干部带头发挥先锋模范作用，深入辖区街巷直联群众，引导群众排查相关线索。2019年，群众反映和工作专班巡查发现的线索3条，经派出所核查线索3条，均已办结。

打造安全宜居街区。街道落实重要环节、重点时段24小时值班备勤制度，强化值班期间情报信息报送，加强巡逻，排查安全隐患。深入开展安全生产检查整治行动，做好节日期间消防安保工作。联合区消防大队、安监所和社区居委会，对辖区内“三小”场所、加工作坊、电动自行车的重点排查整治；加大节日期间辖区的洗扫作业，有序推进交通疏导、街区安保、街区保洁、隐患排查、应急处置等各项工作，保障国庆节期间古城区的安全、整洁、有序、稳定；抓好汛期及台风天气危旧房走访排查，做好巡察记录和紧急预案。登革热防控期间，组织各级党员干部按“5+2”“白+黑”要求，逐家逐户翻缸倒瓮，清积水、灭蚊虫。利用国家安全教育日等重要时间节点，组织开展禁毒“六进”系列宣传活动，“无毒社区”“无邪社区”创建活动，“两清理一排查”行动；发挥社区法律顾问法律事务指导员、法律知识宣传员、法律援助代办员和矛盾纠纷调解员的“四员”作用，主动服务干部群众的法律需求；通过组织举办“扫黑除恶”专题法制课、民间借贷等主题法律讲座和法制课进校园、到社区提供法律服务等途径，有效提升干部群众的法律素养和运用法治思维解决问题的能力；通过“以考带学”的方式，在街道干部和公职人员中掀起学法、守法的法制宣传热潮。

【城市治理】 推行精细化整治，打造有品位的“精致”街区。一方面对中山路街区改造、许驸马府景区提升、真武宫复原修缮、青亭巷及方巾巷修整、黄埔军校潮州分校旧址修缮等“微更新”项目，街道始终坚持‘修旧如故、活态传承’的原则，以“绣花功夫”做好古城保育活化工作，充分尊重专家和群众意见，尽可能留存街区的历史风貌和特色风格；把“海丝”文化地标外江梨园公所活化打造为“千庭茶舍”潮州工夫茶体验空间；由古民居改造的各具特色的主题民宿客栈也成为古城文旅体验的重要载体，使街区历史建筑风貌和古城肌理得以充分保全。同时，完善旅游厕所、街心小品、文体广场等便民公共设施配套建设，补齐短板。另一方面，坚持对社区重点路段、重点部位开展常态化巡查暗访，曝光辖区环境卫生、占道经营、“牛皮癣”、交通秩序等问题并落实整改。联合市、区、街道三级城监队伍，重点抓好“中山路—北马路—环城北路”路线早市占道经营、乱摆乱卖现象的整治。集中力量开展“两违”整治。拆除许驸马府、上水门街、防汛通道、杨成新村周边的违建物；街道城管队联合相关部门及辖区居委会常态化开展各项巡查工作，对辖区主要路道、铺户和住户落实“门前三包”责任制情况进行劝导，加强与家宝公司的联系对接，及时清理各类垃圾杂物；严格落实“河长制”，积极开展韩江和西湖（金山段）的巡河和整治工作；紧抓古城区作为市级垃圾分类示范区的机遇，贯彻落实创新、协调、绿色、开放、共享理念，遵循减量化、资源化、无害化原则，多措并举实施生活垃圾分类，促进资源回收利用。为提高广大居民对实施垃圾分类重要意义的认识，街道开展宣传活动1场，发放宣传资料100份，张贴宣传画1幅、宣传海报2幅，设置宣传橱窗4个，LED电子屏宣传标语2个，每天滚动播放。

【街道文化建设】 坚持以民为本，开创共建共享新模式。联合辖区人才咖啡、玩美时代、时间轴等新时代文化传播载体，构建街道文教体育服务分点，打造中山路、金山巷社区新时代文明实践站，实现4个社区党群服务中心和综合文化服务中心全覆盖，畅通宣传群众、组织群众、凝聚群众、服务群众的渠道，做好引领群众“最后一公里”文章。街道通过深入调研倾听民声、对标宗旨查摆差距，以为民谋利、为民尽责的具体行动取信于民，在培养感情、增进认同中传播党的声音，在化解问题、美化家园中推行共建共治共享治理新理念。通过与市、区职能部门密切联动，从细节着手，从焦点切入，以党员干部为骨干推行志愿带动，全年开展政策宣讲、文化展演、红色传承、消防演练、义医义诊、非遗体验等接地气、贴民心、有实效的公益活动50多场，不断丰富社区居民精神文化生活，实现“凝聚群众、引领风尚、以文化人、成风成俗”目标。

【民生保障】 关注民生，全面落实低保制度。加强组织领导，形成由分管领导主抓，各帮扶干部分别对接贫困户，深入调查走访，制订年度帮扶计划，落实各项帮扶措施，由街道派驻镇工作人员具体联络东洋堀村精准扶贫帮扶工作机制；深入学习贯彻落实上级各项扶贫政策，积极参加上级部门举办的精准扶贫知识培训，及时向贫困户宣传扶贫新政策，开展精准帮扶；将入户走访纳入常态化轨道，在春节、中秋等传统节日及“6·30”扶贫济困日等节日，街道班子成员深入帮扶对象家中探望，为8户贫困户送去慰问品、慰问金及油、米等生活物资；帮扶干部则不定期对帮扶的贫困户进行走访，了解其生活情况及实际需求，通过逐一排查，逐一解决问题，确保各贫困户有安全住房、有安全饮水、有电网、有网络信息覆盖、有义务教育保障、有医疗保障、有电视看、有收入来源或最低生活保障。

做好基础性服务，落实劳动保障。推进创业带就业工作。2019年，街道新增就业199人，为27人办理失业证，完成城镇居民基本养老保险待遇认证485人，完成企业职工和灵活就业人员养老待遇认证348人，协助办理退休36人，办理城镇居民医疗保险567人。

创新管理手段，推进老年人关爱项目。2019年12月16日，街道在北马路社区党群服务中心举行“老年人心理关爱项目”启动仪式，开展形式多样的老年人心理健康调查、心理评估和心理健康宣传，了解和掌握老年人心理健康状况与需求，力争做到疾病早发现、早治疗，提高老年人心理健康水平；联合社区卫生服务中心为辖区居民提供测血糖、量血压、义医义诊、健康咨询等免费服务。热心为适龄老年人办理乘车优惠IC卡及社会优待证。

【双拥工作】 街道成立征兵工作领导小组，突出征集主体，通过广泛宣传，推动征兵工作提质增效。持续推进民兵调整改革工作，扎实抓好年度后备力量组织整顿。2019年，辖区2名优秀民兵典型分别被湘桥区人民武装部授予“训练标兵”及“优秀民兵”称号。

太平街道

【概况】 太平街道位于潮州古城区南部，以辖区的太平路得名。街道东临韩江，与桥东街道隔江相望；西与西新街道为邻；南与南春街道接壤；北与湘桥街道、西湖街道相连。区域总面积0.75平方千米。办事处设于环城西路新平街3号。街道辖下东平路、砖亭巷、义兴、南门、下西平路5个社区居委会。2019年末，共有户籍人口25547人。太平街道党工委、办事处内设机构设党政办公室、经济发展办公室、社会事务办公室、人口与计划生育办公室4个综合性办公室。

【经济发展】 2019年，街道规模上企业1家（宝涛制衣有限公司）；规模上工业企业完成总产值2300万元，完成年度任务的53.8%；限上批发零售业完成产值14133万元，完成年度任务的84.3%；固定资产投资完成5500万元，完成年度任务的93.6%；外贸出口完成300万美元。

【城区建设】 兴宁巷、猷巷和长山里北巷改造提升项目。街道为项目业主单位。其中兴宁巷长约297米，宽2.7～4.3米；猷巷长约330米，宽3.5～7.2米；长山里北巷长约46米，宽约3.3米。主要建设内容包括巷道灯光照明提升、外墙面更新、空间节点改造提升等。该项目于2018年11月16日立项；2019年2月15日开工建设，当年5月24日竣工验收。

太平街道街巷改造项目。街道为街巷改造项目业主单位。项目列入改造的主要街巷有灶巷、甲第巷、家伙巷、石牌巷、辜厝巷、郑厝巷、庵巷、下西平路、新平街、道后巷、泮巷、古树庙街、七丛松巷、第四街及各支巷等。巷道总长约4600米，宽3～6米，主要建设内容包括铺设街巷路面和下水道更新、巷道灯光照明提升、外墙面更新、空间节点改造提升、周边破损巷道修复、增设消防设施及其他相关配套等。项目于2018年12月26日立项。至2019年12月，项目设计单位正在根据专家意见对初步设计方案加紧修改完善。

【社会综合治理】 加强街区环境整治，利用数字化城管网格员平台优势，重点做好交通疏导、环境卫生等工作，确保街区整洁有序；切实提升古城安全感，在牌坊街增设监控视频，对街区实行立体管理；利用“智慧消防”体系提供硬件保障，在街区茶舍客栈、民居推广安装智慧消防前端设备，加大对风险点、危险源的排查治理，多维度维护街区安全；切实提升街区营商环境，在市、区有关部门的支持下，开展联合巡查执法，引导铺户坐店经商、诚信经营，使牌坊街成为舒适型的步行商业体验街区。全年出动人员2000多人次、执法车辆300多车次，暂扣占道经营设备及货物50多车次，取缔占道经营、乱摆乱卖等20多处。

【社区服务】 推动“居家养老服务”和“双百计划”深度融合，充分发挥“太平社工站”的社工专业特长，运用专业服务手段，常态化开展茶话会、书法交流会、校园主题课堂体验等活动。全年入户慰问社区独居或生活困难老人、民政服务对象共768人次，开展各项活动40场次，受众4943人次；依托“壹乐园·儿童服务站”开展黏土DIY、绘画等深受儿童喜爱的活动，同时开展“禁毒知识小课堂”等主题科普活动，提升儿童安全意识和自我保护技能，为民生服务注入新内容；继续开展

"新家庭计划"项目，优化街道家庭服务中心功能室设置，配齐服务设备，以"提高家庭发展能力，促进家庭和谐幸福"为内容，开展中秋主题活动、美容讲座等惠民惠家系列活动，提高计生家庭的发展能力和幸福指数。定期开展慰问帮扶活动，切实解决辖区困难群众的实际问题，全年发放慰问金26.52万元、大米1.683万千克、方便面121箱、食用油3305.6升，棉被78床、棉衣78件以及其他物资，累计慰问困难群众1860人次。

【新时代文明实践所成立】 1月8日，太平街道新时代文明实践所在义井巷成立。运用古城核心区南门十大名巷之义井巷文化旅游资源优势，充分发挥实践所的阵地作用、凝聚力作用和辐射作用，打造"家门口的红色学堂"，打通宣传群众、引导群众、服务群众的"最后一公里"。

【举办书法展】 1月8日，由太平街道党工委、太平街道办事处主办，太平街道文教体育服务中心、太平街道社工站、潮州市湘桥区韩星社会工作服务中心协办的"太平街道学习贯彻习近平总书记视察广东重要讲话精神暨纪念改革开放40周年书法作品展"在太平街道新时代文明实践所举行。此次书法展共有30余幅作品参展，参展作者均来自于辖区基层干部群众，有上至九旬的长者，也有下至8岁的儿童。参展者通过作品表达习近平总书记重要讲话精神的核心理念及坚定信仰、理论品格和为民情怀思想，体现中国改革开放40年来的伟大成就，弘扬中国特色社会主义核心价值观。

【"创文"共建工作机制】 4月19日，街道党工委、办事处召开市直单位"创文"共建会议。参加会议的有市直工委、市文化广电旅游体育局、市林业局、市残联、市志办、市建行、市工艺美术研究院、市潮州文化研究中心等市直单位。太平街道通过与市直各单位建立"创文"共建工作机制，充分发挥市直机关企事业单位优势，引导全民参与，推动"创文"工作深入持续开展，共建共创文明、卫生、整洁、健康的美丽家园。

【"双创"工作】 注重依靠和发动群众，通过街道班子成员带头，发动党员、巷长、楼长、志愿者等多支队伍开展环境卫生整治大行动，以身体力行感染居民自觉参与，促使广大群众从被动"跟随"到主动作为的转变；注重营造宣传氛围，紧扣主题，把"创建为民、创建惠民"的理念渗透到社区居民的日常生活中，激发居民的"主人翁"意识，鼓励居民积极投身到"双创"大行动中来，在榜样影响下，辖区居民、商户纷纷行动，扮靓社区，街道全年添绿增景22处；注重对传统文化多样性的保护传承，举办非遗体验实践班，邀请非遗传承人开班传教，以非遗传承为亮点讲好潮州故事，使保护和利用相互促进，提升街区文化品质。2019年，街道两次登上全市创建全国文明城市红黑榜的红榜。

【秋晖文明劝导队志愿者服务站成立】 4月30日，由街道新时代文明实践所打造的秋晖文明劝导队志愿者服务站正式成立，进一步提升了秋晖文明劝导队志愿服务质量，扩大志愿服务范围，通过弘扬新时代志愿服务精神，向社会传递正能量。秋晖文明劝导队由辖区内的退休老干部和群众代表组成，志愿服务内容主要有规范、引导牌坊街临街商户履行“门前三包”责任，协助维持交通秩序，纠正游客及居民的不文明行为，为外地游客提供咨询、指引服务等。

【主题教育】 街道全面铺开“不忘初心、牢记使命”主题教育活动，围绕“守初心、担使命、找差距、抓落实”十二字总要求，坚持学思想定决心，完善“第一议题学习制度”，分享学习体会，重点抓好“三会一课”等制度的执行和质量提升，常态化开展“书记论坛”，大力推广“指尖上”的党员教育，利用街道党校平台专门制作微党课，多维度入社区、入民居开展培训；坚持深照细查明方向，结合线条职责、工作重难点、社区发展痛点等内容自选方向，深入社区完成专题调研，确保教育活动有思路、有措施、有成效；坚持真整改求实效，认真开好主题民主生活会，班子成员主动认领问题，细剖根源，着眼于解决好群众的“小需求”落实整改，让群众感受到新变化、新成效。主题教育期间，共为居民办实事58件。

【巡视整改】 街道成立落实省委巡视反馈意见整改工作领导小组，传达学习上级会议精神，进一步强化政治责任和使命担当。第一是方案先行，逐一对标省委巡视组的要求，分别制定整改措施63项，既有“当下改”的举措，也有“长久立”的机制，通过明确“人、责、时”，形成项无遗漏、可操作性强的工作方案和整改台账，推进整改工作高效有序开展；第二是督办精准，每两周召开一次整改工作进度汇报会，汇报推进情况和碰到的问题，共商对策，以“半月谈”的方式，督促按时高质完成整改任务。同时，按时保质上报相关信息材料，以上报时限倒逼工作落实。

【社会综合治理】 街道将社会矛盾防范化解在基层，一方面把解决群众来访问题作为主要抓手，落实重大案件领导包案制度；另一方面，充分发挥驻委干部、人民调解员、社区律师在化解矛盾中的作用，健全社会纠纷化解机制和疏导机制。全年排查矛盾纠纷56件，成功调处56件，根据上级要求落实人民调解“以案定补”48件；把保障公共安全作为底板性工程来抓，深入推进扫黑除恶专项斗争；以“线索排查”开路，以“问题整改”提质，一以贯之巡查。

南春街道

【概况】 南春街道位于潮州古城区南面。辖区北界环城南路，紧靠古城区；南界枫春路，与城西街道的厦寺村毗邻；东临韩江，以南堤为屏障，堤顶为南堤路；西与城西街道的前街村、后街村相连。总面积约0.99平方千米。街道办事处设于环城南路南濠南街19号。办事处设党政、经济发展、社会事务、人口与计划生育4个综合性办公室，下辖南春路、振德街、春城楼、南濠、城新5个社区居委员。2019年12月底，街道共有户籍人口30921人、常住人口29145人。

【经济发展】 街道结合第四次全国经济普查，深入有入限资质的商贸企业开展政策宣传，做好挖潜和归统工作，做到应统尽统。提升服务水平，进一步加强政企沟通，重点扶持服务好3家限额上企业，及时分析和解决企业发展中出现的新情况和新问题，推动区域经济健康发展。2019年，街道有限额上商业企业3家。其中，批发零售业企业2家，完成销售额2688.5万元；住宿餐饮业企业1家，完成营业额625.7万元；固定资产投资完成1300万元。

【城市管理】 街道立足创建整洁、文明的宜居宜业环境，以“治六乱”行动为切入点，以网格化管理为抓手，加大卫生巡查力度，实施经常性管理和突击整治相结合的方法，坚持不懈抓好环境卫生综合整治。落实“随手拍”监督机制，加大环卫监督力度，督促家宝公司加强日常巡回保洁管理，及时清运垃圾及废旧家具。利用每周三直联日、每周五卫生行动日，组织干部群众、志愿者队伍在重点路段、居民小区、公共场所等开展爱国卫生运动，清除卫生死角。严格落实病媒生物防治工作，定期组织开展喷药灭蚊和投药灭鼠行动，翻缸倒瓮清理积水。强力整治两个集贸市场周边流动摊档和占道经营行为，疏导交通秩序，规范车辆停放，切实维护城市公共秩序。加大基础设施等硬件建设力度，铺设振德街、宫后巷、南濠北街沥青路面，清通下水道，更换路面沟井；疏通群众反映强烈的踏头顶、银巷下水道，翻新南溪巷危旧墙体。完成辖区7座公厕提升改造工程，开辟横堤仔绿地小公园，美化辖区人居环境。全年“六城同创”“治六乱”工作累计投入资金18.2万元，争取共建单位资金支持11万元，出动人力4300多人次，整治卫生死角270多处，清运垃圾杂物500多吨，辖区市容市貌明显改观。

【劳动保障】 认真落实社保扩面征缴工作，加大医保政策宣传力度。深入实施扶创业带就业计划，助推创业，带动就业。开展劳资纠纷矛盾排查，依法保障劳动者合法权益。2019年，街道灵活就业人员企业养老保险参保1604人，完成城乡居民基本养老保险参保980人，完成任务数的103.05%，实际缴费233人，完成任务数的139.52%；办理城市居民医疗保险1300多人；新增就业240人，失业人员再就业70人，就业困难人员再就业15人，促进就业25人。调处劳动人事争议1宗。累计养老待遇认证2000多人，其中企业退休养老待遇认证约1400人、城乡居民养老保险待遇认证约800人。

【计划生育】 在“5·29”计划生育协会活动日、“7·11”世界人口日等时间节点，结合义医义诊、社区咨询、B超“双查”、孕前优生健康检查等形式，重点开展“二孩”政策、网上生育登记和再生育审批制度等宣传教育活动，引导群众树立正确婚育观念。全年发放宣传资料300多份，接受各类咨询300多人次，落实孕前优生健康检查30人。定期开展全员信息系统人口数据质量评估，实行统计动态监测，推进广东家庭发展奖扶信息管理系统建设，严把城镇独生子女父母计划生育奖励金和计划生育特别扶助金审核，全力打造“数字人口计生”。截至2019年12月，街道户籍人口30921人，出生婴儿257人。

【福利事业】 认真执行低保户审核制度，做到按类施保和正确定保，为29户低保户发放低保金34万多元、特困供养金25.8万元。实现残疾人数据信息化规范化管理，落实贫困重度残疾人救助制度、临时生活救助制度，发放重度残疾人补贴53.72万元、低保残疾人生活津贴2.9万元、临时救助金5.44万元、孤儿生活补助金约2.3万元，为3户贫困重度残疾人进行居家无障碍改造。支持和引导社会力量参与扶贫济困、服务群众，全年筹集慰问金50.3万元、食油3874升、大米16930千克、面制品100箱及其他日常食品、生活用品、残疾人用具一批，慰问困难群众近2000人次。建立健全复员退役军人服务工作站及联络点工作制度，严格落实国家优抚政策，及时为退役军人和其他优抚对象采集信息，建档立卡，全年发放优抚金75.30万元。

【志愿服务】 建立健全志愿服务的组织协调、注册培训、活动运行、服务记录等机制，发动辖区党员干部、团员青年、中小学生、企事业单位职工和居民群众通过“i志愿”平台注册成为志愿者，通过规范化管理，不断壮大志愿者服务队伍。2019年，振德街社区实践站被定为湘桥区新时代文明实践志愿服务示范点，在发动社区群众、推进志愿服务项目化等方面取得较好成果。至2019年底，街道注册志愿者300多人，围绕理论宣传、文明传播、全民传播、扶贫帮困、环境保护、法律援助、文化惠民、全民健身、医疗救助、科普宣传、文明宣传十大志愿服务项目开展志愿服务活动200多场次，参与活动的志愿者1000多人次。

【主题教育】 街道党工委始终坚持把主题教育作为一项重要的政治任务，严格按照区委的安排部署和具体要求，把学习教育、调查研究、检视问题、整改落实贯穿始终，做到规定动作落实、创新动作出彩。创新党员学习教育“四大课堂”，积极开展调查研究、主题研讨和警示教育活动，带动全体党员干部全面学发展之策，谋创新之计。一是打造实景课堂，唤醒“爱国心”。组织在职党员、退休党员、预备党员到谷文昌纪念馆、西湖涵碧楼和黄埔军校潮州分校等红色教育基地开展革命传统教育。二是打造网格课堂，树立责任心。构建街道党工委、社区党支部、党员中心户三级学习教育工作机制，落实各级党建第一责任，发挥党员先锋模范引领作用。班子成员带头深入各基层党支部上党课，层层推进，建设全员学习“覆盖网”。三是打造强国课堂，激发“进取心”。用足用好“学习强国”APP，广泛宣传动员，党员注册率大幅提升。定期开展积分排名“大比武”，晒出成绩单，亮出红白榜。四是打造随行课堂，点亮“关爱心”。利用朋友圈、微信群和微信公众号的“三微”平台，打造随身自助式“微”课堂，为年老体弱、行动不便的老党员送学上门，使流动党员不“失学”、不“漏学”。主题教育开展以来，街道党工委组织专题学习14场、理论中心组学习11场、交流研讨5场次、上党课16场次，撰写交流发言材料、调研报告和学习心得体会文章27篇，编印主题教育简报9期、学习资料80册，发放学习书籍约400册，利用微信学习宣传上万次。

【巡视整改】 一是深入学习贯彻，全面动员部署。将落实好巡视整改工作作为对党绝对忠诚、树牢“四个意识”、坚定“四个自信”、坚决做到“两个维护”的具体实践，先后召开6场党工委会议，研究部署整改工作。按照“照单全收、全面整改”的原则，对照省委巡视组梳理出的44项整改任务，结合自身实际，逐条逐项深入开展自查自纠。二是加强组织领导，压实整改责任。迅速成立领导机构，制定整改工作方案，明确四大方面44项整改任务，针对省委巡视组巡视潮州市和湘桥区反馈问题，结合实际制订112项巡视湘桥区反馈意见问题整改措施和62项巡视潮州市反馈意见问题整改措施，逐项列明责任领导、责任部门、整改期限，统筹推进，形成上下联动、合力攻坚的工作局面。三是扎实有序推进，注重整改实效。建立台账，挂图作战，紧盯整改工作进度，定期报告进展情况，做到问题不解决不放过、整改不到位不放过。树立“靶向思维”，精准施策，分类推进，针对个性问题立行立改，针对共性问题统筹解决，针对制度漏洞标本兼治，确保每项整改任务落实落地、每个问题都真改实改。

【党建工作】 一是以更高的政治站位抓好政治学习。始终坚持把党的政治思想建设摆在首位，严格贯彻执行党工委理论中心组、“第一议题”、“三会一课”等学习制度，把学习习近平新时代中国特色社会主义思想和习近平总书记系列重要讲话精神列为党工委会议第一议题、街道党校第一课程、书记论坛重要内容，通过理论学习中心组、组织生活会、主题党日活动、开设专家讲座、专题培训等多种形式组织专题学习，不断提高党员干部理论素养，形成运用习近平新时代中国特色社会主义思想武装头脑、指导实践、推动工作的自觉。全年开设党课15场次，培训党员600多人次。二是以严格的质量要求抓好规范建设。扎实推进《南春街道加强党的基层组织建设三年实施方案》，精心制订《南春街道开展整顿软弱涣散社区“两委”干部试点工作方案》，深入推进软弱涣散社区“两委”干部排查整顿工作，对作风不扎实、战斗力不强的社区“两委”干部开展为期三个月的整顿，通过驻点跟班、结对帮扶、撰写工作日志、定期汇报等方式深入整顿，切实提升社区“两委”干部素质和能力，解决基层党组织弱化、虚化、边缘化问题。加大对各党支部的指导督促力度，组建街道基层党建督导办公室，选派5名党建指导员定期对各党支部的党内政治生活情况进行督查指导，推动党支部政治生活正常化、规范化、制度化。2019年，开展党建督导50多场次，就进一步深入开展主题教育、规范社区党支部会议记录、加强流动党员学习管理等问题提出建议、意见。三是以超前的意识抓好意识形态。严格落实意识形态工作责任制，认真制订意识形态责任制实施方案，牢牢掌握意识形态工作的领导权、管理权、话语权。建立健全意识形态工作分析研判处置机制，不断加强网络意识形态工作管控，对可能发生的舆情问题提前制定应对措施，发现问题及时上报处置。全年召开意识形态专题研判、部署会议3场次，听取专题汇报2场次，及时分析研判思想理论、社会舆情、非法宗教渗透、学校意识形态等方面的苗头性倾向性问题。强化阵地管理，加强对辖区民俗活动场所的巡查，深入开展"扫黄打非"活动，严厉查处各种非法出版物，切实做到意识形态风险防控多点联防、协同发力。

全面从严治党。一是压紧压实主体责任。全面落实党风廉政建设主体责任，制定《南春街道2019年党政领导班子和各成员单位党风廉政建设主体责任清单》，将"一岗双责"的内容具体化和明细化。定期约谈辖属党组织"一把手"，督促各党支部"一把手"加强自律意识和监督意识，切实担负起管党治党主体责任。二是抓紧抓实廉政教育。印发《2019年南春街道基层纪律教育工作方案》，健全纪律教育学习制度，大力加强理想信念教育、形势任务教育、警示教育、党章党规党纪教育，夯实党员干部履职尽责、勤政廉政的思想基础。组织党员干部观看《恶伞》《浊流之虐》教育警示片，学习研读《潮州市严重违纪违法案件警示录》，进一步严明党的政治纪律、组织纪律、财经纪律、工作纪律，做到警钟长鸣。开辟趣春花园廉政文化示范点，增强廉洁文化的吸引力、渗透力和感召力。三是持之以恒正风肃纪。落实中央八项规定及其实施细则精神，时刻防范"四风"隐形变异新动向。开展街道党政班子成员和党支部书记节前集体廉政谈话，签订廉政过节承诺书，增强党员干部廉政勤政意识。全年开展集体谈话提醒2场次。四是严肃党内政治生活。将《中国共产党地方委员会工作条例》纳入街道党工委理论中心组学习内容，严格遵守《关于新形势下党内政治生活的若干准则》，坚决反对党内政治生活庸俗化。坚持民主集中制，重新修订街道"三重一大"事项集体决策制度实施意见，规范"三重一大"事项审批范围及程序，提高街道党工委会议科学决策、民主决策、高效决策水平。

【社会综合治理】 健全工作机制，强化综治维稳。深入推进矛盾纠纷大调解工作，完善"访调""检调""诉调""警调"四项对接机制，落实社区"每日一排查"、街道"每周一研判"，强化领导接访、包案制度。全面推行"中心+网格化+信息化"模式，推进职能综合化、服务网格化、平台智能化、治理社会化"四化"建设，筹建综治中心监控系统，建立健全"街（巷）长""楼栋长"管理制度，持续深化"一社区一法律顾问"工作，着力营造共建共治共享社区治理新格局，使基层社会治理工作更高效、更便捷、更精准。全年上传网格事件1714件，受理矛盾纠纷46起，调处信访1件，落实领导包案1件，开展禁毒宣传49场次，提供法律服务106件。

开展扫黑除恶，构建平安社区。坚持

扫黑除恶领导“一条线”，将扫黑除恶专项斗争列为街道一号工程、书记项目，成立扫黑除恶专项斗争工作领导小组，建立由街道扫黑办牵头，街道组织、纪工委、司法所、信访办、综治办、西新派出所及各社区联防联动的统一工作机制，贯彻落实省、市、区关于扫黑除恶专项斗争的部署要求。街道党工委共召开扫黑除恶专项斗争工作会议52次、领导小组专题会议37次，听取工作汇报30次，制定工作总体方案等10余份文件，建立“每周一研判”“每日一报”等制度。坚持扫黑除恶宣传“一张网”，借助社区各类舆论阵地开展扫黑除恶专项斗争政策宣传，在辖区重点场所和人群聚集地发放宣传资料，走街串户深入发动群众。2019年，共制作扫黑除恶宣传栏19个，悬挂宣传横幅56条，张贴宣传海报360张，落实LED电子屏滚动播放35处，向居民发放宣传单、一封信12500余份。聘请治安巡查员5人，落实党员干部签订扫黑除恶承诺书300多份。坚持扫黑除恶工作“一盘棋”，将扫黑除恶专项斗争与社会治安整治、软弱涣散党组织整顿、反腐败斗争等工作有机结合，深入摸排线索，凝聚打击合力。公布多种举报方式，在街道综治部门和社区党群服务中心设置举报箱，鼓励群众对涉黑涉恶线索进行举报；持续推进软弱涣散党组织整顿工作；加大对党员干部在参与扫黑除恶专项斗争工作中推动不力的问责力度，深化作风建设；建立街道党政班子挂钩督导制度，定期到下属社区居委会、学校、工商所、市场等开展督导工作，推进各部门齐抓共管。

夯实安全基础，筑牢安全防线。坚持“安全第一、预防为主、综合治理”工作方针，深入开展安全生产、消防安全、食品安全宣传教育和安全检查，狠抓事故隐患整改。严格落实安全生产“双主任”责任制，建立健全“党政同责、一岗双责、齐抓共管、失职追责”的安全生产责任体系，与重点企业签订安全生产工作责任书，强化安全责任落实；制订南春街道住宅小区消防工作方案，签订消防安全承诺书10份，开展高层小区火灾模拟演练，进一步巩固火灾隐患治理成果；围绕“三合一”场所、“三小”企业、石油气供应点、电动车、有限空间作业等重点领域开展安全专项整治，落实党政领导带队查、每周一小查、每月一大查、重大节日和专项行动彻底查工作机制，及时排查消除隐患；对辖区快餐店、生产车间、燃气供应点、幼儿园、托管家园开展联合检查，落实网格化管理，指导做好安全工作，遏制安全事故发生；开展“安全生产月”“消防安全月”主题宣传教育活动，利用设点咨询、悬挂横幅、发放一封信等形式进行广泛宣传，提高居民安全意识。全年检查辖区各类商铺、企业1030家次，出动人员1222人次，发放宣传资料1000多份，辖区没有发生重大安全生产事故。

【街道文化建设】 全面宣传营造氛围。构筑立体化宣传格局，打造社会主义核心价值观主题街巷1条、示范小区1个，设置立体雕塑8处，布置社会主义核心价值观主题树5棵、大型宣传画4幅、主题宣传栏38处、户外广告牌26个、户外展示台16个、宣传横幅98条、文明标语50块，发动辖区铺户门前LED显示屏多时段滚动播放文明创建标语，发放倡议书、一封信5000多份，营造浓厚创建氛围，让广大居民感受到文明创建的感召力、影响力和渗透力。开展道德典型学习宣传活动，传递文明理念，弘扬传统美德；广泛开展“广东好人”“文明家庭”等道德模范的推荐工作，发挥典型示范作用。

加大文化服务供给。创新搭建“2＋1＋1”架构模式，以点带面推进集思想政治引领、传播党的声音、传承传统文化、培育文明风尚、提供惠民服务于一体的新时代文明实践所（站、点）建设，积极拓展基层文化阵地。坚持以志愿服务为基本形式，以资源整合为重点，以群众需求为导向，开展“送理论、送政策、送文化、送科技、送文明、送健康”等各类文明实践活动，进一步打通宣传群众、教育群众、关心群众、服务群众的“最后一公里”。继续对街道文化站进行升级改造，加大经费投入，重新规划设置图书阅览室、辅导培训室、棋牌室、弦乐室等多个功能室，并更新完善各项配套设施，加快推动创建省二级站达标。选取南春路100号首层打造非遗传习所，完成社区综合性文化服务中心全覆盖建设，协调社会资源建立公益书吧，大力实施文化惠民工程，广泛开展群众喜闻乐见的文艺活动，不断推进基层文化公共服务体系建设。全年开展专题教育活动3场次，主题讲座3场次，送温暖送春联7场次，义医义诊、文艺会演共40多场次，营造浓郁健康的文化氛围。

【“三旧”改造】 2018年9月，潮州市政府常务会议确认南春路片区“三旧”改造项目重新启动，重新明确项目实施主体、投资主体和规划条件、优惠措施。南春路“三旧”改造片区占地面积约286亩，预计拆迁总建筑面积30多万平方米，涉及居民约3500户、厂房及家庭作坊20多家、小学2所。项目计划投入资金超70亿元，建成建筑面积100多万平方米，集居住、商业、教育、文化街区等功能的大型商住区。湘桥区委、区政府成立工作领导小组，颁布《关于市城区南春路片区实施旧城改造有关事项的通告》。街道与投资方集中人力，已完成片区286亩土地3500多户居民房屋（厂房）的入户调查与逐户建档、房屋征收评估机构确选以及对振德街24亩回迁区范围内的部分资产评估工作。“三旧”改造办公室已与潮州市二轻机绣服装总厂签订拆迁补偿协议，正在开展回迁区前期手续办理。

西新街道

【概况】 西新街道成立于1984年5月。街道地处潮州市区中心，东至环城西路，南至城新路，西至吉利街，北至西河路，总面积0.68平方千米。2019年12月底，共有户籍人口39310人。办事处设于环城西路17号。街道下设新桥、布梳街、西新、新合4个社区居委会。

【经济发展】 街道规模以上工业全年完成总产值1.061亿元，同比增长10.8%；限额以上批发和零售业销售额4942.7万元，同比增长4.42%；限额以上住宿和餐饮业营业额1498.1万元，同比增长5.75%。全年完成外贸出口总额1301万美元，同比增长16.79%。

强化企业帮扶工作。街道健全党政领导班子挂钩联系企业制度，落实区扶持民营企业发展24项政策措施，努力为企业创造良好的投资发展环境，帮助企业做强做大。街道党工委以主题教育为契机，到辖区部分企业开展调研活动，在职能范围内积极帮助企业纾困解难。以商业街党支部为推手，召开多场次新桥东路“问计于商”座谈会，广泛听取商户意见。国庆节期间，商业街党支部在新桥东路举办“文创爱心集市”，联合商业街商家开展联盟促销活动；引进木雕、麦秆画、手拉壶等传统非遗产业和本土青年的文创作品参与集市，实现现代商业与传统产业和文化创意的有机结合。国庆节期间，商业街人流量是往年同期的3倍以上，销售量大幅提升，有力助推实体经济发展。

优化营商环境。街道通过多部门联动，一方面向沿街商铺提供公益法律服务，帮助解决生活与经营相关法律问题；结合扫黑除恶斗争，接受涉黑涉恶、“黄赌毒”、强买强卖、欺行霸市等线索举报并及时处置，维护辖区社会稳定和广大商户的合法权益；另一方面，通过管理、引导和服务，推动铺户“门前三包”责任制的落实，美化辖区环境，打造公平、有序、和谐的营商环境。

摸清经济家底。坚持实事求是原则，做好第四次全国经济普查工作，全面摸底排查，按照“不漏报、不乱报、不虚报”要求，共清查法人企业306家、有证个体户1005家、无证个体户415家，为把握经济形势新变化、制定完善的经济社会发展规划提供科学决策依据。

【社会综合治理】 创建文明卫生社区。街道围绕创建全国文明城市和国家卫生城市中心工作，抓重点、治难点，致力打造宜居环境。利用户外电视宣传栏、LED显示屏、户外电视等多种载体，广泛宣传创文、创卫的重要性，引导群众积极主动参与到创文、创卫工作中来。全年发放宣传资料3000份，更新宣传栏10个，设置宣传标语52条，营造良好氛围。全年组织综合整治373次，出动车辆1280车次，清理“六乱”摊点4800宗，清理卫生死角420处，清理沟井72个，清运垃圾杂土1690吨，拆除布篷190处，拆除违章建筑物300处（包含三利街“拆违”），有效改善辖区环境和秩序，营造良好的宜居宜业环境。

深化扫黑除恶工作。街道把预防和打击黑恶势力作为一项长期工作抓好抓实，明确直接联系群众工作路线，采取专门机关与群众参与相结合的途径，坚持“主动进攻、打早打小、露头就打、除恶务尽”的方针，开展多种形式的走访、摸排，联合西新派出所开展定期巡查及扫黑除恶调查取证；协助公安机关加大对强买强卖、寻衅滋事、伤害、非法拘禁、敲诈勒索、聚众斗殴、组织卖淫、聚众赌博及“两抢一盗”等涉恶涉黑现象的打击力度。全年组织讲座、宣讲会和集中宣传行动6场，发动铺户利用LED屏制作宣传标语30条，张贴相关公告100份，发放宣传小册子、一封信、承诺书等宣传资料1200份。全年排查线索4条，切实维护辖区社会安全。

深化平安西新建设工作。街道切实抓好矛盾纠纷调处化解工作，落实街道党工委、办事处统一领导，以街道综治中心、司法所、派出所等为依托，充分发挥各社区综治中心和网格员、信息员积极作用的矛盾纠纷化解机制，及时排查发现各类问题和隐患，及早化解处置纠纷，确保辖区社会稳定。2019年，街道受理各类矛盾纠纷案件68起，全部调处成功。有的放矢制订应急预案，落实专人责任，做好日常走访关怀，做好细致工作。辖区全年未发生重大群体性事件，未发生因矛盾纠纷调处不及时或调处不当引发的集体上访事件，无因劳资矛盾激化而酿成的重大治安、刑事案件。全面开展安全生产检查，及时处置整改安全隐患，促进辖区安全生产形势持续好转，确保辖区安全生产。

【社区服务】 切实加强社会保障。着力打好脱贫攻坚战。2019年，全街道有精准扶贫建档立卡贫困户14户28人。帮扶干部加强与精准扶贫挂钩的帮扶对象的沟通联系，及时了解其生活情况，积极帮助困难对象脱贫解困，确保如期实现脱贫攻坚目标。全面推进社会保险扩面征缴工作，2019年城镇职工参加基本养老保险1400人，新增城镇居民基本医疗保险参保3000人，城镇新增就业260人，城镇失业再就业70人，扶持就业困难人员再就业15人，办理退休人员93人。坚持深入开展对辖区困难群众的调查，及时把符合条件的困难群众全部列入保障范围，街道低保家庭22户40人、特困户4户4人，均做到应保尽保。街道成立退役军人服务站，严格落实好退役军人、优抚对象各项政策，不断完善服务保障体系建设，及时发放优抚资金，保障优抚对象的合法权益。积极推进“三防”标准化建设，切实做好应急防范工作，确保群众生命财产安全。

加强完善人口计生管理。狠抓人口管理，深入推进“全面二孩”政策宣传，继续实施优生惠民健康工程，加强流动人口计生服务工作。2019年，街道共有育龄人数5610人，“一孩”出生178人，“二孩”出生160人。

【党建工作】 深入学习宣传贯彻习近平新时代中国特色社会主义思想。街道把学习贯彻习近平新时代中国特色社会主义思想和习总书记重要讲话精神作为首要政治任务，与深入贯彻中共十九届四中全会精神及习总书记关于粤港澳大湾区建设、深圳先行示范区建设等重要论述结合起来，推动学习贯彻往深里走、往实里抓。健全“第一议题”学习制度和理论学习中心组学习制度，发挥班子的示范带动作用，教育引导广大党员干部不断增强“四个意识”、坚定“四个自信”，努力做到在学习领会讲话精神上走在前、在运用讲话精神统一思想步调上走在前、在以讲话精神指导推动工作上走在前。扎实开展“不忘初心、牢记使命”主题教育活动，牢牢把握“守初心、担使命、找差距、抓落实”的总要求，把学习教育、调查研究、检视问题、整改落实贯穿全过程。班子成员带头通读《习近平关于“不忘初心、牢记使命”重要论述摘编》《习近平新时代中国特色社会主题思想学习纲要》等著作和文献资料。带头深入基层就社区党组织建设、化解矛盾纠纷等工作进行专题调研，发放调查问卷80份，走访基层单位29个，形成8份调研报告，结合各自工作实际，拿出破解难题的实招、硬招，为下一步推动辖区各项事业发展奠定坚实基础。主题教育中，共开展不同层次的专题学习和宣讲活动49场次，受众1100人，党员干部队伍精神面貌得到整体提升，干事创业氛围日趋浓烈。

全面落实整改各项工作。扎实推进省委第十一巡视组反馈意见整改工作，做好“巡视后半篇文章”。逐一对标市委和区委的整改清单，结合街道实际，制定65项区级整改措施和50项市级整改措施，挂图作战，对个性问题立行立改，对共性问题统筹解决，对制度漏洞实行标本兼治，推动源头治理，确保各项整改任务按计划推进、按要求完成，以实实在在的整改成效为高质量发展提供坚强政治保证。全面落实意识形态工作责任制，定期听取意识形态领域工作情况汇报。把握正确舆论导向，突出抓好新中国成立70周年等重要节点宣传工作，做大做强主流思想舆论，牢牢掌握意识形态工作领导权、管理权、主动权。

大力夯实党的基层基础。深入实施基层组织建设三年行动计划，以“组织力提升”为重点，推动党建工作与中心工作深度融合发展。以抓实基层和建强支部为主线，加大力度推进基层党组织规范化建设，全年优化6个基层党组织，组织架构更加坚强有力，核心作用更加突出，党员队伍管理更加科学有序，战斗力得到进一步提升。深入实施“头雁”和南粤党员先锋工程，全年举办社区“书记论坛”6场次，加强对各基层党组织书记的培训力度和储备队伍建设，培养储备干部7人，其中1人已提拔为西新社区党委书记，1名储备干部参加学历提升工程。组织党员深入开展志愿服务活动45场次，以实际行动践行以人民为中心的发展理念，充分发挥党员先锋模范作用。大力实施基层正风反腐三年行动方案，保持惩治腐败高压态势，严明工作纪律，转变街道机关作风，提高工作效能，党员干部队伍干事创业热情进一步提升。全年立案4件，处分违纪党员6人，开展谈话提醒17人次，全街道通报批评3人次，党风廉政建设得到提升，进一步净化政治风气。

创新基层党建工作思路。发挥好机关在党建工作中的的服务、表率、指挥部作用，牢记宗旨意识，拓宽为民服务项目业务范围。街道与区税务局联动，增设税费代征业务窗口，便民利民。以党建为引领，创新基层治理，把党建末梢触角延伸到群众中去，成立全市首个商业街党支部——新桥商业街党支部，营造共建共治共享商业街区新格局，与市直“创文”共建单位联手打造“流动党员之家”。建立全市首个24小时志愿服务队，为辖区社矫人员、失独困难家庭、残疾人等特殊群体提供服务，牢牢把握社会非主流人群的意识形态，为政治社会稳定发挥重要作用。为应对经济形势不确定因素带来的负面影响，促进区域经济向好发展，结合主题教育，街道以商业街党支部为推手，多次召开“问计于商”座谈会，在广泛听取商户意见后，于国庆节当天在新桥东商业街举办“文创爱心集市”，打造联盟促销平台。

【街道文化建设】 依托街道新时代文明实践所（站），开展多形式主题活动，打造服务驿站、学校、幼儿园、铺户等各具代表性的6个文明实践点，各站点结合自身实际，以站点为阵地，宣传党的政策，培育践行社会主义核心价值观，丰富群众文化生活。新桥社区新时代文明实践站在全区率先推行志愿服务积分兑换项目，有效激励志愿者参加志愿服务活动。完善文化站软硬件标准化建设，健全管理运行制度，充分发挥文化站在群众文化建设中的职能作用，丰富人民群众的文化生活。

桥东街道

【概况】 桥东街道位于湘桥区韩江东岸，西临韩江，北与意溪镇毗邻，东南与磷溪镇相邻，街道总面积42.54平方千米。下辖5个行政村和4个社区。办事处设于S231线下津路段。2019年末，共有常住人口31380人（其中户籍人口29323人）。

【经济发展】 街道坚持以经济建设为中心，不断创新服务方式，优化发展环境，加快产业转型升级，激发创新活力，夯实经济发展基础。2019年，街道有规模以上企业12家，限额以上企业6家。全年完成工业总产值12.62亿元，固定资产投资4.4亿元，批发零售业完成销售额2.87亿元。2019年5月末，完成对辖区391家企事业单位经济指标清查工作和1524家个体户经济指标核查工作，完成辖区第四次全国经济普查工作。

【城区建设】 街道发扬“钉钉子”精神和“三个马上办”（马上办，马上就办，马上办好）作风，运用“三集中”和“一线”工作法，建立完善责任明确、目标清晰、要求具体、问责有力的项目推进机制，确保各项重点工程建设进度。推进韩江东岸“三旧”改造、下津文化公园、卧石莲池公园、孝溪桥建设及两侧引桥硬底化工程、六亩村“四好农村路”、东山口外立面改造提升等项目建设，加快推进农村连片生活污水收集处理、韩东新城防洪综合整治一期工程收尾工作等；协调推进东山一横、卧石路改造提升及金马大道支路等交通优化提升等项目。

【乡村振兴】 街道继续按照上级关于乡村振兴的决策部署，强化党建引领作用，发挥社光村、卧石村示范点效应，以点带面深入探索桥东街道乡村振兴“两步走”有效途径，把改善农村人居环境和促进农村产业发展作为优先任务，辖属各村乡村振兴步伐不断加快。

改善人居环境。坚持“宣传—整治—提升”工作思路，有效形成上下联动、协同作战良好格局。多渠道、多形式加大宣传力度，充分发挥党员干部的带头示范作用，形成带动效应，激发群众建设家园的积极性，营造共建共治共享的良好氛围。街道以“三清三拆三整治”、“水环境”整治为抓手，对辖区主要干道、主要水域、各村背街巷道、池塘沟渠等重点区域实施精准整治。环境整治大行动共清运垃圾、杂物24781.8吨，清理卫生死角1956处，拆除及清理各类违章建（构）筑物3400处，清除破旧横幅、“牛皮癣”1990处，投入各类整治资金952.8万元。注重补齐村道路面和污水处理两大农村基础设施短板，至12月底，已完成部分村道路面硬底化，6个行政村14个自然村完善雨污分流污水处理设施共22.1千米，有效优化提升农村人居环境。

拓宽发展新路子。坚持扬长避短，抓住城乡接合部特点，鼓励各村因地制宜发展特色产业。一方面，注重提升传统产业，根据辖区楼盘多、院校多、人口密集、消费力强的特点，引导各村新建和升级市场，增加村民收入。至2019年底，已建成社光村综合鱼肉菜市场、卧石村临时市场，配合市物业总站升级改造桥东市场（原虎头市场）、东湖市场，规划建设卧石村综合市场。另一方面，通过引进优良果子品种，打造卧石莲藕粉、潮绣主产业及引导瓷泥产业转型升级等举措，积极激活传统特色产业；借助区域丰富的旅游资源，依托社光村建设旅游观光园，发展“一村一品、一镇一业”，设计美丽乡村精品线路1条，进一步打造集生态旅游、休闲度假、农业体验于一体的多功能生态旅游观光产业。2019年，社光村被评为广东省家庭文明建设示范点、广东省文化和旅游特色村。同时，通过盘活土地，建设周边乡村公园6个。

【污染防治】 街道从瓷泥企业扬尘污染专项整治入手，对辖区瓷泥企业实施每周2次的常态化执法检查，紧盯厂内、厂外两个关键环节，持续强化环卫日常保洁。联合交警部门加强路面日常巡查监管，对泥头车实施动态化和常态化巡查整治，最大限度地减少瓷泥污染和扬尘污染，有效提升辖区整体大气环境质量。以环保督察问题为导向，全面落实上级交办的环保案件整改及“散乱污”工业企业（场所）整治任务。2019年，通过真抓实改、定期跟踪，全面落实涉及水源污染、噪声污染、扬尘污染等领域的9件上级交办的环保案件整改，完成辖区内17家“散乱污”工业企业（场所）整治任务。有效防控、高效查处辖区露天焚烧行为，通过加强环保宣传，提高村民意识，组织城管执法队伍落实常态化巡查、蹲点式督查，有效减少露天焚烧现象。以水岸同治为主线，全面压实“河湖长制”责任，开展对“一江两溪”落实“清四乱”集中整治行动，定期组织人力、机械对违章搭建物、堤岸杂草、积存垃圾及孝溪河面漂浮物进行清理整治；突出美化绿化，在黄金塘村段种植火焰树，有效改善“一江两溪”水岸环境。

【“两违”及图斑点查控整改】 切实开展“两违”（违法用地、违法建设）及图斑点查控整改。街道保持高压态势，坚持重拳出击，逐宗过关，在规定时限内全面完成32宗国土卫片图斑点整治的任务。街道国土部门及城管执法中队多次联合供电、供水部门及相关村（居）对违建行为进行常态化巡查管控。2019年，共出动人力300人、机械50台，查处“两违”案件11件，全年落实拆除总面积4669平方米，有效遏止辖区“两违”现象。

【社区服务】 深化群众服务改革。街道按照省委改革部署，从基层实际出发，将有利于提升群众获得感的改革放在突出位置，从线上和线下两方面优化为民服务。线上方面，及时发布与群众切身利益紧紧挂钩的计生、社保、民政和信访等业务信息并更新到湘桥区人民政府公众信息网桥东街道子栏目，通过线上回应群众办事需求，进一步推进“放管服”改革，加快“数字政府”打造。线下方面，继续完善、提升辖属各村（社区）公共服务平台，针对不同人群深化惠民便民功能；响应交通改革号召，全面铺开推广安装ETC工作，联合各大银行进村入户为辖区群众提供免费安装服务，使该项便民措施真正惠及辖区群众。

扩面征收健全社会保障。全年落实完成城镇新增就业260人，城镇失业人员再就业60人，就业难人员再就业20人，促进创业25人，完成区下达任务。对全街道17名有劳动力扶贫人员进行建档，组织技能培训率达到100%，并推荐到企业应聘。办理自由职业参保297人，其中2019年度新增192人，办理退休49人，办理职工档案补缴4人，完成退休资格认证254人。完成城居保资格认证2927人；区下达任务为城乡居民养老保险参保3360人，超额完成3423人，占任务比例的101.88%；办理居民医疗保险655户，其中2019年度新增581人，变更银行账号65户，减员190户、222人。调解处理欠薪纠纷9件，涉及资金26.919万元；调解处理工伤纠纷3件，涉及资金23.94万元，调解率为100%。

打赢脱贫攻坚仗。街道精准扶贫户64户、118人，2019年，街道坚持精准施策，通过民政兜底、教育扶贫、医疗保障、住房修缮、就业培训等形式，实现48户无劳动能力户全部享有最低生活保障（兜底率为100%）；配合上级发放贫困户子女教育补助（完成率为100%）；投入资金17万多元，完成4户精准扶贫户的危房修缮，确保住房安全。借助扶贫小额信贷、光伏发电等项目，增加扶贫户收入，截至2019年12月，光伏项目已发放收益3万多元，2019年有劳动能力对象每人可增收757.8元。至12月底，投资广东齐塔科技光伏有限公司项目，该公司已将收益30618元划至街道账户，由街道统筹发放给有劳动能力对象户，有劳动能力对象户户内2019年每人增收552元。街道在全区率先启动“爱心企业帮扶”计划，辖区有11家企业为14户贫困户提供兼职岗位，解决贫困户富余劳动力就业。街道结合传统节日，积极争取上级和社会各界热心人士支持，筹集资金物资慰问贫困户。全年发放油米面食315份，折算金额约3.28万元，直接发放救济金2.86万元。

【党建工作】 学思想明方向，政治生态持续优化。街道坚持把学习贯彻习近平新时代中国特色社会主义思想、中共十九大精神、习近平总书记对广东重要讲话和重要指示批示精神作为头等大事和首要政治任务，着力在学懂弄通做实上下功夫。坚持政治为先，引导广大党员干部进一步树牢“四个意识”，坚定“四个自信”，坚决做到“两个维护”，始终在思想上政治上行动上同以习近平同志为核心的党中央保持高度一致。街道党工委坚持以上率下，带头落实“第一议题”制度，采取“引进来”和“走出去”相结合的学习方式，进一步引导党员干部更加自觉牢记党的初心，践行党的使命。一方面坚持“引进来”指导，依托街道党校平台，邀请市委党校老师进行授课指导，举办专题党课6场次，理论中心组学习12场次，组织思想政治理论集中学习8场次，推动学习向基层延伸。另一方面，鼓励“走出去”学习，辖属各村（社区）先后组织党支部党员及先进代表到江西瑞金、福建古田及东山岛等红色教育基地学习红色革命精神，引导党员在重温革命历史的同时，弘扬榜样力量，发挥好党员先锋模范作用。

强党建正风气，基层组织力全面提升。街道党工委按照中央、省委、市委以及区委的统一部署，立足街道实际，以提升组织力为重点，着力夯实执政的组织基础。扎实开展“不忘初心、牢记使命”主题教育活动。紧抓8项专项整治，对12个不同课题开展深入调研，并对照“守初心、担使命、找差距、抓落实”要求，从95个检视问题入手，落实真抓实改。完成各项巡察、巡视整改任务。抓好省委巡视市委反馈涉及的39个问题、省委巡视区委反馈涉及的27个问题、区委巡察街道党工委反馈的4个方面16个问题的整改工作，切实做好巡视“后半篇文章”。加强示范引领，全面提升党组织引领能力。继续推动党的基层组织建设三年工作方案落到实处，以卧石村和社光村为重点打造对象，探索东山社区首个城市党建示范点，同步开展“学先进、找差距、增作为”活动，通过开展“结对子”帮扶行动，建立互帮互助机制，努力实现“后进变先进，先进向前进”的党建目标。

抓队伍提素质，干部队伍建设持续强化。街道党工委注重加强党员队伍建设，多管齐下全面抓好党员干部队伍素质。“头雁”工程扎实坚固。动态建立党组织书记储备队伍，储备人选17人，选任村级党组织副书记1人。推行“同频共振”和“书记论坛”，促进互学互评机制有效实施，全年举办“书记论坛”12场次。党建指导精细有序。选派2名党员干部挂任村居党支部第一书记，19名党建指导员挂钩各村居及“两新”党组织，促进基层党建水平整体提升。深化设岗定责，密切干群联系。实行全域党员按类管理，量身定做，划分网格条块，指定联系党员，明确职责任务，让党员队伍在促进乡村振兴、脱贫攻坚、扫黑除恶、打击“两违”、城乡环境综合整治等方面发挥联系群众、带领群众、发动群众的模范作用，认岗定责党员108人。注重党员发展规范化。规范25项程序，重考察提质量，全年发展党员12人，预备党员转正12人。

提作风明是非，正风肃纪态势持续向好。街道党工委多措并举落实“两个责任”，强化党内监督和执纪问责，贯彻落实中央八项规定，坚持反“四风”转作风，加强对重点领域、重点部位和关键环节的监督，推动全面从严治党不断向纵深发展。全年街道纪工委共排查违纪违法线索6条，查处违纪违法党员干部6人，立案6件，给予开除党籍2人，党内警告4人，开展诫勉谈话1人次，谈话提醒3人次，受理信访件1件。街道党工委书记针对部分基层党组织“一把手”自律意识不强、监督意识薄弱、管党治党不担当、扫黑除恶、精准扶贫、从严治党、“两违”等问题与辖属各级党组织“一把手”开展集体谈话5场次38人次。

把导向守阵地，意识形态领导权牢牢握紧。街道党工委按照“守土有责、守土负责、守土尽责”的要求，通过四项有力措施落实意识形态工作任务，牢牢掌握意识形态的领导权、主动权。一是加强组织领导。通过建立班子通知群、桥东“同频共振”交流群、桥东直联工作群等微信群不断增强干部、党员特别是领导干部的责任意识。二是强化理论学习。组织街道583名党员进入“学习强国”平台开展学习；同时开展理论中心组集中学习6场次，专题研讨会3场次、宣讲活动11场次，推动党的创新理论入心入脑。三是抓好舆论引导。通过搭建信息互通平台，对苗头性问题努力做到早预见、早发现；借助街道和各村宣传栏宣传党的主张，传播先进文化，占领舆论阵地。四是弘扬党风政风和文明乡风。依托积极向上的春节、国庆等节庆群众文化活动，传播凝聚正能量，践行社会主义核心价值观。

【社会综合治理】 从严治理，确保社会环境和谐稳定。围绕上级有关工作部署，在加大平安创建、法治创建、网格化管理宣传力度、调动全民参与的基础上，继续推进“扫黑除恶”专项斗争，做好重点人群管控工作。2019年，街道开展大型主题宣传活动8场次、宣传讲座2场次，发放宣传资料23000多份，增设宣传栏4个，悬挂横幅16条，张贴宣传海报93张，为开展扫黑除恶专项斗争营造浓厚氛围。做好社区矫正服刑人员和刑满释放人员帮教等工作，2019年，协助收容、救治辖区流浪乞讨患者3人、常住精神障碍患者3人；开展各类禁毒宣传活动53场次，辖区社会面吸毒人员分类分级管控对象34人，社区戒毒康复人员6人。加大对违法犯罪的打击力度。截至12月底，桥东派出所共立刑事案件147件，破获48件，抓获犯罪嫌疑人26人，其中刑事拘留26人，逮捕15人；查处治安案件211起，抓获违法人员114人，其中行政拘留并罚款49人，罚款52人，强制戒毒10人。2019年，街道核查有关涉黑恶线索5条，受理5件，已办结5件，办结率为100%。

绷紧责任弦，确保生产环境安全有序。以工业企业“压事故、保安全”专项行动和安全生产大检查为抓手，开展危险化学品安全生产检查、“城中村”及电动车消防安全检查等专项行动。全面压实辖区企业安全生产主体责任，对辖区的“三小”企业、出租屋、加油站、成品油及非法燃气经营点进行检查和取缔。全年开展专项检查活动32次，检查企业122家，发现并整改安全隐患问题38处，已落实整改38处。

【街道文化建设】 街道以“创文”“创卫”为抓手，坚持文化惠民导向，在全街道设立12个新时代文明实践中心（所、站、点）、9个村（社区）综合性文化服务中心、9个村（社区）书屋，公共文化设施实现全面升级达标。大力培育和践行社会主义核心价值观，举办农村春晚文化活动5场、广场舞联谊赛2场、送戏下乡晚会1场，开展红色文化教育、道德讲堂活动10场次，多形式丰富群众精神文化生活，提高社会文明程度。完善公共服务体系，深化教育领域综合改革，实施基础教育提质工程，推广集团化办学模式，协助下津博雅学校规划初中部校区建设工作，进一步提高教育配套水平。

城西街道

【概况】 城西街道位于潮州市区中心，地域环潮州老城区北、西、南三面（以西为大），呈环形带状，北与凤新街道花园村毗邻，西与陈桥村临界，南与枫溪区池湖村、安南庙村接壤，总面积约12平方千米。办事处设于新南路1号。街道下辖10个行政村（北关村、春光村、吉街村、厦一村、厦二村、厦三村、上埔村、古美村、上洲村、下洲村）和10个社区（北园社区、春荣社区、潮新社区、新利社区、新春园社区、信怡园社区、新南社区、上埠社区、厦寺社区、熙泰社区）。2019年末，辖区共有户籍人口6.57万人。

【经济发展】 街道不断深化改革，激发内生动力，加快补足短板，推动经济持续稳步增长。一方面，全面深化改革，促进政府职能转变。建立健全联系企业工作机制，以骨干企业为重点，加大扶持力度，积极培育规上企业，2019年新增规上企业1家、商业限上企业2家；依托公共服务平台，完善“一门式一网式”服务机制，街道公共服务中心全年办理业务量8652件，营造高效的政务服务环境。另一方面，开展省级工业企业大数据调查，建立常规性大数据基本调查信息库录入工作机制，完成15家企业信息调查录入；贯彻落实普惠金融“村村通”建设，推广支农惠农贷款业务，截至2019年，街道已有6个信用村，4个村设置POS机点。2019年，街道规模上工业企业完成工业产值4.57亿元；固定资产投资完成4.37亿元；限额以上批发零售业完成销售额4.5亿元；限额以上住宿和社会消费品零售额完成1.3亿元，同比增长14.76%。

【实施乡村振兴战略】 坚持把实施乡村振兴战略放在重中之重的位置，补齐农村基础设施短板，全面改善乡村生产生活生态条件，着力打造美丽宜居乡村。

坚决打好脱贫攻坚战。实施“户企结对”，帮助7户有劳动能力的贫困人口实现就业，提高贫困劳动力就业创业积极性；建立街道扶贫促进会，为贫困户提供更有效保障；通过扶贫光伏项目资产投资，逐步增加贫困户收入，2019年光伏发电项目已经累计发电约85036千瓦时；街道贫困户47户、90人，于2018年底实现全面脱贫，脱贫率为100%。

持续提升农村人居环境。结合普遍直接联系群众制度，建立街道农村人居环境巡查监督机制，充分调动街道、村（居）两级力量投入农村人居环境提升工作。以民生堵点痛点为切入点，主动作为，开展多次专项整治行动，切实解决厦二村内窟池、古美村停车场、韩江沿岸小堤围、仙洲岛环岛路绿化带等多处环境卫生顽疾。推进“厕所革命”，发动乡贤力量支持乡村建设，紧抓农村改厕项目，严格改厕项目资金使用。开展“三线”整治专项行动，经街道协调，与电力、电信等部门制定线路整治计划，并加紧施工。

实施乡村振兴示范村项目。对上洲村、下洲村乡村振兴项目进行规划设计，预计投资839万元，对凤洲东路道路黑底化、沿街两侧店招改造，新建公厕、小公园、停车场等相关配套设施。

推进“三旧”改造项目。上埔村“三旧”改造项目总投资约84.5亿元，2019年已投入52亿元，总建筑面积约90万平方米，大部分已竣工验收并交付使用；厦三村“三旧”改造项目总面积263亩，金域澜岸二期住宅区在建面积约70亩，总建筑面积共21万平方米，共建5幢商住楼及配套公共设施；北关村“三旧”改造项目总面积442亩，计划分8个地块进行改造。

【环保工程】 古美截污改造工程于2019年4月完成竣工验收，截污系统正常投入使用，古美片区的生活污水排放接入市政管网，彻底解决污水直排韩江问题，提高韩江水环境质量。仙洲岛排污系统一期工程进展顺利，项目已完成设计、勘探和施工前期准备工作并于2019年4月正式动工建设，至年底，已完成主体工程量的95%，临时一体化污水处理设施建设已完工并投入使用，处理水质各项指标均达到环保要求。至当年底，工程设备进入安装和装修阶段。

【城市配套设施建设】 枫春市场于2018年11月23日启动改造升级，建设面积约15000平方米，2019年已完成交付使用，优化提升市场经营整体环境，规范市场经营秩序。启动上洲鱼肉菜市场改造提升工程，补齐仙洲岛农贸市场设施短板，改造提升后占地面积1000平方米，设摊位100个，主体投资预算180万元，已完成主体工程和装修工作，春节前开业。

【生态环境优化】 全面实施“河长制”，多措并举着力抓好“五清”“清四乱”工作，于2019年8月至11月开展为期3个月的专项整治行动，共出动人力786人次、机械479台次、运输车316辆次，投入资金66.8万元，打捞辖区韩江水面漂浮物，清割北关村、古美村、沙洲岛韩江小堤围迎水坡及洲园杂草，集中清理小堤围建筑垃圾及生活垃圾，净化韩江沿岸生态环境。加大饮用水水源保护区保护力度，整顿仙洲岛农家乐餐饮行业，责令停业自行拆除整改4家，联合区相关执法部门强制拆除2家、烧烤档4家，拆除面积1.7亩，有效维护仙洲岛水环境；取缔北关村游泳房临时搭建物1处，清理北关龙空段堆积垃圾12车次，有效整治饮用水水源保护区环境问题。开展“散乱污”工业企业综合整治，按照“取缔一批、规范一批、引导一批”原则，清理整治辖区工业企业，促进企业稳定达标排放，减少主要污染物排放总量。开展陶瓷垃圾专项整治，建立健全陶瓷废物管理监督员制度，以村居为单位组成整治行动小组开展整治工作，全年开展专项整治4次，督促6家陶瓷企业处置各类陶瓷垃圾共29.34吨。以环境整治倒逼发展转型，实现环境保护、经济发展、民生改善多赢目标。

【安全生产】 完善安全生产责任体系，建立街道安全生产委员会“双主任”制度，严格执行每周党政主要领导带队检查机制，健全村居安全生产责任考核制度。防范重特大安全事故，开展安全生产检查和消防安全整治，全年出动人力186人次，检查各类场所96家次，现场落实整改38处，有效防范生产安全事故发生，2019年，街道未发生较大以上安全生产事故。加强队伍建设，强化宣传培训，进一步提高全民安全意识。巩固“城中村”消防安全整治成果，加强消防安全管理，建立长效机制，开展培训，全面提高“城中村”消防队伍实战实力，切实发挥微型消防站作用，确保辖区消防安全。吉街村在湘桥区第三届消防业务技能比武中获得集体项目第一名和个人项目第二名、第三名。

【“两违”整治】 持续加强“两违”整治力度，完善日常巡查监控，发现在建、抢建的违章建筑，现场责令停止建设。街道联合区规划监察大队采取强制拆除措施23次，共拆除违章建筑面积约2500平方米，有效遏制违法建设抢建势头；完成2018年度国土卫片图斑点整治3宗，采取停水停电及强制拆除措施，出动人力50人次，机械、车辆10部，清拆建（构）筑物面积约1.7亩，复耕复绿面积2.3亩；规范区域范围内城乡居民住宅建设，建立健全报建审批机制，依法依规推进城乡村民报建审批工作，全年办理村民住宅建设报建审批手续27宗。

【“创文创卫”工作】 全面推进“创文创卫”工作，加强集贸市场整治，巩固前期“治六乱”成果。集中整治人民广场福春路往后沟方向路段、上埔市场附近等“六乱”现象严重的重点地段，有效查处违法占道乱象，规范市场秩序，营造良好的“创文创卫”氛围。加强环境卫生整治，严格贯彻落实街道“创文创卫”网格化管理机制，全面排查卫生死角，对重点路段的脏乱差问题进行整治，清理卫生死角732处，清理垃圾杂物592吨。结合新时代文明实践建设，提高群众对“创文创卫”工作的参与度，广泛开展社会主义核心价值观教育实践活动，动员群众积极投身创建全国文明城市和国家卫生城市行动之中。

【社会综合治理】 创新“六联”综合治理模式，开展网格化服务管理，投资80万元打造街道联勤指挥中心；运用现代化科技手段，整合人防、物防、技防等力量，创新推行联调、联防、联勤、联治、联管、联创“六联”工作模式，实现基层治理的协同合作，解决基层治理“碎片化”问题，提升社会治理能力，维护社会和谐稳定。街道全年网格事件办结率为100%。有效整治违法犯罪。2019年，城西派出所共接警情4816件，刑事立案501件，破案104件，共抓获犯罪嫌疑人165人，刑事拘留98人，行政拘留70人，维护辖区社会治安稳定。纵深推进扫黑除恶专项斗争，多方式强化宣传工作，切实提高群众参与度；深入排查各类线索，共甄别办结有效线索26条，及时办理上级交办线索10条。不断强化禁毒工作，开展娱乐场所禁毒整治专项行动，与有关场所签订《禁毒承诺书》42份；联合派出所开展“清零行动”，赴外地带回脱失脱管人员2人；整合资源，推进禁毒宣传“六进”工作，全年举办宣传活动72场，参加人员约20000人次，进一步提高群众识毒、拒毒、防毒意识。加强矛盾纠纷调解机制建设，规范人民调解工作，及时化解矛盾纠纷，街道调处案件30件，各村（居）调处案件33件，调结率为100%；化解劳资纠纷25件，解决工伤赔偿、死亡救助补偿等金额约144万元，维护群众合法权益。

【社区服务】 健全社会保障体系。街道全年新增就业280人，登记失业率为2.4%；全力推进社会保险扩面征缴，职工医疗养老保险参保2922人，超额完成任务指标，城乡居民养老保险参保4980人，城镇居民医疗保险新增参保1430人。

积极做好帮扶群众工作。严格落实养老补贴政策，切实推进残疾人帮扶事业。街道退役军人服务站自2019年5月底正式成立以来，已完成对所有优抚对象的信息核查，发放生活补贴、节日慰问共31万元，基本实现退役军人信息采集全覆盖。

优化计生工作。完善全员系统信息，实现信息通报交换，提交平台通报信息和反馈216条，反馈率为100%，全员人口数据库数据更新及时率在95%以上，人口基础信息准确率在98%以上；简化办事流程，深化便民服务，落实计生惠民政策，开展宣传活动，普及群众对优生优育知识和政策的知晓度。

全力防控登革热。结合爱国卫生运动和“创文创卫”工作，全面开展环境整治行动，全年出动人力约2万人次、消杀器械1100台次，全面组织药物喷杀；发动群众翻缸倒瓮清理积水，加大登革热防控宣传力度，号召群众共同参与登革热防控，全力遏制疫情蔓延。

【党建工作】 扎实开展“不忘初心、牢记使命”主题教育。开展理论学习、调查研究、检视剖析、整改落实，领导班子率先垂范，依托理论中心组，开展集中学习交流研讨；各党支部全面发力，通过开展主题党日活动和支部结对共建，深度落实“五个一”要求，推动主题教育走实走深；抓好专项整改，以正视问题的自觉和刀刃向内的勇气抓好8个方面突出问题专项整治，真刀真枪解决问题，凸显主题教育实效。

强化基层党组织建设。深入实施南粤党员先锋工程，严格规范党员管理，持续优化党员队伍；推进基层党组织“头雁”工程，聚焦基层党建和基层治理，依托街道党校加强党员干部培训教育，形成各级党组织书记齐抓党建的良好氛围；扎实推进古美村软弱涣散村党组织整顿提升工作，改造党群服务中心，修缮党员活动室和党群会议厅，组织整治环境卫生，全面肃清不良风气，以解决实际问题促使村容村貌转变，强化党组织的引领带头作用；打造特色党建活动项目，充分整合资源，以北关党建广场、熙泰社区新时代文明实践站为阵地，开展理论宣讲、党建活动和志愿服务，在群众中引领正能量。

牢牢把控意识形态大方向。深入贯彻落实《湘桥区党（工）委（党组）意识形态工作责任制实施方案》，组织制定《城西街道领导班子成员落实意识形态工作责任制分工》，健全意识形态工作队伍；制订《关于进一步加强对形势报告会和哲学社会科学报告会、研讨会、论坛、讲座管理的通知》，建立健全意识形态工作机制，加强对娱乐场所、酒店等体制外阵地的意识形态管理；在完善提升街道新时代文明实践所的同时，做好村居新时代文明实践站建设，实现街道文明实践工作全方位提升，确保牢固把控基层意识形态制高点。

深入推进廉政建设。坚持从严治党，全面落实党风廉政建设责任制。强化作风建设，始终坚持防微杜渐，全年对9人进行谈话提醒，落实第一时间对党员干部倾向性、苗头性问题进行干预，切实做到抓早抓小；深入开展廉政教育，严肃处置党员违法违纪行为，全年立案审查处分党员干部9件9人，形成教育震慑作用；强化审计监督，切实开展村居“两委”“白条账”专项治理，规范农村财务管理，建立健全管理长效机制，有效防止村居“两委”开支乱象，化解农村基层廉政风险。

夯实基层统战工作基础。将宗教工作纳入综合治理网格化管理，健全联合巡查工作机制，抓牢校园阵地，健全常态化管理排查机制。

【街道文化建设】 加快新时代文明实践中心建设，着重做好熙泰社区新时代文明实践站试点工作，以学习实践科学理论、宣传宣讲党的政策、培育践行主流价值、丰富活跃文化生活、持续深入移风易俗等作为主要内容，打造文化宣传的坚强阵地，以点带面实现街道文明实践工作全方位提升；实施文化惠民工程，举办包括“不忘初心、牢记使命”庆祝建党98周年文艺晚会在内的共50余场群众性文化活动，在辖区营造浓郁的文化氛围；推动新时代文明实践广东“七个一百”精品项目下基层，将多个精品项目带给村民；以百姓宣讲、集中展演、惠民志愿服务、电影放映等形式，进一步丰富群众的精神文明生活，传播新时代文明理念和文明乡风。

凤新街道

【概况】 凤新街道成立于1992年4月。街道地处新城区中心地带，属城乡接合部，东与湘桥区城西街道相接，西与潮安区古巷镇毗邻，南临枫溪区；北与潮安区归湖镇、古巷镇接壤，东北与意溪镇隔江相望。辖区总面积约26平方千米。街道下辖陈桥、凤山、花园、高厝塘、大新乡、东埔、莲云、竹围、田中、大园、西塘、云梯12个行政村和奎元、宜园、万绿、宏天4个社区。街道办事处设于潮州大道东侧泰安路中段。2019年末，共有户籍人口4.9万人，常住人口11万多人。

【经济发展】 2019年，列入街道属地统计的58家规模以上工业企业完成工业总产值473.09亿元，增长29.2%；规上工业增加值完成32.8亿元，增长5.6%；固定资产投资完成5.77亿元；限额以上批发零售业完成销售额83.34亿元，增长2.5%；限额以上住宿餐饮业完成销售额6627万元，增长12.2%。

街道围绕高质量发展要求，坚持以供给侧结构性改革为主线，实施创新引领战略，深入落实党政班子挂钩联系重点企业工作机制，切实加强对企业的服务，力所能及地帮助企业解决存在困难，促进企业不断转型升级，确保整体经济稳步发展。

【实施乡村振兴战略】 坚持以点带面推动乡村振兴。在两个先行点村中，高厝塘村采取边规划设计边施工建设的办法，围绕建设生态宜居美丽乡村目标，投资150多万元改造村内5个池塘，清淤，围栏杆，周围铺设步道并种植花木；投资100万元建设村污水处理系统，建造无害化公厕3座，建设沿公路及村道绿化带、步行道，村容村貌有了很大的提升，初步展现美丽乡村风貌。西塘村拆除违章搭建和废旧房屋、猪舍等160多处3000多平方米，对全村未硬底化的12条主干道路进行设计、测量；开展乡村环境卫生综合整治，同时配合枫江流域和古枫涝区整治工程，做好河埔溪清淤和生态修复、景观打造工作，为下一步建设手拉壶特色产业文化街及沿溪景观带打下基础。

【重点项目建设】 运用主题教育成果，群策群力，大力推进重点项目建设。一是不断改善交通网络。按市委、市政府和区委、区政府的要求，完成对甬莞高速潮州西（古巷）出口至潮州迎宾馆道路景观提升工程（潮州大道大新乡路段）征地拆迁任务并完善拆迁补偿手续；完成对北站二路、北站东路征地拆迁任务并完善拆迁补偿手续，协同市规划设计院对北站四路现场勘查预定线放线工作；协同市国土测绘队对凤园路花园村路段和凤凰大桥征地放线定点工作，完成“北区四横路”工程建设。二是推进枫江流域水环境综合整治。加强组织领导和资金投入，跟进工程立项、预算审核、招投标有关工作，力争工程早日开工建设；从源头控制生活污水排入问题，清除违章乱搭乱建，清理沟渠、池塘淤积，为项目区周边居民营造良好生活环境。三是做好公园、公厕、公路、市场、地质灾害等民生项目建设。云梯文化体育公园完成设计、立项、招投标等各项工作，进入施工建设阶段；列入改建的49个农村公厕完成设计、立项、预算编制等前期工作；配合区住房和城乡建设局开展“四好农村公路”和危桥改造工程，已建成通车的田中村道长800米，完成西塘村河浦溪桥和口园桥危桥改造任务；大新乡市场和莲云市场升级改造全面完成，花园村市场升级改造工作正在推进；争取上级专项资金对高厝塘村许厝区等地质灾害隐患点进行治理，为建设美丽乡村打好基础。

【农村人居环境整治】 以污染防治攻坚为契机，以环保督察整改要求、全面推行“河长制”为抓手，深入开展“三清三拆三整治”“三清一改”综合整治大行动，全力清除库存垃圾，根除“脏乱差”污染源，完成区域内河浦溪、三利溪、社道沟及百亩溪的清拆清淤和河湖“清四乱”“五清”整改任务。组织两次统一“清漂”行动，落实街道环卫所和相关村卫生队专人定期对枫江流域拦污栅垃圾进行打捞清运，确保及时清理水面垃圾、漂浮物，保持河道日常水面的清洁，共投入资金近70万元，出动人力700多人次、机械90台次，打捞水面漂浮物和两岸垃圾450车、960吨；配合环保等部门，切实加强对区域的巡查监管，整治“散乱污”企业，及时取缔环保违法行为，有力促进农村人居环境质量的持续优化。西塘村被市爱卫会评为2019年“潮州市卫生村”。

【农村三资交易管理】 严格按照《广东省招投标法》和《广东省农村集体资产管理条例》规定的程序和要求，2019年共进行7宗建设、租赁项目的招投标工作。分别是田中村村道改造工程项目、西塘村二晕山山地租赁项目、大新乡村东方日产专营店场地租赁项目、大新乡村委会老人活动中心建设项目、大新乡村市场改造工程项目、莲云村市场整治改造工程项目、花园村工业综合楼租赁项目，有效保障农村集体资产资源保值增值，维护农村稳定。

【城乡治理】 提升城乡治理综合水平。把城乡治理水平提升和改善民生问题紧密结合起来，全力提升群众安全感，全面增进民生福祉。一是健全巡查管理长效机制，大力推进“两违”整治。2018年度街道土地卫片点共21宗，已经完成整改复绿复耕12宗，面积24.6亩，正在整改9宗，面积47亩。2019年土地卫片图斑点共13宗，已对各点进行核查。全年开展对违法建设巡查777宗次，拆除126宗次，拆除面积共32563.8平方米，停水停电88宗次，发出《责令停止建设通知书》107份。按照市政府潮府规〔2018〕5号、潮规〔60〕号文件要求，办理各村宅基地报建审批手续共65份，已审批核查39份，在办26份。二是严格落实安全生产和消防安全工作。落实安全生产“党政同责、一岗双责”和企业主体责任，常态化组织开展重点领域风险点、“三小”场所、消防安全和城乡电力安全隐患排查整治，全年检查企业320家，出动人力512人次，现场发现安全消防隐患160处，完成整改160处。全面推进微型消防站建设，12个村微型消防站建设基本完成。三是加强应急管理体系建设。完成“三防”应急保障系统调试和“三防”视频会商室、值班室的规范化建设，做好辖区内各单位防汛责任人的信息采集，组织山洪地质灾害转移演练；落实辖区林地的巡查管护工作，有效防止山林火灾发生。

【计划生育】 创新计生管理模式，不断提升服务水平，促进人口优质均衡发展。全年网办“一孩”生育登记275人、“二孩”生育登记270人、再生育审批6人。凤新街道被市人民政府评为2018年度计划生育目标管理责任制优秀等次。

【社会保障】 着力织密民生保障“安全网”。全年新增低保户6户、7人，减少低保人员18人；有农村低保户41户、69人，居民低保户46户、79人，特困户2户、2人，孤儿1人。累计发放救助及保障金共119.14万元，实现应保尽保、应退进退。坚决打赢脱贫攻坚战，街道30户精准扶贫户全部实现稳定脱贫。街道成立扶贫促进会，调动各方力量，加大帮扶弱势群体力度，巩固脱贫成果。落实就业再就业政策，16个村居开展充分就业村（社区）建设，全年城镇新增就业280人，城镇登记失业率控制在3%以内，促进创业25人，完成全年就业目标。

【党建工作】 扎实开展“不忘初心、牢记使命”主题教育。成立以党工委书记为组长的“不忘初心、牢记使命”主题教育领导小组，制订印发主题教育“1+4”工作方案；召开“不忘初心、牢记使命”主题教育工作动员会，开展集中学习研讨活动；组织班子成员和各村、社区党组织书记、主任，区域部分区人大代表前往潮安登塘镇世田红色村重温革命历史，缅怀革命先烈，牢记初心使命，组织前往枫溪区詹厝村参观学习城中村整治经验做法，促进街道乡村振兴工作。街道领导班子成员分别到各自挂钩的16个村、社区开展“大走访、大排查”活动，全面摸清查实基层党建存在的突出问题，推动软弱涣散基层党组织专项整顿工作进一步落实。

加强基层党建工作。强化干部队伍建设，对村居党组织书记履职情况和“两委”干部队伍结构情况进行分析研判，及时选优配强村居干部；落实班子成员挂点督导，持续推进基层党组织“两学一做”学习教育常态化、制度化，保持“三会一课”、主题党课、民主评议等党内政治生活的经常性，激发农村党员发挥先锋模范作用，参与推动美丽乡村建设。加强党员发展培训工作，规范发展程序，尤其抓好三年未发展党员村的发展工作；严格把好入口关，落实发展党员政审制度；细化举措，做好党员政治思想教育和重点对象关怀帮扶工作。全年发展党员33人。2019年，奎元社区党支部、凤城中英文学校党支部和凯普生物科技公司党支部被定为市级城市基层党建示范点，宏天社区党支部和金源照明公司党支部被定为区级城市基层党建示范点。

加强正风肃纪反腐。贯彻落实全面从严治党责任，结合主题教育，组织党员干部学习《潮州市严重违纪违法案件警示录》、观看纪律教育警示片、参观违纪违法案例警示教育展览，在街道设置“公正、廉洁、为民”廉政宣传走廊，在户外明显位置设置“反腐倡廉”宣传图片。严抓机关干部上下班、值班值守制度，及时纠正机关作风建设存在的问题，全年开展纪律谈话提醒11人次。坚持把查办案件作为反腐败工作的中心环节来抓，进一步加强和规范办案工作，街道纪工委全年立案6件，结案3件。

【信访工作】 落实领导班子成员包案制度和接访下访制度，加强社会矛盾纠纷排查化解。全年排查受理纠纷57件，其中劳资纠纷48件、工伤3件、其他6件，涉及87人，金额344.58万元，已全部化解。

【法治宣传教育】 重点围绕庆祝新中国成立70周年、“三大攻坚战”、乡村振兴、扫黑除恶、服务民营经济、企业“走出去”等工作开展普法宣传。街道通过采取多形式、多渠道开展普法活动75场次，服务对象15万余人次，发放法律教育宣传资料约20万份。街道基层社会治理模式获评全国十个社会治理最佳案例之一，并被市委、市政府以召开现场会形式在全市推广。

【街道文化建设】 牢牢把握意识形态工作领导权。压实意识形态工作责任制，建立健全意识形态工作分析研判处置机制，定期召开街道意识形态工作联席会议，及时有效处置网络舆情，全年处理网络舆情事件8件。全面加强意识形态阵地建设和管理，街道16个村居实现“综合性文化服务中心”和“新时代文明实践站”全覆盖；开展丰富多彩的节日文体活动，“五一”在陈桥村举办文艺演出，“七一”举办以“坚定理想信念·牢记初心使命”为主题的新时代文明实践活动和道德讲座及文艺汇演，暑假期间开办广场舞免费培训班，8月14日，在莲云村举行湘桥区第20届“体育节”启动仪式，中秋节在大园村举办烧瓦窑及大锣鼓民俗活动，重阳节在西塘村举办潮剧票友会，形式多样的活动丰富和活跃群众精神文化生活，受到群众好评。

意溪镇

【概况】 意溪镇位于湘桥区东北部，距湘桥区政府驻地约5千米。境内三面环山，西南临韩江，东北与饶平县浮滨镇交界，北连潮安区文祠、归湖两镇，东南与磷溪镇、桥东街道毗邻，区域总面积约71.92平方千米（其中镇区面积0.58平方千米）。镇人民政府设于意东一路中段418号，下辖上津、中津、东郊、石牌、小陂、永安、书厝楼、头塘、橡埔、团三、埔东、东洋塭、河北、四益、坪埔、下坪、西都、四宁、古庵、莲上、后径、荆山、锡美、桂坑24个行政村和长和、坝街、寨内3个社区。2019年末，全镇有户籍人口12376户、50718人。

【经济发展】 2019年，全镇规模以上工业企业完成产值3.87亿元，比增14.43%；限额以上住宿餐饮业完成7257万元，比增2.3%；固定资产投资完成3.76亿元，比减42.56%。项目建设稳步推进。世界潮人文旅项目及中国工艺美术之都项目征地进展顺利。其中，中国工艺美术之都一期征地已完成，中国工艺美术之都博览园项目举行奠基仪式，世界潮人文旅项目征地涉及的13个村均召开村民代表大会表决同意征地，其中4个村已与市自然资源局签订征地协议。“纯水岸”“云溪天景”等住宅小区开工建设，九郎山“三旧”改造正完善开工手续。河内片区省级新农村连片示范建设工程基本完工，并于年底接受省级专家组考核。头塘村、河北村、石牌村及坪埔村同步推进生态宜居美丽乡村建设，乡村环境不断美化。

【城乡建设】 强化路网规划，推进“一桥二路”建设。大力推进外环大桥、意桂线（北山路）道路建设工程及凤湾线文祠至意溪段改建工程等项目征地，打通交通主干道，打造“内通外达、四通八达”交通格局，为实现区域优势资源互补，促进区域协调发展提供交通支撑。其中，北山路项目已完成征拆总工程量的50%，外环大桥及凤湾线文祠至意溪段改建工程征地正进行测量、评估工作。推进公共设施建设，强化区域公共服务。推进意溪老戏院改建停车场、老卫生院旧址改建鱼肉菜市场、中津文体小公园等项目建设，解决区域停车难、占街为市及文化活动场所缺失等问题。其中，意溪老戏院改建停车场、中津文体小公园项目建设已基本完成。2019年，全镇有6个村生活污水处理设施建成使用，各村新增绿化面积约4150平方米，新增村道硬底化约14千米。

【社会综合治理】 加大“两违”查处力度。落实人员开展常态化巡查，针对国土资源违法易发区加强重点监控，抓早抓小。全年全镇组织开展查处“两违”行动82次，累计出动人力近1800人次，查处“两违”行为46起，累计拆除模板、割除钢筋柱总面积约8000平方米。

深化扫黑除恶专项工作。继续在全镇开展扫黑除恶专项斗争，强化重点行业、重点地区的日常监督和排查布控，加强重点人群动态监管，梳理旧案要案，及时摸查排查黑恶线索，实现精准打击。加快构建城乡治安立体防控体系，加强对重点地区、复杂地段的治安巡逻，强化巡防强度和密度，辖区“两抢一盗”案件减少，群众安全感和满意度提高。

开展水环境综合整治。坚持“水岸同治，标本兼治”工作方针，科学开展水环境综合整治，取得阶段性成绩。推进桂坑水环境综合整治工程，全面清拆桂坑水流域3米范围内的违章建（构）筑物；督促桂坑水沿岸餐饮业落实安装污水处理一体化设施；对西都桥上游堤岸的生活垃圾进行全面清理，重点整治岸上倾倒垃圾、渣土污染水体问题。实施文祠水环境综合整治工程，投入资金约9万元，对文祠水截洪堤开山寺至双坑桥溪段进行清障清淤和堤岸杂草清理；投入资金约17万元，对文祠水截洪堤隐患堤段进行修复加固。加快污水处理设施建设。镇已有6个行政村共10个自然村完成雨污分流、污水处理设施建设，累计铺设排污管道20612米，各村生活废水经污水处理设施处理净化，达到排放标准后排至附近河湖，有效避免生活污水、废水直排江河造成水体污染等问题。

清理整治水面漂浮物。按照“属地管理、就地打捞、科学清运、妥善处置”的原则，建立河道保洁工作机制，全面开展水面漂浮物清理整治工作。全镇“清漂”行动累计投入资金74.8万元，清理河道约25.3千米，水域面积约0.28平方千米，清理清运水面漂浮物、水浮莲等约131吨，河道疏浚工作取得较好成效，水体质量有明显提升。

全面开展“三清三拆三整治”大行动。全年发出《限期整治畜禽养殖污染通告》27份，落实养殖户自行拆除养殖场所4处，组织行动11次，依法清理畜禽养殖场所13处，拆除违章建筑物面积约9420平方米。

【民生事业】 加快脱贫攻坚步伐。全镇列入新时期精准扶贫对象户共209户、350人，已全部退出精准扶贫相对贫困人口，基本完成脱贫任务。2019年，上级扶贫资金使用率达100%。镇成立扶贫促进会，已吸收会员76人，并陆续收到社会各界热心人士捐款。

教育发展捷报频传。2019年，意溪中学分别获得全国青少年模拟飞行大赛冠军、魔法编程杯第七届广东省人工智能机器人编程大赛一等奖、第八届广东省创业机器人大赛二等奖。

基层卫生设施建设有新发展。积极推进村级卫生站公建规范化建设，2019年，在锡美村和荆山村新建成两个村级卫生站。

社保扩面征缴工作顺利完成。2019年，全镇参加城乡居民基本养老保险10010人，基本完成区下达任务。广东社工“双百计划”意溪镇社工站正式成立，基层民政服务水平有效提升。成立镇和村（居）二级退役军人服务中心（站），对全镇优抚退役军人进行信息复核，完成全镇退役军人“一人一档”工作任务，及时解决优抚对象困难。

【党建工作】 狠抓基层组织建设，提高党组织战斗力。实施“头雁”工程，按1：2比例选配村（居）支部书记储备人才，并落实“传帮带”培养；及时选优配齐党组织书记缺额；选派精干力量到各村居任党建指导员，推动基层党建全面进步。抓好党员发展工作，严把党员发展关口，着力改善党员队伍结构。全年新发展党员20人，平均年龄31岁，其中大专以上学历10人。致力基层党组织规范提升。组织学习贯彻《中国共产党支部工作条例（试行）》《中国共产党农村基层组织工作条例》，建立基层组织向党组织报告制度；开展党建工作督查指导，推动基层工作规范化开展。深入开展软弱涣散党组织整顿工作。莲上、永安2个村党支部议事、民主评议党员、“三会一课”、“四议两公开”、“三务”公开制度得到落实，村管理水平得到提升。加强镇委党校建设。建立镇委党校师资库，配备相应设备设施，2019年，共举办各类培训班11期，累计培训1100多人次。建立锡美村现场教学点，推动培训向基层延伸。

磷溪镇

【概况】 磷溪镇位于湘桥区东南部，东沿七屏山与铁铺镇、官塘镇及汕头市澄海区隆都镇交界，西南濒韩江东溪与江东镇相望，东北与汕头市澄海区接壤，西北毗邻桥东街道和意溪镇。汕汾高速公路延长线横贯镇域。镇域地势自东北向西南倾斜，呈丘陵状分布，总面积73.48平方千米。下辖31个行政村和1个社区。2019年末，全镇总人口约9万人。镇政府设于磷溪镇府前路84号。

【经济发展】 2019年，全镇经济发展保持稳中有进、稳中向好态势。工业总产值完成16.53亿元，比增4.1%，其中规上工业总产值3.12亿元，比增7.9%；农业总产值3.49亿元，比增4.5%；固定资产投资总额4.72亿元，比增24.5%；税收收入6941万元，比增0.8%。全年发展各类市场主体

2784家，扶持“个转企”17家，新增规上企业2家。全力推动各项重点项目取得实质性进展，潮州东大道已实现全线贯通，韩江新城半岛广场征拆交地、潮汕环线高速饶砂村磷溪互通立交补征地工作全面完成，韩江新城污水处理（近期）工程建设已启动，韩江新城防洪综合整治一期工程（磷溪段）已完工，潮州大桥东立交建设用地完成青苗清表工作；2017年度高标农田项目建设全面完工，2018年垦造水田项目约397亩已完工并通过上级验收。

【基础建设】 2019年，投入约150万元对磷溪大道、田心路等镇主干道破损路面进行修复和黑底化改造提升；投入约60万元对4个重点路段实施安防工程，投入约10万元更换镇主干道路灯，全镇300人以上自然村实现硬化公路占比为97.2%，交通出行更加安全便利。筹资272万元实施“村村通”配套工程，实现全镇31个村集中供水全覆盖。大力实施农村“厕所革命”，涉及7个村13个新建公厕正加紧施工，村民生活品质逐步改善。

【环境卫生整治】 持续开展农村环境卫生大整治。2019年，共投入资金250多万元开展环境卫生集中整治。全面深化“河长制”，投入120多万元重拳整治“四乱”问题，共整治拆除面积约2.4万平方米，45个省遥感点全部销号，有效保护北溪、韩江东溪等水岸环境。持续加强畜禽养殖污染防治，对“散、乱、小”养殖场进行全面整治。严厉查处环境违法违规行为，整治21家瓷泥企业“五违”专项问题，落实整改22家“散、乱、污”企业，配合上级依法查封5家违规企业。投入约80万元组织开展植树绿化行动，打造绿化示范点23个，绿化规模约70亩，助力开展创建国家森林城市工作。

【社会服务】 落实计划生育政策，推动医药卫生体制改革。通过“大医院托管小医院”的方式，镇与市人民医院建立医联体联盟关系，“120”急救中心正式运作。基本完成新农保和医保征缴工作，落实城乡低保和特困供养增长机制，提升双拥优抚安置保障水平，做好残疾人精准康复录入工作，完善社区康园建设，兜底性民生建设水平得到有效提高。

【党建工作】 全面加强基层党组织建设。打造埔涵村、溪口七村和英山村3个党建示范点，对症下药做好内坑村、美堤村、溪口一村和溪口四村4个软弱涣散党组织的整顿提升工作；充分挖掘英山村“明德堂”红色资源并打造为市级党性教育基地；严格按照“十个有”标准推动镇委党校建设，全年举办主题培训班8场次。深化推进“头雁工程”，按照“村推镇选县考察”制度完成6个村的后备干部选拔工作；以工作片为单位召开“书记论坛”4场次，开展全镇互比互学现场会活动2场次。通过建立流动党员基本情况台账，严格发展党员审查考察程序，持续开展党内关怀活动，进一步加强对全镇党员的教育管理，党员队伍的素质和年龄结构有明显改善。

【社会综合治理】 平安创建综治工作取得新成效。通过加强综治视联网“雪亮工程”建设，推进“一村一法律顾问”工作，做好社会面吸毒人员网格化管理，实现农村平安视频覆盖率、矛盾纠纷调解成功率、社区戒毒执行率均为100%。围绕开展“三个攻坚专项行动”，严打严防各类违法犯罪行为。2019年，磷溪镇立涉黑涉恶案件1件，抓获非法拘禁他人嫌疑人3人；破获刑事案件22件，抓获犯罪嫌疑人22人；查处治安案件57件，抓获嫌疑人140人。投入约38万元资金为全镇31个村配齐消防设施，实现全镇微型消防站全覆盖，全年扑灭火灾险情80多件。2019年，全镇各项风险隐患均得到有效控制，没有发生重特大安全事故。

【文化建设】 深入培育和践行社会主义核心价值观，依托新时代文明实践所服务平台，积极开展农村文化系列活动和新时代文明实践活动，2019年，镇文化站共组织各类群众文体活动十多场次，结合传统节日开展迎春灯谜会、新中国成立70周年古典诗词展演大赛等；开展锣鼓巡游、溪口“穿蔗巷”大型文艺游行、龙舟友谊赛等传统文体活动；全力打造埔涵村、仙田三村、仙河村和溪口七村4个基层综合性文化服务中心示范点，投入50多万元实施镇文化服务中心升级改造。

【特色农业】 继续强化花、果、菜、薯四大特色农业生产，提升农产品质量；经济作物产量销量较上年有所上升，农民收入进一步增加。立足纯农业乡镇优势，积极培育特色产业，推荐潮州柑和黄皮果两个“一村一品”项目建设，扶持成立溪口杨桃、溪口葡萄和塘边甲鱼3个专业合作社，带动农民增产增收。

【土地管理】 严把土地管理关口。成立潮州市城市管理和综合执法局湘桥执法分局磷溪中队，严惩“两违”行为。全年发出责令整改通知书359份，整治“两违”行为227宗，整治违法图斑35个，拆除违章建筑48197平方米，复耕复绿108.13亩。完成农村自建房报建并颁证151宗。

【精准扶贫】 加快脱贫增收步伐。2019年，投资1197万余元，做好磷溪镇精准扶贫分布式光伏发电项目和广东万泰农牧控股有限公司两个资产收益项目分红工作，为全镇有劳动力贫困人口每人增收1543元。成立磷溪镇扶贫促进会，筹集捐款154.48万元，发放慰问金91.28万元。为245名有劳动力贫困人口开展技能培训7场次，联系爱心企业挂钩帮扶11户有劳动力贫困户，发动2家专业合作社与9户贫困户签订生产销售合同，根据各村实际需求新设33个公益性岗位，促进贫困户劳动脱贫。投入资金30多万元，为82户贫困户修缮住房，帮助7户贫困户解决水电问题。全面落实无劳动力贫困户政策兜底保障，实现全镇贫困户的教育、医疗和养老等各项扶贫政策落实率为100%。2019年，全镇有劳动力贫困户人均可支配收入14124.54元，全镇678户贫困户均实现“八有”达标，年度脱贫攻坚任务全面完成。

官塘镇

【概况】 官塘镇位于潮州市区东南隅。南与汕头市澄海区隆都镇接壤，总面积29.49平方千米。镇政府设于官塘镇主村西侧螺地山。镇下辖官塘社区和秋溪、象山、巷头、巷下、石湖、元房、城甲、顶乡、宫头、苏二、苏三、尧里、奕东、奕庵、奕湖15个行政村。2019年，有镇办中学1所、小学9所，镇级卫生院1所、文化站1所、广播电视站1所、农科站1所。2019年末，全镇有户籍人口3.3万人，常住人口3.3万人。

【经济发展】 2019年，全镇实现工业总产值24.7亿元，比增3%。其中，规模上企业完成产值23.6亿元，比增2.9%；固定投资完成4.05亿元，比降3.1%；外贸出口总额30975万元，比增0.27%。镇致力于发展工农业生产，做强做大区域经济。工业方面，鼓励企业加快技术改造、增效提质，培植新的经济增长点和动力源，不断提升特色产业核心竞争力，确保企业“稳增长”。其中，翔鹭钨业获得2项专利认证；新金山环保投资3600万元的新生产线和锅炉改造项目顺利投产，由其自主研发的TPO材料实现汽车内饰生产的低异味、低排放；顺大食品引进9种先进设备和低温萃取技术；顺冠公司加大专利技术研发力度，不断提升企业自主创新能力和核心竞争力，实现企业提档升级增效目标。农业方面，协调做好政策对农业品牌建设的支持，指导远丰花木种植专业合作社申报总投资106万元的“一村一品、一镇一业”项目，吸纳有劳动力的贫困户从事百香果、青金桔等水果种植，以品牌助农支农；引进金妮宝公司优质花生品种种植高新技术，利用企业的新技术和新品种带动当地农产品种植业加快发展，提高当地农民的种植水平及综合生产力。深化农村土地制度改革，确定苏二村为土地流转试点村，整合土地56亩，推动土地同权化。

全力推进重点项目建设。园区基础设施建设（一期）顺利推进，已投入资金2600万元；投资3776万元的园区基础设施建设（二期）采用EPC模式实施，已基本完成勘察、设计工作；官塘大道二期筹备工作逐步开展，着力打通官塘发展经脉。2019年，园区共有6家企业成功摘牌入园，其中松发智造产业园区通用厂房工业地产项目、广东济康源药业有限公司、潮州市庆发陶瓷有限公司、广东顺大食品调料有限公司4家企业项目已完成填土，金妮宝项目正在填土。镇已全面完成韩江新城涉324亩教育用地交地任务。2017年度和2018年度垦造水田任务通过市级验收，新增水田面积662.847亩。面积为30.058亩的拆旧复垦一期工程27块地块已完成测量确认工作，正待审批。积极做好中石油昆仑和粤东LNG天然气高压管道工程临时用地拆迁补偿相关工作，已完成LNG燃气管道铺设，昆仑管道铺设即将完工。潮汕环线高速延长线官塘段建设有序推进；东大道第三标段官塘镇建设进展顺利；占地面积约1500亩的潮汕高等研究院项目已完成征地协议书签订；湘桥区粮仓征地方案经石湖村村民代表大会通过。

【农村基础设施建设】 推进农村道路建设，争取上级资金和发动乡贤捐资，完成象官路、慧如路、元城路及苏三、奕东、秋溪等村村道总长约14千米的黑底化建设，进一步补齐公共基础设施建设短板，提升乡村道路通行能力和环境。筑牢农村道路交通安防体系，全面完成总长19916米的农村公路安防项目，消除道路安全隐患。纳污范围13.6平方千米、总投资约1.98亿元的韩江新城污水处理厂及配套污水管网项目推进，工程纳入8个行政村的雨污分离及一体化污水处理设施。乡贤詹卓耀捐资1640万元建设连接官塘镇和铁铺镇的娘祠桥及连接线，解决官塘、铁铺两镇群众出行难问题。围绕实施乡村振兴战略，统筹推进全镇厕所提升改造和“三线”（电信、广播电视、供电的电线线路）整治工作。全镇14个公厕的改造提升工程即将完工。以官塘镇象官路沿线为副轴，依托象山等6个市级示范村优势，全力打造沿象官路的美丽乡村精品线路，项目已完成初步设计。顶乡村积极申报首批省级文化和特色旅游村，发展乡村特色旅游。

【环境整治】 全面落实中央环保督察及“回头看”反馈问题，处理污染工业企业2家；对陶瓷垃圾进行回收利用；要求在建工地设置防尘设施，空气质量不断改善。全面完成“清四乱”工作，清理拆除涉及4个村的沿溪养殖场17处，面积约24亩。全力推动镇级“河长制”由“有名”向“有实”转变，全年投入约40万元整治韩江北溪和阳坑渠等水系，真正做到守河有责、守河担责、守河尽责。以创文创卫工作为核心，采取政府引导、市场运作方式，将镇道路面清洁工作承包给清洁公司，以器械清洁代替人工清洁，提高工作效率和清洁效果。持续推进镇级人居环境整治考核工作，设置环境整治奖励金32万元，并加大环境卫生检查力度，奖励先进，鞭策后进，使各村整治效果明显提高。对标“三清一改”要求，全镇全年投入资金500多万元开展环境整治大行动，镇村人居环境得到进一步提升。按照“去存量、遏增量”的工作思路，保持对“两违”行为的严打高压态势，全年发出书面责停通知书46份，处理图斑点17宗，立案处罚3宗，拆除违章建筑56326.67平方米并全面完成复耕复绿，将违法占用耕地比例控制在10.04%。

【安全生产】 坚持“生命至上，安全第一”，压实安全生产责任，做到“党政同责、一岗双责”，实行班子成员每周带队检查制度，积极开展“风险点、危险源”排查整治工作，强制拆除奕东气库违规设置的储备设施，坚决制止违规建设和经营燃气行为，确保全年安全生产无事故。强化消防技能培训，狠抓战斗力提升，镇专职消防队在市、区两级举办的消防比赛中取得优异成绩。推进消防安全责任落实到最基层、最末端工作，全镇投入资金20多万元用于消防建设，全面配齐配强村级微型消防站的消防车辆和消防装备器材，实现全镇微型消防站全覆盖。加强食品药品安全监管，实现全镇食品经营摊档和商铺持证、持卡全覆盖，监督餐饮从业人员办理健康证。

【卫生事业】 大力推进“健康官塘”建设。2019年，全面完成14个村卫生站公建规范化建设，为基层医疗卫生服务奠定基础。深入开展爱国卫生运动，倡导健康文明生活方式，抓好登革热、H7N9禽流感、非洲猪瘟等疾病的防控工作，保障人民群众身体健康。

【教育事业】 2019年，官塘奖教奖学促进会共发放奖金87万元，对62名教职工及244名学生进行表彰。

【劳动保障及扶贫工作】 扎实推进社保、医保扩面工作，完成社保各险种年度扩面征收目标。千方百计扩大就业，全年新增城镇就业150人。各类民生保障标准全面提升，医疗救助和基本医疗保险、大病保险、同步结算实现“一站式”。双拥优抚安置保障工作扎实推进。在全区率先成立官塘镇扶贫促进会，发动在外乡贤和社会各界人士奉献爱心，筹集善款105万元，用于扶贫济困、震灾救助、慈善公益等活动。积极实施“家门口”就业计划，开发公益性岗位，进一步解决贫困人员的就业问题。聘用34名有劳动力的扶贫对象在岗就业，就业稳定率为89%。2019年，全镇建档立卡贫困户309户、586人全部达到“八有”脱贫标准，实现相对贫困人口全部稳定脱贫。

【党建工作】 开展“不忘初心、牢记使命”主题教育。按照“守初心、担使命，找差距、抓落实”的总要求，认真落实习近平总书记关于“四个到位”的重要指示精神，抓早成立领导小组和指导组，制定制度规范和工作指引，进一步强化对基层党支部的督促指导，一体推进走访调研、支部党课、百姓宣讲、基层文化会演、主题党日等活动52场次，解决群众关切问题15个，实现理论学习有收获、思想政治受洗礼、干事创业敢担当、为民服务解难题的目标。

稳步推进基层党建三年实施计划，推动党的全面领导在基层落地落实、全面从严治党向基层延伸。抓好村“两委”班子建设，撤换不胜任的村党支部书记1人，补选奕湖、奕东两村党支部书记。落实持续整顿软弱涣散党组织工作机制，开展党支部“结对子”帮扶活动，从根源上解决问题。通过整顿，奕东村发包荒废4年的200多亩集体用地，盘活集体资源；秋溪村完成韩江新城324亩教育用地交地任务，兜牢村民社保福利。深入实施基础党组织“头雁工程”，确定党支部书记储备人选17人，进一步优化储备人才库。发挥镇党校培训主阵地作用，规范基层党支部党内组织生活。

定期开展意识形态研判和防范化解意识形态重大风险分析，全面落实意识形态工作责任制。加强政务信息公开，及时主动回应社会关切，处理敏感负面舆论3件，进一步增强意识形态工作的领导权和话语权。以镇新时代文明实践所、站和文化广场为主阵地，开展形式多样的宣教活动50余场，满足群众精神需求，推动精神文明建设入心入脑。

巩固拓展落实中央八项规定精神成果，实施基层正风反腐三年行动方案。2019年，镇纪委排查问题线索5条，线索转立案2件，党纪处分3人，开除党籍1人。组织“学先进、找差距，转作风、增作为”活动，巡视整改131项措施取得阶段性成效。

【社会综合治理】 坚持“打防结合，以防为主”工作方针，以提升群众安全感和满意度为目标，全力做好社会维稳工作。2019年，共调解矛盾纠纷37起，调解成功率为100%，将矛盾化解在源头，有效杜绝重大群体性事件的发生。严厉查处影响群众安全的各类违法活动，积极推进扫黑除恶专项斗争，2019年共上报涉黑涉恶有效线索8条。镇政府不断加强惩治涉毒违法犯罪活动，全年抓获涉嫌吸毒人员10人，侦破贩毒案件1件；做好禁毒宣传工作，增强全民禁毒意识，全年开展禁毒宣传活动52场次。全力推进人民调解信息化工作，对在册矫正对象实施网格信息化管理。深化依法治镇实践，开展送宪法下基层、百名律师进百企、社区矫正精品化建设等活动。加强对各种风险源的调查摸排。规范农村“三资”管理，全年5宗工程经由“三资”平台交易，涉及金额168.67万元。

【文化建设】 坚持把文化作为乡村振兴的保障和推手，发掘整理乡村历史文化资源。编辑出版《潮州官塘人文》一书，讲好乡村故事，传承乡村文化。开展第四批潮州市文物保护单位申报工作，贯彻落实“保护为主、抢救第一、合理利用、加强管理”的文物工作方针，切实加强对文化遗产的保护工作。开展新一轮革命遗址大普查，摸清红色“家底”，全面掌握官塘镇革命遗址基本情况，并研究保护利用措施，开展“村里的故事”编撰活动，梳理乡村的历史和文化价值，弘扬优秀乡土文化蕴含的传统美德。全面推进乡村文明创建、文化传承，助推乡村振兴。全面完成第二批3个村文明村镇创建工作。开展“扫黄打非”专项行动，全面净化网络文化生态和文化市场，引导群众自觉抵制各类文化垃圾。深入开展社工和志愿服务，全年举办篮球赛、广场舞联谊、文化惠民文艺会演等活动30余场，丰富群众文化生活。

【大型市场】 大甲尾综合市场。2019年总投资7000多万元建成，市场配套107个摊位，生熟食分区明确，为群众购物提供便利。

铁 铺 镇

【概况】 铁铺镇位于湘桥、饶平、澄海三县（区）交界处，汕汾高速公路、潮揭高速公路、省道池樟公路、潮州港口大道和沿海快速铁路交会于此。铁铺镇距潮州市区13千米。辖区东靠莲花山，西以韩江北溪为界与官塘镇相望，南与汕头市澄海区莲华镇的林畔、陈南美村毗邻，北与饶平县樟溪镇青岚村接壤。区域总面积66.8平方千米，其中平原面积约10.02平方千米，占总面积的15%；山地面积56.78平方千米，占总面积的85%。镇政府设于池樟公路铁铺路段北侧，铺埔村与坎下村交界处，下辖23个行政村和1个社区。2019年末，全镇有户籍人口41316人，常住人口41280人。根据《潮州市人民政府关于进一步加强凤泉湖高新区（潮州经济开发区）建设和管理若干问题的决定》精神，从2017年1月1日起，将湘桥区铁铺镇人财物整体移交凤泉湖高新区党工委、管委会管理。

【经济发展】 农业产业健康发展。镇结合农业产业发展现状，因地制宜，继续加大对茶叶、果蔬、禽畜养殖等特色农业的扶持力度，2020年“一村一品、一镇一业”6家企业单位入库项目已通过评审；支持农业合作社、种植大户等联合建设青枣市级现代农业产业园项目（总投资810万元），带动特色农业高质量发展。加强动物防疫宣传，重点做好非洲猪瘟防控工作，切实提高农户和群众防控意识。落实山林常态化巡查、野生动物保护和森林防火等工作；结合实际开展“春天绿化大会战”，完成各项林业生态建设任务。推进集体资产制度改革，开展清产核资，确保农村经济工作有序健康发展。

工商企业稳步发展。镇着力提升服务管理水平，进一步优化营商环境。一方面对园区环境卫生、绿化、道路、陶瓷垃圾等进行全面整治，并规划配套农贸市场等设施，通过改善投资环境增强园区吸引力；另一方面，结合园区用地实际，有效盘活土地资源，提高土地使用率；加大招商引资力度，全年新增投产企业4家。积极培育和扶持中小企业发展，通过用好用活上级政策措施，推动工业企业经济效益稳步增长，全年新增规模以上企业1家，全镇规模上企业共12家，完成工业总产值129973万元；限额上批发和零售业完成销售额24754万元；固定资产投资完成36486万元，比增8.9%。2019年末，信用社存款余额7.6亿元。全镇全年用电量12780万千瓦时。

基础设施建设不断完善。坎下湖电排站重建工程（总投资3000万元）已投入资金1000万元，完成工程总量的40%。推进各重点项目征地拆迁工作，污水处理厂建设项目前期准备工作正抓紧进行。凤泉湖高新区二期建设用地（铺埔片区）征地面积约1714亩，其中潮州卫生健康职业学院拟征约458亩，潮州技师职业学院拟征约400亩。高效推进“四好农村路”建设，基本完成上级下达的2018年度公路安全生命防护工程和2019年度“等外路”（即砂土路）及路面硬底化工程的改造任务。

【精神文明建设】 积极开展文化创建活动。加强大坑村红色革命遗址保护利用，发挥李梨英故居爱国主义教育基地作用，开展系列主题教育活动。2019年，镇文化服务中心积极举办迎春晚会、送春联下乡、灯谜、创文进校园、庆“五一”乒乓球赛、向祖国70华诞献礼主题活动、“不忘初心、牢记使命”主题晚会等文体活动，丰富乡村文化生活，弘扬优秀传统文化。各村结合乡村振兴工作，逐步完善文体广场等文化设施建设，利用各传统节日组织文体活动，促进乡村文化发展，助力乡村文化振兴。充分发挥“一村（居）一法律顾问”平台作用，广泛宣传法律法规。加大调解工作力度，及时了解掌握基层动态，有效化解各类矛盾纠纷。镇村两级全年调处各类民事纠纷55件，成功率为100%。支持人大代表对全镇中心工作、群众关心的热点难点问题的检查监督；发挥政协委员履行政治协商、民主监督、参政议政作用。

【生态文明建设】 推进环境卫生综合整治行动。2019年，镇共组织有关人居环境整治专题“书记论坛”4场次；组织人大代表开展视察调研活动，召开镇人代会专题研究，推进全域人居环境整治，形成互学互比互促的良好氛围。镇、村全年共投入整治资金1800万元，拆除旧猪舍、旧厕所、危旧房屋等面积约4万平方米；实施道路硬底化改造约16000平方米。镇第一批整治示范村东山前、山后、五乡、石板等村的创建工作成效显著。其中，石板村率先完成村庄规划设计，建成寨前文化广场及相关配套设施；其余各村的规划设计工作也在加紧推进。

扎实开展环境污染整治。认真落实“河长”巡查制度，推进治“四乱”“五清”专项行动。投入约50万元对白石岭干渠、莲花山截洪渠等主要渠系进行清淤整治，进一步改善排灌条件；投入近60万元对重要河段、堤段进行管护；清理“四乱”面积9250平方米，有效改善河湖生态环境。组织多个部门联合开展对“散、乱、污”的清理整治，对辖区内8家存在偷排、乱排污水的凉果加工企业实施断电停产措施；关闭禽畜养殖场25家。积极推进“美丽水乡”项目，已完成可行性研究报告编制。

切实加强土地巡查监管。落实土地巡查制度，及时发现并制止违法用地行为，全年制止违法侵占土地案件31件、违法取土案件3件。推进卫片图斑执法工作，对2018年和2019年前三季度的违法用地违法建设图斑点逐宗进行整治并复耕复绿。开展“两违”专项整治行动，全年整治违法用地21宗，拆除违章建筑面积13764.54平方米。密切关注地质灾害隐患点防御工作，做好防灾避灾宣传。

【党建工作】 基层党组织建设成效突出。牢固树立大抓基层的鲜明导向，深入实施加强党的基层组织建设三年行动计划，把选优配强基层党组织带头人作为重中之重，突出推进基层党组织“头雁”工程，加强对基层党员干部特别是党组织带头人的教育和轮训。推进缺额村干部补选工作，配齐梅州板等4个村“两委”干部。精准抓好后备干部培养，把有情怀、有能力、有文化、有口碑的年轻人，通过“村推镇选县考察”程序建立书记后备队伍，加强党对教育工作的领导。全镇已确定书记后备人选13人。同时抓好后备队伍建设，鼓励其参与支部各项具体工作，逐步提高综合能力和整体素质。镇中心学校优化党组织设置，成立党总支，加强党对教育工作的领导，排查整顿软弱涣散党组织，通过多次调研、资金扶持、配备村务助理等方式，帮助嫌水坑村新建党群服务中心、配齐缺额干部，实现整顿工作达标。

干部队伍综合素质明显提升。坚持党

管干部原则，把对党忠诚、政治可靠作为衡量干部的首要标尺，把一批理想信念坚定、敢担当善作为的干部任用到各个重要岗位上，激励党员干部勇担当善作为。发挥镇委党校阵地作用，开展支部书记集中培训。通过主题教育、专项培训、外出学习等途径，开阔视野，激发干事创业积极性。办好“书记论坛”，全年举办以强化基层治理、推进乡村振兴、扫黑除恶、美丽乡村建设、党建工作等为主题的“书记论坛”6期，为基层支部书记提供互学互比、交流经验的平台，达到互相借鉴、互相促进的效果。

正风肃纪反腐工作扎实推进。深入开展基层正风反腐三年行动。严查基层“四风”问题，坚决反对和纠正形式主义、官僚主义，切实为基层党组织减压减负。坚持把纪律和规矩挺在前面，运用监督执纪“四种形态”，突出抓早抓小，加强违法违纪案例警示教育，紧盯精准扶贫、危房改造、土地出让等重点领域，严厉整治发生在群众身边的腐败问题。全年开展专项督查58场次，谈话提醒16人次，接收上级转办及群众来信来访17件、线索3条，已全部处置。其中立案4件，给予党内警告5人，开除党籍1人。

【铁铺镇工业园区】 铁铺镇工业园区创建于2003年8月。园区位于铁铺镇中部，铁汫公路西侧，安黄公路北侧。至2019年底，园区有企业31家，其中规模以上企业11家（丰业锆业、礼升、华升、唯高、宏凯、家之美、锦新、思维佳、华星、陶丰祥、泽辉），制造业门类多样化，包括陶瓷、五金、电器、家具、食品、工艺美术品等。

为加快企业发展，优化营商环境，铁铺镇着力提升服务管理水平，一方面对园区环境卫生、绿化、道路等进行全面整治，配套建设农贸市场等生活设施，进一步改善投资环境；另一方面，结合园区用地实际，有效盘活土地资源，提高土地使用率。加大招商引资力度，2019年新增投产企业4家，新增规模以上企业1家。注重培育和扶持中小企业发展，通过用好用活上级政策措施，推动工业企业经济效益稳步增长。2019年，工业园区规模以上工业企业产值完成82186万元。

附录

潮州市湘桥区
2019年国民经济和社会发展统计公报

潮州市湘桥区统计局

2020年3月20日

2019年，在区委、区政府的坚强领导下，全区坚持以习近平新时代中国特色社会主义思想为指导，全面贯彻落实党的十九大和十九届二中、三中、四中全会精神，认真贯彻落实省委“1+1+9”工作部署和市委“1+5+2”工作要求，坚持“问题导向、系统思维、重点突破”，以新发展理念持续推进“六稳”工作，经济发展稳中向好，在高质量提升发展征程上迈出坚实步伐。

一、综　合

年末全区常住人口55.20万人，常住人口城镇化率91.06%，户籍人口47.52万人（公安口径，不含铁铺镇）。全年常住人口出生5510人（计生口径，下同），出生率11.68‰，死亡人口3310人，死亡率7.02‰，自然增长率4.66‰。

初步核算，2019年全区实现生产总值248.49亿元，同比增长5.0%。其中，第一产业增加值5.11亿元，增长5.1%，对地区生产总值贡献率为1.7%；第二产业增加值71.10亿元，增长1.7%，对地区生产总值贡献率为10.4%；第三产业增加值172.28亿元，增长6.5%，对地区生产总值贡献率为87.9%。第三产业增加值中，交通运输、仓储和邮政业增长6.3%，批发零售业增长3.2%，住宿餐饮业增长3.2%，金融业增长9.0%，房地产业下降2.5%，其他服务业增长10.5%。全区人均GDP为45015元，增长4.9%，按平均汇率折算人均6489美元，约为全省的47.5%。

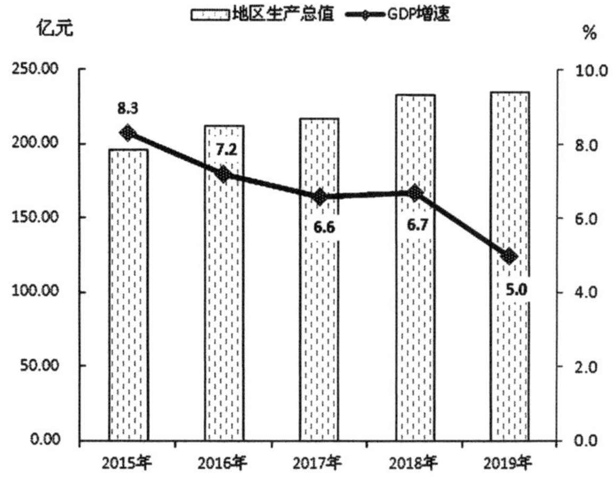

图1：2015年—2019年GDP总量及其增长速度

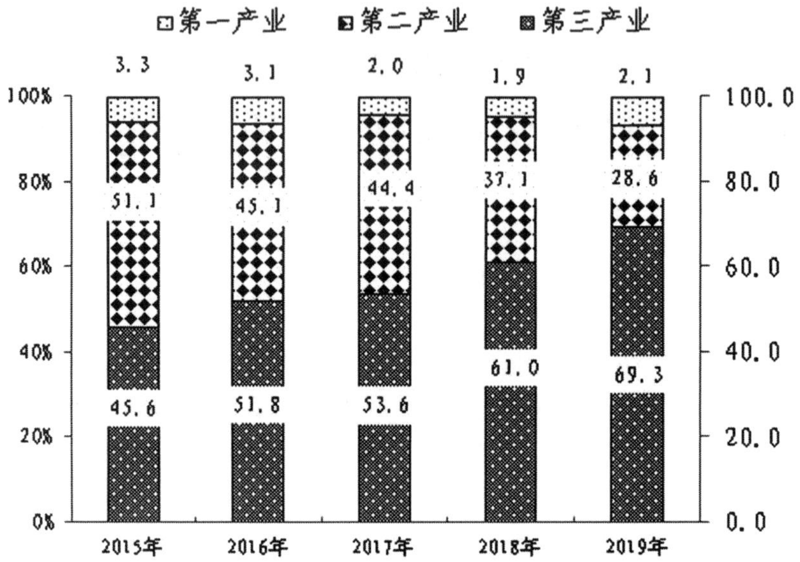

图2：2015年—2019年三次产业增加值占生产总值比重

全区产业结构进一步优化，三次产业结构比例调整为2.1：28.6：69.3。

2019年居民消费价格总指数为102.7%，比上年上涨2.7%，涨幅比上年提高0.5个百分点。八大类商品价格“七涨一降”：食品烟酒类价格上涨5.9%，衣着类价格上涨1.3%，居住类价格上涨0.9%，生活用品及服务类价格上涨1.2%，教育文化和娱乐类价格上涨3.9%，医疗保健类价格上涨1.1%，其他用品和服务价格上涨2.3%，交通和通信类价格下降1.7%。另外，商品零售价格总指数上涨1.4%，工业生产者出厂价格指数上涨1.2%。

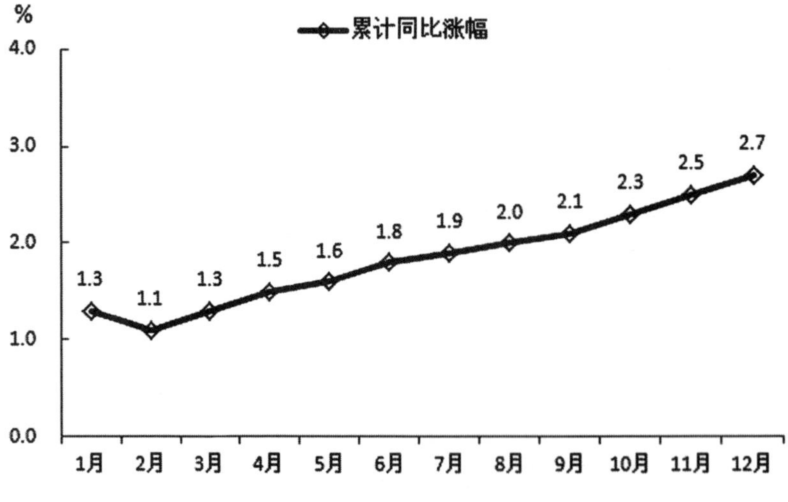

图3：2019年居民消费价格累计涨跌幅度走势图

表1：2019年居民消费价格主要指标表

指　标　名　称	2019年同比指数
居民消费价格总指数	102.7
# 非食品价格指数	101.1
# 服务项目价格指数	101.9
# 扣除鲜菜鲜果价格指数	102.3
# 消费品价格指数	103.1
1. 食品烟酒	105.9
# 食品	108.4
粮食	100.6
畜肉类	122.5
水产品	100.8
鲜菜	110.4
鲜瓜果	115.0
# 烟酒	100.2
2. 衣着	101.3
3. 居住	100.9
# 水电燃料	101.0
4. 生活用品及服务	101.2
5. 交通和通信	98.3
6. 教育文化和娱乐	103.9
7. 医疗保健	101.1
8. 其他用品和服务	102.3
商品零售价格总指数	101.4
工业生产者出厂价格指数	101.2

2019年全区一般公共预算收入4.12亿元，增长1.0%，一般公共预算支出24.89亿元，增长56.7%。其中，一般公共服务支出2.30亿元，增长91.4%；公共安全支出0.25亿元，增长44.8%；教育支出4.92亿元，增长2.7%；科学技术支出0.14亿元，增长24.5%；社会保障和就业支出3.82亿元，增长13.4%；卫生健康支出3.75亿元，增长21.7%；节能环保支出0.35亿元，增长143.9%；城乡社区事务支

出1.69亿元，增长297.3%。民生领域投入资金17.55亿元，占一般公共预算支出的70.5%。

全年各项税收收入30.54亿元，比上年增长0.9%。全区金融机构年末存款余额157.06亿元，比年初增长8.5%。其中，城乡居民储蓄余额109.01亿元，增长9.8%；贷款余额120.49亿元，增长168.9%。

2019年全区经济社会发展总体保持平稳，但发展中仍存在一些短板和不足，经济稳增长基础还不稳固，经济发展面临较大压力，产业发展层次不高，科技含量偏低，新旧动能转换效率有待加强；城乡发展不平衡、不协调，资源供给、民生保障等与人民日益增长的美好生活需求还有差距。

二、农　业

全年完成农林牧渔业总产值8.74亿元，比上年增长4.3%，实现增加值5.15亿元，增长5.1%。粮食总播种面积4.4万亩，其中水稻面积3.27万亩、番薯面积0.57万亩，粮食总产量2.03万吨，增长6.26%；蔬菜种植面积2.59万亩，总产量6.34万吨，下降0.1%；茶叶种植面积0.3万亩，总产量0.05万吨，增长40.3%；水果种植面积1.75万亩，总产量4.84万吨，增长3.7%；生猪饲养量5.2万头，下降14.8%，出栏3.07万头，下降13.3%，年末存栏2.13万头，下降17.0%。

三、工业和建筑业

全年实现工业增加值54.31亿元，比上年增长3.2%，其中规模以上工业增加值46.45亿元，增长2.3%，在规上工业企业完成增加值中，按登记类型分：国有及国有控股企业、股份合作企业、股份制企业、其他经济类型企业分别增长6.6%、10.5%、0.8%和9.3%，外商及港澳台投资企业下降6.2%；规上民营企业实现增加值28.84亿元，增长0.2%。全年规上工业总产值524.81亿元，增长25.3%，其中战略性新兴产业完成工业总产值增长4.6%。全年工业总产值超亿元的企业有30家，比上年增加5家。

全年规模以上工业企业经济效益综合指数276.45%，比上年提高5.8个百分点，其中，总资产贡献率9.65%，比上年回落2.4个百分点；资产保值增值率114.06%，

图4：2015年—2019年规上工业增加值增速情况

比上年提高5.1个百分点；资产负债率47.22%，比上年提高3.2个百分点；流动资产周转率6.69次，比上年下降0.1次；成本费用利润率1.7%，比上年下降0.8个百分点；全员劳动生产率23.98万元/人·年，比上年增长10.5%。

全年建筑业增加值16.79亿元，比上年下降4.0%。全年资质等级以上建筑企业29家，完成建筑业总产值40.56亿元，比上年增长5.2%；全年房屋建筑施工面积453.08万平方米，增长9.9%；竣工产值35.57亿元，增长97.3%。

表2：2019年规模以上工业主要行产产值完成情况表

指　标　名　称	企业数(家)	1—12月累计(亿元)	累计同比增长(%)	占规模以上比重(%)
合　　计	77	492.03	26.7	93.8
食品行业	4	10.10	16.6	1.9
纺织服装、服饰业	22	9.17	–29.0	1.7
皮革制品和制鞋业	10	6.20	–19.0	1.2
陶瓷制品业	26	18.11	–0.1	3.5
电子行业	10	9.25	–1.0	1.8
有色金属制品业	4	373.13	38.5	71.1
电力行业	1	66.07	6.3	12.6

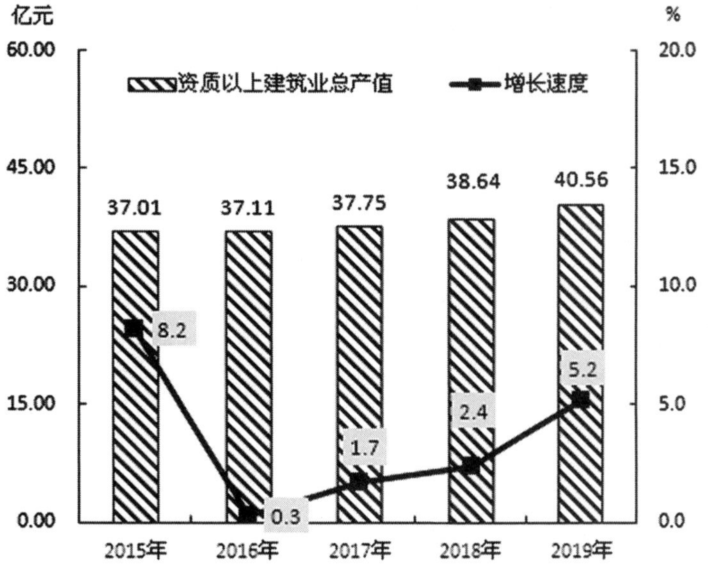

图5：2015年—2019年资质上建筑业总产值及其增长速度

四、固定资产投资

全年固定资产投资总额109.57亿元，比上年增长4.7%。其中，项目投资54.59亿元，下降10.1%；房地产开发投资54.98亿元，下降0.1%。从产业投资情况看，第一产业完成投资0.37亿元，增长332.2%；第二产业完成投资16.63亿元，下降4.5%，其中工业技改6.16亿元，下降10.6%；第三产业完成投资92.57亿元，增长6.2%。总投资中，基础设施投资34.66亿元，同比增长40.4%；民间投资73.21亿元，下降7.8%。全年商品房施工面积514.93万平方米，增长23.2%；商品房销售面积75.72万平方米，下降23.3%；年末商品房待售面积57.00万平方米，增长15.1%。

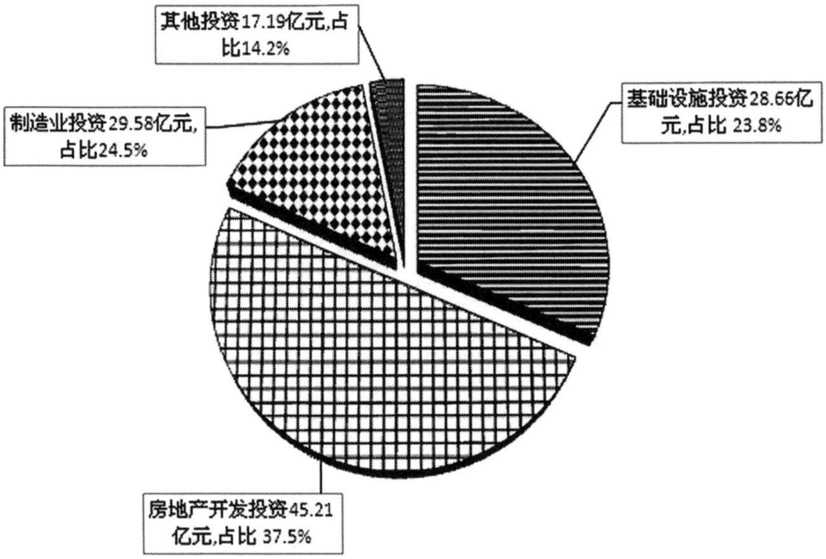

图6：2019年按投资领域分完成固定资产投资情况

五、服务业

全年社会消费品零售总额174.01亿元，比上年增长8.2%。限上批发零售业实现商品销售总额106.25亿元，增长0.5%。其中，限上批发业商品销售额94.56亿元，增长0.6%；限上零售业商品销售额11.70亿元，增长0.2%。限上住宿和餐饮业营业额3.41亿元，增长11.0%。其中，限上住宿业营业额1.57亿元，增长6.5%；限上餐饮业营业额1.84亿元，增长15.1%。全年规模以上服务业企业实现营业收入29.69亿元，比上年增长7.2%；利润总额2.11亿元，增长51.8%。分行业看，交通运输、仓储和邮政业增长14.8%，信息传输、软件和信息技术服务业营业收入增长2.0%，物业管理服务业增长25.3%，租赁和商务服务业下降1.4%，科学研究和技术服务业下降20.5%，居民服务、修理和其他服务业增长37.1%。

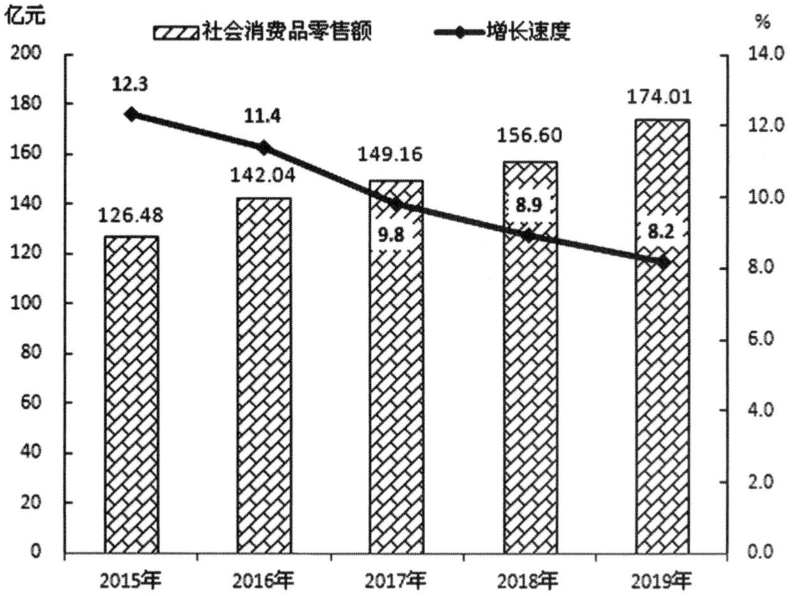

图7：2015年—2019年社会消费品零售总额及其增长速度

六、对外经济

2019年进出口总额49852万美元，比上年下降10.4%。其中，出口48408万美元，比上年下降10.4%；进口1444万美元，比上年下降10.8%。2019年全年实际利用外资额2104万美元。全年新增外贸进出口权备案企业22家。

七、交通、邮政和旅游

全年交通运输、仓储和邮政业实现增加值6.82亿元，比上年增长6.3%。货物运输量0.17亿吨，增长7.0%；货物周转量27.28亿吨公里，增长6.7%；客运量0.03亿人，下降11.9%；旅客周转量4.94亿人公里，下降16.7%。全年邮政业务总量18.55亿元，增长40.4%；通信业务总量54.14亿元，增长61.3%。

2019年，全区接待海内外游客647.8万人次，比增28.1%；旅游总收入73.9亿元，比增24.0%，未出现旅游安全事故和重大旅游质量投诉。年末，古城区登记在册的民宿客栈旅馆共109家，全年新增客栈33家。

八、教育和科学技术

2019年末，我区有中小学校103所，其中完全中学1所，普通高中2所，初中15所，职业技术学校1所，小学76所，成人中学1所，九年一贯制6所，特殊教育学校1所。在校学生总数为64136人，其中普高4874人，职校140人，初中16695人，小学42356人，特殊教育学生71人。全区中小学共有专任教师3877人（含民校）。幼儿园125所，幼儿教职教师2603人，在园幼儿22088人。教师教研质量水平不断提高，2019年我区共获得教学成果奖评比一等奖3个、二等奖4个、三等奖2个。

2019年末，全区专业技术人员16077人，增长1.4%，其中高级技术职称666人，中级技术职称4082人，初级技术职称11329人。全年立项科技项目18项，其中省级1项、市级17项；专利申请受理量1295项，专利申请授权量798项，其中发明专利14项；全年申报科技项目25个，立项科技项目18个，新认定省级高新技术企业5家。

九、文化、卫生和体育

2019年末，全区现有国家二级文化馆1个、国家三级图书馆1个，文化站12个，综合性文化活动中心148个。区、街道（镇）、村（社区）三级公共文化设施网络体系已建立并逐步提质升级。公共图书馆图书藏量6.1万册（含电子书），其中少儿文献0.6万册（含电子书），少儿图书出版物0.3万册。

年末共有各类卫生事业机构442个，其中综合医院2个，乡镇卫生院3个，社区卫生服务中心11个，各类门诊部、所249个，专科防治站4个，卫生防疫站173个，卫生机构拥有床位515张，拥有各类卫生技术人员1952人，执业医师和执业助理医师745人，注册护士429人。积极推进“互联网＋医疗健康”便民惠民服务，全年患者线上预约挂号总人次约占挂号总人次的47.2%，手机及线下自助缴费约占门诊总业务量的55.3%。

全区体育设施建设得到进一步完善。2019年，村（社区）文体公园建设加快，新建设2个社区体育公园和推进5个五人制足球场建设，目前全区共有镇级文体广场4个。

十、人民生活和社会保障

2019年，全区城乡居民人均可支配收入28527元，增长7.7%。其中，城镇居民人均可支配收入29658元，增长7.2%；农村居民人均可支配收入17934元，增长9.0%。

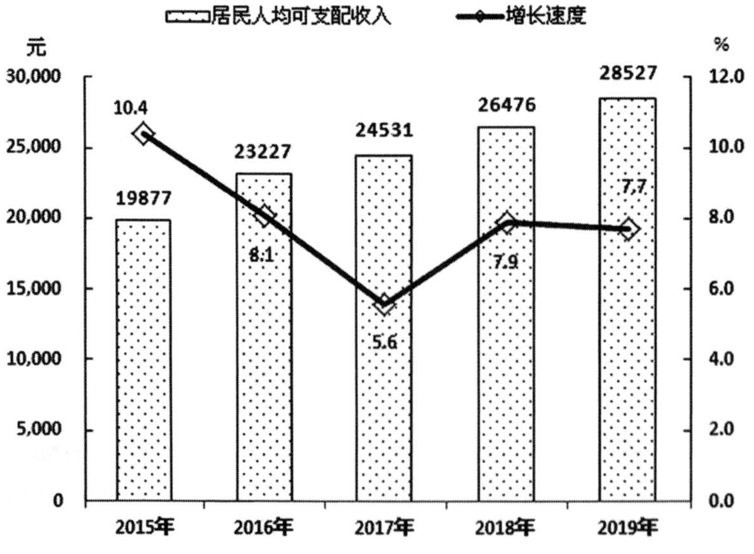

图8：2015年—2019年城乡居民人均可支配收入及其增长速度

表3：2019年社会保险主要指标

指　标　名　称	单位	湘桥区
城镇职工基本养老保险参保人数	万人	8.42
城乡居民社会养老保险参保人数	万人	15.20
城镇职工基本医疗保险参保人数	万人	6.90
城镇居民基本医疗保险参保人数	万人	37.50
失业保险参保人数	万人	6.39
工伤保险参保人数	万人	6.85
生育保险参保人数	万人	6.50
年末离休、退休、退职人员数	万人	3.00

2019年末，全区城乡居民基本养老保险参保人数152013人，城镇职工基本养老保险参保人数84225人，城镇职工基本医疗保险参保人数68991人，城镇居民基本医疗保险参保人数375042人，其中失业保险参保人数63870人、工伤保险参保人数68455人、生育保险参保人数65046人。

社会保障稳步提高。2019年，城镇新增就业2905人，城镇失业人员再就业728人，城镇登记失业率控制在3.5%以内。

2019年城乡低保、城乡特困补贴、残疾人两项补贴和困境儿童生活补贴分别提高标准。年末，在册低保对象共2983人，其中，城市低保637人，农村低保2346人，低保率占全区户籍人口的0.6%；特困供养对象426人；重度残疾人4116人，贫困残疾人937人；困境儿童共41人，其中孤儿20人。年末全区共有7个社区居家养老服务机构、敬老院和97个村老年人活动场所。2019年末，全区精准扶贫建档立卡扶贫户1337户2504人，全部实现脱贫。

十一、资源、环境和安全生产

2019年全区造林面积0.0161万公顷，年末全区生态公益林总面积4.61万公顷。全区现有镇级森林公园6个。

初步核算，全年规模以上工业综合能源消费量16.9万吨标准煤，比上年增长8.5%，单位工业增加值能耗比上年下降6.1%。在规模以上工业企业中，四大高耗能行业产值占规上产值比重上升3.4%，其中非金属矿物制品业比重下降0.8%，化学原料和化学制品业比重下降0.2%，有色金属冶炼及压延加工业比重上升6.8%，电力业比重下降2.2%。

全年全区没有发生较大以上生产安全事故，共发生各类生产经营性事故23起，死亡21人，受伤12人，直接经济损失

117.79万元。其中，发生火灾事故1件，损失金额10万元，未造成人员死亡；发生交通事故20件，损失金额5.29万元，死亡20人，受伤5人。全年刑事案件立案数546件（法院数据，下同），民事案件立案数1569件，刑事犯罪人数794人，其中青少年人数（14～25岁）169人。

注：

1. 公报中2019年数据为初步统计数，数据不包含铁铺镇，统计口径为在地统计。

2. 国内生产总值、各产业增加值和人均国内生产总值绝对数按现价计算，增长速度按可比价格计算。

3. 基础设施投资是指建造或购置为社会生产和生活提供基础性、大众性服务的工程和设施的支出。公报中的基础设施投资包括交通运输、邮政业，电信、广播电视和卫星传输服务业，互联网和相关服务业，水利、环境和公共设施管理业投资。

4. 民间固定资产投资是指具有集体、私营、个人性质的内资企事业单位以及由其控股（包括绝对控股和相对控股）的企业单位建造或购置固定资产的投资。

5. 财政、教育、卫生、文化数据不包含市直单位。

6. 资料来源：林业数据来自区农业农村局；对外经济数据来自区商务局；旅游数据、文化数据、体育数据来自区文旅体局；财政数据来自区财政局；税收数据来自区税务局；金融数据来自工行湘桥支行、农行湘桥支行、建行湘桥支行、市区农村信用合作社；教育数据来自区教育局；科技数据来自区工信局；卫生数据来自区卫健局；户籍人口数据来自区公安分局；社会服务数据来自区民政局；社保数据、人才数据来自区人社局；生产经营性事故数据来自区应急管理局；精准扶贫数据来自区农业农村局；案件立案数来自区人民法院；其余数据来自区统计局。

政府工作报告

——2020年5月29日在潮州市湘桥区第六届人民代表大会第六次会议上

潮州市湘桥区人民政府区长　庄湃澍

2019年工作回顾

过去一年，是我区积极应对风险挑战、不断夯实发展基础、加快集聚发展动能的一年。区政府在市委、市政府和区委的坚强领导下，在区人大和区政协的监督支持下，坚持以习近平新时代中国特色社会主义思想为指导，全面贯彻党的十九大和十九届二中、三中、四中全会精神，深入学习贯彻习近平总书记对广东重要讲话和重要指示批示精神，认真贯彻落实李希书记对潮州指示批示精神，紧紧围绕市委“1＋5＋2”和区委工作部署，按照“湘桥区高质量提升发展”这一目标，抢抓“双区”建设重大机遇，坚持稳中求进工作总基调，以供给侧结构性改革为主线，统筹做好“六稳”工作，较好地完成了区六届人大五次会议确定的各项目标任务。全年全区实现生产总值248.49亿元，增长5.0%；人均生产总值4.5万元，增长4.9%；一般公共预算收入4.12亿元，增长1.0%；税费收入58.56亿元，增长23.9%；固定资产投资109.57亿元，增长4.7%；社会消费品零售总额174.01亿元，增长8.2%；城乡居民人均可支配收入增长7.7%；居民消费价格上涨2.7%。

一、坚持高质量提升发展，区域经济稳中有进

一是产业质效明显提升。新发展各类市场主体4762户，扶持“个转企”112家，新增规上工业企业15家，新认定为潮州市“四梁八柱”民营企业19家，潮州市宏粤陶瓷制作有限公司入选省高成长中小企业，广东金源照明科技股份有限公司、广东翔鹭钨业股份有限公司等4家规上企业入选省级清洁生产企业。以经济普查为契机，提升精准统筹经济工作的能力，湘桥区经普办被评为“第四次全国经济普查先进集体”。二是科技创新实现突破。全年为高新技术企业减免税额4294万元，5家企业通过高新技术企业认定；工业投资16.63亿元，其中技改投资6.16亿元；完成专利申请1295项，其中发明申请92项。主动承接“双区”辐射带动，推动企业转型升级，广东新宏泽包装股份有限公司与亿泽控股有限公司（香港企业）被省认定为“粤港清洁生产优越伙伴（制造业）”

标志企业。启动“5G＋智慧区县”建设工作，5G信号实现中心城区重点区域全覆盖。三是产业结构不断优化。第一、二、三产业分别实现增加值5.11亿元、71.10亿元、172.28亿元，三次产业结构调整优化为2.1：28.6：69.3。探索农业产业化发展模式，佛手果产业园入选粤东西北地区第二批省级现代农业产业园，茶叶农业产业园入选市级现代产业园。以全市县区第一名的成绩顺利通过“菜篮子”市长负责制考核。完成潮汕文化（湘桥）生态保护实验区规划编制工作，推动文化和旅游融合发展，全年接待海内外游客和实现旅游收入分别增长28%、24%。

二、全面深化改革开放，发展动能不断增强

一是重点改革持续深化。如期完成区级机关机构改革任务，做好铁铺镇回归湘桥管理对接工作，开展优化市区部分街道行政区划调整专题调研，构建湘桥区和潮州新区“高度融合”管理体制，努力实现“1＋1＞2”的目标。深化区级财政体制改革，利用好市对我区的财政支持政策，提高区级财政保障能力。二是营商环境持续优化。落实减税降费政策，全年减免税费总额4.72亿元，惠及纳税人约10万户次。推进商事制度改革，将开办企业和注销营业执照办理时限分别压缩至3个、2个工作日内。加快清理拖欠民营企业中小企业账款任务，保障企业合法权益。三是对外合作持续强化。落实好《潮州市进一步扩大对外开放积极利用外资若干措施》等有关政策，支持和引导企业开拓多元化国际市场。为企业申报自营进出口权和开展对外贸易提供高效服务，新增自营进出口企业共22家。外贸进出口总额达4.99亿美元，实际利用外资达到2104万美元。

三、坚持“一体化”谋划推进，城乡发展更加协调

落实领导“包干”推动项目加快落地建设，29个市级重点项目累计完成投资54.24亿元，完成年度计划107.53%，其中，“三旧”改造投资6.89亿元，完成年度计划142.65%。一是新城建设步伐加快。中国瓷都大道（东大道）贯通，韩江广场（万达广场）、中国工艺美术之都博览园、北山路等项目开工建设，世界潮人文旅项目加快推进。中山（潮州）产业转移园湘桥分园官塘片区基础设施加快建设，恒洁卫浴项目预计2020年6月建成投产，园区被列入省循环化改造试点。二是古城面貌有序更新。美食街、义安路和西马路景观改造、凤城文化广场·唐伯元故居等项目完成建设，古城区“微更新”、31条街巷改造、市区智慧停车系统、“智慧消防”等项目全面推进，古城旅游环境不断优化提升。潮州古城被列为广东省文物保护利用示范区。三是乡村振兴初见成效。培育壮大农业经营主体，全区共有省级龙头企业3家、国家级示范合作社3家。省级新农村连片示范建设工程竣工，5个“一村一品”专业村建设项目全面动工。启动地债资金1亿元，扎实抓好2条特色精品旅游线路和22个美丽宜居示范村建设。攻坚抓好“两田”建设、“两违”整治，加快“四好农村路”和公路生命防护工程建设，完成全区219个自然村人居环境基础整治，城乡发展更加有序。桥东街道社光村获评“广东省文化和旅游特色村”。

四、坚决打好三大攻坚战，三年行动取得突破性进展

一是坚决打好防范化解重大风险攻坚战。有力有效防控各类风险，全力抓好潮州农商银行凤城支行资产确权和不良贷款清收压降等工作，为我市顺利完成全国唯一以地级市为单位统一法人的农信社改革试点任务作出应有贡献。稳步推进企业优胜劣汰，基本完成2家“僵尸企业”出清任务。二是坚决打好脱贫攻坚战。累计筹集扶贫资金3009.6万元，使用率100%。累计发放扶贫小额贷款315户961.5万元，开发公益性岗位235个，12个扶贫产业收益项目全部竣工并产生效益。至目前，全区分散贫困户1658户3177人，全部达到“八有”脱贫标准，在全市率先实现整区脱贫。三是坚决打好污染防治攻坚战。扎实抓好中央、省级环保督察整改落实，加快推进枫江流域水环境整治二期工程（湘桥区段）、潮州市韩江新城污水处理近期工程等项目，新建市政污水管网44.87公里，市区环保发电厂项目投入使用。加强扬尘污染整治，空气质量优良率达到95.6%。一级饮用水源保护区内22个违法建设项目完成整改，剩余的意东堤有关清拆工作正在加紧推进。全面推行河（湖）长制，推进“五清”“清四乱”专项行动，经省水利厅确认的141个图斑点已全部销号，有效改善河湖环境，为韩江潮州段成为全省唯一入选全国首批示范河湖名单的河流奠定良好基础。

五、千方百计改善民生，社会事业全面发展

全年社会民生领域投入资金17.55亿元，占一般公共预算支出的70.50%。一是社会保障持续加强。优化就业创业服务，新增城镇就业2905人，城镇登记失业率2.1%。基本医疗保险参保数完成年度任务的100%，医疗救助、养老、低保、特困、孤儿、残疾人等保障更加有力。二是公共服务提质增效。推广教育集团化办学模式，成立“湘桥区潮人阳光教育集团”“湘桥区快乐学前教育集团”，湘桥区城西中学获评“全国教育系统先进集体”。加快医联体建设，实行“互联网+医疗健康”服务新模式，意溪、磷溪、官塘等三个镇卫生院被列为广东省远程医疗项目（一期）试点，基本公共卫生服务成效明显。加快7个农贸市场、6个公园、100座公厕、8座垃圾压缩（中转）站的改造建设，59个行政村完成“广东省卫生村”创建工作。区图书馆完成修缮并对外开放，区档案馆新馆达到区级国家综合档案馆建设标准。三是社会环境和谐稳定。启动古城应急指挥中心，安全生产和应急管理工作扎实开展。推广“中心+网格化+信息化”等模式，凤新基层治理模式获评全国十个社会治理最佳案例之一，西马派出所获评“枫桥式公安派出所”，分司巷警务室（古城应急指挥中心）获评“岭南标杆警务室”。圆满完成重要节点安保任务，全区总警情、治安警情、“两抢一盗”警情实现“三下降”，公安湘桥分局荣立新中国成立70周年安保维稳集体二等功。纵深推进禁毒示范城市创建工作和扫黑除恶专项斗争，打掉涉恶团伙39个。全年信访办结率100%，我区连续四年被国家信访局评为“三无”县区。与此同时，国防、民兵、双拥、优抚、民族、宗教、外事、侨务、港澳、科普、体育、区志、老龄、妇女儿童等各项事业不断取得新进步。

六、始终坚守初心使命，政府效能持续提升

一是主题教育扎实开展。区政府党组牢牢把握“守初心、担使命，找差距、抓落实”的总要求，认真对照习总书记提出的8个方面突出问题，紧扣为民服务解难题重点，对全区工作进行谋划部署，逐步完善高质量提升发展制度机制，促进经济社会稳步发展。二是民主法治不断深化。加强法治政府建设，主动接受人大、政协和社会各界监督，全年办结市、区两级人大代表建议25件、政协委员提案67件，办复率、满意率均达100%。三是政务服务提速增效。扎实推进政务服务事项“一网通办”和审批服务便民化改革，全区“网上办”率达82%，“最多跑一次”事项达95.6%。四是廉政建设深入推进。全面落实党风廉政建设责任制，驰而不息正风肃纪。严格预算执行，依法深入开展审计、财政监督检查，营造风清气正的政务环境。

各位代表，过去一年的成绩来之不易。这是市委、市政府和区委坚强领导的结果，是区人大、区政协监督支持的结果，是全区人民同心同德、拼搏奋斗的结果，也是市直各单位、驻潮部队、上级驻潮各单位和海内外各界人士鼎力支持的结果。在此，我谨代表区人民政府表示衷心的感谢！

各位代表，进入2020年，我们经受了前所未有的新冠肺炎疫情“大考”。疫情发生以来，我区坚决贯彻落实习近平总书记提出的“坚定信心、同舟共济、科学防治、精准施策”总要求，认真贯彻落实省委李希书记在潮州调研检查时的讲话精神和市委、市政府的部署要求，因势而变，采取“防输入”“防扩散”“防反弹”等防控策略，织密织紧联防联控、群防群治“两张网”。在这场战“疫”中，各级干部职工勇于担当、连续作战，广大医务工作者不畏险阻、冲锋一线，人大、政协以及各人民团体主动担责、奋勇战“疫”，广大人民群众和海内外潮人众志成城、守望相助，全区持续保持确诊“零病例”、医院“零院感”、境外“零输入”、学校“零感染”、社区“零传播”的良好态势。与此同时，统筹抓好疫情防控和经济社会发展工作，及时制订实施16条惠企政策措施，千方百计帮助企业解决“返岗难、应聘难、隔离难”“缺原料、缺市场、缺资金”等问题，推动企业加快有序复工复产、达工达产，辖属潮州凯普生物化学有限公司研制的新冠病毒核酸检测试剂进入商务部出口“白名单”。在全区上下的共同努力下，疫情防控形势持续向好，经济社会秩序加快恢复。在此，我代表湘桥区人民政府，向坚守岗位的广大党员干部和基层工作者，向日夜奋战的广大医务工作者、各条战线同志们，向关心支持我区疫情防控工作的海外侨胞、社会组织、友好人士，致以崇高的敬意！

与此同时，我们也必须清醒地认识到，区域经济社会发展仍存在一些困难和问题：一是经济下行压力加大。受新冠肺炎疫情影响，国内外风险挑战明显上升，市场有效需求不足，上下游生产供应链不完善，生产成本上升、订单紧缺、现金流紧张等问题突出。二是产业结构有待优化。区域经济总量较小，支柱产业发展层次偏低，科技创新活力不足，新旧动能接续不够紧密。三是财政收支压力较大。区级财政较为薄弱，配套部分城市基础设施建设、社会管理等刚性支出压力较大，在新冠肺炎疫情冲击下，财政收支矛盾更加突出。四是基层治理仍存短板。污染防治问题仍较突出，“两违”问题屡禁不止，生态环境建设面临新挑战；城市精细化管理需进一步提升，公共安全监管和社会治安不稳定因素依然存在。五是保障和改善民生的能力水平仍需提高。公共卫生治理体系不健全，医疗、教育等资源供给与人民群众日益增长的美好生活需要仍存在差距；城乡发展不平衡、不充分，基础设施配套有待完善。六是政府效能建设还需进一步加强。“放管服”改革有待深入推进，营商环境仍需优化提升；少数干部创新意识、奋斗精神还不能适应新时代要求，党风廉政建设仍需加强。对此，我们将采取有力措施加以解决。

2020年工作安排

2020年是全面建成小康社会和“十三五”规划收官之年。当前，新冠肺炎疫情给全球经济带来深刻影响，国内外经济下行压力持续加大，经济复苏仍需较长时间，经济社会发展面临前所未有的风险挑战。我们要辩证看待国际环境和国内条件的变化，充分认识到我们有独特政治和制度优势，我国发展仍处于并将长期处于重要战略机遇期，经济长期向好的态势不会改变。特别是随着供给侧结构性改革、“放管服”改革和阶段性新的减税降费等一揽子政策，以及国家“一带一路”倡议、“双区”建设和省“一核一带一区”区域发展新格局、市委“1＋5＋2”工作部署的深入实施，都为我们保持经济稳中向好提供了强大动力。在疫情防控常态化条件下，我们要深入贯彻落实习近平总书记关于统筹推进疫情防控和经济社会发展系列重要讲话和重要指示批示精神，切实把思想和行动高度统一到习近平总书记、党中央对疫情形势的分析研判和对防控工作的部署要求上来，保持战略定力和必胜信心，积极应对各种风险挑战，想方设法把疫情影响降到最低，全面推动经济社会加快恢复正常秩序，努力实现全年经济社会发展目标任务。

今年政府工作的总体要求是：以习近平新时代中国特色社会主义思想为指导，全面贯彻党的十九大和十九届二中、三中、四中全会以及中央经济工作会议精神，坚决贯彻党的基本理论、基本路线、基本方略，深入贯彻落实习近平总书记对广东重要讲话和重要指示批示精神，增强“四个意识”、坚定“四个自信”、做到“两个维护”，认真贯彻落实省委十二届七次、八次、九次全会和市委十四届八次、九次全会以及区委六届八次、九次全会精神，紧紧围绕市委对“湘桥区高质量提升发展”的定位，紧扣全面建成小康社会目标任务，统筹推进疫情防控和经济社会发展工作，在常态化疫情防控前提下，坚持稳中求进工作总基调，坚持新发展理念，坚持以供给侧结构性改革为主线，坚持以改革开放为动力，坚决打赢三大攻坚战，加大“六稳”工作力度，全力保居民就业、保基本民生、保市场主体、保粮食能源安全、保产业链供应链稳定、保基层运转，深入落实市委“1 + 5 + 2”工作部署，扎实推进市委、市政府“六大工程”，认真落实区委工作部署，推动经济社会发展向更高质量、更高水平、更高层次迈进，确保完成决战决胜脱贫攻坚目标任务，确保全面建成小康社会和“十三五”规划圆满收官，取得人民群众认可、经得起历史检验的新业绩。

综合各方面因素，今年我区经济社会发展的主要预期目标是：地区生产总值增长5.5%，一般公共预算收入增长3%，固定资产投资增长6.5%，外贸进出口总额增长1%，社会消费品零售总额增长6.5%，居民消费价格涨幅控制在3%以内，居民收入增长和经济增长基本同步，城镇登记失业率控制在3.5%以内。

为实现上述目标，我们将重点做好以下八方面工作。

一、着力抢抓“双区驱动”机遇，全面深化改革开放

主动对接融入“双区驱动”战略，在体制机制上衔接、在产业分工上互补、在要素资源上共享，加快“软硬联通”。

把握机遇，承接“双区”溢出效应。抢抓“湾 + 带”联动契机，深化与中山市的对口帮扶合作，着力引进“双区”资金、人才、项目、技术、管理等先进生产要素，加强在生物医药、智能制造、5G等领域上的协同合作，推动各类要素资源无障碍流动。发挥潮人、潮商、潮文化、侨资侨力优势，大力发展特色文化产业，加快木雕、潮绣、麦秆画等传统工艺产业化、规模化发展，推动潮文化元素更好融入陶瓷、服装、食品等特色产业，加强与“双区”高端文旅企业合作，打造承载“双区”潮人乡愁和回忆的宜业宜居宜游特色精品城区。

深化改革，持续优化营商环境。高水平高质量做好“十四五”规划编制工作。推进市区部分街道行政区划调整，高质量完成镇街改革任务，优化行政管理资源。完善湘桥区和潮州新区“双向联席会议”工作机制，深化“工作专班、政策对接、项目督查、两区联动”四个机制，提升“两区”叠加效应。深化“放管服”、商事制度改革，在常态化疫情防控下，进一步简化手续，促进全面复工复产、复市复业。健全重点项目建设总指挥部制度，实行书记、区长的双总指挥制，协调解决项目落地建设遇到的融资、用地、用工、办事等方面问题。坚决把减税降费政策落到企业，整治涉企违规收费，降低企业生产经营成本，助力企业发展壮大。

扩大开放，全面加大交流合作。深度参与“一带一路”建设，落实好“促进外贸高质量发展十八条”，大力发展外贸综合服务、跨境电商等新业态。组织企业参与“网上广交会”等重点展会，引导企业“抱团出海”。结合疫情形势，指导企业完善市场应对机制和调整发展计划，用足用活财政、金融、税收、社保、就业等帮扶解困政策，用好出口信用保险等工具，有效防范外贸外资风险。深入实施“乡贤回归”工程，加强在文化、旅游、金融、商贸等领域上的对外合作，拓展合作新空间。

二、着力推动高质量发展，加快构建现代化产业体系

深入推进供给侧结构性改革，坚持外引与内培并举、扩量与提质并进，推动实现产业高质量提升发展。

加快转型升级步伐，推动制造业水平上新台阶。用好疫情防控重点保障企业贷款贴息、风险补偿基金等惠企政策，帮助企业克服新冠肺炎疫情带来的困难，因势利导，鼓励支持企业转产转型发展。推进总投资约5亿元的新一轮工业技改，引导企业“上云上平台”，支持传统产业通过技术改造、设备更新、商业模式创新等方式，全面提升发展层级和质量效益。健全“一企一策”机制，扶持优质企业“升规”“上限”“上市”，做好“四梁八柱”企业培育认定工作。加快5G产业发展，推动5G与智能制造、智慧应急、智慧旅游的融合应用。

实施“文化＋”战略，发展特色文化旅游产业。加快省级全域旅游示范区创建步伐，推进省级文物保护利用示范区建设，发挥湘桥作为潮文化核心发祥地和红色革命老区的特色优势，挖掘韩江东岸和古城区历史文化、自然生态、红色遗址、民俗风情等独特资源，推出古城文化游、乡村特色游、自然康养游、民俗体验游等精品旅游线路。改造单一的“节日经济”模式，引入现代旅游市场管理机制，全面提升古城区配套服务供给质量，推动工艺、住宿、餐饮、购物、物流等业态提质升级，打造美食街等特色街区和一批民宿客栈特色品牌，为游客提供民居观光、美食小吃、工夫茶座、非遗展示等全链条文旅体验，深度推动“产游展商”发展。

坚持创新驱动引领，培育壮大新动能。落实“科创12条”，大力引导生物医药、新型功能材料、精细食品加工、电子商务信息等领域的骨干企业与高校、科研机构组建产学研技术创新联盟，提高产业的整体创新能力。实施高新技术企业“树标提质”行动计划，引导企业加大研发投入，力促企业往数字化智能化方向发展。加快数字经济发展，推动互联网、大数据、人工智能和实体经济深度融合。发展农村电子商务，拓展特色农产品“触网”销售渠道，实现销量、就业、产业的带动突破。培育壮大新兴消费，扶持家政、托幼、养老、健康等服务业做强做大。落实“人才新政23条”，加快引进急需紧缺人才和顶尖科研团队。

三、着力提升城市品质，加快建设“一江两岸三城”

强化系统思维、整体思维、底线思维，突出抓好年度计划投资46.85亿元的29个市级重点项目建设，扎实推进新城开发建设、旧城更新改造和古城保育活化，推动联动发展、协调发展、共同发展。

坚持系统谋划，建出新城新气象。配合市加快实施凤凰大桥、滨江路等“一桥八路”工程，优化新城交通网络。全力推动韩江广场（万达广场）等“一医院两广场五学校”工程建设，完善东岸中轴线周边基础设施配套，促进城市跨江发展。推进官塘工业园配套建设和铁铺工业区提升，强化与凤泉湖高新区协同发展。加快世界潮人文旅项目、中国工艺美术之都博览园等一批牵引新城发展的重大项目落地建设，加大招商引资、招才引智、招科引技“三招三引”力度，形成高端新兴产业发展集聚区。重点围绕产业园区、医疗卫生、环保设施、公建项目、乡村振兴等方面谋划储备一批大项目，加大力度争取上级资金支持和地方债券投入，推动重大项目和民生工程建设，打造高品质新城区。

坚持有序更新，焕发旧城新生机。加快推进韩江东岸片区、南春片区、九郎山片区等成片“三旧”改造项目，推动“旧城镇、旧厂房、旧村居”向“新城市、新产业、新社区”转变。发挥好国土空间规划的引领作用，注重协调功能配套、风貌景观、多元文化等内外联动的对应衔接，系统化解决城区建成区道路狭窄、公共服务配套不足以及韩江东岸城市化进程缓慢等瓶颈问题，不断提高城市品位。

坚持精细治理，激发古城新活力。把潮文化元素融入古城项目，以精心规划、精细改造、精致管理推动古城出新出彩。以“绣花功夫”做好古城保育活化，加快古城“微更新”项目、街巷改造项目建设，推进柯柏年故居等文物点修缮工程，打造更多的古城角落公园。大力推广“智慧交通”“智慧停车”等新模式，加快推进牌坊街智能化管制设施改造升级，完成市区智慧停车系统建设项目，建设有偿停车泊位约4000个，科学治理中心城区交通拥堵问题。

四、着力贯彻落实新发展理念，坚决打赢三大攻坚战

三大攻坚战关系到全面建成小康社会的成色，必须坚持抓重点、补短板、强弱项，确保如期高质量完成目标任务。

持续巩固脱贫攻坚成效。落实好“四不摘”的要求，健全防风险控返贫机制，及时做好返贫人口和新发生贫困人口的监测帮扶。用好帮扶资金，加大产业扶贫、就业扶贫、消费扶贫、保障性扶贫力度，深化“万企帮万村”“广东扶贫济困日”等扶贫举措，全面巩固和提升脱贫攻坚成果，防止因疫情返贫致贫。突出扶贫领域作风建设，强化监督执纪问责和审计，全面做好各项考核、巡察反馈问题的整改落实。

坚决打赢污染防治攻坚战。打好蓝天保卫战，加强露天焚烧管控和扬尘污染治理。打好碧水攻坚战，深入实施“河（湖）长制”，推动全国示范河湖建设；开展“五清”“清四乱”，完成意东堤一级饮用水源保护区清拆工作，完成枫江流域水环境整治二期工程（湘桥区段）、潮州市韩江新城污水处理近期工程和中期工程、铁铺污水处理系统工程等项目建设。打好净土防御战，加强固体废物综合治理。狠抓环保督察整改，推行“双随机、一公开”等执法模式，严厉打击偷排漏排、超标排放等环境违法行为。

全力防范化解重大风险。健全规范地方政府举债融资机制，严格实施政府债务限额管理，稳妥化解隐性债务存量，确保债务风险稳定可控。建立完善金融风险联防共治机制，严厉打击非法集资，统筹抓好金融机构、房地产、国际贸易摩擦等各类风险的梳理排查和防范化解，坚决守住不发生系统性区域性风险底线。

五、着力实施乡村振兴战略，深入推进农业农村现代化

全面对标建成小康社会“三农”工作硬任务，着力强特色、优环境、深改革，努力实现农业强农村美农民富。

发展壮大特色现代农业。充分利用老区优惠政策，扶持发展乡村特色产业，高标准推进佛手果产业园等现代农业产业园建设，扎实推进“一村一品、一镇一业”“潮州菜师傅”等工程。推广“龙头企业+基地+农户”三级联动模式，扶持农业集约化、产业化发展。科学发展乡村旅游与观光农业，积极打造田园综合体。坚持发展绿色农业，保障食品安全，确保群众“菜篮子”安全。探索农业生产机械化的新技术、新模式，应用无人机直播种植水稻等技术，推广优质抗病丰产品种，提高农业生产质效。

持续改善农村人居环境。统筹整合涉农资金，实施“千村示范、万村整治”工程，加快“三清一改”、“三线”整治、“厕所革命”、危桥改造、公路安防工程，全域推进农村人居环境整治。抓好54条“四好农村路”和垃圾收运等基础设施建设，力争到年底自然村基本实现雨污分流、污水排放管道收集或暗渠化，生活污水治理率提高至40%以上，80%以上行政村达到干净整洁村标准，示范镇所有行政村基本建成美丽宜居村。

深入推进农村综合改革。加快农村集体产权制度改革，强化“三资”管理，不断夯实农村发展基础。把握好意溪镇被列为市破解城乡二元结构试点镇的契机，系统推进基础设施一体化、公共服务均等化、土地同权化、产业特色化、发展区域化。

六、着力夯实基层基础，切实提升城市治理能力和水平

科学精准施策，不断提高系统治理、依法治理、综合治理、源头治理的能力。

提升城市文明品位。以“创文”为抓手，扎实推进“八大环境”提升行动，力争全区文明村镇覆盖率达到95%以上。做好红色旧址修缮工作，打造一批红色文化教育基地。完善基层公共文化设施配套，推进区文化馆、博物馆等改造建设，加快体育设施建设步伐，提升潮文化精品城区形象。

提升城市治理能力。加快推进垃圾分类处理试点工作，建立可回收物循环化、厨余垃圾资源化、有害垃圾安全化的分类处理体系。实施新一轮“六个十”项目，开展绿化亮化、市场改造等提升行动，大力整治群众反映强烈的脏乱堵等顽疾。加强耕地保护，铁腕推进“两违”整治、拆旧复垦等工作，提高城乡治理水平。

提升平安建设水平。深化“中心+网格化+信息化”建设，不断完善“网格化管理、信息化支撑、精细化服务、法治化保障”的社会治理模式。深入开展扫黑除恶专项斗争，严厉打击黄赌毒、涉枪涉爆、电信诈骗、制假贩假等违法犯罪。加强社会面管控，依法严惩扰乱医疗秩序、防疫秩序、市场秩序、社会秩序等违法犯罪行为。进一步畅通信访渠道，完善信访维稳工作联动机制。落实安全生产责任制，坚决防范遏制重特大事故发生。提高防灾减灾能力，推进应急管理体系和能力现代化。

七、着力保障和改善民生，不断满足人民群众新期待

坚守“六保”底线，落实市提升民生发展水平三年行动计划，办实办好民生实事，不断增强人民群众获得感、幸福感和安全感。

提高民生保障水平。加大民生领域财政投入力度，办好市落实我区的年度十件民生实事。强化兜底保障，提高低保户、特困人员、孤儿基本生活补贴和残疾人两项补贴保障水平。建立健全养老服务体系，发挥“三社联动”作用，实施长者饭堂、长者发屋等项目。全面强化就业优先政策的落实，促就业举措应出尽出，拓岗位办法能用尽用，加强对重点行业、重点群体就业支持，新增城镇就业2900人。全面加强欠薪源头治理，保障劳动者合法权益。扩大社会保险覆盖面，巩固医保参保覆盖率，完善落实住房保障、大病保险、社会救助、退役军人保障等制度。

强化疫情防控工作。落实落细常态化防控工作中央20条和省22条措施，严格落实“外防输入、内防反弹”防控策略，健全“及时发现、快速处置、精准管控、有效救治”防控机制，运用好“大数据+网格化+三人小组”等防控经验，抓紧抓实抓细各项防控工作，全面打赢疫情防控人民战争、总体战、阻击战。统筹推进疫情防控和经济社会发展工作，围绕重点产业链、龙头企业、重大投资项目，加强要素保障和服务支持，促进上下游、产供销、大中小企业协同复工达产。加快推动各类商场、市场和生活服务业恢复到正常水平，畅通产业循环、市场循环、经济社会循环。坚持生命至上，完善公共卫生应急管理体系，补足公共卫生短板，加强疾病防控和公共卫生科研攻关和能力建设，提高应对突发重大公共卫生事件的能力和水平，坚决守护人民群众健康。

加快社会事业发展。坚持教育优先发展，有序组织中小学教育教学和中高考；继续推广集团化办学模式，鼓励支持社会力量办学，打造高品质民办教育品牌。完成6所村卫生站公建规范化建设，推进湘桥区人民医院能力提升，打造健康湘桥。扎实开展第七次全国人口普查工作。与此同时，积极推动军民融合发展，加强双拥优抚安置工作，大力支持国防和军队建设，支持工会、共青团、妇联等人民团体工作，进一步做好民族、宗教、侨务、人防、统计、物价、档案、地方志等工作。

八、着力强化自身建设，全力打造廉洁高效政府

以政治建设为统领，按照新时代党的建设总要求，加强政府自身建设，构建职责明确、依法行政的服务型政府。

全面加强政治建设。推动学习贯彻习近平新时代中国特色社会主义思想常态化制度化，旗帜鲜明讲政治，严明政治纪律和政治规矩，增强“四个意识”，坚定“四个自信”，坚决做到“两个维护”。强化“不忘初心、牢记使命”主题教育成果转化，深化省委巡视整改工作成效，增强政府部门主责主业意识，以高度的政治责任感，推动各项决策部署真正落实落地。

深入推进依法行政。推进法治政府建设，不断增强法治理念和法治思维。认真执行人大及其常委会各项决议决定，办好人大代表建议和政协提案，自觉接受人大、政协监督，广泛听取社会各方面意见和建议。深化综合执法体制改革，抓好“七五”普法工作，扩大政务公开范围，着力打造规范化阳光政府。

不断提升行政效能。加快“数字政府”建设，推广应用“粤省事”“粤政易”“粤商通”，推动更多服务事项“一网通办”，着力提升政务服务的信息化、智能化、便捷化水平。进一步完善政务服务体系，提高镇（街）政务服务中心管理和运作水平。坚持基层导向，合理调整下放财政收入管理权限，激励基层干事创业热情。

切实加强廉政建设。扎实推进政府系统党风廉政建设和反腐败工作，强化权力运行监督制约，加强对重点领域、关键岗位的监督管理。支持纪检监察机关依法依规履行职责，推进审计监督全覆盖。严格落实中央八项规定及其实施细则精神，力戒形式主义、官僚主义。树牢过紧日子思想，坚持精打细算，厉行勤俭节约，缩减“三公”经费，坚决压减一般性支出，把每一笔钱都用在刀刃上、紧要处。

各位代表！让我们更加紧密团结在以习近平同志为核心的党中央周围，高举习近平新时代中国特色社会主义思想伟大旗帜，深入贯彻落实习近平总书记对广东重要讲话和重要指示批示精神，在市委、市政府和区委、区政府的坚强领导下，不忘初心、牢记使命，闻鸡起舞、日夜兼程、风雨无阻、感恩奋进，为决胜全面建成小康社会、加快推动湘桥高质量提升发展而努力奋斗！

表51　2019年规范性文件一览表

标　　　　　题	文　　号	发文时间
中共潮州市湘桥区委关于印发《中国共产党潮州市湘桥区第六届委员会第六次全体会议决议》和佘楚雄、庄湃澍同志在区委六届六次全会上的讲话的通知	潮湘委发〔2019〕1号	2019年2月25日
关于印发《湘桥区推进城市基层党建工作方案》的通知	潮湘委发〔2019〕4号	2019年2月27日
中共潮州市湘桥区委　潮州市湘桥区人民政府关于印发《潮州市湘桥区机构改革方案》的通知	潮湘委发〔2019〕5号	2019年2月26日
中共潮州市湘桥区委贯彻落实《中共广东省委关于深入学习贯彻习近平总书记视察广东重要讲话精神奋力开创广东新时代改革开放新局面的决定》的意见	潮湘委发〔2019〕7号	2019年3月6日
中共潮州市湘桥区委　潮州市湘桥区人民政府印发《关于开展质量提升行动的实施方案》的通知	潮湘委发〔2019〕22号	2019年6月27日
中共潮州市湘桥区委关于落实“三重一大”事项集体决策制度的实施意见	潮湘委发〔2019〕33号	2019年9月6日
中共潮州市湘桥区委关于建立区政府向区人大常委会报告国有资产管理情况制度的意见	潮湘委发〔2019〕39号	2019年11月2日
中共潮州市湘桥区委办公室印发《关于开展述责述廉工作的实施意见》的通知	湘委办发〔2019〕8号	2019年4月27日
中共潮州市湘桥区委办公室　潮州市湘桥区人民政府办公室关于印发《潮州市湘桥区政务服务数据管理局职能配置、内设机构和人员编制规定》的通知	湘委办发〔2019〕11号	2019年3月25日
中共潮州市湘桥区委办公室　潮州市湘桥区人民政府办公室关于调整潮州市湘桥区财政局职责机构编制的通知	湘委办发〔2019〕13号	2019年3月25日
中共潮州市湘桥区委办公室关于调整潮州市湘桥区归国华侨联合会机关职责的通知	湘委办发〔2019〕14号	2019年3月25日
中共潮州市湘桥区委办公室　潮州市湘桥区人民政府办公室关于调整潮州市湘桥区人力资源和社会保障局职责机构编制的通知	湘委办发〔2019〕15号	2019年3月25日
中共潮州市湘桥区委办公室　潮州市湘桥区人民政府办公室关于调整潮州市湘桥区商务局职责的通知	湘委办发〔2019〕16号	2019年3月25日
中共潮州市湘桥区委办公室　潮州市湘桥区人民政府办公室关于印发《潮州市湘桥区工业和信息化局职能配置、内设机构和人员编制规定》的通知	湘委办发〔2019〕18号	2019年3月29日
中共潮州市湘桥区委办公室　潮州市湘桥区人民政府办公室关于印发《潮州市湘桥区民政局职能配置、内设机构和人员编制规定》的通知	湘委办发〔2019〕20号	2019年3月29日

续表51

标　　　题	文　号	发文时间
中共潮州市湘桥区委办公室　潮州市湘桥区人民政府办公室关于印发《潮州市湘桥区审计局职能配置、内设机构和人员编制规定》的通知	湘委办发〔2019〕21号	2019年3月29日
中共潮州市湘桥区委办公室　潮州市湘桥区人民政府办公室关于印发《潮州市湘桥区卫生健康局职能配置、内设机构和人员编制规定》的通知	湘委办发〔2019〕24号	2019年3月29日
中共潮州市湘桥区委办公室　潮州市湘桥区人民政府办公室关于印发《潮州市湘桥区文化旅游体育局职能配置、内设机构和人员编制规定》的通知	湘委办发〔2019〕25号	2019年3月29日
中共潮州市湘桥区委办公室　潮州市湘桥区人民政府办公室关于印发《潮州市湘桥区医疗保障局职能配置、内设机构和人员编制规定》的通知	湘委办发〔2019〕26号	2019年3月29日
中共潮州市湘桥区委办公室　潮州市湘桥区人民政府办公室关于印发《潮州市湘桥区应急管理局职能配置、内设机构和人员编制规定》的通知	湘委办发〔2019〕27号	2019年3月29日
中共潮州市湘桥区委办公室　潮州市湘桥区人民政府办公室关于印发《潮州市湘桥区住房和城乡建设局职能配置、内设机构和人员编制规定》的通知	湘委办发〔2019〕28号	2019年3月29日
中共潮州市湘桥区委办公室关于印发《中共潮州市湘桥区直属机关工作委员会职能配置、内设机构和人员编制规定》的通知	湘委办发〔2019〕33号	2019年3月29日
中共潮州市湘桥区委办公室　潮州市湘桥区人民政府办公室关于印发《潮州市湘桥区农业农村职能配置、内设机构和人员编制规定》的通知	湘委办发〔2019〕35号	2019年3月29日
中共潮州市湘桥区委办公室关于调整潮州市湘桥区人大常委会机关职责机构编制的通知	湘委办发〔2019〕36号	2019年3月29日
中共潮州市湘桥区委办公室　潮州市湘桥区人民政府办公室关于调整潮州市湘桥区发展和改革局职责机构编制的通知	湘委办发〔2019〕37号	2019年3月29日
中共潮州市湘桥区委办公室　潮州市湘桥区人民政府办公室关于调整潮州市湘桥区水务局职责机构编制的通知	湘委办发〔2019〕38号	2019年3月29日
中共潮州市湘桥区委办公室关于调整中共潮州市湘桥区委巡察办和区委巡察组机构编制事项的通知	湘委办发〔2019〕40号	2019年3月29日
中共潮州市湘桥区委办公室　潮州市湘桥区人民政府办公室关于印发《潮州市湘桥区深化职称制度改革实施方案》的通知	湘委办发〔2019〕52号	2019年5月29日
中共潮州市湘桥区委办公室　潮州市湘桥区人民政府办公室印发《关于深化区级预算编制执行监督管理改革的实施意见》的通知	湘委办发〔2019〕58号	2019年6月19日
中共潮州市湘桥区委办公室　潮州市湘桥区人民政府办公室关于印发《潮州市湘桥区党政领导干部安全生产责任制实施细则》的通知	湘委办发〔2019〕68号	2019年8月15日
潮州市湘桥区人民政府办公室关于印发《潮州市湘桥区非户籍人口子女接受义务教育实施办法》的通知	潮湘府办〔2019〕43号	2019年6月25日

荣　　誉

表52　2019年湘桥区获获全国、国家部委、省委和省政府授予单位荣誉一览表

单位名称	称　　号	授予单位或出席会议名称	授予年月
湘桥区司法局意溪司法所	中华人民共和国司法部	全国先进司法所	2019年1月
潮州市湘桥区城西中学	全国教育系统先进集体	中华人民共和国人力资源和社会保障部 中华人民共和国教育部	2019年9月
潮州市湘桥区磷溪镇仙河华侨学校	国家青少年足球特色学校	中华人民共和国教育部	2019年4月
湘桥区城基中学教研组	全国巾帼文明岗	中国妇女联合会	2019年3月
石瑞燕家庭	全国最美家庭	中国妇女联合会	2019年3月
潮州市湘桥区工商联	2019年民营企业调查点工作示范单位	中华全国工商联合会	2019年11月
意溪镇荆山村	国家森林乡村	国家林业和草原局	2019年12月
意溪镇四益村	国家森林乡村	国家林业和草原局	2019年12月
湘桥区第四次全国经济普查领导小组办公室	第四次全国经济普查先进集体	国务院第四次全国经济普查领导小组	2019年12月

表53　2019年湘桥区获全国、国家部委、省委和省政府授予个人荣誉一览表

姓名	性别	所　在　单　位	授予单位或出席会议名称	称　　号	授予年月
丁淑媛	女	潮州市湘桥区南春路小学	中国教师教学研究会	第十三届全国教师教学设计创意大赛论文二等奖	2019年5月
谢淑川	女	湘桥区凤新街道奎元社区	中国妇女联合会	全国三八红旗手	2019年3月
陈湘南	男	潮州市公安局湘桥分局	中共广东省委	依法治省工作先进个人	2019年12月

索　引

说　明

1. 本索引采用主题分析法，按主题词汉语拼音字母顺序排列。数字开头的索引排在主题索引之后。

2. 索引的主题词后面的数字表示内容所在页码，数字后面的英文字母（a、b）表示该页自左至右的栏别。

3. 本索引对彩色插页、“规范性文件”、“附录”等不作内容主题分析。

主题索引

A

安全保密工作　118b
安全保卫工作　60a
安全生产　279a　291b
安全生产工作　252b
安全生产和消防安全　249a
安全宣传教育培训　147b

B

办理人大议案、政协提案情况　113a
办文办会工作　58b
保密工作　43b
编制管理　41b
标准计量工作　137b
拨款支持骨灰堂建设　234a

C

财政管理　130b
财政监督　131a
财政收支　129b
财政体制　129a
财政投资评审　132b
“菜篮子”市长负责制考核　159b
参与《革命老区（县）发展史》编纂工作　220a
参与公益慈善活动　65a
参与配合区内重点项目建设情况　132b
参政议政　69b
参政议政　72a　73a　74a　76b　84a
残疾儿童康复治疗训练项目　92a
残疾人辅具适配　92a
残疾人信息和残疾人证管理　91b
残联基层组织建设　92b

产品质量安全监管　136a
潮州农村商业银行股份有限公司凤城支行　181a
潮州市湘桥区2019年国民经济和社会发展统计公报　299
潮州市湘桥区妇女联合会重要会议　81b
潮州市湘桥区开展“不忘初心、牢记使命”主题教育工作　3
潮州市湘桥区人民代表大会概况　47a
潮州市湘桥区人民政府重要会议　56a
成品油市场整治　151b
承办“到人民中去——红色文艺轻骑兵走进潮州坪埔惠民演出”活动　87a
承接消防新业务　176b
城区建设　245a　251b　260a　272a
城市党建　33a
城市管理　263a
城市配套设施建设　278a
城市治理　258a
城西街道概况　277a
城乡发展　21a
城乡建设　285b
城乡治理283a
惩治刑事犯罪　97a
出入境管理　99a
储备补充耕地核查整改　145a
传统文化　20a
创建“青年文明号”活动　80a
创建文明家庭工作　82b
“创文”共建工作机制　261b
“创文创卫”工作　279b
创新成果保护　158a
创新社会综合治理　95b
创新资源整合　158a

D

“打黄打非”、著作权（版权）保护知识宣传执法　38a
大型市场　293b
档案法制宣传　218a
档案馆基础业务218b
档案开发与利用　219b
档案综合管理检查　218b
党风廉政建设　144a
党风廉政建设　68a
党管武装工作　118a
党建工作　247b　253b　255a　265b　270b　274b　280b　284a　287a　288b　292a　295b
党外代表人士统一战线工作　39b
党委（党组）中心组学习　36b
党员服务　33a
道路交通管理　99a
德艺体美育工作　203a
地方志数字化工作　220a
地方志资源开发利用　219b
地质灾害隐患整治　145b
第四轮汕潮线澄海湘桥段联检　233b
动物卫生监督、疫病防控　161a
督查督办工作　57b
队伍建设　103a
队伍建设　143b
队伍建设　69a
队伍建设　84b
对台工作　40b

F

法律援助　111a

法制工作　113a
法治建设　143a
法治统计建设　127a
法治宣传教育　284b
法治政府建设　114a
反腐倡廉宣教工作　69a
防范和处理邪教问题　101b
防范化解重大风险　56b
防汛防旱防风工作　150a
房地产管理　175b
“放管服”改革　176a
非公企业团建工作　80a
非遗项目申报　205a
废瓷整治　151b
风新街道概况　281a
扶贫济困　85a
扶贫济困活动　81a
服务工作　140a
服务企业　157a
服务企业高质量发展　138a
服务侨界群众工作　83b
服装业　152b
福利事业　253a　264a
妇女创业小额担保贷款优惠政策宣传　82a
妇女儿童工作　82a
妇女维权周活动　81b
妇幼保健　223a

G

改制组建农商行工作　182b
干部管理　30a
干部培训　44a
干部培训与交流　34a
港澳工作　40a
港澳特约委员及主要活动　65b
高标准基本农田建设　144b
高危行业安全监管　146a
各项调查情况及结果　125a
工程项目建设　239b
工程中心建设　204b
工会女职工工作　77b
工业概况　152a
工资福利　229a
公安概况　96a
公共法律服务　111b
公共卫生监督及执法　223a
公务用车管理信息平台建设　60b
公务员任免情况　33b
公有物业资产管理　134b
共青团潮州市湘桥区委员会概况　78a
构建全域旅游格局　179a
古城管理和服务　179b
古城文化旅游示范区建设　179a
鼓励妇女创业就业　82b
关爱服务青少年工作　80b
官塘镇概况　290a
规范服务行为　60b
规范市场日常监管　177a
国防动员工作　117b
国有困难企业改制　133b

H

海外联谊　76b
海外侨胞联络工作　40a
函授教育　46b
行事审计　128b
行业安全监管　180a

行政村和社区居委会建设　233a
行政机关及事业单位资产管理　132a
行政区划　20b
行政区域　233a
行政审判　105a
行政事业单位资产报表上报　132b
河道水系　165a
“河长制”实施　166b
核发施工许可证　173a
红十字会工作　223b
后备力量建设　117b
后装保障工作　118b
“互联网+”政务服务　141a
户籍管理　98b
环保工程　278a
环境保护及污染防治　57a
环境卫生管理　252a
环境卫生整治　288a
环境整治　291a
缓解中小企业融资难题　158b
黄金周旅游情况　181b
婚姻登记服务　237a

J

机构编制工作重要会议　41a
机构改革　42a　173a　221a
机构改革期间政务服务事项标准化工作　148b
机关食堂提升改造　59b
机要工作　43b
基层队伍建设　84a
基层工会组建情况　77a
基层司法所工作　112b
基础建设　288a
基金支出、结算及各项待遇发放　231a
激发创新创业活力　158b
疾病防控（卫生防疫）　222b
集体企业改制改革　134a
计划生育　227a　247a　263b　283b
既有住宅加装电梯　175b
家庭医生签约服务　92b
价格监管　137a
价格认证服务　138b
监测落实计划目标任务　123a
监察体制改革　68a
监督检查　242a
检察概况　101a
检验检测机构监管　137a
减税降费　142b
建立劳动争议诉调对接工作室　78a
建设管理工作　175a
建置沿革　19a
建筑业及市场监管　174b
教师队伍建设　201a
教研活动及成果　202a
教育帮扶　91a
教育概况　185a
教育事业　292a
教育引导　242b
接待联谊工作　83b
街道（镇）企业　153b
街道管理　245b
街道文化　249b
街道文化建设　254b　258b　267b　272a　276b　281b
节能专项资金项目库申报　151a
结案情况　104a
金融概况　181a
金山街道概况　255a

禁毒工作　99b
经济　21a
经济发展　245a　251a　256b　260a　263a　268b　272a　277a　281b　285a　287b　290a　294a
精神病人服药救助　92a
精神文明建设　38b　294b
精准扶贫　138b　289b
精准扶贫工作　228a
竞技体育　214a
就业扶贫　91a
举办书法展　261a
“飓风2019”专项行动　97b

K

开展节能全民行动　150a
科技创新体系建设　204a
科技概况　204a
科普工作典型　86a
科学编制发展计划　123a
科研工作　46a
垦造水田项目工作　144a
控告申诉检察　102a
困难职工帮扶　77a

L

劳动保障　263b
劳动保障及扶贫工作　292a
劳动就业管理　230a
劳动信访、劳动保障监察　230b
劳动仲裁　230b
老干部工作重要会议　35a
老干部文化生活　35a
老龄工作　227b
联络联谊工作　65a
联网直报工作　126b
粮食功能区划定　159b
粮食管理　124b
“两违”及图斑点查控整改　273b
两违”整治　279a
林业概况　163a
磷溪镇概况 287a
流动人口管理　99a
落实“六城同创”战略部署　238a
落实安全生产层级责任制　146a
落实定期公开接访制度　59a
落实国家有关民族政策　241b
落实领导包案工作　59b
落实民生保障政策 90b
旅游产品宣传推介 180b
旅游概况　179a
旅游公共服务设施提质升级　180a
律师服务工作　111b

M

美丽乡村建设　163a
美术协会活动　88a
民爆安全监管　157b
民生保障　259a
民生事业　286b
民事审判　104b
民营经济概况　158a
民主党派自身建设　39a
民主协商建设　39a
“民族团结进步”示范创建活动　241a
“民族团结进步”主题宣传活动　241a
民族宗教概况　241a

N

南春街道概况 262a
农产品质量安全监管 160b
农村改革 162a
农村公路安全生命防护工程建设 172b
农村公路危桥改造建设 173a
农村户用卫生厕所建设与改造 162b
农村基础设施建设 291a
农村人居环境整治 282b
农村三资交易管理 283a
农村污水处理 162b
农村住宅建设审批指导 152a
农贸市场整治改造提升 177a
农业生产 159a
农业污染源调查防治 161b

P

培训教育 85a
配合开展广东“七个一百”精品项目下基层活动 87b
配合组织“爱我新中国 奋斗新时代”文艺走基层演出专场活动 87a
贫困重度残疾人居家无障碍改造 92b
评先评优工作 77a
普法教育和宣传 110a

Q

强农惠农政策 159a
侨居及华侨团体情况 39b
侨联改革工作 84b
桥东街道概况 272a
青少年思想教育 79a
清洁生产 151a
秋晖文明劝导队志愿者服务站成立 261b
区档案馆新馆建成 218a
区妇女干部情况 81b
区级机构改革资产、经费划转 133a
区纪委第六届四次全会 66a
区领导走访慰问离休干部 35a
区属国有企业财务制度管理 133b
区委六届八次全体会议 28b
区委六届六次全体会议 26a
区委六届七次全体会议 27a
区政协常委会会议 61a
区政协六届四次会议 61a
区政协主席会议 61b
全国经济普查工作 124a
全面落实从严治团 81a
全区残疾人情况 90b
群众体育 214a
群众文化活动及文艺创作 212a

R

人才工作 30a
人大国有资产监督职能 133a
人居环境综合整治 162b
人口 20b
人口概况 227a
人力资源和社会保障重要会议 228a
人民陪审员制度 105b
人民调解 110a
人事人才公共服务 229b
人事任免工作 49a
任期经济责任审计 128a
荣誉 71a 75b 76b

S

“三防”工作　166a
三级人口计生服务机制　227b
“三旧”改造　173b　268b
三社联动”工作　233b
扫黑除恶专项斗争　34a　59b　95a　112b　177a
森林防火　150a
森林防火工作　165a
森林碳汇重点生态工程项目　163b
森林资源保护管理　164b
商贸流通管理　178a
商事制度改革　137b
商务概况　176a
少年审判　105a
社保工作　231a
社保医保　247a
社保医保　253a
社会保险扩面征缴　231b
社会保障　283b
社会服务　71a　72a　73b　75a　76b　288b
社会福利与社会救济　237a
社会民生　21b
社会综合治理　248b　254a　257a　260b　262b　266b　269b　276a　279b　286a　288b　293a
社会组织登记管理　234b
社区服务　246b　260b　270a　274a　280a
社区服务机构　253a
社区矫正及安置帮　教 111a
社区警务　100b
社区康园中心建设　91b
摄影协会活动　88b
申报省、市科技项目　204a
深化改革工作　56b
深化体制改革　124a
审计概况　127a
审判监督　105b
生态环境优化　278b
生态文明建设　295a
省级新农村连片示范工程项目建设　162a
师德师风教育　186b
师资培训　46a
实施“理想学校＋卓越校长”工程培训项目　185b
实施乡村振兴战略　277b　282a
实施新型职业农民培育工程项目　160a
食品安全工作　253a
食品安全监管　135a
市场监管　180b
市场监管概况　135a
市容与环境卫生概况　238a
事故调查处理　149a
事业单位登记管理　42a
事业单位人事管理　229a
事业单位养老保险制度改革　231b
视察重点项目　55a
收案情况　104a
书法协会活动　88b
“双创”工作　261b
“双随机、一公开”监管　136b
双拥工作　236a
双拥工作　259b
水利设施　166b
水上交通安全检查　173b
水资源保护　165a
税费征管　141a

“私车公养”问题专项抽查　133a
思想建设　72b　74a
“四好农村路”建设　172a
“四上”企业名录库建设　125a
诉讼监督　102a
太平街道概况　259a
探索集团办学　186a
陶瓷制品业　153a
特色工作　40b　55b　96b
特色农业　289a
特殊教育　201a
特种设备安全监管　136a
提案督办　63b
提案工作　64a
体育设施与体育市场管理　214b
铁铺工业园区　296b
铁铺镇概况　293a
统计服务工作　126b
统计基层基础建设　127b
土地管理　289b
土地利用总体规划编制　144b
土地征收和供后监管工作　145a
土地执法整治　151a
团代会　79a
推动创新引领发展　158b
推进“创文创卫”工作　138b
推进市区扬尘整治和景观建设　240b
推进新型农业企业发展　160a
退役军人优待抚恤　236a
脱贫攻坚　163b
脱贫攻坚　34b

W

外出交流　85b
外国人管理服务工作　100a
外事服务工作　59a
外事工作管理　58b
网络安全管理　37a
网络市场和广告监管　136b
为侨服务工作　39b
维护社会稳定　95a
维稳工作　96a
委员学习　65a
卫生概况　220a
卫生行动　224b
卫生事业　292a
未成年人检察　103a
文化概况　204a
文化建设　289a　293b
文化设施建设　205a
文旅融合　180a
文学协会活动　88a
污染防治　273a
无偿献血工作　228b
舞蹈协会活动　89a

X

西湖街道概况　251a
西新街道概况　268a
戏剧协会活动　90a
辖区重点外贸、“三资”企业　177b
乡村振兴　272b
乡村振兴发展　56b
湘桥红色乡村故事入选《潮州红色乡村故事》　87b
湘桥记忆——档案文献综合展”主题展览　218a
湘桥街道概况　245a

湘桥区归国华侨联合会重要会议　83a
湘桥区纪委书记、副书记任职情况　69b
湘桥区监委主任、副主任任职情况　69b
湘桥区人大常委会主任、副主任任职情况　55b
湘桥区人民武装部概况　117a
湘桥区人民政府区长、副区长任职情况　60b
湘桥区委工作部门设置及人员编制　43a
湘桥区选送节目在省、市参赛获奖　87a
湘桥区域革命遗址大普查　220b
湘桥区政府工作部门设置及人员编制　43a
湘桥区总工会重要会议　77a
项目跟踪督查　204b
项目审查、报批　15b
消防安全管理　107a
消防安全宣传　106b
消防概况 106a
消防装备 106a
消费概况　233a
消费维权工作　137a
小学教育　193a
协调金融工作　157a
新时代科协工作　85b
新时代文明实践所成立　261a
新时代文明实践中心建设　37b
新闻出版管理　37a
新型城镇化建设　174a
新兴产业　153a
信访保障和隐患排查化解工作　59b
信访工作　97a　284b
信访工作概况　59a
信息工作　57b
信息化建设　129a
信用监管　136b
刑事审判　104a
宣传工作重要会议　35b
宣讲活动　46a
巡察工作　30a
巡视整改　262b
巡视整改　265a
巡视整改及专项整治工作　58a
汛期地质灾害防治　145b

Y

严格安全生产行政许可　148a
严重精神障碍患者等人群的管理和服务　95b
药品安全监管　135b
业务经营管理　181a
“一村一品、一镇一业”建设　163a
医保工作　231b
医疗救助　232a
医疗仪器设备　223a
医学人口统计　222a
医药卫生体制改革　223b
移交安置工作　236b
议案办理　51a
意识形态工作　36b
意溪司法所被司法部评为“全国先进司法所”　8
意溪镇概况　285a
音乐协会活动　89a
营造创新政策环境　158a
应急管理概况　146a
应急管理工作　147b
永久基本农田保护省级补助资金使用　144b

永久基本农田储备区划定　145a
优化旅游服务　180b
优化营商环境　143a
优生优育宣传　227a
幼儿教育　186b
预算执行审计　127a

Z

诊疗技术水平及特色医疗　222a
镇街文化建设　285a
征兵工作　118a
征兵体检工作228a
政策落实工作　138a
政府采购　132a
政府工作报告——2020年5月29日在潮州市湘桥区第六届人民代表大会第六次会议上　309
政府公众信息网　57a
政府银企互动互利　176b
政企脱钩工作　134a
政务服务与数据管理概况　139a
政务公开　139b
政务数据资源管理利用　140b
政治教育　117a
政治协商、民主监督、参政议政情况　63b
执法检查　148b
执法检查　50b
执行工作　105a
职工活动　77b
职业健康监督管理　227b
志鉴扩面提质工作　219a
志愿服务　253b　264a
志愿服务工作　79b
制度建设　241b
中等职业教育　200a
中共潮州市湘桥区委员会重要会议　25a
中共湘桥区委召开政协工作会议　60a
中学教育　198a
重大活动　36a　63a　66b　79a　81b　228a　232b
重大决策事项　36a　66b　78b
重点产业项目建设　56a
重点场所和行业治安管理　98b
重点工业企业简介　154a
重点领域安全专项整治　147a
重点项目建设　124a　282a
重要会议　78b　185a
重要活动　35a　177b
重要文稿工作　57b
主题教育　33b　262a　264b
主题文化活动　38a
助残慰问活动　90b
专题调研　49b　64b
专项档案管理　218b
专项审计　128b
专项调查工作　126b
专业人才与专家管理　229a
自然地理　20a
自身建设　71b　75a　75b
宗教法规、政策学习宣传　241b
组建服务农民工公益法律服务分队　78a
组织活动　70a
组织企业参加各类博览会和论坛　158b
组织企业参加国内外展会　178b
组织情况　69a　71a　72b　74a

2018年中央林业改革发展资金森林抚育补助项目　164a
2019年春天绿化大会战　164a

2019年规范性文件一览表　320
2019年湘桥区获全国、国家部委、省委和省政府授予单位荣誉一览表　322
2019年湘桥区获全国、国家部委、省委和省政府授予个人荣誉一览表　322
2019年湘桥区委常委任职情况　30a

表格索引

表1　2019年湘桥区区管领导干部考核情况表　30
表2　2019年湘桥区中共基层党组织与党员情况表　32
表3　2019年湘桥区干部情况表　32
表4　2019年湘桥区国家公务员年龄情况表　34
表5　2019年湘桥区国家公务员文化程度情况表34
表6　2019年湘桥区公务员考核情况表　34
表7　2019年湘桥区委党校办学情况表　44
表8　2019年湘桥区委党校举办各种培训班情况表　44
表9　2019年潮州市湘桥区人民代表大会重要会议一览表　47
表10　2019年湘桥区政协六届四次会议情况表　62
表11　2019年湘桥区政协主席、副主席任职情况表　66
表12　2019年湘桥区党员、干部违纪违法案件处理情况表　68
表13　2019年湘桥区基层工会组织情况表　77
表14　2019年湘桥区文联下属文艺协会情况表　88
表15　湘桥区各文艺协会（第六届）负责人任期一览表　88
表16　2019年湘桥区各级康园中心一览表　91
表17　2019年湘桥区案件审查批捕情况表　101
表18　2019年湘桥区案件受理审查起诉情况表　101
表19　2019年湘桥区受理来信来访和办理控告申诉情况表　102
表20　2019年湘桥区人民法院收案情况表　104
表21　2019年湘桥区人民法院结案情况表　104
表22　2019年湘桥区消防重点单位一览表　108
表23　2019年湘桥区审计情况统计表　127
表24　2019年湘桥区生产安全事故情况表　149
表25　湘桥区域内高新技术企业情况表　155
表26　2019年湘桥区主要江河涌一览表　165
表27　2019年湘桥区堤围一览表　166
表28　2019年湘桥区水库一览表　168
表29　湘桥区水闸工程情况表　169
表30　2019年湘桥辖区出口总额前5位企业情况表　177
表31　2019年湘桥区域内幼儿园情况表　186
表32　2019年湘桥区域内小学情况表　194
表33　2019年湘桥区域内中学情况表　199
表34　2019年湘桥区域内中等职业技术教育学校情况表　200
表35　2019年湘桥区域内特殊教育学校情况表　201
表36　2019年湘桥区各类学校教职工情况表　201
表37　2019年湘桥区教育经费投入情况

表 202
表38 2019年湘桥区中小学教学教研各项奖励情况表 203
表39 2019年湘桥区域内各级文物保护单位一览表 206
表40 2019年湘桥区域内市级以上历史文化保护街区一览表 208
表41 2019年湘桥区非物质文化遗产项目一览表 209
表42 2019湘桥区非物质文化遗产项目代表性传承人情况表 209
表43 2019年湘桥区文艺作品获奖情况表 213
表44 2019年湘桥区体育设施一览表 215
表45 2019年湘桥区公立医疗卫生服务机构情况表 221
表46 2019年湘桥区事业单位人员年龄情况表 229
表47 2019年湘桥区社会组织情况表 234
表48 2019年湘桥区本级行业与专业社会团体一览表 234
表49 2019年湘桥区低保家庭救济情况表 237
表50 2019年湘桥区特困供养人员救济情况表 237
表51 2019年规范性文件一览表 320
表52 2019年湘桥区获获全国、国家部委、省委和省政府授予单位荣誉一览表 322
表53 2019年湘桥区获全国、国家部委、省委和省政府授予个人荣誉一览表 322